JAVASCRIPT ELOCUENTE

TERCERA ACTUALIZACIÓN

Una introducción moderna
a la programación

JavaScript Elocuente

Tercera actualización

Una introducción moderna
a la programación

Marijn Haverbeke

ANAYA MULTIMEDIA
no starch press

TÍTULO ESPECIAL

Título de la obra original: *Eloquent Javascript 3rd Edition. A Modern Introduction to Programming*

Traduccción: Beatriz Goyanes Arnedo
Revisión: Yohana B. Martínez y Gelsys M. García
Maquetación: OkDesignforLife.com
Diseño de cubierta: Celia Antón Santos
Responsable editorial: Eugenio Tuya Feijoó

Ilustraciones de los capítulos realizadas por Madalina Tantareanu. Pixel art en los capítulos 7 y 16 por Antonio Perdomo Pastor. Diagramas de expresiones regulares en el capítulo 9 generado por Jeff Avalone con Regexper (`http://regexper.com`). Fotografía de la localidad en el capítulo 9 realizada por Fabrice Creuzot. Concepto de juego para el capítulo 15 creado por Thomas Palef (`http://lessmilk.com`).

Edición española:

© EDICIONES ANAYA MULTIMEDIA (GRUPO ANAYA, S. A.), 2024
Valentín Beato, 21. 28037 Madrid

PAPEL DE FIBRA CERTIFICADA

Depósito legal: M-30379-2023
ISBN: 978-84-415-4903-6
Impreso en España

Para Lotte y Jan

ÍNDICE DE CONTENIDOS

5. FUNCIONES DE ORDEN SUPERIOR 89

6. LA VIDA SECRETA DE LOS OBJETOS 103

16. PROYECTO: UN JUEGO DE PLATAFORMAS 251

17. DIBUJAR SOBRE LIENZO 271

18. HTTP Y FORMULARIOS 291

19. PROYECTO: UN EDITOR DE ARTE CON PÍXELES 311

SUGERENCIAS DE EJERCICIOS 379

ÍNDICE ALFABÉTICO 399

«Pensamos que estamos creando el sistema para nuestros propios propósitos. Creemos que lo estamos haciendo a nuestra imagen... Pero el ordenador en realidad no es como nosotros. Es una proyección de una parte muy pequeña de nosotros mismos: ese fragmento dedicado a la lógica, el orden, las reglas y la claridad».

—Ellen Ullman, *Close to the Machine: Technophilia and its Discontents*

INTRODUCCIÓN

Este libro trata de dar instrucciones a los ordenadores. Actualmente, los ordenadores son tan habituales como los destornilladores, pero un poco más complicados; y, por eso, no siempre es fácil conseguir que hagan lo que nosotros queremos.

Si la tarea que le encarga a su ordenador es habitual y fácil de entender, como mostrarle el correo electrónico o funcionar como una calculadora, puede abrir la aplicación adecuada y ponerse a trabajar. Pero probablemente no hay una aplicación para tareas únicas o indeterminadas. Entonces es cuando se utiliza la programación.

Programar es la acción de construir un programa, un conjunto de instrucciones precisas que le dicen a un ordenador lo que tiene que hacer. Como los ordenadores son animales tontos y puntillosos, programar es principalmente tedioso y frustrante. Afortunadamente, si puede superarlo, y quizás incluso disfrutar del rigor de pensar en términos que pueden gestionar las máquinas tontas, programar puede ser satisfactorio. Le permite hacer, en segundos, operaciones que a mano tardarían una eternidad. Es una manera de convertir al ordenador en una herramienta para hacer cosas que antes eran imposibles. Y además es un excelente ejercicio de pensamiento abstracto.

La mayoría de la programación se realiza con lenguajes de programación. Un lenguaje de programación es un lenguaje construido de manera artificial que se utiliza para dar instrucciones a los ordenadores. Es interesante ver que la manera más efectiva que hemos encontrado para comunicarnos con un ordenador toma muchos elementos prestados de la manera de comunicarnos entre nosotros.

Al igual que los idiomas humanos, en los lenguajes informáticos las palabras y las frases se combinan de maneras nuevas y hacen posible expresar conceptos siempre novedosos. En un momento dado, las interfaces basadas en lenguajes como las consolas de BASIC y DOS en las décadas de 1980 y 1990 fueron el método principal para interactuar con ordenadores. Han sido sustituidas en gran medida con interfaces visuales, que son más fáciles de aprender, pero dan menos libertad. Los lenguajes de computación siguen estando ahí, si sabe dónde mirar. Uno de ellos, JavaScript, está integrado en todos los navegadores modernos de Internet y, por lo tanto, está disponible en casi todos los dispositivos.

Este libro intentará que se familiarice lo suficiente con este lenguaje como para hacer algo fácil y divertido.

Al programar

Además de explicar JavaScript, hablaré de los principios básicos de la programación. Resulta que programar es difícil. Las normas básicas son sencillas y claras, pero los programas construidos sobre estas normas tienden a ser bastante complejos como para tener sus propias normas y dificultades. En cierta manera, está construyendo su propio laberinto y puede perderse en él. Habrá ocasiones en que la lectura de este libro le parecerá muy frustrante. Si no tiene experiencia en programación, ha de asimilar mucho material nuevo. Entonces, gran parte de este material se combinará de maneras que necesitan que hagamos conexiones adicionales.

Solo usted puede hacer el esfuerzo necesario. Cuando tenga dificultades para seguir el libro, no ponga en duda sus capacidades. No pasa nada, solo necesita perseverar. Tómese un descanso, vuelva a leer parte del material y asegúrese de que lee y comprende los programas y ejercicios de ejemplo. Aprender es un trabajo duro, pero todo lo que aprenda no desaparecerá y hará que el aprendizaje posterior sea más fácil:

> «Cuando la acción deja de servirte, infórmate; cuando la información deja de servirte, duerme».
>
> —Ursula K. Le Guin, *La mano izquierda de la oscuridad*

Un programa es muchas cosas. Es un fragmento de texto escrito por un programador, es la fuerza que dirige lo que hace que el ordenador haga lo que hace, son datos en la memoria del ordenador, incluso controla las acciones realizadas en esta misma memoria. Estamos familiarizados con las analogías que intentan comparar programas con objetos y tienden a no satisfacer las expectativas. Una analogía adecuada de manera superficial es la de una máquina porque suelen estar separadas en muchas partes independientes; y, para hacer que todo funcione, tenemos que considerar las formas en que estas partes se interconectan y contribuyen con la operación del conjunto.

Un ordenador es una máquina física que funciona como un anfitrión de estas máquinas inmateriales. Los ordenadores por sí mismos solo realizan acciones estúpidamente sencillas. El motivo por el que son tan útiles es que lo hacen a una velocidad rapidísima. Un programa puede combinar hábilmente una cantidad enorme de estas acciones sencillas para realizar operaciones muy complicadas. Un programa es una obra del pensamiento. La construcción es gratis, no pesa y crece con facilidad conforme tecleamos. Pero sin cuidado, el tamaño y la complejidad de un programa crecerán sin control y será confuso incluso para la persona que lo ha creado. El principal problema de la programación es mantener los programas bajo control. Cuando un programa funciona, es precioso. El arte de programar es la habilidad de controlar la complejidad. El mejor programa es el moderado, simplicidad dentro de la complejidad.

Algunos programadores creen que esta complejidad se gestiona mejor usando en sus programas solo un pequeño conjunto de técnicas conocidas. Se han creado normas estrictas («buenas prácticas») que dictan la forma que deberían tener los programas y así quedarse prudentemente dentro de su pequeña zona de seguridad.

Esto es aburrido y poco eficaz. Los problemas nuevos requieren soluciones nuevas. El campo de la programación es joven y todavía se desarrolla con rapidez, además es lo suficientemente variado para que haya espacio para planteamientos muy distintos. Hay que cometer muchos errores horribles en el diseño de programas, y debería cometerlos para comprenderlos. La conciencia de cómo ha de ser un programa se desarrolla con la práctica, no se aprende con una lista de normas.

Por qué el lenguaje importa

Al principio, en el nacimiento de la computación, no había lenguajes de programación. Los programas se parecían a esto:

```
00110001 00000000 00000000
00110001 00000001 00000001
00110011 00000001 00000010
01010001 00001011 00000010
00100010 00000010 00001000
01000011 00000001 00000000
01000001 00000001 00000001
00010000 00000010 00000000
01100010 00000000 00000000
```

Este programa suma números del 1 al 10 e imprime el resultado: `1 + 2 + ... + 10 = 55`. Podría funcionar en una hipotética máquina sencilla. Para programar los primeros ordenadores era necesario configurar grandes conjuntos de interruptores en la posición correcta o hacer agujeros en tiras de cartón y dárselas al ordenador. Puede imaginar lo aburrido y propenso a errores que era este procedimiento. Incluso escribir programas sencillos requería un gran ingenio y disciplina. Los complejos eran casi inconcebibles.

Por supuesto, la introducción manual de estos arcaicos patrones de bits (unos y ceros) le dio al programador una profunda sensación de ser un mago poderoso. Eso merece la pena en términos de satisfacción del trabajo. Cada línea del programa anterior contiene una instrucción independiente. En español podría estar escrito de la siguiente manera:

1. Guarda el número 0 en la posición de memoria 0.
2. Guarda el número 1 en la posición de memoria 1.
3. Guarda el valor de la posición de memoria 1 en la posición de memoria 2.
4. Resta el número 11 del valor en la posición de memoria 2.
5. Si el valor en la posición de memoria 2 es el número 0, sigue con la instrucción 9.
6. Añade el valor de la posición de memoria 1 a la posición de memoria 0.
7. Añade el número 1 al valor de la posición de memoria 1.
8. Sigue con la instrucción 3.
9. Imprime el valor en la posición de memoria 0.

Aunque esto ya es más legible que el conjunto de bits, todavía es bastante complicado. Usar nombres en lugar de números para las instrucciones y las posiciones de memoria ayuda a mejorar la claridad.

```
 Set "total" to 0.
 Set "count" to 1.
[loop]
 Set "compare" to "count".
 Subtract 11 from "compare".
 If "compare" is zero, continue at [end].
 Add "count" to "total".
 Add 1 to "count".
 Continue at [loop].
[end]
 Output "total".
```

Una vez llegados a este punto, ¿puede ver cómo funciona el programa? Las dos primeras líneas asignan los valores de inicio a dos posiciones de memoria: `total` se usará para construir el resultado de la computación y `count` hará el seguimiento del número que estamos observando. Las líneas que usan `compare` probablemente son las más raras. El programa quiere ver si `count` es igual a 11 para decidir si puede dejar de funcionar. Como nuestra máquina hipotética es bastante primitiva, solo puede probar si un número es cero y tomar una decisión en función del resultado. Por eso, utiliza la posición de memoria etiquetada `compare` para computar el valor de `count - 11` y tomar una decisión según el valor obtenido. Las siguientes dos líneas añaden el valor de `count` al resultado e incrementan `count` en 1 cada vez que el programa decide que `count` todavía no ha alcanzado el valor 11.

Aquí puede ver el mismo programa en JavaScript:

```
let total = 0, count = 1;
while (count <= 10) {
   total += count;
   count += 1;
}
console.log(total);
// → 55
```

Esta versión contiene algunas mejoras más. Lo más importante es que ya no es necesario especificar cómo queremos que el programa salte hacia atrás y hacia adelante. La construcción `while` se ocupa de eso. Sigue ejecutando el bloque (empaquetado entre llaves) de debajo mientras se mantenga la condición dada. Esa condición es `count <= 10`, lo que significa que «`count` es menor o igual a 10». Ya no tenemos que crear un valor temporal y compararlo con cero, que era un detalle sin interés. Parte del poder de los lenguajes de programación es que pueden ocuparse de los detalles que no tienen interés para nosotros. Al final del programa, después de que haya terminado la construcción `construct`, se usa la operación `console.log` para escribir el resultado.

Por último, este es el aspecto que podría tener el programa si tuviéramos las operaciones adecuadas `range` y `sum` disponibles, que respectivamente crean un conjunto de números dentro de un rango y realizan la suma de un conjunto de números:

```
console.log(sum(range(1, 10)));
// → 55
```

La moraleja de esta historia es que el mismo programa se puede expresar de manera larga, corta, ilegible y legible. La primera versión del programa era complicadísima, mientras que esta última casi parece inglés: `log` la `sum` del `range` de números del 1 al 10. (Más adelante veremos la manera de definir operaciones como `sum` y `range`).

Un buen lenguaje de programación ayuda al programador permitiéndole hablar sobre las acciones que tiene que efectuar el ordenador a alto nivel. Esto posibilita omitir detalles, proporciona bloques de construcción adecuados (como `while` y `console.org`), le permite definir sus propios bloques de construcción (como `sum` y `range`) y hace que esos bloques sean fáciles de escribir.

¿Qué es JavaScript?

JavaScript se presentó en 1995 como una manera de añadir programas a páginas web en el navegador Netscape Navigator. Desde entonces, el lenguaje ha sido adoptado por el resto de navegadores web gráficos principales. Ha hecho posibles las aplicaciones web modernas, con las que podemos interactuar directamente sin hacer una recarga de la página para cada acción. JavaScript también se usa en páginas web más tradicionales para proporcionar diversas maneras de interactividad y habilidad.

Es importante mencionar que JavaScript no tiene casi ninguna relación con el lenguaje de programación denominado Java. El hecho de tener un nombre similar se debió al marketing y no al sentido común. Cuando se presentó JavaScript, el lenguaje Java se estaba promocionando mucho y estaba ganando popularidad. Alguien pensó que era una buena idea intentar aprovecharse de este éxito. Ahora estamos atrapados en este nombre.

Después de su adopción fuera de Netscape, se escribió un documento estándar para describir la forma en que debería funcionar el lenguaje JavaScript, de manera que las diversas partes del software que reclamaban ser compatibles con JavaScript realmente estuvieran hablando del mismo lenguaje. Se llamó el estándar ECMAScript, por la organización Ecma International que hizo la estandarización. En la práctica, los términos ECMAScript y JavaScript se pueden usar indistintamente, son dos nombres para el mismo lenguaje. Algunos dicen cosas horribles de JavaScript y muchas de ellas son ciertas. Cuando me pidieron que escribiera algo en JavaScript por primera vez, enseguida empecé a aborrecerlo. Aceptaba casi todo lo que escribía, pero lo interpretaba de una manera completamente distinta de lo que yo quería decir. Esto estaba muy relacionado con el hecho de que yo no tenía ni idea de lo que estaba haciendo, por supuesto; pero había un problema real: JavaScript es absurdamente liberal en lo que permite. La idea detrás de este diseño era hacer que para los principiantes fuera más fácil programar en JavaScript. La realidad es que hace más difícil encontrar problemas en los programas porque el sistema no los considerará como tales.

Aunque esta flexibilidad también tiene ventajas. Deja espacio para muchas técnicas que son imposibles en lenguajes más rígidos y, como verá en un capítulo posterior, se puede usar para superar algunas de las deficiencias de JavaScript. Después de aprender el lenguaje correctamente y trabajar con él durante un tiempo, he logrado que JavaScript me guste de verdad.

Hay varias versiones de JavaScript. ECMAScript 3 era la versión más ampliamente compatible en el momento del ascenso de JavaScript a una posición dominante, más o menos entre los años 2000 y 2010. Durante este tiempo se estaba trabajando en una ambiciosa versión 4, que preveía varias mejoras radicales y extensiones para el lenguaje. Cambiar un lenguaje vivo y muy usado de una manera tan radical se encontró con una situación políticamente difícil y el trabajo en la versión 4 se abandonó en 2008, lo que condujo a una versión 5 mucho menos ambiciosa. La versión 5 se publicó en 2009 y solo hizo algunos cambios que no implicaron ninguna polémica. Posteriormente, en 2015, apareció la versión 6, una actualización principal que incluía algunas de las ideas previstas para la versión 4. Desde entonces hemos tenido nuevas y pequeñas actualizaciones anuales.

El hecho de que el lenguaje está evolucionando significa que los navegadores han de mantener el nivel constantemente, y si está usando un navegador más antiguo es posible que todas las funciones no sean compatibles. Los diseñadores del lenguaje tienen cuidado de no hacer cambios que podrían dañar programas existentes, de esta manera los navegadores nuevos todavía pueden ejecutar programas antiguos. En este libro utilizaré la versión 2017 de JavaScript.

Los navegadores web no son la única plataforma en la que se usa JavaScript. Algunas bases de datos, como MongoDB y CouchDB, usan JavaScript como su lenguaje para programar y crear consultas. Varias plataformas para programación de ordenadores de escritorio y servidor, especialmente el proyecto Node.js (lo veremos en detalle en un capítulo más adelante), proporcionan un entorno para la programación JavaScript fuera del navegador.

Código y cómo usarlo

El código es el texto que forma los programas. La mayoría de los capítulos de este libro contienen bastante código. Creo que leer y escribir código son partes imprescindibles de aprender a programar. Intente no solo echar un vistazo a los ejemplos, léalos con atención y compréndalos. Esto puede ser lento y confuso al principio, pero le prometo que lo dominará enseguida.

Con los ejercicios sucede lo mismo. No dé por sentado que los entiende hasta que no haya escrito de verdad una solución que funcione. Le recomiendo que pruebe sus soluciones para los ejercicios en un intérprete de JavaScript real. Así, obtendrá información inmediata sobre si lo que está haciendo funciona y se sentirá tentado a experimentar e ir más allá de los ejercicios, o al menos eso espero.

En la página web del libro original, `https://eloquentjavascript.net`, encontrará más información del libro en su versión original en inglés. La forma más sencilla de ejecutar el código de ejemplo del libro y de experimentar con él es buscarlo en `https://eloquentjavascript.net/code`, donde encontrará el código de partida para todos los ejercicios de programación y podrá ver las soluciones.

Si desea ejecutar los programas definidos en este libro fuera del sitio web del libro, tenga cuidado. Muchos ejemplos son independientes y deberían funcionar en cualquier entorno JavaScript. Pero el código en los capítulos finales a menudo está escrito para un entorno específico (el navegador o Node.js) y solo puede ejecutarse allí. Además, muchos capítulos definen programas más grandes, y los fragmentos de código que contienen dependen unos de otros o de archivos externos. En el *Sandbox* del sitio web se incluyen enlaces a archivos `zip` que contienen todos los scripts y archivos de datos necesarios para ejecutar el código para un capítulo dado.

Vista general de este libro

Este libro está dividido en tres partes. Los primeros doce capítulos tratan sobre el lenguaje JavaScript. Los siete capítulos siguientes tratan sobre los navegadores web y cómo se utiliza JavaScript para programarlos. Por último, hay dos capítulos dedicados a Node.js, otro entorno donde se programa JavaScript. A lo largo del libro hay cinco capítulos de proyectos donde se describen programas de ejemplo más amplios para que pruebe la programación real. Por orden de aparición, trabajaremos en la construcción de un robot de reparto, un lenguaje de programación, un juego de plataformas, un programa de pintura de píxeles y un sitio web dinámico.

La parte del libro dedicada al lenguaje comienza con cuatro capítulos que presentan la estructura básica del lenguaje JavaScript. Introducen estructuras de control (como la palabra `while` que ha visto en esta introducción), funciones (escribiendo nuestros propios bloques de construcción) y estructuras de datos. Después podrá escribir programas básicos. A continuación, en los capítulos cinco y seis se explican técnicas para utilizar funciones y objetos en la escritura de código más abstracto y controlar la complejidad.

Tras un primer capítulo de proyecto, la parte del libro dedicada al lenguaje continúa con capítulos sobre el manejo de errores y la corrección de fallos, expresiones regulares (una herramienta importante para trabajar con texto), modularidad (otra defensa contra la complejidad) y la programación asíncrona (para enfrentarse a eventos que requieren tiempo). El segundo capítulo del proyecto finaliza la primera parte del libro.

La segunda parte abarca los capítulos del trece al diecinueve y describe las herramientas a las que tiene acceso JavaScript para navegadores. Aprenderá a mostrar elementos en la pantalla, a responder a la entrada del usuario y a comunicarse en la red. En esta parte hay dos capítulos de proyectos.

A continuación, hay un capítulo dedicado a describir Node.js y otro para aprender a construir un sitio web pequeño usando esa herramienta.

Para terminar, el capítulo final describe algunas de las consideraciones que surgen cuando se optimizan los programas de JavaScript para mejorar la velocidad.

Convenciones empleadas en este libro

En este libro se utilizan las siguientes convenciones tipográficas:

- *Cursiva*: Es un tipo que se usa para diferenciar términos anglosajones o de uso poco común. También se emplea para destacar algún concepto.
- **Negrita**: Le ayudará a localizar rápidamente elementos como las combinaciones de teclas.
- Fuente especial: Nombres de botones y opciones de programas. Por ejemplo, Aceptar para hacer referencia a un botón con ese título.

- `Monoespacial`: Utilizado para el código y dentro de los párrafos para hacer referencia a elementos como nombres de variables o funciones, bases de datos, tipos de datos, variables de entorno, declaraciones y palabras clave. Los programas (ya ha visto algunos) se escriben de la siguiente manera:

```
function factorial(n) {
  if (n == 0) {
    return 1;
  } else {
    return factorial(n - 1) * n;
  }
}
```

A veces, para mostrar el resultado que genera un programa, escribiremos debajo el resultado esperado, con dos barras y una flecha delante.

```
console.log(factorial(8));
// → 40320
```

¡Buena suerte!

PARTE I

LENGUAJE

«Debajo de la superficie de la máquina, el programa se mueve. Sin esfuerzo, se expande y se contrae. En gran armonía, los electrones se dispersan y reagrupan. Las formas en el monitor solo son ondas en el agua. La esencia permanece invisible debajo».

— Master Yuan-Ma, *The Book of Programming*

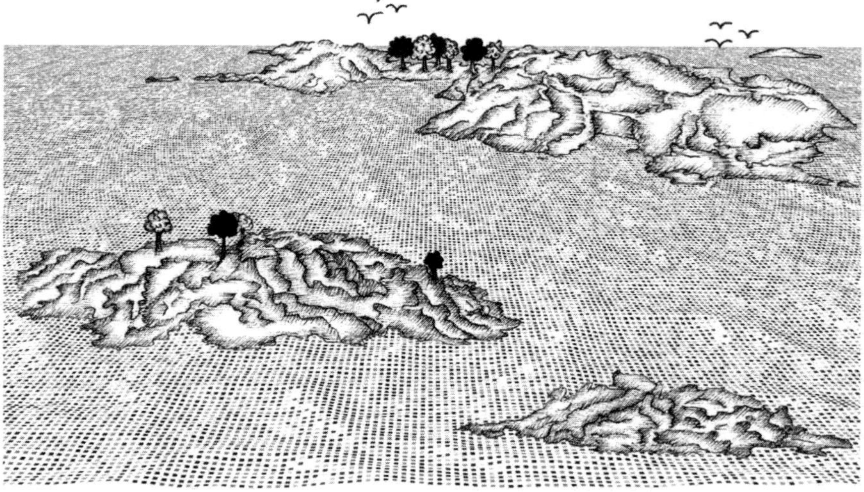

1

VALORES, TIPOS Y OPERADORES

En el mundo de la computación solo hay datos. Podemos leerlos, modificarlos o crear otros nuevos, pero todo lo que no es datos no se puede mencionar. Todos estos datos se almacenan como secuencias largas de bits y son básicamente similares.

Los bits son todo lo que tiene dos valores, habitualmente se describen como ceros y unos. Dentro del ordenador, toman formas como una carga eléctrica alta o baja, una señal fuerte o débil o un punto brillante u opaco en la superficie de un CD. Cualquier fragmento de información discreta se puede reducir a una secuencia de ceros y unos y, por lo tanto, se representa en bits. Por ejemplo, podemos expresar el número 13 en bits. Funciona de la misma manera que un número decimal, pero en lugar de tener diez dígitos distintos, solo tenemos dos, y el peso de cada uno de ellos aumenta en un factor de 2 de izquierda a derecha. Aquí puede ver los bits que componen el número 13, los pesos de los dígitos aparecen debajo de ellos:

```
  0   0   0   0   1   1   0   1
128  64  32  16   8   4   2   1
```

Así que este es el número binario 00001101. Los dígitos que no son cero representan a los valores 8, 4 y 1, que suman 13.

Valores

Vamos a imaginar un mar de bits o, mejor, un océano. Un ordenador moderno típico tiene más de 30 000 millones de bits en su almacenamiento de datos volátil (memoria de trabajo). El almacenamiento no volátil (el disco duro o equivalente) suele tener unos cuantos órdenes de mayor magnitud.

Para poder trabajar con tal cantidad de bits sin perdernos, hay que separarlos en trozos que representen fragmentos de información. En un entorno JavaScript, esos trozos se llaman valores. Aunque todos los valores están formados por bits, desempeñan distintas funciones. Cada valor tiene un tipo que determina su función. Algunos valores son números, otros son fragmentos de texto, otros son funciones, etc. Para crear un valor, basta con llamarlo por su nombre. Esto es muy práctico. No ha de reunir material de construcción para sus valores ni pagar por ellos. Basta con llamar a uno y, zas, ya lo tenemos. Por supuesto, no se crean de la nada. Cada valor tiene que almacenarse en algún sitio y, para usar una cantidad gigantesca de ellos simultáneamente, podría quedarse sin memoria. Afortunadamente, esto solo es un problema si los necesita todos a la vez. En cuanto deje de usar un valor, se disipará, dejando atrás sus bits para ser reciclados como material de construcción para la siguiente generación de valores.

Este capítulo presenta los elementos atómicos de los programas de JavaScript, es decir, los tipos de valores sencillos y los operadores que pueden trabajar con esos valores.

Números

Los valores de tipo `number` son, como era de esperar, valores numéricos. En un programa de JavaScript, se escriben de la siguiente manera:

```
13
```

Al usarlo en un programa haremos que en la memoria del ordenador se cree el patrón de bits para el número 13. JavaScript utiliza un número fijo de bits, 64, para almacenar un único valor numérico. Hay un número limitado de patrones que se pueden hacer con 64 bits, lo que significa que la cantidad de números diferentes que es posible representar es limitada. Con N dígitos decimales se pueden representar 10^N números. Del mismo modo, con 64 dígitos binarios se pueden representar 2^{64} números diferentes, lo que equivale a unos 18 trillones (un 18 con 18 ceros detrás). Eso es mucho.

La memoria de los ordenadores solía ser mucho más pequeña y la gente tendía a utilizar grupos de 8 o 16 bits para representar sus números. Era fácil desbordar accidentalmente números tan pequeños, es decir, acabar con un número que no cabía en el número de bits dado. Hoy en día, incluso los ordenadores de bolsillo tienen memoria de sobra, por lo que se pueden utilizar trozos de 64 bits, y solo hay que preocuparse por el desbordamiento cuando se trata de números realmente astronómicos. Sin embargo, no todos los números enteros inferiores a 18 trillones caben en un número de JavaScript. Esos bits también almacenan números negativos, por lo que un bit indica el signo del número. Un problema mayor es que los números no enteros también deben representarse. Para hacerlo, algunos de los bits se utilizan para almacenar la posición del punto decimal. El máximo número entero real que se puede almacenar se sitúa en torno a los 9000 billones (15 ceros), sigue siendo una cifra enorme. Los números fraccionarios se escriben con un punto.

```
9.81
```

Para números muy grandes o muy pequeños, es posible usar notación científica añadiendo una `e` (de exponente) seguida por el exponente del número.

```
2.998e8
```

Este número es $2{,}998 \times 10^8 = 299\ 800\ 000$.

Se garantiza que los cálculos con números enteros (llamados *integers* en inglés) menores que los 9000 billones antes mencionados siempre son precisos. Por desgracia, los cálculos con números fraccionarios no suelen serlo. Del mismo modo que π (pi) no puede expresarse con precisión mediante un número finito de dígitos decimales, muchos números pierden precisión cuando solo se dispone de 64 bits para almacenarlos. Es una pena, pero únicamente causa problemas prácticos en situaciones concretas. Lo importante es ser consciente de ello y tratar los números digitales fraccionarios como aproximaciones, no como valores precisos.

Aritmética

La principal operación que vamos a hacer con los números es aritmética. Las operaciones aritméticas como la suma o la multiplicación toman dos valores numéricos y producen un número nuevo a partir de ellos. Aquí podemos ver cómo se representan en JavaScript:

```
100 + 4 * 11
```

Los símbolos `+` y `*` se llaman operadores. El primero representa la suma y el segundo la multiplicación. Al colocar un operador entre dos valores, se aplicará a esos valores y creará un valor nuevo.

Pero ¿el ejemplo significa «sumar 4 y 100, y luego multiplicar el resultado por 11» o la multiplicación se hace antes que la suma? Como es probable que haya deducido, la multiplicación se hace primero. Pero, al igual que en matemáticas, puede modificar el orden colocando la suma entre paréntesis.

```
(100 + 4) * 11
```

Para la resta tenemos el operador `-` y para la división el operador `/`.

Cuando los operadores aparecen juntos sin paréntesis, el orden de aplicación viene determinado por la prioridad de los operadores. El ejemplo muestra que la multiplicación tiene prioridad frente a la suma. El operador `/` tiene la misma prioridad que `*`. Lo mismo sucede para `+` y `-`. Cuando aparecen varios operadores juntos con la misma prioridad, como en `1 - 2 + 1`, se aplican de izquierda a derecha: `(1 - 2) + 1`.

No debería preocuparse por las normas de prioridad. Si tiene dudas, añada paréntesis.

Hay un operador aritmético más y es posible que no lo reconozca inmediatamente. El símbolo `%` se usa para representar la operación resto. `X % Y` es el resto de dividir `X` entre `Y`. Por ejemplo, el resultado de `314 % 100` es `14`, y el de `144 % 12` es `0`. La prioridad del operador resto es la misma que la de la multiplicación y la división. También es frecuente que este operador se denomine módulo.

Números especiales

Hay tres valores especiales en JavaScript que se consideran números, pero no se comportan como números normales.

Los primeros dos son `Infinity` y `-Infinity`, que representan a los valores infinito positivo y negativo. `Infinity - 1` sigue siendo `Infinity`, y así sucesivamente. Pero no confíe demasiado en la computación con infinitos. No es matemáticamente racional, lo que rápidamente nos llevará al siguiente número especial: `NaN`.

`NaN` son las siglas de *Not a number* ('no es un número'), aunque es un valor de tipo `number`. Por ejemplo, obtendrá este resultado cuando intente calcular `0 / 0` (cero entre cero), `Infinity - Infinity` o cualquier número de otras operaciones numéricas que no den un resultado con significado.

Cadenas

El siguiente tipo de datos básicos es `string` (cadena). Las cadenas se usan para representar texto y se escriben colocando su contenido entre comillas.

```
`Debajo del mar`
"Descansa en el océano"
'Flota en el océano'
```

Puede utilizar comillas simples, comillas dobles o acentos graves para delimitar cadenas, siempre que las comillas al principio y al final de la cadena sean las mismas.

Se puede poner casi cualquier cosa entre comillas y JavaScript creará un valor de cadena a partir de ello. Pero algunos caracteres son más difíciles. Imagine lo difícil que resulta poner comillas entre comillas. El carácter retorno de carro (se obtiene al pulsar **Intro**) solo puede incluirse sin salir de la cadena cuando esta se delimita con acentos graves (`).

Para hacer posible la inclusión de tales caracteres en una cadena, se utiliza la siguiente notación: siempre que se encuentre una barra invertida (\) dentro de un texto entrecomillado, indica que el carácter que le sigue tiene un significado especial. A esto se le llama escapar el carácter. Unas comillas precedidas de una barra invertida no terminarán la cadena, sino que formarán parte de ella. Cuando aparece una `n` después de una barra invertida, se interpreta como un retorno de carro. Del mismo modo, una `t` después de una barra invertida significa un carácter tabulador.

Tomemos la siguiente cadena:

```
"Esta es la primera línea\nY esta es la segunda"
```

El texto real que contiene será:

```
Esta es la primera línea
Y esta es la segunda
```

Por supuesto, hay situaciones donde queremos que una barra invertida en una cadena sea solo una barra invertida, no un código especial. Si hay dos barras invertidas seguidas, se desintegrarán juntas y solo quedará una en el valor de cadena resultante. La cadena «Un carácter retorno de carro se escribe "\n".» se puede expresar de la siguiente manera:

```
"Un carácter retorno de carro se escribe \"\n"."
```

Las cadenas también tienen que modelarse como una serie de bits para poder existir dentro del ordenador. JavaScript realiza este proceso basándose en el estándar Unicode. Este estándar asigna un número a virtualmente cada carácter que podemos necesitar, incluidos los del griego, árabe, japonés, armenio, etc. Si tenemos un número para cada carácter, una cadena se puede describir mediante una secuencia de números.

Y eso es lo que hace JavaScript, pero hay un problema: la representación de JavaScript usa 16 bits por elemento de la cadena, lo que puede describir hasta 2^{16} caracteres distintos. Pero Unicode define más caracteres, actualmente alrededor del doble. Por eso, algunos caracteres, como muchos emojis, ocupan hasta dos posiciones de carácter en las cadenas de JavaScript. Volveremos a hablar de este tema en el apartado «Cadenas y códigos de caracteres» más adelante.

Las cadenas no se pueden dividir, multiplicar ni restar, pero con ellas se puede usar el operador +. No las suma, sino que las concatena, es decir, pega las dos cadenas juntas. La siguiente línea dará lugar a la cadena «concatenar»:

```
"con" + "cat" + "e" + "nar"
```

Los valores de cadena tienen funciones asociadas (métodos) que se pueden usar para realizar otras operaciones con ellos. Profundizaremos en este tema más adelante en el apartado «Métodos».

Las cadenas escritas con comillas simples o dobles se comportan de manera muy similar, la única diferencia es el tipo de comillas que necesitamos para escapar dentro de ellas. Las cadenas flanqueadas por acentos graves, habitualmente llamadas *template literals*, tienen más posibilidades. Además de abarcar líneas, también integran otros valores.

```
`la mitad de 100 es ${100 / 2}`
```

Cuando en un template literal escribimos algo dentro de `${}`, el resultado se computará, convertirá a una cadena e incluirá en esa posición. El ejemplo da como resultado:

```
la mitad de 100 es 50
```

Operadores unarios

No todos los operadores son símbolos, algunos se escriben como palabras. Un ejemplo es el operador `typeof`, que produce un valor cadena que nombra el tipo del valor que se le da.

```
console.log(typeof 4.5)
// → number
console.log(typeof "x")
// → string
```

En el código de ejemplo usaremos `console.log` para indicar que queremos ver el resultado de evaluar algo. En el siguiente capítulo encontrará más información sobre este tema.

Los otros operadores muestran que todas las operaciones se realizan con dos valores, pero `typeof` solo toma uno. Los operadores que usan dos valores se llaman binarios y los que toman uno se denominan unarios. El operador menos se puede usar como operador binario y unario.

```
console.log(- (10 - 2))
// → -8
```

Valores booleanos

A menudo es útil tener un valor que distingue entre solo dos posibilidades, como «sí» y «no» u «on» y «off». Para este propósito JavaScript tiene un tipo `Boolean` con solo dos valores: verdadero y falso, que se escriben como su traducción en inglés: *true* y *false.*

Comparación

Esta es una manera de generar valores booleanos:

```
console.log(3 > 2)
// → true
console.log(3 < 2)
// → false
```

Los símbolos > y < son los que se usan tradicionalmente para «mayor que» y «menor que», respectivamente. Son operadores binarios. Al aplicarlos el resultado es un valor booleano que indica si la expresión es verdadera.

Las cadenas se pueden comparar de la misma manera.

```
console.log("Aardvark" < "Zoroaster")
// → true
```

Las cadenas se ordenan más o menos alfabéticamente, pero no como se podría esperar ver en un diccionario: las mayúsculas siempre son «menores» que las minúsculas, por eso "Z" < "a", y los caracteres no alfanuméricos (como !, -, etc.) también están incluidos en el orden. Cuando se comparan cadenas, JavaScript analiza los caracteres de izquierda a derecha y compara los códigos Unicode uno a uno. Otros operadores similares son >= (mayor que o igual a), <= (menor que o igual a), == (igual a) y != (no igual a).

```
console.log("Pica" != "Rasca")
// → true
console.log("Manzana" == "Naranja")
// → false
```

Solo hay un valor en JavaScript que no es igual a sí mismo, el valor `NaN` (*Not a number,* 'no es un número').

```
console.log(NaN == NaN)
// → false
```

Se supone que `NaN` denota el resultado de una computación absurda y, como tal, no es igual al resultado de ninguna otra computación absurda.

Operadores lógicos

También hay operadores lógicos que se pueden aplicar a valores booleanos. JavaScript es compatible con tres operadores lógicos: *and, or* y *not.* Estos operadores se pueden usar para razonar con los booleanos. El operador `&&` representa al operador lógico *and,* es un operador binario y su resultado solo es `true` si ambos valores dados son verdaderos.

```
console.log(true && false)
// → false
console.log(true && true)
// → true
```

El operador `||` representa al operador lógico *or*, da como resultado `true` si uno de los dos valores dados es verdadero.

```
console.log(false || true)
// → true
console.log(false || false)
// → false
```

Not se escribe como una exclamación de cierre (`!`), es un operador unario que invierte el valor dado: `!true` da como resultado `false` y `!false` da como resultado `true`.

Cuando se mezclan estos operadores booleanos con aritmética y otros operadores, no siempre es obvio cuándo son necesarios los paréntesis. En la práctica, habitualmente puede arreglárselas conociendo los operadores que hemos mencionado hasta ahora. `||` tiene la prioridad más baja, luego viene `&&`, después los operadores de comparación (`>`, `==`, etc.) y luego el resto. Este orden se ha elegido así porque en las expresiones habituales, como la que aparece debajo, se necesita la menor cantidad de paréntesis posible:

```
1 + 1 == 2 && 10 * 10 > 50
```

El último operador lógico que vamos a explicar no es unario ni binario, es ternario y opera con tres valores. Se escribe con una interrogación de cierre y dos puntos, como se comprueba en el siguiente ejemplo:

```
console.log(true ? 1 : 2);
// → 1
console.log(false ? 1 : 2);
// → 2
```

Este operador se llama condicional o a veces simplemente el operador ternario, porque es el único operador de este tipo en el lenguaje. El valor a la izquierda del símbolo de interrogación elige cuál de los otros dos valores será el resultado. Cuando es verdadero (`true`), elige el valor situado en el medio; y cuando es falso, elige el valor situado a la derecha.

Valores vacíos

Hay dos valores especiales que se escriben `null` y `undefined`. Estos valores se utilizan para representar la ausencia de un valor coherente. Son valores, pero no contienen información.

Muchas operaciones en el lenguaje que no dan como resultado un valor coherente producen `undefined` simplemente porque tienen que dar algún valor. Más adelante veremos algunas de ellas.

La diferencia de significado entre `undefined` y `null` es un accidente del diseño de JavaScript y casi nunca es importante. En los casos en que realmente tiene que preocuparse por estos valores, le recomiendo tratarlos principalmente como intercambiables.

Conversión automática de tipos

En la «Introducción» he mencionado que JavaScript se esfuerza por aceptar casi cualquier programa que le dé, incluso programas que realizan operaciones extrañas. Las siguientes expresiones lo demuestran muy bien:

```
console.log(8 * null)
// → 0
console.log("5" - 1)
// → 4
console.log("5" + 1)
// → 51
console.log("five" * 2)
// → NaN
console.log(false == 0)
// → true
```

Cuando se aplica un operador al tipo de valor incorrecto, JavaScript convierte ese valor al tipo que necesita con discreción y utilizando un conjunto de reglas que a menudo no son las que usted desea o espera. Esto se llama coerción de tipo. El `null` de la primera expresión se convierte en `0` y el `"5"` de la segunda expresión se convierte en `5` (de cadena a número). Sin embargo, en la tercera expresión, `+` intenta la concatenación de cadenas antes que la suma numérica, por lo que el `1` se convierte en `"1"` (de número a cadena).

Cuando algo que no se corresponde con un número de forma obvia (como `"cinco"` o `undefined`) se convierte en un número, obtenemos el valor `NaN`. Además, las operaciones aritméticas con `NaN` siguen dando `NaN` como resultado, así que, si se encuentra con uno de ellos en un lugar inesperado, busque conversiones de tipo accidental. Cuando se comparan valores del mismo tipo utilizando ==, el resultado es fácil de predecir: debería obtener `true` cuando ambos valores son iguales, excepto en el caso de `NaN`. Pero cuando los tipos son distintos, JavaScript utiliza un complicado y confuso conjunto de reglas para determinar qué hacer. En la mayoría de los casos, simplemente intenta convertir uno de los valores al tipo del otro valor. Sin embargo, cuando `null` o `undefined` aparecen en uno de los lados del operador, solo da como resultado `true` si ambos lados son `null` o `undefined`.

```
console.log(null == undefined);
// → true
console.log(null == 0);
// → false
```

Es frecuente que este comportamiento sea útil. Cuando queramos probar si un valor tiene un valor real en lugar de `null` o `undefined`, podemos compararlo con `null` utilizando el operador == (o `!=`). Pero ¿qué sucede si queremos probar si algo se refiere al valor específico `false`? Las expresiones como `0 == false` y `"" == false` son verdaderas. Cuando no queremos que se produzca ninguna conversión automática de tipo, hay dos operadores adicionales === y `!==`. El primero prueba si un valor es igual al otro de manera precisa y el segundo, si no es igual de manera precisa. Entonces `"" === false` es falso como esperábamos. Recomiendo usar los operadores de comparación de tres caracteres de manera defensiva para evitar que conversiones de tipo inesperadas nos hagan equivocarnos. Pero cuando estemos seguros de que los tipos en los dos lados serán los mismos, no hay problema si usamos operaciones más cortas.

Cortocircuito de operadores lógicos

Los operadores lógicos `&&` y `||` manejan valores de tipos distintos de una manera peculiar. Convertirán el valor de su lado izquierdo al tipo `boolean` para decidir qué hacer, pero, según el operador y el resultado de esa conversión, volverán al valor original situado a la izquierda o al valor situado a la derecha.

Por ejemplo, el operador `||` devolverá el valor a su izquierda cuando este se pueda convertir en `true` y, en caso contrario, devolverá el valor a su derecha. Este fenómeno tiene el efecto esperado cuando los valores son `boolean` y hace algo similar para valores de otros tipos.

```
console.log(null || "user")
// → user
console.log("Agnes" || "user")
// → Agnes
```

Podemos usar esta función como una manera de recurrir a un valor por defecto. Si tiene un valor que podría estar vacío, puede poner `||` después de él con un valor de sustitución. Si el valor inicial se puede convertir a `false`, obtendrá el sustituto en su lugar. Las reglas para convertir cadenas y números en valores booleanos establecen que `0`, `NaN` y la cadena vacía (`""`) se consideran `false`, mientras que todos los demás valores cuentan como `true`. Así, `0 || -1` da `-1`, y `"" | "!?"` da `"!?"`.

El operador `&&` funciona de forma similar, pero al revés. Cuando el valor a su izquierda es algo que se convierte en `false`, devuelve ese valor y, en caso contrario, devuelve el valor a su derecha.

Otra propiedad importante de estos dos operadores es que la parte situada a su derecha solo se evalúa cuando es necesario. En el caso de `true || X`, no importa lo que sea `X` (incluso si es un trozo de programa que hace algo terrible) porque el resultado será `true` y X nunca se evalúa. Lo mismo ocurre con `false && X`, que es `false` e ignorará `X`. Esto se llama evaluación en cortocircuito.

El operador condicional funciona de forma similar. De los valores segundo y tercero, solo se evalúa el seleccionado.

Resumen

En este capítulo hemos visto cuatro tipos de valores de JavaScript: números, cadenas, booleanos y valores indefinidos.

Estos valores se han creado escribiendo su nombre (`true`, `null`) o valor (`13`, `"abc"`). Podemos combinar y transformar valores con operadores. Hemos visto operadores binarios para aritmética (`+`, `-`, `*`, `/`, y `%`), concatenación de cadenas (`+`), comparación (`==`, `!=`, `===`, `!==`, `<`, `>`, `<=`, `>=`) y lógica (`&&`, `||`), así como varios operadores unarios (`-` para negar un número, `!` para negar lógicamente, `typeof` para encontrar el tipo de un valor) y un operador ternario (`?:`) para elegir uno de dos valores basándose en un tercer valor.

Esto le da suficiente información para utilizar JavaScript como una calculadora de bolsillo, pero no mucho más. En el próximo capítulo empezaremos a vincular estas expresiones juntas en programas básicos.

«Y mi corazón brilla rojo debajo de mi piel membranosa y translúcida, tienen que administrarme 10 cc de JavaScript (respondo bien a las toxinas en la sangre). ¡Dios mío!, esa medicina es muy potente».

— _why, *Why's (Poignant) Guide to Ruby*

2

ESTRUCTURA DE PROGRAMA

En este capítulo empezaremos a hacer lo que realmente se puede llamar programar. Ampliaremos nuestro dominio del lenguaje JavaScript más allá de los nombres y fragmentos de instrucciones que hemos visto hasta ahora, hasta el punto de que podamos escribir prosa con significado.

Expresiones e instrucciones

En el capítulo 1 hemos creado valores y les hemos aplicado operadores para obtener valores nuevos. La creación de valores de este tipo es la esencia principal de cualquier programa JavaScript. Pero, para que sea útil, esa sustancia tiene que estar enmarcada en una estructura mayor. Lo veremos a continuación.

Un fragmento de código que produce un valor se llama una expresión. Cada valor que se escribe literalmente (como 22 o "psicoanálisis") es una expresión. Una expresión entre paréntesis también es una expresión, al igual que un operador binario aplicado a dos expresiones o un operador unario aplicado a una.

Esto muestra parte de la belleza de una interfaz basada en el lenguaje. Las expresiones pueden contener otras expresiones de forma similar a como se anidan las oraciones subordinadas en los idiomas humanos: una oración subordinada puede contener sus propias oraciones subordinadas, y así sucesivamente. Esto nos permite construir expresiones que describen cálculos computacionales arbitrariamente complejos.

Si una expresión corresponde a un fragmento de oración, una instrucción de JavaScript corresponde a una oración completa. Un programa es una lista de instrucciones.

El tipo más sencillo de instrucción es una expresión con un punto y coma después. Esto es un programa:

```
1;
!false;
```

Sin embargo, es un programa inútil. Una expresión puede ser contenido para producir solo un valor, que luego puede ser usado por el código anexo. Una instrucción funciona por sí misma, por lo que solo llega a ser algo si afecta al mundo. Puede mostrar elementos en la pantalla y eso cuenta como cambiar el mundo o puede modificar el estado interno de la máquina de forma que afecte a las instrucciones que vienen después. Estos cambios se denominan efectos secundarios. Las instrucciones del ejemplo anterior solo generan los valores `1` y `true`, y luego los desechan inmediatamente. Esto no deja ninguna huella en el mundo. Cuando ejecuta este programa no sucede nada observable.

En algunos casos, JavaScript permite omitir el punto y coma al final de una instrucción. En otros casos, tiene que estar presente o la siguiente línea se tratará como parte de la misma instrucción. Las reglas sobre cuándo puede omitirse con seguridad son algo complejas y propensas a errores. Por ello, en este libro todas las instrucciones que necesiten un punto y coma siempre tendrán uno. Le recomiendo que haga lo mismo, al menos hasta que haya aprendido más sobre las sutilezas de omitir puntos y comas.

Vinculaciones

¿Cómo conserva un programa un estado interno? ¿Cómo recuerda cosas? Hemos visto cómo producir valores nuevos a partir de valores viejos, pero los viejos no se modifican y los nuevos tienen que usarse inmediatamente o se volverán a disipar. Para capturar y conservar valores, JavaScript ofrece un elemento llamado vinculación o variable:

```
let caught = 5 * 5;
```

Ese es un segundo tipo de instrucción. La palabra especial (palabra clave) `let` indica que esta instrucción va a definir una vinculación. Va seguida por el nombre de la vinculación y, si queremos darle un valor inmediatamente, a continuación, se coloca un operador = y una expresión. La instrucción anterior crea una vinculación con el nombre `caught` y lo usa para hacer persistente el número creado al multiplicar 5 por 5.

Después de definir una vinculación, su nombre se puede usar como una expresión. El valor de una expresión de este tipo es el valor que la vinculación tiene en la actualidad. Aquí vemos un ejemplo:

```
let ten = 10;
console.log(ten * ten);
// → 100
```

Cuando una vinculación apunta a un valor, eso no significa que esté atada a él para siempre. El operador = se puede usar en cualquier momento en las variables existentes para desconectarlas de su valor actual y hacer que apunten a uno nuevo.

```
let mood = "light";
console.log(mood);
// → light modo
= "dark";
console.log(mood);
// → dark
```

Debería considerar las vinculaciones como tentáculos en lugar de cajas. No contienen valores, los atrapan. Dos vinculaciones pueden hacer referencia al mismo valor. Un programa solo puede acceder a los valores para los que aún tiene una referencia. Cuando necesita recordar algo, hace crecer un tentáculo para agarrarse a eso o vuelve a vincular a eso uno de sus tentáculos existentes.

Veamos otro ejemplo. Para recordar la cantidad de euros que Luigi todavía le debe, cree una vinculación. Cuando le devuelve 35 €, la vinculación toma un valor nuevo.

```
let luigisDebt = 140;
luigisDebt = luigisDebt - 35;
console.log(luigisDebt);
// → 105
```

Cuando definimos una vinculación sin darle un valor, el tentáculo no tiene nada para agarrar y termina en nada. Si preguntamos por el valor de una vinculación vacía, obtenemos el valor `undefined`.

Una instrucción `let` individual puede definir múltiples vinculaciones. Las definiciones deben estar separadas por comas.

```
let one = 1, two = 2;
console.log(one + two);
// → 3
```

Las palabras `var` y `const` también se pueden usar para crear vinculaciones de manera similar a `let`.

```
var name = "Ayda";
const greeting = "Hello ";
console.log(greeting + name);
// → Hello Ayda
```

En la primera línea se usa `var` (la abreviatura de variable), así era como se declaraban las vinculaciones en JavaScript anterior a 2015. En el siguiente capítulo volveremos a hablar de la diferencia específica con `let`. Por el momento, recuerde que principalmente hace la misma función, pero no lo usaremos habitualmente en este libro porque tiene algunas propiedades que crean confusión.

La palabra `const` es la abreviatura de «constante». Define una vinculación constante, que apunta al mismo valor durante toda su vida. Es útil para las vinculaciones que le dan un nombre a un valor y así podremos referirnos a él con facilidad más adelante.

Nombres de vinculaciones

Los nombres de vinculaciones pueden ser cualquier palabra. Los números pueden ser parte de los nombres de las vinculaciones (por ejemplo, `catch22` es un nombre válido), pero el nombre no debe empezar con un número. Un nombre de vinculación puede incluir el símbolo del dólar ($) o guion bajo (_), pero ninguna otra puntuación o carácter especial.

Las palabras con un significado especial, como `let`, son palabras clave y no se pueden usar como nombres de vinculaciones. También hay varias palabras reservadas para su uso en versiones futuras de JavaScript y tampoco se pueden usar como nombres de vinculaciones. La lista completa de palabras clave y reservadas es bastante larga.

```
break case catch class const continue debugger default
delete do else enum export extends false finally for
function if implements import interface in instanceof let
new package private protected public return static super
switch this throw true try typeof var void while with yield
```

No se preocupe, no es necesario memorizar esta lista. Si al crear una vinculación se produce un error de sintaxis inesperado, consulte si está intentando definir una palabra reservada.

El entorno

La colección de vinculaciones y sus valores existentes en un momento dado se llama entorno. Cuando se inicia un programa, este entorno no está vacío. Siempre contiene vinculaciones que forman parte del lenguaje estándar, y la mayoría de las veces también tiene vinculaciones que ofrecen maneras de interactuar con el sistema circundante. Por ejemplo, en un navegador hay funciones para interactuar con la página web actualmente cargada y para leer las entradas del ratón y del teclado.

Funciones

Muchos valores estipulados en el entorno predeterminado tienen el tipo `function`. Una función es una parte del programa empaquetada en un valor. Estos valores se pueden aplicar para ejecutar el programa empaquetado. Por ejemplo, en un entorno de navegador, la vinculación `prompt` contiene una función que muestra un cuadro de diálogo pequeño que le pide al usuario una entrada. Se usa de la siguiente manera:

```
prompt("Enter passocode");
```

Y podemos ver el resultado en la imagen siguiente:

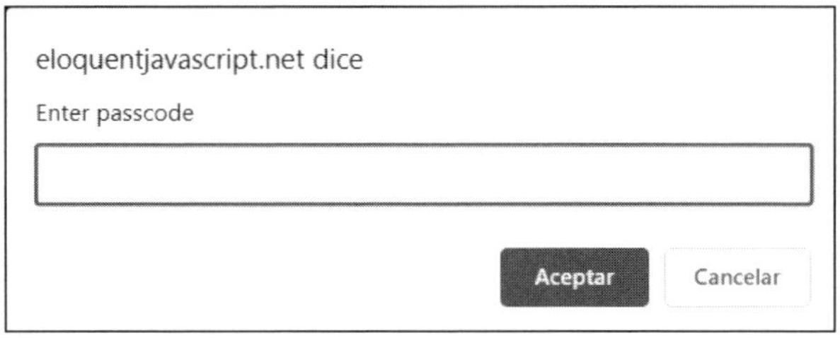

Ejecutar una función también se llama invocar, llamar o aplicar una función. Puede llamar a una función colocando paréntesis después de una expresión que genera un valor función. Por lo general, usará directamente el nombre de la vinculación que contiene la función. Los valores entre paréntesis se le dan al programa dentro de la función. En el ejemplo, la función `prompt` utiliza la cadena que le damos como el texto para mostrar en el cuadro de diálogo. Los valores dados a las funciones se llaman argumentos. Distintas funciones pueden necesitar una cantidad variable de diferentes tipos de argumentos.

La función `prompt` no se usa mucho en la programación web moderna, principalmente porque no se tiene control sobre el aspecto del cuadro de diálogo resultante, pero puede ser de ayuda en programas de juguete o experimentos.

La función console.log

En los ejemplos, hemos usado `console.log` para imprimir valores. La mayoría de los sistemas JavaScript (incluidos todos los navegadores web modernos y Node.js) incluyen una función `console,log` que escribe sus argumentos en algún dispositivo de salida de texto. En los navegadores, la salida se descarga en la consola de JavaScript. Esta parte de la interfaz del navegador está oculta de manera predeterminada, pero la mayoría de los navegadores la abren al pulsar **F12** o, en un ordenador Mac, **Comando-Opción-I**. Si eso no funciona, busque en los menús una opción llamada Herramientas de desarrollador o similar.

Aunque los nombres de vinculaciones no pueden contener el carácter punto (.), `console.log` tiene uno. Por eso `console.log` no es una simple vinculación. En realidad, es una expresión que recupera la propiedad `log` a partir del valor contenido por la vinculación `console`. Descubriremos exactamente lo que significa en el apartado «Propiedades» más adelante.

Devolver valores

Mostrar un cuadro de diálogo o escribir texto en la pantalla es un efecto secundario y muchas funciones son útiles debido a los efectos secundarios que producen. Las funciones también pueden producir valores, en cuyo caso no necesitan tener un efecto secundario para ser útiles. Por ejemplo, la función `Math.max` toma cualquier cantidad de argumentos numéricos y devuelve el mayor de ellos.

```
console.log(Math.max(2, 4));
// → 4
```

Cuando una función produce un valor, se dice que devuelve ese valor. Todo lo que produce un valor es una expresión en JavaScript, lo que significa que las llamadas de la función se pueden usar dentro de expresiones más amplias. Aquí podemos ver una llamada a `Math.min`, la función contraria de `Math.max`, usada como parte de una expresión adicional:

```
console.log(Math.min(2, 4) + 100);
// → 102
```

En el siguiente capítulo se explica cómo escribir nuestras propias funciones.

Flujo de control

Cuando el programa contiene más de una instrucción, las instrucciones se ejecutan como si fueran una historia, desde el principio hasta el final. Este programa de ejemplo tiene dos instrucciones. La primera le pide al usuario que elija un número y la segunda, que se ejecuta después de la primera, muestra el cuadrado de ese número.

```
let theNumber = Number(prompt("Pick a number"));
console.log("Your number is the square root of " + theNumber * theNumber);
```

La función `Number` convierte un valor en un número. Necesitamos esa conversión porque el resultado de `prompt` es un valor cadena, y queremos un número. Hay funciones similares llamadas `String` y `Boolean` que convierten valores a esos tipos.

Esta es la representación bastante esquemática y trivial del flujo de control en línea recta:

Ejecución condicional

No todos los programas siguen caminos rectos. Por ejemplo, podemos querer crear una carretera con bifurcaciones, donde el programa toma el desvío correcto en función de la situación en ese momento. Esto se llama ejecución condicional.

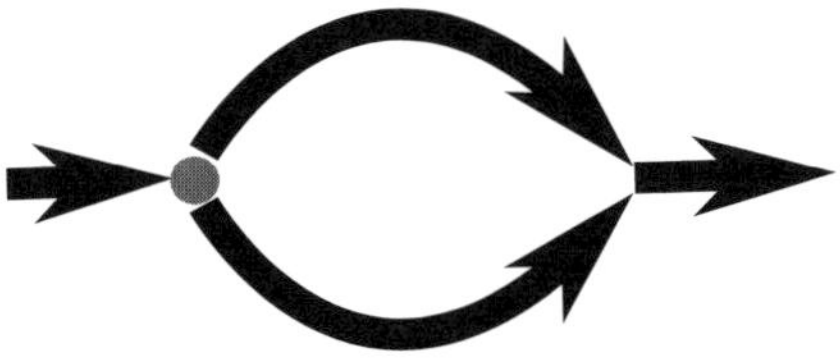

En JavaScript, la ejecución condicional se crea con la palabra clave `if`. En el caso sencillo, queremos que una parte del código se ejecute si, y solo si, tiene lugar una condición determinada. Por ejemplo, podríamos querer mostrar el cuadrado de la entrada solo si la entrada es realmente un número.

```
let theNumber = Number(prompt("Pick a number"));
if (!Number.isNaN(theNumber)) {
  console.log("Your number is the square root of " + theNumber * theNumber);
}
```

Con esta modificación, si introduce «papagayo», no se muestra ninguna salida.

La palabra clave `if` ejecuta u omite una instrucción dependiendo del valor de una expresión booleana. La expresión decisiva se escribe después de la palabra clave, entre paréntesis, seguida por la instrucción para ejecutar.

La función `Number.isNaN` es una función estándar de JavaScript que solo devuelve `true` si el argumento que se da es `NaN`. La función `Number` devuelve `NaN` cuando le damos una cadena que no representa un número válido. De este modo, la condición se traduce como «excepto si `theNumber` es "no es un número", haz esto».

En este ejemplo, la instrucción después de `if` está empaquetada entre llaves ({ y }). Las llaves se pueden usar para agrupar cualquier cantidad de instrucciones en una sola instrucción, que se denomina un bloque. En este caso también podría haberlas omitido porque solo contienen una instrucción, pero, para evitar tener que pensar si son necesarias, la mayoría de los programadores de JavaScript usan todas las instrucciones empaquetadas como esta. En este libro seguiremos esa convención, excepto para el unifilar ocasional.

```
if (1 + 1 == 2) console.log("It's true");
// → It's true
```

Con frecuencia no solo trabajará con código que se ejecuta cuando una condición es cierta, sino también con código que gestiona los otros casos. En el diagrama, esta ruta alternativa se representa mediante la segunda flecha. Puede usar la palabra clave `else` junto con `if` para crear dos rutas de ejecución separadas y alternativas.

```
let theNumber = Number(prompt("Pick a number"));
if (!Number.isNaN(theNumber)) {
  console.log("Your number is the square root of " + theNumber * theNumber);
} else {
  console.log("Hey. Why didn't you give me a number?");
}
```

Si tiene más de dos rutas para elegir, es posible encadenar múltiples pares `if/else` juntos. Aquí hay un ejemplo:

```
let num = Number(prompt("Pick a number"));

if (num < 10) {
  console.log("Small");
} else if (num < 100) {
  console.log("Medium");
} else {
  console.log("Large");
}
```

Primero el programa comprobará si `num` es inferior a 10. Si lo es, elige esa rama, muestra `"Small"` y ya ha terminado. Si no lo es, toma la rama `else` que contiene un segundo `if`. Si se cumple la segunda condición (`< 100`), eso significa que el número está entre 10 y 100 y se muestra `"Medium"`. Si no sucede, se elige el segundo y último `else`.

El esquema para este programa se parece a la siguiente imagen.

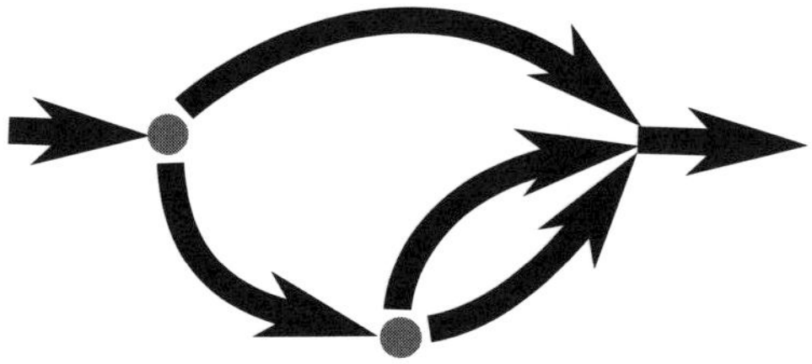

Bucles while y do

Tomemos un programa que imprime todos los números pares de 0 a 12. Una manera de escribir esto es la siguiente:

```
console.log(0);
console.log(2);
console.log(4);
console.log(6);
console.log(8);
console.log(10);
console.log(12);
```

Funciona, pero la idea de escribir un programa es hacer algo que represente menos trabajo y no más. Si necesitamos todos los números pares menores de 1000, este planteamiento sería inviable. Lo que necesitamos es una manera de ejecutar un fragmento de código varias veces. Esta forma de control de flujo se llama bucle, como se aprecia en la siguiente imagen.

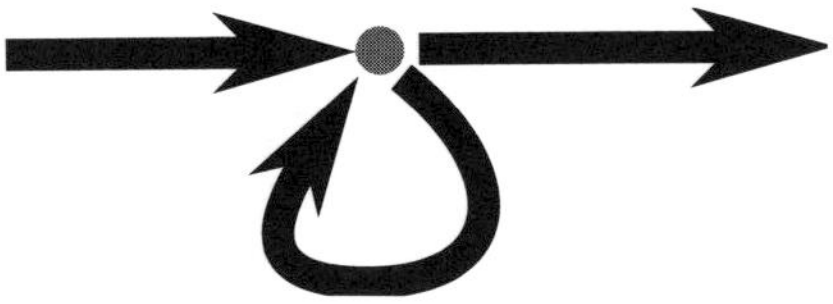

El bucle del control de flujo nos permite volver a algún punto en el programa donde estábamos antes y repetirlo con nuestro estado de programa actual. Si lo combinamos con una vinculación que cuenta, podemos hacer algo como esto:

```
let number = 0;
while (number <= 12) {
  console.log(number);
  number = number + 2;
}
// → 0
// → 2
// ... etcétera
```

Una instrucción que empieza con la palabra clave `while` crea un bucle. La palabra `while` va seguida por una expresión entre paréntesis y luego una instrucción, de manera muy similar a `if`. El bucle seguirá entrando en esa instrucción, mientras la expresión produce un valor que da `true` cuando se convierte a booleano.

La vinculación `number` demuestra cómo una vinculación puede hacer seguimiento del progreso de un programa. Cada vez que se repite el bucle, `number` toma un valor que es dos unidades superior a su valor anterior. Al principio de cada repetición, este valor se compara con el número 12 para decidir si el trabajo del programa ha terminado.

Como un ejemplo que realmente hace algo útil, ahora podemos escribir un programa que calcula y muestra el valor de 2^{10} (2 elevado a la décima potencia). Usamos dos vinculaciones: una para hacer seguimiento de nuestro resultado y otra para contar con cuánta frecuencia hemos multiplicado este resultado por 2. El bucle comprueba si la segunda vinculación ha alcanzado ya el número 10 y, si no es así, actualiza ambas vinculaciones.

```
let result = 1;
let counter = 0;
while (counter < 10) {
  result = result * 2;
  counter = counter + 1;
}
console.log(result);
// → 1024
```

El contador también podría haber empezado en 1 y comprobado si se cumple `<= 10`, pero por motivos que descubriremos en el capítulo 4 es recomendable acostumbrarse a contar desde 0.

Un bucle `do` es una estructura de control similar a un bucle `while`. Solo se diferencian en una cosa: un bucle `do` siempre ejecuta su cuerpo al menos una vez, y empieza probando si debería detenerse después de la primera ejecución. Para reflejarlo, la prueba aparece después del cuerpo del bucle.

```
let yourName;
do {
  yourName = prompt("Who are you?");
} while (!yourName);
console.log(yourName);
```

Este programa le obliga a introducir un nombre. Le preguntará una y otra vez hasta que consiga algo que no sea una cadena vacía. Aplicar el operador ! convertirá un valor al tipo `Boolean` antes de negarlo y todas las cadenas excepto "" se convertirán en `true`. Esto significa que el bucle sigue haciendo recorridos hasta que le damos un nombre no vacío.

Sangrar código

En los ejemplos hemos estado añadiendo espacios delante de las instrucciones que forman parte de otras instrucciones mayores. Estos espacios no son necesarios, el ordenador aceptará bien el programa sin ellos. De hecho, incluso los saltos de línea en programas son opcionales. Si tiene ganas, podría escribir un programa como una línea larga independiente.

La función de este sangrado dentro de los bloques es destacar la estructura del código. En el código donde se abren bloques nuevos dentro de otros bloques, puede ser difícil ver dónde termina un bloque y empieza otro. Con el sangrado adecuado, la forma visual de un programa corresponde a la forma de los bloques dentro de ella. Me gusta usar dos espacios para cada bloque abierto, pero las preferencias cambian y algunas personas usan cuatro espacios mientras otras emplean caracteres de tabulador. Lo importante es que cada bloque nuevo añade la misma cantidad de espacio.

```
if (false != true) {
  console.log("That makes sense.");
  if (1 < 2) {
    console.log("No surprise there.");
  }
}
```

La mayoría de los programas de edición de código le ayudarán sangrando las líneas nuevas de manera automática y la cantidad adecuada.

Bucles for

Muchos bucles siguen el patrón que aparece en los ejemplos `while`. Primero se crea una vinculación contador para hacer el seguimiento del progreso del bucle. Entonces hay un bucle `while`, habitualmente con una expresión de prueba que comprueba si el contador ha alcanzado su valor final. Al final del cuerpo del bucle, el contador se actualiza para hacer un seguimiento del progreso. Como este patrón es tan habitual, JavaScript y los lenguajes similares tienen una forma ligeramente más corta y amplia, el bucle `for`.

```
for (let number = 0; number <= 12; number = number + 2) {
  console.log(number);
}
// → 0
// → 2
// ... etcétera
```

Este programa es exactamente equivalente al ejemplo que hemos visto antes de impresión de números pares. El único cambio es que todas las instrucciones relacionadas con el «estado» del bucle están agrupadas juntas después de `for`.

El paréntesis después de una palabra clave `for` debe contener dos punto y coma. La parte antes del primer punto y coma inicializa el bucle, habitualmente definiendo una variable. La segunda parte es la expresión que comprueba si el bucle debe continuar. La parte final actualiza el estado del bucle después de cada iteración. En la mayoría de casos, es más corto y claro que una construcción `while`. Aquí podemos ver el código que computa 2^{10} usando `for` en lugar de `while`:

```
let result = 1;
for (let counter = 0; counter < 10; counter = counter + 1) {
  result = result * 2;
}
console.log(result);
// → 1024
```

Salir de un bucle

Hacer que la condición del bucle produzca el valor `false` no es la única manera de terminar un bucle. Hay una instrucción especial llamada `break` que tiene el efecto de saltar inmediatamente fuera del bucle donde se encuentra.

Este programa muestra un ejemplo de la instrucción `break`. Encuentra el primer número que es mayor que o igual a 20 y divisible entre 7.

```
for (let current = 20; ; current = current + 1) {
  if (current % 7 == 0) {
    console.log(current);
    break;
  }
}
// → 21
```

Usar el operador resto (`%`) es una manera fácil de probar si un número es divisible entre otro. Si lo es, el resto de la división es cero.

La construcción `for` en el ejemplo no tiene una parte que comprueba el final del bucle. Lo que significa que el bucle no se parará nunca, a menos que se ejecute la instrucción `break` que se encuentra dentro. Si quita esa instrucción `break` o accidentalmente escribe una condición final que siempre da como resultado `true`, el programa se quedará atascado en un bucle infinito. Un programa atascado en un bucle infinito nunca termina de ejecutarse y, por lo general, esto suele ser malo.

La palabra clave `continue` es similar a `break` en el aspecto en que influye en el progreso de un bucle. Cuando el proceso encuentra `continue` en el cuerpo de un bucle, el control sale del cuerpo y continúa con la siguiente iteración del bucle.

Actualizar vinculaciones en pocas palabras

En especial cuando se hacen bucles, es frecuente que un programa necesite actualizar una vinculación para tener un valor basado en el valor anterior de la vinculación.

```
counter = counter + 1;
```

JavaScript tiene un atajo para hacerlo.

```
counter += 1;
```

Hay atajos similares que funcionan para muchos otros operadores, como `result *= 2` para calcular el doble de `result` o `counter -= 1` para contar hacia atrás.

De esta manera acortamos un poco más nuestro ejemplo de contar.

```
for (let number = 0; number <= 12; number += 2) {
  console.log(number);
}
```

Para `counter += 1` y `counter -= 1`, incluso hay equivalentes más cortos: `counter++` y `counter--`.

Enviar un valor con switch

Es habitual que el código se parezca a este que aparece aquí debajo:

```
if (x == "value1") action1();
else if (x == "value2") action2();
else if (x == "value3") action3();
else defaultAction();
```

Hay una construcción llamada `switch` diseñada para expresar un envío similar de una manera más directa. Desafortunadamente, la sintaxis que usa JavaScript para esto (heredada de la línea de lenguajes de programación C/Java) es bastante incómoda: una cadena de instrucciones `if` puede tener mejor aspecto. Aquí debajo es posible ver un ejemplo:

```
switch (prompt("What is the weather like?")) {
  case "rainy":
    console.log("Remember to bring an umbrella.");
    break;
  case "sunny":
    console.log("Dress lightly.");
  case "cloudy":
    console.log("Go outside.");
    break;
  default:
    console.log("Unknown weather type!");
    break;
}
```

Podemos colocar todas las etiquetas `case` que queramos dentro del bloque abierto por `switch`. El programa empezará a ejecutarse en la etiqueta que corresponde al valor que se le ha dado a `switch`, o en `default` si no se encuentra ningún valor que coincida. Después seguirá ejecutándose, incluso en otras etiquetas, hasta que llegue a una instrucción `break`. En algunas ocasiones, como `"sunny"` en nuestro ejemplo, esto se puede usar para compartir código entre casos (se recomienda salir fuera cuando el tiempo es *sunny* y *cloudy*, es decir, soleado y nuboso). Pero tenga cuidado, es fácil olvidar un `break` de este tipo, que hará que el programa ejecute código que no desea que se ejecute.

Uso de mayúsculas

Los nombres de las vinculaciones no pueden contener espacios, aunque con frecuencia es útil usar varias palabras para describir con claridad qué representa la vinculación. Aquí puede ver bastantes opciones para escribir un nombre de vinculación que contenga varias palabras:

```
fuzzylittleturtle
fuzzy_little_turtle
FuzzyLittleTurtle
fuzzyLittleTurtle
```

El estilo representado en la primera línea puede ser difícil de leer. Me gustan más los guiones bajos, aunque ese estilo es un poco difícil de escribir. Las funciones estándar de JavaScript y la mayoría de sus programadores siguen el estilo de la última línea, escriben en mayúscula la primera letra de cada palabra menos de la primera. Es fácil acostumbrarse a pequeñas cosas como esa, y el código con estilos de nombre mixtos puede ser irritante al leerlo, así que vamos a seguir esta convención.

En algunos casos, como en la función `Number`, la primera letra de una vinculación también se escribe en mayúsculas. Esto obedece al deseo de marcar esta función como un constructor. En el capítulo 6 se explica claramente qué es un constructor. Por ahora, lo importante es no preocuparse por esta aparente falta de consistencia.

Comentarios

Con frecuencia, el código crudo no transporta toda la información que queremos que transporte un programa a los lectores humanos, o lo transporta de una manera tan críptica que las personas podrían no comprenderlo. En otras ocasiones, simplemente podría querer incluir algunos pensamientos relacionados como parte de su programa. Para eso son los comentarios.

Un comentario es un fragmento de texto que es parte de un programa, pero el ordenador lo ignora por completo. En JavaScript hay dos maneras de escribir comentarios. Para escribir un comentario de una sola línea puede usar dos caracteres barra (//) y luego escribir después el texto que constituye el comentario.

```
let accountBalance = calculateBalance(account);
// Es una depresión verde donde canta un río
accountBalance.adjust();
// Capturando disparatadamente jirones blancos en la hierba.
let report = new Report();
// Donde el sol sobre los círculos de montañas orgullosos:
addToReport(accountBalance, report);
// Es un valle pequeño, espumeando como la luz en un vidrio.
```

Un comentario // solo se coloca al final de la línea. Una sección de texto entre /* y */ se ignorará por completo incluso si contiene saltos de línea. Es útil para añadir bloques o información sobre un archivo o un fragmento de programa.

```
/*
  Primero encontré este número garabateado en la parte trasera de
  un viejo cuaderno. Desde entonces, se ha dejado caer con frecuencia,
  apareciendo en números de teléfono y los números de serie
  de productos que he comprado. Obviamente le gusto,
  así que he decidido quedarme con él.
*/
const myNumber = 11213;
```

Resumen

Ahora ya sabe que un programa se construye a partir de instrucciones, que a veces contienen más instrucciones. Estas tienden a contener expresiones que, a su vez, pueden construirse a partir de expresiones más pequeñas.

Colocando instrucciones una detrás de otra se obtiene un programa que se ejecuta de arriba abajo. Es posible introducir alteraciones en el flujo de control utilizando instrucciones condicionales (`if`, `else` y `switch`) y de bucle (`while`, `do` y `for`).

Las vinculaciones se pueden utilizar para archivar fragmentos de información bajo un nombre, y son útiles para el seguimiento del estado en su programa. El entorno es el conjunto de vinculaciones que se definen. Los sistemas JavaScript siempre ponen varias vinculaciones estándar útiles en su entorno.

Las funciones son valores especiales que encapsulan una parte del programa. Puede invocarlas escribiendo `nombreFuncion(argumento1, argumento2)`. Una llamada a una función de este tipo es una expresión y puede producir un valor.

Ejercicios

Si no está seguro de cómo probar sus soluciones a los ejercicios, consulte la «Introducción».

Cada ejercicio empieza con una descripción del problema. Lea esta descripción e intente resolver el ejercicio. Si tiene problemas, considere la posibilidad de leer los consejos al final del libro. Las soluciones completas a los ejercicios no están incluidas en este libro, pero puede descargarlas como se describe en la introducción. Si quiere aprender algo de los ejercicios, le recomiendo que consulte las soluciones solo después de haber resuelto el ejercicio o al menos después de que haya intentado resolverlo durante un tiempo y con tanta intensidad que sienta un ligero dolor de cabeza.

Hacer un triángulo con bucles

Escribir un bucle que hace siete llamadas a `console.log` para imprimir el siguiente triángulo:

```
#
##
###
####
#####
######
#######
```

Podría ser útil saber que es posible conocer la longitud de una cadena escribiendo `.length` después de ella.

```
let abc = "abc";
console.log(abc.length);
// → 3
```

FizzBuzz

Escriba un programa que usa `console.log` para imprimir todos los números de 1 a 100, con dos excepciones. Para números divisibles entre 3, imprima «Fizz» en lugar del número y, para los números divisibles entre 5 (y no entre 3), imprima «Buzz» en su lugar.

Cuando consiga que funcione, modifique su programa para imprimir «FizzBuzz» para los números que son divisibles entre 3 y entre 5, e imprima «Fizz» o «Buzz» para los números que solo son divisibles entre uno de los dos.

En realidad, esta es una pregunta de una entrevista de la que se ha afirmado que ha eliminado un porcentaje significativo de candidatos a programador. Si la ha resuelto, su valor en el mercado laboral acaba de subir.

Tablero de ajedrez

Escriba un programa que crea una cadena que representa una cuadrícula de 8x8 usando caracteres de salto de línea para separar líneas. En cada posición de la cuadrícula hay un espacio o un carácter #. Los caracteres deberían formar un tablero de ajedrez.

Al pasar esta cadena a `console.log` debería aparecer algo como esto:

```
 # # # #
# # # #
 # # # #
# # # #
 # # # #
# # # #
 # # # #
# # # #
```

Cuando tenga un programa que genera este patrón, defina una vinculación `size = 8` y cambie el programa para que funcione para cualquier valor de `size`, imprimiendo una cuadrícula con la anchura y altura dadas.

«La gente cree que la informática es una habilidad de genios, pero la verdadera realidad es que es lo contrario, solo son muchas personas haciendo cosas que se construyen unas sobre otras, como una pared de piedras en miniatura».

— Donald Knuth

3

FUNCIONES

Las funciones representan una parte muy importante de la programación en JavaScript. El concepto de empaquetar un fragmento de programa en un valor tiene muchos usos. Nos da una manera de estructurar programas más grandes, reducir la repetición, asociar nombres con subprogramas y aislar estos subprogramas entre ellos.

La aplicación más obvia de las funciones es definir vocabulario nuevo. Crear palabras nuevas en prosa suele ser de mal gusto, pero en programación es indispensable.

Un angloparlante medio tiene un vocabulario de unas 20 000 palabras. Algunos lenguajes de programación cuentan con 20 000 comandos integrados y el vocabulario disponible tiende a estar definido con más precisión que el lenguaje humano, pero también es menos flexible. Por eso, habitualmente tenemos que introducir conceptos nuevos para evitar repetirnos demasiado.

Definir una función

Una definición de función es una vinculación normal donde el valor de la vinculación es una función. Por ejemplo, el siguiente código define `square` para hacer referencia a una función que da el cuadrado de un número dado.

```
const square = function(x) {
  return x * x;
};

console.log(square(12));
// → 144
```

Una función se crea con una expresión que empieza con la palabra clave `function`. Las funciones tienen un conjunto de parámetros (en este caso, solo `x`) y un cuerpo, que contiene las instrucciones que se ejecutarán cuando se llame a la función. El cuerpo funcional de una función creada de esta manera siempre debe estar empaquetado entre llaves, incluso si solo tiene una instrucción.

Una función puede tener varios parámetros o ninguno. En el siguiente ejemplo, `makeNoise` no incluye ningún nombre de parámetro, pero `power` tiene dos:

```
const makeNoise = function() {
  console.log("Pling!");
};

makeNoise();
// → Pling!

const power = function(base, exponent) {
  let result = 1;
  for (let count = 0; count < exponent; count++) {
    result *= base;
  }
  return result;
};

console.log(power(2, 10));
// → 1024
```

Algunas funciones producen un valor (como `power` y `square`) y otras no (como `makeNoise`); el único resultado de estas últimas es un efecto secundario. Una instrucción `return` determina el valor que devuelve la función. Cuando el control se encuentra con una instrucción de este tipo, sale inmediatamente de la función actual y le da el valor devuelto al código que ha llamado a la función. Una palabra clave `return` sin una expresión después hará que la función devuelva `undefined`. De manera similar, las funciones que no tienen una instrucción `return` (como `makeNoise`) devuelven `undefined`.

Los parámetros para una función se comportan como vinculaciones normales, pero sus valores iniciales vienen dados por el llamador de la función, no por el código en la misma función.

Vinculaciones y ámbitos

Cada vinculación tiene un ámbito, que es la parte del programa donde es visible la variable. Para las vinculaciones definidas fuera de cualquier función o bloque, el ámbito es todo el programa; podemos referirnos a estas vinculaciones en cualquier momento y se llaman globales.

Pero a las vinculaciones creadas para parámetros de función o declaradas dentro de una función solo podemos hacer referencia dentro de esa función; por eso, se llaman vinculaciones locales.

Cada vez que se llama a la función, se crean instancias nuevas para estas vinculaciones. Lo que ofrece cierto aislamiento entre funciones: cada llamada de función actúa en su propio mundo reducido (entorno local) y a menudo se puede comprender sin saber mucho sobre lo que está sucediendo en el entorno global.

De hecho, las vinculaciones declaradas con `let` y `const` son locales para el bloque en el que están declaradas, así que, si creamos una de ellas dentro de un bucle, el código anterior y posterior al bucle no puede «verla». En JavaScript anterior a 2015, solo las funciones creaban ámbitos nuevos, así que las vinculaciones del viejo estilo creadas con la palabra clave `var` son visibles en toda la función donde aparecen o en todo el ámbito global, si no están en una función.

```
let x = 10;
if (true) {
  let y = 20;
  var z = 30;
  console.log(x + y + z);
  // → 60
}
// y no es visible aquí
console.log(x + z);
// → 40
```

Cada ámbito puede mirar el ámbito que tiene alrededor, así, en el ejemplo, `x` es visible dentro del bloque. La excepción es cuando varias vinculaciones tienen el mismo nombre. En ese caso, el código solo ve la más profunda. Por ejemplo, cuando el código dentro de la función `halve` hace referencia a `n`, está viendo su propia `n` y no la `n` global.

```
const halve = function(n) {
  return n / 2;
};

let n = 10;
console.log(halve(100));
// → 50
console.log(n);
// → 10
```

Ámbito anidado

JavaScript no solo distingue entre vinculaciones globales y locales. Los bloques y las funciones se pueden crear dentro de otros bloques y funciones, produciendo múltiples niveles de local.

Por ejemplo, esta función imprime los ingredientes necesarios para hacer un lote de humus y tiene otra función dentro:

```
const hummus = function(factor) {
  const ingredient = function(amount, unit, name) {
    let ingredientAmount = amount * factor;
    if (ingredientAmount > 1) {
      unit += "s";
    }
    console.log(`${ingredientAmount} ${unit} ${name}`);
  };
  ingredient(1, "can", "chickpeas");
  ingredient(0.25, "cup", "tahini");
```

```
    ingredient(0.25, "cup", "lemon juice");
    ingredient(1, "clove", "garlic");
    ingredient(2, "tablespoon", "olive oil");
    ingredient(0.5, "teaspoon", "cumin");
};
```

El código dentro de la función `ingredient` puede ver la vinculación `factor` desde la función exterior. Pero sus vinculaciones locales, como `unit` o `ingredientAmount`, no son visibles en la función exterior.

El conjunto de vinculaciones visibles dentro de un bloque está determinado por el lugar que ocupa ese bloque en el texto del programa. Cada ámbito local también puede ver todos los ámbitos locales que contiene, y todos los ámbitos ven el ámbito global. Este planteamiento de la visibilidad de vinculaciones se llama ámbito léxico.

Funciones como valores

Habitualmente, una vinculación de función solo actúa como un nombre para una parte específica del programa. Una vinculación de este tipo se define una vez y no se modifica nunca. Lo que hace que sea fácil confundir la función y su nombre.

Pero son algo distinto. Un valor función puede hacer lo mismo que otros valores, podemos usarlo en expresiones arbitrarias y no solo llamarlo. Un valor función se puede guardar en una vinculación nueva, pasarlo a una función como un argumento, etc. De manera similar, una vinculación que contiene una función sigue siendo una vinculación normal y, si no es constante, se le puede asignar un valor nuevo de la siguiente manera:

```
let launchMissiles = function() {
  missileSystem.launch("now");
};
if (safeMode) {
  launchMissiles = function() {/* do nothing */};
}
```

En el capítulo 5 hablaremos de las cosas interesantes que se pueden hacer pasando valores función a otras funciones.

Notación de declaración

Hay una manera un poco más breve de crear una vinculación de función. Cuando la palabra clave `function` se usa al principio de una instrucción, esta trabaja de manera distinta.

```
function square(x) {
  return x * x;
}
```

Esta es una función declaración. La instrucción define la vinculación `square` y la apunta a la función dada. Es un poco más fácil de escribir y no requiere un punto y coma después de la función.

Hay un matiz con esta forma de definición de función.

```
console.log("The future says:", future());

function future() {
  return "You'll never have flying cars";
}
```

El código anterior funciona, aunque la función está definida debajo del código que la usa. Las declaraciones de función no son parte del flujo de control normal de arriba abajo. Conceptualmente se mueven hacia la parte superior de su ámbito y puede usarlas todo el código dentro de este ámbito. A veces esto es útil porque ofrece la libertad de ordenar código de una manera significativa, sin preocuparse por tener que definir todas las funciones antes de usarlas.

Funciones flecha

Ahora vamos a hablar del tercer tipo de notación para funciones, que parece muy distinto de los otros. En lugar de la palabra clave `function`, usa una flecha (=>) compuesta por un signo de igual y un carácter mayor que (no confundir con el operador mayor o igual que, que se escribe >=).

```
const power = (base, exponent) => {
  let result = 1;
  for (let count = 0; count < exponent; count++) {
    result *= base;
  }
  return result;
};
```

La flecha se coloca después de la lista de parámetros y va seguida por el cuerpo de la función. Expresa algo así como «esta entrada (los parámetros) produce este resultado (el cuerpo)».

Cuando solo hay un nombre de parámetro, es posible omitir el paréntesis alrededor de la lista de parámetros. Si el cuerpo es una expresión independiente, en lugar de un bloque entre llaves, esa expresión se devolverá desde la función. Entonces, estas dos definiciones de `square` hacen lo mismo:

```
const square1 = (x) => { return x * x; };
const square2 = x => x * x;
```

Cuando una función flecha no tiene ningún parámetro, su lista de parámetros solo es un conjunto vacío de paréntesis.

```
const horn = () => {
  console.log("Toot");
};
```

No hay ningún motivo oscuro para tener las funciones flecha y las expresiones `function` en el lenguaje. Al margen de un pequeño detalle, del que hablaremos en el capítulo 6, producen el mismo resultado. Las funciones flecha se añadieron en 2015, principalmente para dar la posibilidad de escribir expresiones pequeñas de función de una manera más breve. Las usaremos mucho en el capítulo 5.

La pila de llamadas

La manera en que el control recorre las funciones es bastante complicada. Veámoslo en detalle. Aquí debajo puede consultar un programa sencillo que hace algunas llamadas de función:

```
function greet(who) {
  console.log("Hello " + who);
}
greet("Harry");
console.log("Bye");
```

Una ejecución de este programa se hace más o menos de la siguiente manera: la llamada a `greet` hace que el control salte al inicio de esa función (línea 2). La función llama a `console.log`, que toma el control, hace su trabajo y luego devuelve el control a la línea 2. Una vez allí llega hasta el final de la función `greet`, entonces vuelve al lugar donde se llamó, la línea 4. La línea después de esa vuelve a llamar a `console.log`. Después de eso vuelve y el programa llega al final.

Podríamos representar el flujo de control esquemáticamente de la siguiente manera:

```
not in function
  in greet
    in console.log
  in greet
not in function
  in console.log
not in function
```

Debido a que cuando una función vuelve tiene que saltar hacia atrás hasta el lugar que la ha llamado, el ordenador debe recordar el contexto desde el que se produjo la llamada. En un caso, `console.log` tiene que volver a la función `greet` cuando ha hecho su trabajo. En el otro caso, vuelve al final del programa.

El ordenador almacena este contexto en la pila de llamadas. Cada vez que se llama a una función, el contexto actual se almacena en la parte superior de esta pila. Cuando vuelve una función, se retira el contexto superior de la pila y lo usa para continuar la ejecución.

Almacenar esta pila requiere espacio en la memoria del ordenador. Cuando la pila crece demasiado, el ordenador fallará con un mensaje como «sin espacio en la pila» o «demasiada recursividad». El siguiente código ilustra esto haciéndole al ordenador una pregunta realmente difícil que causa un proceso adelante y atrás infinito entre dos funciones. Más bien sería infinito si el ordenador tuviera una pila infinita. En la situación actual, nos quedaremos sin espacio o fundiremos la pila.

```
function chicken() {
  return egg();
}
function egg() {
  return chicken();
}
console.log(chicken() + " came first.");
// → ??
```

Argumentos opcionales

El siguiente código está permitido y se ejecuta sin problemas:

```
function square(x) { return x * x; }
console.log(square(4, true, "hedgehog"));
// → 16
```

Hemos definido la función `square` con un único parámetro. Pero cuando la llamamos con tres, el lenguaje no protesta, ignora los argumentos sobrantes y eleva el primero al cuadrado.

JavaScript tiene una mentalidad extremadamente abierta cuando se trata de los números o argumentos que pasamos a una función. Si se pasan demasiados, los sobrantes se ignoran. Si se pasan demasiados pocos, a los parámetros que faltan se les asigna el valor `undefined`.

El inconveniente de esto es que es posible, e incluso probable, que se pase una cantidad errónea de argumentos a las funciones. Y nadie nos informará de este error.

La ventaja es que este comportamiento se puede usar para permitir que se llame a una función con distintas cantidades de argumentos. Por ejemplo, la función `minus` que aparece debajo intenta iniciar el operador - actuando con uno o dos argumentos:

```
function minus(a, b) {
  if (b === undefined) return -a;
  else return a - b;
}

console.log(minus(10));
// → -10
console.log(minus(10, 5));
// → 5
```

Si escribe un operador = después de un parámetro, seguido por una expresión, el valor de esa expresión sustituirá al argumento cuando falte.

Por ejemplo, esta versión de `power` hace que su segundo argumento sea opcional. Si no se proporciona o se pasa el valor `undefined`, tomará el valor predeterminado `2` y la función se comportará como `square`.

```
function power(base, exponent = 2) {
  let result = 1;
  for (let count = 0; count < exponent; count++) {
```

```
        result *= base;
    }
    return result;
}

console.log(power(4));
// → 16
console.log(power(2, 6));
// → 64
```

En el siguiente capítulo, veremos cómo un cuerpo de función puede obtener una lista completa de argumentos que se le han pasado (consulte «Parámetros rest» en el capítulo 4). Esta función es útil porque hace posible que una función acepte cualquier cantidad de argumentos. Por ejemplo, `console.log` lo hace porque imprime todos los valores que se le dan.

```
console.log("C", "O", 2);
// → C O 2
```

Cierre

La capacidad de tratar funciones como valores, combinada con el hecho de que las vinculaciones locales se vuelven a crear cada vez que se llama a una función, aborda una pregunta interesante. ¿Qué les sucede a las vinculaciones locales cuando la llamada de función que las ha creado ya no está activa?

El siguiente código muestra un ejemplo de lo que acabamos de preguntar. Define una función, `wrapvalue`, que crea una vinculación local. Luego devuelve una función que accede y devuelve esta vinculación local.

```
function wrapValue(n) {
    let local = n;
    return () => local;
}

let wrap1 = wrapValue(1);
let wrap2 = wrapValue(2);
console.log(wrap1());
// → 1
console.log(wrap2());
// → 2
```

Esto está permitido y funciona como sería de esperar, todavía se puede acceder a ambas instancias de la variable. Esta situación es una buena demostración del hecho de que las vinculaciones locales se crean de nuevo para cada llamada, y distintas llamadas no pueden pisotear otras vinculaciones locales.

Esta característica de ser capaz de hacer referencia a una instancia específica de una variable local en un ámbito inclusivo se llama *closure* o clausura. Una función que hace referencia a variables de ámbitos locales a su alrededor se llama una clausura. Este comportamiento no solo nos libra de tener que preocuparnos por los tiempos de vida de vinculaciones, sino que también hace posible usar valores función de algunas maneras creativas.

Con una pequeña modificación, podemos convertir el ejemplo anterior en una manera de crear funciones que multiplican por una cantidad arbitraria.

```
function multiplier(factor) {
  return number => number * factor;
}

let twice = multiplier(2);
console.log(twice(5));
// → 10
```

La vinculación `local` explícita procedente del ejemplo `wrapValue` no es realmente necesaria porque un parámetro es en sí mismo una vinculación local.

Al pensar en programas como este se adquiere práctica. Un buen modelo mental es pensar en valores función como si contuvieran el código en su cuerpo y el entorno en el que se han creado. Cuando se llaman, el cuerpo de la función ve el entorno en el que se ha creado, no el entorno en el que se ha llamado.

En el ejemplo, se llama a `multiplier` y crea un entorno en el que su parámetro `factor` está vinculado a `2`. El valor función que devuelve, que se almacena en `twice`, recuerda este entorno. Por ello, cuando se llama a esta función, multiplica su argumento por `2`.

Recursividad

Es perfectamente aceptable que una función se llame a sí misma, mientras no lo haga con tanta frecuencia que desborde la pila. Una función que se llama a sí misma recibe el nombre de recursiva. La recursividad permite que algunas funciones se escriban con un estilo distinto. Por ejemplo, tomemos esta implementación alternativa de `power`:

```
function power(base, exponent) {
  if (exponent == 0) {
    return 1;
  } else {
    return base * power(base, exponent - 1);
  }
}

console.log(power(2, 3));
// → 8
```

Se acerca bastante a la manera en que los matemáticos definen exponenciación y probablemente describe el concepto con más claridad que la variante con bucle. La función se llama a sí misma varias veces con exponentes siempre más pequeños para conseguir la multiplicación repetida.

Pero esta implementación tiene un problema: en las implementaciones típicas de JavaScript es unas tres veces más lenta que la versión con bucle. Ejecutar un bucle simple suele ser menos costoso que llamar a una función varias veces.

El dilema de elegir entre velocidad y elegancia es interesante. Puede verse como una especie de franja entre la facilidad de uso para el ser humano y la facilidad de uso para la máquina. Casi cualquier programa puede hacerse más rápido haciéndolo más grande y enrevesado. El programador debe encontrar el equilibrio adecuado.

En el caso de la función `power`, la versión poco elegante (con bucles) sigue siendo bastante sencilla y fácil de leer. No tiene mucho sentido sustituirla por la versión recursiva. Sin embargo, es frecuente que un programa se ocupe de conceptos tan complejos que sea útil renunciar a cierta eficiencia para hacer el programa más sencillo.

Preocuparse por la eficiencia puede ser una distracción. Es otro factor que complica el diseño del programa, y cuando está haciendo algo que ya es difícil, ese factor extra del que debe preocuparse puede ser paralizante.

Por lo tanto, empiece siempre escribiendo algo que sea correcto y fácil de entender. Si le preocupa que sea demasiado lento, lo que no suele suceder porque la mayor parte del código simplemente no se ejecuta con la frecuencia suficiente como para requerir una cantidad de tiempo significativa, es posible medirlo después y mejorarlo si es necesario.

La recursión no siempre es una alternativa ineficiente a los bucles. Algunos problemas son realmente más fáciles de resolver con recursión que con bucles. Es muy frecuente que sean problemas que requieren explorar o procesar varias ramas, donde todas ellas pueden ramificarse de nuevo y crearse aún más ramas.

Considere este rompecabezas: partiendo del número 1 y sumando repetidamente 5 o multiplicando por 3, se puede producir un conjunto infinito de números. ¿Cómo escribiría una función que, dado un número, intentara encontrar una secuencia de sumas y multiplicaciones que diera como resultado ese número?

Por ejemplo, el número 13 podría obtenerse multiplicando primero por 3 y luego sumando 5 dos veces, mientras que es imposible obtener el número 15.

Aquí puede ver una solución recursiva:

```
function findSolution(target) {
  function find(current, history) {
    if (current == target) {
      return history;
    } else if (current > target) {
      return null;
    } else {
      return find(current + 5, `(${history} + 5)`) || find(current * 3, `(${history} * 3)`);
    }
  }
  return find(1, "1");
}

console.log(findSolution(24));
// → (((1 * 3) + 5) * 3)
```

Observe que este programa no necesariamente encuentra la secuencia más corta de operaciones. Está satisfecho cuando localiza cualquier secuencia.

No se preocupe si no ve enseguida cómo funciona. Examinémoslo porque es un ejercicio estupendo de pensamiento recursivo.

La función interna `find` efectúa la recursividad real. Toma dos argumentos: el número actual y una cadena que registra cómo hemos llegado a este número. Si encuentra una solución, devuelve una cadena que muestra cómo llegar al objetivo. Si no se halla ninguna solución a partir de este número, devuelve `null`.

Para ello, la función realiza una de estas tres acciones. Si el número actual es el número objetivo, el historial actual es una forma de llegar a ese objetivo, por lo que se devuelve. Si el número actual es mayor que el objetivo, no tiene sentido seguir explorando esta rama porque tanto sumar como multiplicar solo harán que el número sea mayor, así que devuelve `null`. Por último, si aún estamos por debajo del número objetivo, la función prueba los dos caminos posibles que parten del número actual llamándose a sí misma dos veces, una para la suma y otra para la multiplicación. Si la primera llamada devuelve algo que no es `null`, se devuelve. En caso contrario, se devuelve la segunda llamada, independientemente de si produce una cadena o `null`.

Para entender mejor cómo esta función produce el efecto que buscamos, examinemos todas las llamadas a `find` que se hacen al buscar una solución para el número `13`.

```
find(1, "1")
  find(6, "(1 + 5)")
    find(11, "((1 + 5) + 5)")
      find(16, "(((1 + 5) + 5) + 5)")
        too big
      find(33, "(((1 + 5) + 5) * 3)")
        too big
    find(18, "((1 + 5) * 3)")
      too big
  find(3, "(1 * 3)")
    find(8, "((1 * 3) + 5)")
      find(13, "(((1 * 3) + 5) + 5)")
        found!
```

El sangrado indica la profundidad de llamadas. La primera vez que se llama a `find`, empieza llamándose a sí misma para explorar la solución que empieza con `(1 + 5)`. Esa llamada se hará más veces para explorar cada solución continuada que produce un número menor o igual que el número objetivo. Como no encuentra uno que alcance el objetivo, devuelve `null` para la primera llamada. Entonces, el operador `||` hace que se produzca la llamada que explora `(1 * 3)`. Esta búsqueda tiene más suerte porque su primera llamada recursiva a través de otra llamada recursiva consigue el objetivo. Esa llamada más interna devuelve una cadena, que pasan todos y cada uno de los operadores `||` en las llamadas intermedias. Al final se devuelve la solución.

Funciones crecientes

Hay dos maneras más o menos naturales de introducir funciones en programas.

La primera es escribir código similar varias veces, pero preferiríamos no hacerlo. Tener más código implica más posibilidades de cometer errores y más material para leer para las personas que intentan comprender el programa. Así que tomamos la funcionalidad repetida, la nombramos de manera acertada y la colocamos en una función.

La segunda manera es descubrir que necesitamos una funcionalidad que todavía no hemos escrito y que parece que se merece su propia función. Empezaremos nombrando la función y luego escribiremos su cuerpo. Incluso podría empezar a escribir código que usa la función antes de que realmente defina la función en sí misma.

La dificultad para encontrar un nombre adecuado para una función es un buen indicador de lo claro que es el concepto que está intentando empaquetar. Veamos un ejemplo.

Queremos escribir un programa que imprime dos números: las cantidades de vacas y pollos en una granja, con las palabras `Cows` (vacas) y `Chickens` (pollos) después de las cantidades y ceros de relleno delante de ambos números para que siempre tengan tres dígitos.

```
007 Cows
011 Chickens
```

Esto requiere una función de dos argumentos: la cantidad de vacas y la cantidad de pollos. Vamos a programar.

```
function printFarmInventory(cows, chickens) {
   let cowString = String(cows);
   while (cowString.length < 3) {
      cowString = "0" + cowString;
   }
   console.log(`${cowString} Cows`);
   let chickenString = String(chickens);
   while (chickenString.length < 3) {
      chickenString = "0" + chickenString;
   }
   console.log(`${chickenString} Chickens`);
}
printFarmInventory(7, 11);
```

Escribir `length` después de una expresión de cadena nos dará la longitud de esa cadena. De este modo, los bucles `while` siguen añadiendo ceros delante de las cadenas de números hasta que tienen tres caracteres de largo, como mínimo.

¡Misión cumplida! Pero justo cuando vamos a enviarle el código al granjero (junto con una factura importante), nos llama para decirnos que además ha empezado a criar cerdos y nos pregunta si podemos ampliar el software para imprimir también cerdos.

Por supuesto que podemos. Pero mientras estamos en el proceso de copiar y pegar esas cuatro líneas una vez más, nos paramos y reconsideramos la situación. Tiene que haber una manera mejor. Aquí hay un primer intento:

```
function printZeroPaddedWithLabel(number, label) {
   let numberString = String(number);
   while (numberString.length < 3) {
      numberString = "0" + numberString;
   }
   console.log(`${numberString} ${label}`);
}
```

```
function printFarmInventory(cows, chickens, pigs) {
  printZeroPaddedWithLabel(cows, "Cows");
  printZeroPaddedWithLabel(chickens, "Chickens");
  printZeroPaddedWithLabel(pigs, "Pigs");
}

printFarmInventory(7, 11, 3);
```

¡Funciona! Pero ese nombre `printZeroPaddedWithLabel` (imprimirRellenoCeros ConEtiqueta) es un poco difícil. En una función independiente se combinan tres ideas: imprimir, rellenar con ceros y añadir una etiqueta.

En lugar de extraer la parte repetida de nuestro programa general, intentaremos seleccionar un concepto individual.

```
function zeroPad(number, width) {
  let string = String(number);
  while (string.length < width) {
    string = "0" + string;
  }
  return string;
}

function printFarmInventory(cows, chickens, pigs) {
  console.log(`${zeroPad(cows, 3)} Cows`);
  console.log(`${zeroPad(chickens, 3)} Chickens`);
  console.log(`${zeroPad(pigs, 3)} Pigs`);
}

printFarmInventory(7, 16, 3);
```

Una función con un nombre bonito y obvio como `zeroPad` (rellenoCeros) hace que sea más fácil que alguien que lea el código averigüe lo que hace. Y una función como esta es útil en más situaciones que solo este programa específico. Por ejemplo, se podría usar para imprimir tablas de números bien alineadas.

¿Qué nivel de inteligencia y versatilidad debería tener nuestra función? Podríamos escribir cualquier cosa, desde una función muy simple que solo puede rellenar un número para que tenga tres caracteres hasta un complicado sistema generalizado de formateo de números que maneje números fraccionarios, números negativos, alineación de puntos decimales, relleno con diferentes caracteres, etc.

Un principio útil es no añadir habilidades si no estamos completamente seguros de que las vamos a necesitar. Puede ser tentador escribir estructuras generales para cada fragmento de funcionalidad que encontremos. No caiga en la tentación. No hará ningún trabajo real, solo escribirá código que no se usará nunca.

Funciones y efectos secundarios

A grandes rasgos, las funciones se dividen en las que se llaman por sus efectos secundarios y las que se llaman por el valor que devuelven; aunque también es posible de manera indudable tener efectos secundarios y devolver un valor.

La primera función de ayuda en el ejemplo de la granja, `printZeroPaddedWithLabel`, se llama por su efecto secundario: imprime una línea. La segunda versión, `zeroPad`, se llama por el valor que devuelve. No es una coincidencia que la segunda sea útil en más situaciones que la primera. Las funciones que crean valores son más fáciles de combinar de maneras nuevas que las funciones que realizan directamente efectos secundarios.

Una función pura es un tipo específico de función productora de valor que no solo no tiene efectos secundarios, sino que tampoco depende de los efectos secundarios de otro código; por ejemplo, no lee vinculaciones globales para las que el valor podría cambiar.

Una función pura tiene la agradable propiedad de que, cuando se la llama con los mismos argumentos, siempre produce el mismo valor (y no hace nada más). Una llamada a una función de este tipo puede sustituirse por su valor de retorno sin cambiar el significado del código. Cuando no esté seguro de que una función pura funciona correctamente, pruébela simplemente llamándola y sabiendo que, si funciona en ese contexto, funcionará en todos. Las funciones no puras suelen requerir más soporte para hacer pruebas.

Aun así, no se sienta mal cuando escriba funciones que no son puras ni inicie una guerra santa para purgarlas de su código. Los efectos secundarios suelen ser útiles. No habría ninguna manera de escribir una versión pura de `console.log`, por ejemplo, y es positivo tener esta función. Algunas operaciones también son más fáciles de expresar de forma eficiente cuando usamos efectos secundarios, por eso la velocidad de computación puede ser una razón para evitar la pureza.

Resumen

En este capítulo hemos visto cómo escribir nuestras propias funciones. Cuando se usa como una expresión, la palabra clave `function` puede crear un valor función. Cuando se usa como una instrucción, se puede usar para declarar una vinculación y darle una función como valor. Las funciones flecha son otra manera de crear funciones.

```
// Define f para albergar un valor función
const f = function(a) {
  console.log(a + 2);
};

// Declara g para que sea una función
function g(a, b) {
  return a * b * 3.5;
}

// Un valor función escrito de manera más breve
let h = a => a % 3;
```

Un aspecto clave para comprender las funciones es comprender los ámbitos. Cada bloque crea un ámbito nuevo. Los parámetros y las vinculaciones declarados en un ámbito dado son locales y no visibles desde el exterior. Las vinculaciones declaradas con `var` se comportan de manera distinta, terminan en el ámbito de la función más cercano o en el ámbito global.

Separar las tareas que realiza su programa en funciones distintas puede ayudar. No tendrá que repetirse tanto, porque las funciones pueden ayudarle a organizar un programa agrupando código en fragmentos que realizan acciones específicas.

Ejercicios

Mínimo

En el capítulo 2 se presentó la función estándar `Math.min`, que devuelve su argumento más pequeño (consulte «Devolver valores» en el capítulo 2). Ahora es posible construir algo similar. Escriba una función `min` que toma dos argumentos y devuelve su mínimo.

Recursividad

Hemos visto que `%` (el operador resto) se puede usar para probar si un número es par o impar usando `% 2` para ver si es divisible entre dos. Aquí tenemos otra manera de definir si un número entero positivo es par o impar:

- Cero es par.
- Uno es impar.
- Para cualquier otro número `N`, su propiedad de par o impar es la misma que `N - 2`.

Defina una función recursiva `isEven` correspondiente a esta descripción. La función debería aceptar un parámetro individual (un número entero positivo) y devolver un booleano.

Pruébela con 50 y 75. Vea cómo se comporta con -1. ¿Por qué? ¿Se le ocurre una manera de solucionarlo?

Contar judías

Puede obtener el carácter o letra enésima de una cadena escribiendo `"string"[N]`. El valor devuelto será una cadena que solo contiene un carácter (por ejemplo: "b"). El primer carácter tiene la posición 0, lo que hace que el último esté en la posición `string.length - 1`. Es decir, una cadena de dos caracteres tiene longitud 2, y sus caracteres tienen las posiciones 0 y 1.

Escriba una función `countBs` que toma una cadena como su único argumento y devuelve un número que indica cuántos caracteres en mayúsculas «B» hay en la cadena.

A continuación, escriba una función llamada `countChar` que se comporta como `countBs`, excepto porque toma un segundo argumento que indica el carácter que se va a contar (en lugar de contar solo caracteres «B» en mayúscula). Vuelva a escribir `countBs` para usar esta función nueva.

«Me han hecho esta pregunta en dos ocasiones, "Por favor, señor Babbage, ¿si pone en la máquina cifras erróneas saldrán respuestas correctas?"... No soy capaz de comprender correctamente el tipo de confusión de ideas que podría provocar una pregunta de este tipo».

— Charles Babbage, *Pasajes de la vida de un filósofo* (1864)

4

ESTRUCTURAS DE DATOS: OBJETOS Y MATRICES

Los números, los booleanos y las cadenas son los átomos con los que se construyen las estructuras de datos. Muchos tipos de información requieren más de un átomo y los objetos nos permiten agrupar valores, incluidos otros objetos, para construir estructuras más complejas.

Los programas que hemos construido hasta ahora han estado limitados por el hecho de que solo estaban operando con tipos de datos simples. Este capítulo presentará estructuras de datos básicas. Cuando llegue al final, sabrá lo bastante como para empezar a escribir programas útiles.

El capítulo examinará un ejemplo de programación bastante realista, introduciendo conceptos conforme se aplican al problema disponible. Con frecuencia, el código de ejemplo se construirá sobre funciones y vinculaciones que se han presentado antes en el texto.

El entorno de pruebas de programación en línea para el libro, según se ha descrito en la introducción, ofrece una manera de ejecutar código en el contexto de un capítulo específico. Si decide trabajar con los ejemplos en otro entorno, asegúrese de descargar primero el código completo para este capítulo.

El hombre ardilla

De vez en cuando, normalmente entre las ocho y las diez de la noche, Jacques se transforma en un pequeño roedor peludo con una cola espesa.

Por un lado, Jacques se alegra bastante de no tener la licantropía clásica. Transformarse en ardilla causa menos problemas que transformarse en lobo. En lugar de tener que preocuparse por comerse al vecino de manera accidental (sería una torpeza), le preocupa que se lo coma el gato del vecino. Después de despertarse dos veces sobre una rama delgada y precaria en la copa de un roble, desnudo y desorientado, se ha acostumbrado a cerrar las puertas y ventanas de su habitación por la noche y a poner algunas nueces en el suelo para mantenerse ocupado. Eso soluciona los problemas del gato y del árbol. Pero Jacques preferiría librarse por completo de su enfermedad. El hecho de que la transformación se produzca de manera irregular le hace sospechar que podría ser provocada por algo. Durante un tiempo creyó que solo ocurría cuando estaba cerca de robles. Pero evitar los robles no detuvo el problema.

Cambiando a un enfoque más científico, Jacques ha empezado a llevar un registro diario de todo lo que hace en un día determinado y si ha cambiado de forma. Con estos datos espera acotar las circunstancias que desencadenan las transformaciones.

Lo primero que necesita es una estructura de datos para almacenar esta información.

Conjuntos de datos

Para trabajar con una fracción de datos digitales, primero tendrá que encontrar una manera de representarla en nuestra memoria máquina. Por ejemplo, digamos que queremos representar un conjunto de los números 2, 3, 5, 7 y 11.

Podríamos ponernos creativos con cadenas porque, después de todo, estas pueden tener cualquier longitud y es posible almacenar muchos datos dentro. Entonces usaríamos `"2 3 5 7 11"` como nuestra representación. Pero es incómodo. Tendríamos que extraer los dígitos de algún modo y volverlos a convertir en números para acceder a ellos.

Por suerte, JavaScript proporciona un tipo de datos específico para almacenar secuencias de valores. Se llama una matriz o *array* y se escribe como una lista de valores entre corchetes, separados por comas.

```
let listOfNumbers = [2, 3, 5, 7, 11];
console.log(listOfNumbers[2]);
// → 5
console.log(listOfNumbers[0]);
// → 2
console.log(listOfNumbers[2 - 1]);
// → 3
```

La notación para acceder a los elementos dentro de la matriz también usa corchetes. Un par de corchetes inmediatamente después de una expresión, con otra expresión dentro, buscarán el elemento en la expresión de la izquierda que corresponde al índice dado por la expresión entre corchetes.

El primer índice de una matriz es cero, no uno. Por ello, el primer elemento se recupera con `listOfNumbers[0]`. El contador con base cero tiene una larga tradición en tecnología y en cierta manera tiene mucho sentido, pero cuesta un poco acostumbrarse. Considere el índice como la cantidad de elementos que hay que superar, contando desde el principio de la matriz.

Propiedades

En los capítulos anteriores hemos visto algunas expresiones con aspecto sospechoso, como `myString.length` (para obtener la longitud de una cadena) y `Math.max` (la función del máximo). Son expresiones que acceden a una propiedad con un valor. En el primer caso, accedemos a la propiedad `length` del valor en `myString`. En el segundo, accedemos a la propiedad denominada `max` en el objeto `Math` (que es una recopilación de constantes y funciones relacionadas con las matemáticas). Casi todos los valores de JavaScript tienen propiedades. Las excepciones son `null` y `undefined`. Si intenta acceder a una propiedad en uno de estos no valores, se obtiene un error.

```
null.length;
// → TypeError: null has no properties
```

Las dos maneras principales de acceder a propiedades en JavaScript son con un punto y con corchetes. Tanto `value.x` como `value[x]` acceden a una propiedad de `value`, pero no necesariamente a la misma. La diferencia está en cómo se interpreta `x`. Cuando se utiliza un punto, la palabra después del punto es el nombre literal de la propiedad. Cuando se utilizan corchetes, la expresión dentro de los corchetes se evalúa para obtener el nombre de la propiedad. Mientras que `value.x` obtiene la propiedad de `value` llamada "x", `value[x]` intenta evaluar la expresión `x` y utiliza el resultado, convertido a cadena, como el nombre de la propiedad.

Así, si sabe que la propiedad que le interesa se llama `color`, escribirá `value.color`. Si quiere extraer la propiedad nombrada por el valor contenido en la vinculación `i`, escribirá `valor[i]`. Los nombres de propiedad son cadenas. Pueden ser cualquier cadena, pero la notación de puntos solo funciona con nombres que se parecen a nombres de vinculación válidos. Así, para acceder a una propiedad llamada 2 o Juan Perez, deberá utilizar corchetes: `value[2]` o `value["Juan Perez"]`.

Los elementos se almacenan en una matriz como las propiedades de matriz, empleando números como nombres de propiedades. Debido a que no se puede utilizar la notación de puntos con números y, de todas formas, habitualmente queremos utilizar una vinculación que contiene el índice, tiene que utilizar la notación de corchetes para acceder a ellos.

La propiedad `length` de una matriz nos dice cuántos elementos tiene. Este nombre de propiedad es un nombre de vinculación válido, y conocemos su nombre de antemano, por lo que para encontrar la longitud de una matriz normalmente se escribe `array.length`, porque es más fácil de escribir que `array["length"]`.

Métodos

Además de la propiedad `length`, los objetos cadena y matriz contienen varias propiedades que albergan valores de función.

```
let doh = "Doh";
console.log(typeof doh.toUpperCase);
// → function
console.log(doh.toUpperCase());
// → DOH
```

Cada cadena tiene una propiedad `toUpperCase`. Cuando la llamamos, devuelve una copia de la cadena donde todas las letras se han convertido en mayúsculas. También existe la propiedad `toLowerCase`, que realiza el proceso contrario.

Es curioso que aunque la llamada a `toUpperCase` no pasa ningún argumento, la función de alguna manera tiene acceso a la cadena `"Doh"`, el valor cuya propiedad hemos llamado. El funcionamiento se describe en el apartado «Métodos» del capítulo 6.

Las propiedades que contienen funciones por lo general se llaman métodos del valor al que pertenecen, como en "`toUpperCase` es un método de una cadena".

Este ejemplo es una demostración de dos métodos que puede utilizar para manipular matrices:

```
let sequence = [1, 2, 3];
sequence.push(4);
sequence.push(5);
console.log(sequence);
// → [1, 2, 3, 4, 5]
console.log(sequence.pop());
// → 5
console.log(sequence);
// → [1, 2, 3, 4]
```

El método `push` añade valores al final de una matriz; y el método `pop` hace lo contrario: elimina el último valor de la matriz y lo devuelve.

Estos nombres un poco infantiles son los términos tradicionales para las operaciones en una pila. Una pila, en programación, es una estructura de datos que nos permite introducir valores en ella y sacarlos de nuevo en el orden inverso, de forma que lo último que se añade se elimina primero. Estas operaciones son comunes en programación. La función pila de llamadas del apartado «La pila de llamadas» en el capítulo 3 es un ejemplo de la misma idea.

Objetos

Volviendo al hombre ardilla. Un conjunto de entradas de registro diario puede representarse como una matriz. Pero las entradas no consisten solo en un número o una cadena: cada entrada debe almacenar una lista de actividades y un valor booleano que indique si Jacques se convirtió en una ardilla o no. Lo ideal sería agruparlos en un único valor y luego colocar esos valores agrupados en una matriz de entradas de registro.

Los valores de tipo objeto son colecciones de propiedades arbitrarias. Una forma de crear un objeto es mediante el uso de llaves como una expresión.

```
let day1 = {
  squirrel: false,
  events: ["work", "touched tree", "pizza", "running"]
};
console.log(day1.squirrel);
// → false
console.log(day1.wolf);
// → undefined
day1.wolf = false;
console.log(day1.wolf);
// → false
```

Dentro de las llaves hay una lista de propiedades separadas por comas. Cada propiedad tiene un nombre seguido de dos puntos y un valor. Cuando un objeto se escribe en varias líneas, sangrarlo como en el ejemplo ayuda a leerlo. Las propiedades con nombres de vinculación o números válidos deben colocarse entre comillas.

```
let descriptions = {
  work: "Went to work",
  "touched tree": "Touched a tree"
};
```

Esto significa que las llaves tienen dos significados en JavaScript. Al principio de una instrucción, inician un bloque de instrucciones. En otra posición, describen un objeto. Por suerte, rara vez es útil comenzar una instrucción con un objeto entre llaves, por lo que la ambigüedad entre estos dos significados no supone un gran problema.

Leer una propiedad que no existe le dará el valor `undefined`. Es posible asignar un valor a una expresión de propiedad con el operador =. Esto sustituirá el valor de la propiedad si ya existía o creará una propiedad nueva en el objeto si no existía. Volviendo brevemente a nuestro modelo de tentáculos de vinculaciones, las vinculaciones de propiedades son similares. Agarran valores, pero otras vinculaciones y propiedades podrían estar agarrando esos mismos valores. Los objetos se pueden considerar como pulpos con un número de tentáculos indeterminado, cada uno de los cuales tiene un nombre tatuado.

El operador `delete` corta un tentáculo de ese pulpo. Es un operador unario que, cuando se aplica a una propiedad de objeto, elimina del objeto la propiedad nombrada. No es algo que se haga habitualmente, pero es posible.

```
let anObject = {left: 1, right: 2};
console.log(anObject.left);
// → 1
delete anObject.left; console.log(anObject.left);
// → undefined
console.log("left" in anObject);
// → false
console.log("right" in anObject);
// → true
```

Cuando el operador binario `in` se aplica a una cadena o a un objeto, nos dice si ese objeto tiene una propiedad con ese nombre. La diferencia entre configurar una propiedad como `undefined` y borrarla realmente es que, en el primer caso, el objeto sigue teniendo la propiedad (pero no cuenta con un valor muy interesante), mientras que en el segundo caso la propiedad ya no está presente e `in` devolverá `false`.

Para saber qué propiedades tiene un objeto, utilice la función `Object.keys`. Se le da un objeto y devuelve una matriz de cadenas: los nombres de las propiedades del objeto.

```
console.log(Object.keys({x: 0, y: 0, z: 2}));
// → ["x", "y", "z"]
```

Hay una función `Object.assign` que copia todas las propiedades de un objeto a otro.

```
let objectA = {a: 1, b: 2};
Object.assign(objectA, {b: 3, c: 4});
console.log(objectA);
// → {a: 1, b: 3, c: 4}
```

Entonces, las matrices solo son un tipo de objeto especializado para almacenar secuencias de elementos. Si evaluamos `typeof []`, produce `"object"`. Podemos considerarlas como pulpos planos y alargados con todos sus tentáculos en una fila ordenada, etiquetados con números. Representaremos el diario que lleva Jacques como una matriz de objetos.

```
let journal = [
  {events: ["work", "touched tree", "pizza",
    "running", "television"],
  squirrel: false},
  {events: ["work", "ice cream", "cauliflower",
    "lasagna", "touched tree", "brushed teeth"],
  squirrel: false},
  {events: ["weekend", "cycling", "break", "peanuts",
    "beer"],
  squirrel: true},
  /* y así sucesivamente... */
];
```

Mutabilidad

Pasemos a la programación propiamente dicha. Pero primero hay que entender un concepto más de teoría.

Hemos visto que los valores de los objetos se pueden modificar. Todos los tipos de valores explicados en capítulos anteriores, como números, cadenas y booleanos, son inmutables; es decir, es imposible cambiar los valores de esos tipos. Puede combinarlos y derivar valores nuevos a partir de ellos, pero cuando toma un valor de cadena específico, ese valor siempre será el mismo. El texto que contiene no se puede cambiar. Si tiene una cadena que contiene `"cat"`, no es posible que otro código cambie un carácter de la cadena para que se convierta en `"rat"`.

Los objetos funcionan de forma diferente. Puede cambiar sus propiedades, haciendo que un mismo valor de objeto tenga contenido distinto en momentos diferentes.

Cuando tenemos dos números, 120 y 120, podemos considerarlos el mismo número con precisión, tanto si se refieren o no a los mismos bits físicos. Con los objetos, hay una diferencia entre tener dos referencias al mismo objeto y tener dos objetos distintos que contienen las mismas propiedades. Considere el siguiente código:

```
let object1 = {value: 10};
let object2 = object1;
let object3 = {value: 10};

console.log(object1 == object2);
// → true
console.log(object1 == object3);
// → false

object1.value = 15;
console.log(object2.value);
// → 15
console.log(object3.value);
// → 10
```

Las vinculaciones `object1` y `object2` agarran el mismo objeto, por lo que modificar `object1` también cambia el valor de `object2`. Se dice que tienen la misma identidad. La vinculación `object3` apunta a un objeto distinto, que inicialmente contiene las mismas propiedades que `object1`, pero vive una vida independiente.

Las vinculaciones también pueden ser cambiantes o constantes, pero es independiente de la forma en que se comportan sus valores. A pesar de que los valores numéricos no cambian, puede utilizar una vinculación `let` para realizar un seguimiento de un número cambiante, modificando el valor al que apunta la vinculación. De manera similar, aunque una vinculación `const` para un objeto no se puede cambiar y seguirá apuntando al mismo objeto, el contenido de ese objeto sí puede variarse.

```
const score = {visitors: 0, home: 0};
// Esto está bien
score.visitors = 1;
// Esto no está permitido
score = {visitors: 1, home: 1};
```

Cuando comparamos objetos con el operador == de JavaScript, comparamos por identidad: generará `true` solo si ambos objetos tienen exactamente el mismo valor. Comparar objetos distintos devolverá `false`, aunque sus propiedades sean idénticas. No hay ninguna operación de comparación «profunda» integrada en JavaScript que compare objetos por contenido, pero podemos escribirla nosotros (es uno de los ejercicios de este capítulo).

El registro del licántropo

Entonces, Jacques inicia su interpretador de JavaScript y configura el entorno que necesita para llevar su diario.

```
let journal = [];

function addEntry(events, squirrel) {
  journal.push({events, squirrel});
}
```

Observe que el objeto añadido al diario parece un poco raro. En lugar de declarar propiedades como `events: events`, solo da un nombre de propiedad. Es una abreviatura que significa lo mismo: si un nombre de propiedad con notación de llaves no va seguido de un valor, toma su valor de la vinculación con el mismo nombre.

Entonces, Jacques hace un registro del día todas las noches a las 22:00 o a veces a la mañana siguiente después de bajar del último estante de su librería.

```
addEntry(["work", "touched tree", "pizza", "running",
  "television"], false);
addEntry(["work", "ice cream", "cauliflower", "lasagna",
  "touched tree", "brushed teeth"], false);
addEntry(["weekend", "cycling", "break", "peanuts",
  "beer"], true);
```

Cuando disponga de suficientes puntos de datos, pretende utilizar la estadística para averiguar cuáles de estos sucesos pueden estar relacionados con las transformaciones en ardilla. La correlación es una medida de dependencia entre variables estadísticas. Una variable estadística no es exactamente lo mismo que una variable de programación. En estadística se suele tener un conjunto de mediciones, y se determina una variable para cada medición. La correlación entre variables suele expresarse como un valor que oscila entre -1 y 1. La correlación cero significa que las variables no están relacionadas. Una correlación de 1 indica que las dos están perfectamente relacionadas: si se conoce una, también se conoce la otra. Una correlación de -1 también significa que las variables están perfectamente relacionadas, pero son opuestas; cuando una es verdadera, la otra es falsa.

Para calcular la medida de correlación entre dos variables booleanas, podemos utilizar el coeficiente phi (ø). Es una fórmula donde la entrada es una tabla de frecuencias que contiene el número de veces que se han observado las distintas combinaciones de las variables. El resultado de la fórmula es un número entre -1 y 1 que describe la correlación.

Podríamos tomar el suceso de comer pizza y ponerlo en una tabla de frecuencias como esta, donde cada número indica la cantidad de veces que se produjo esa combinación en nuestras mediciones:

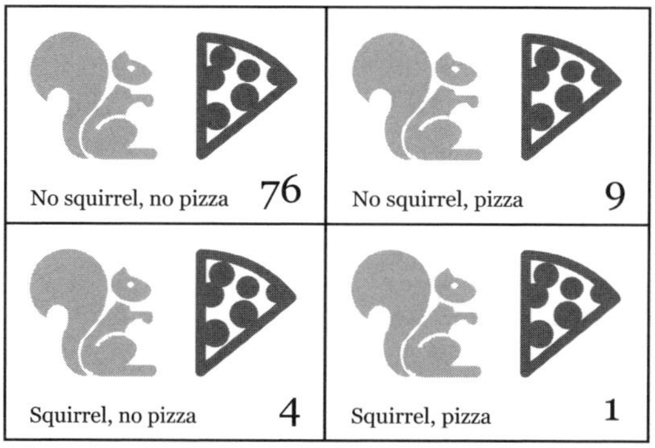

Si llamamos a esa tabla `n`, podemos calcular ø usando la siguiente fórmula:

$$\phi = \frac{n_{11}n_{00} - n_{10}n_{01}}{\sqrt{n_{1\bullet}n_{0\bullet}n_{\bullet 1}n_{\bullet 0}}}$$

Si va a dejar de leer porque tiene un recuerdo horrible de las clases de matemáticas del instituto, ¡no se preocupe! No es mi intención torturarle con páginas interminables de notación enigmática, por ahora solo es una fórmula y únicamente la usaremos para transformarla a JavaScript.

La notación n_{01} indica la cantidad de mediciones cuando la primera variable (ardillismo) es falsa (0) y la segunda variable (pizza) es verdadera (1). En la tabla pizza, n_{01} es 9.

El valor $n_{1\bullet}$ se refiere a la suma de todas las mediciones donde la primera variable es verdadera, en la tabla de ejemplo es 5. De manera similar, $n_{\bullet 0}$ se refiere a la suma de las mediciones donde la segunda variable es falsa. Entonces, para la tabla de la pizza, la parte superior de la fracción (el dividendo) sería `1 x 76 - 4 x 9 = 40`, y la parte inferior (el divisor) sería la raíz cuadrada de `5 x 85 x 10 x 80`, o $\phi \approx 0{,}069$. Lo que da como resultado $\sqrt{340000}$, un valor pequeño. No parece que comer pizza influya en las transformaciones.

Correlación de computación

En JavaScript podemos representar una tabla de dos por dos con una matriz de cuatro elementos (`[76, 9, 4, 1]`). También es posible utilizar otras representaciones, como una matriz que contenga dos matrices de dos elementos (`[[76, 9], [4, 1]]`) o un objeto con nombres de propiedades como "11" y "01", pero la matriz plana es sencilla y hace que las expresiones que acceden a la tabla sean agradablemente cortas. Interpretaremos los índices para la matriz como números binarios de dos bits, donde el dígito más a la izquierda (más significativo) se refiere a la variable ardilla y el dígito más a la derecha (menos significativo) se refiere a la variable evento. Por ejemplo, el número binario 10 se refiere a el caso en el que Jacques se convirtió en una ardilla, pero el evento (digamos, "pizza") no se produjo. Esto ocurrió cuatro veces. Y como el 10 binario es 2 en notación decimal, guardaremos este número en el índice 2 de la matriz.

Esta es la función que calcula el coeficiente ø a partir de dicha matriz:

```
function phi(table) {
  return (table[3] * table[0] - table[2] * table[1]) /
    Math.sqrt((table[2] + table[3]) *
              (table[0] + table[1]) *
              (table[1] + table[3]) *
              (table[0] + table[2]));
}

console.log(phi([76, 9, 4, 1]));
// → 0.068599434
```

Hemos hecho una traducción directa de la fórmula ø a JavaScript. Math.sqrt es la función raíz cuadrada, facilitada por el objeto Math en un entorno JavaScript estándar. Tenemos que añadir dos campos desde la tabla para obtener campos como $n_{1\bullet}$ porque las sumas de filas o columnas no se guardan directamente en nuestra estructura de datos.

Jacques ha llevado un diario durante tres meses. El conjunto de datos resultante está disponible en el material para descargar de este capítulo como se describe en la introducción. Para extraer una tabla de dos por dos para un evento específico desde el diario, debemos hacer un bucle en todas las entradas y contar cuántas veces sucede el evento en relación con las transformaciones en ardilla.

```
function tableFor(event, journal) {
   let table = [0, 0, 0, 0];
   for (let i = 0; i < journal.length; i++) {
      let entry = journal[i], index = 0;
      if (entry.events.includes(event)) index += 1;
      if (entry.squirrel) index += 2;
      table[index] += 1;
   }
   return table;
}

console.log(tableFor("pizza", JOURNAL));
// → [76, 9, 4, 1]
```

Las matrices tienen un método includes que comprueba si un valor dado existe en la matriz. La función usa eso para determinar si el nombre del evento en el que está interesada es parte de la lista de eventos para un día dado.

El cuerpo del bucle en tableFor descubre en qué celda de la tabla se coloca cada entrada del diario comprobando si la entrada contiene el evento específico en el que está interesada y si el evento sucede junto con un incidente ardilla. Entonces el bucle añade uno a la celda correcta en la tabla.

Ahora tenemos las herramientas que necesitamos para calcular correlaciones individuales. Solo falta encontrar una correlación para cada tipo de evento registrado y ver si hay algo que destaque.

Bucles de matriz

En la función `tableFor`, hay un bucle como este:

```
for (let i = 0; i < JOURNAL.length; i++) {
   let entry = JOURNAL[i];
   // Do something with entry
}
```

Este tipo de bucle es habitual en JavaScript clásico. Examinar matrices mirando un elemento cada vez es algo que sucede con frecuencia; para hacerlo, debería ejecutar un contador a lo largo de la matriz y tomar cada elemento de uno en uno.

Hay una manera más sencilla de escribir estos bucles en JavaScript moderno.

```
for (let entry of JOURNAL) {
   console.log(`${entry.events.length} events.`);
}
```

Cuando un bucle `for` se parece a este, con la palabra `of` después de una definición de variable, hará el bucle sobre los elementos del valor dado después de `of`. Esto no solo funciona para matrices, sino también para cadenas y algunas estructuras de datos. Hablaremos de su funcionamiento en el capítulo 6.

El análisis final

Necesitamos calcular una correlación para cada tipo de evento que tiene lugar en el conjunto de datos. Para hacerlo, primero necesitamos «encontrar» cada tipo de evento.

```
function journalEvents(journal) {
   let events = [];
   for (let entry of journal) {
      for (let event of entry.events) {
         if (!events.includes(event)) {
            events.push(event);
         }
      }
   }
   return events;
}

console.log(journalEvents(JOURNAL));
// → ["carrot", "exercise", "weekend", "bread", ...]
```

Al recorrer todos los eventos y añadir los que todavía no están en la matriz `events`, la función recoge todos los tipos de eventos. Usando eso, podemos ver todas las correlaciones.

```
for (let event of journalEvents(JOURNAL)) {
   console.log(event + ":", phi(tableFor(event, JOURNAL)));
}
// → carrot:   0.0140970969
// → exercise: 0.0685994341
```

```
// → weekend:  0.1371988681
// → bread:   -0.0757554019
// → pudding: -0.0648203724
// y así sucesivamente...
```

La mayoría de las correlaciones parecen estar cerca de cero. Aparentemente, comer zanahorias, pan o pudin no causa licantropía de ardilla. No parece que durante los fines de semana suceda con más frecuencia. Filtremos los resultados para mostrar solo las correlaciones mayores de `0.1` o menores de `-0.1`.

```
for (let event of journalEvents(JOURNAL)) {
  let correlation = phi(tableFor(event, JOURNAL));
  if (correlation > 0.1 || correlation < -0.1) {
    console.log(event + ":", correlation);
  }
}
// → weekend:        0.1371988681
// → brushed teeth: -0.3805211953
// → candy:          0.1296407447
// → work:          -0.1371988681
// → spaghetti:      0.2425356250
// → reading:        0.1106828054
// → peanuts:        0.5902679812
```

¡Vaya! Hay dos factores con una correlación que es claramente más fuerte que las otras. Comer cacahuetes tiene un efecto mucho más positivo en las posibilidades de convertirse en una ardilla, mientras que lavarse los dientes tiene un efecto significativamente negativo.

Interesante. Probemos algo.

```
for (let entry of JOURNAL) {
  if (entry.events.includes("peanuts") &&
       !entry.events.includes("brushed teeth")) {
    entry.events.push("peanut teeth");
  }
}
console.log(phi(tableFor("peanut teeth", JOURNAL)));
// → 1
```

Es un resultado rotundo. El fenómeno se produce precisamente cuando Jacques come cacahuetes y no se lava los dientes. Si no fuera tan descuidado con la higiene dental, nunca se habría dado cuenta de su afección. Sabiendo esto, Jacques deja de comer cacahuetes por completo y descubre que sus transformaciones no vuelven a producirse.

Durante unos años le va muy bien. Pero en un momento dado pierde su trabajo. Como vive en un país asqueroso donde estar desempleado significa no tener servicios médicos, se ve obligado a trabajar en un circo donde actúa como «El increíble hombre ardilla», llenándose la boca de mantequilla de cacahuete antes de cada función. Un día, harto de esta penosa existencia, Jacques no consigue volver a su forma humana, salta por una grieta de la carpa del circo y desaparece en el bosque. Nunca se le ha vuelto a ver.

Todo sobre las matrices

Antes de terminar el capítulo, quiero presentarle algunos conceptos más relacionados con objetos. Empezaré con algunos métodos de matriz que por lo general son útiles.

Ya vimos push y pop, que añaden y quitan elementos al final de una matriz, en el apartado «Métodos» de este capítulo. Los métodos correspondientes para añadir y quitar elementos al principio de una matriz se llaman unshift y shift.

```
let todoList = [];
function remember(task) {
  todoList.push(task);
}
function getTask() {
  return todoList.shift();
}
function rememberUrgently(task) {
  todoList.unshift(task);
}
```

Este programa gestiona una cola de tareas. Se añaden tareas al final de cola llamando a remember("groceries"); y cuando está listo para hacer algo, llama a getTask() para obtener (y quitar) el elemento delantero de la cola. La función rememberUrgently también añade una tarea, pero lo hace delante, en lugar de en la parte posterior de la cola.

Para buscar un valor específico, las matrices ofrecen un método indexOf. Este busca en la matriz desde el principio hasta al final y devuelve el índice donde se ha hallado el valor solicitado, o -1 si no se ha encontrado. Para buscar desde el final en lugar de hacerlo desde el principio, hay un método similar llamado lastIndexOf.

```
console.log([1, 2, 3, 2, 1].indexOf(2));
// → 1
console.log([1, 2, 3, 2, 1].lastIndexOf(2));
// → 3
```

indexOf y lastIndexOf toman un segundo argumento opcional que indica dónde empezar a buscar. Otro método de matriz fundamental es slice, que toma los índices de inicio y final, y devuelve una matriz que solo tiene los elementos entre ellos. El índice de inicio es inclusivo y el final exclusivo.

```
console.log([0, 1, 2, 3, 4].slice(2, 4));
// → [2, 3]
console.log([0, 1, 2, 3, 4].slice(2));
// → [2, 3, 4]
```

Cuando no se da el índice final, slice tomará todos los elementos después del índice inicial. También se puede omitir el índice inicial para copiar toda la matriz.

El método concat se puede usar para pegar matrices juntas y crear una matriz nueva, de manera similar a lo que el operador + hace para las cadenas. El siguiente ejemplo muestra a concat y slice en acción. Toma una matriz y un índice, y devuelve una matriz nueva que es una copia de la matriz original donde se ha quitado el elemento en el índice dado.

```
function remove(array, index) {
  return array.slice(0, index)
    .concat(array.slice(index + 1));
}
console.log(remove(["a", "b", "c", "d", "e"], 2));
// → ["a", "b", "d", "e"]
```

Si se le pasa a concat un argumento que no es una matriz, ese valor se añadirá a la matriz nueva como si fuera una matriz de un elemento.

Cadenas y sus propiedades

Podemos leer propiedades como `length` y `toUpperCase` desde valores cadena. Pero si intentamos añadir una propiedad nueva, no aguanta.

```
let kim = "Kim";
kim.age = 88;
console.log(kim.age);
// → undefined
```

Los valores de tipo cadena, número y booleano no son objetos, y aunque el lenguaje no se queja si intentamos colocar nuevas propiedades sobre ellos, en realidad no almacena esas propiedades. Como se ha mencionado antes, este tipo de valores son inmutables y no se pueden cambiar. Pero estos tipos poseen propiedades integradas. Cada valor de cadena tiene varios métodos. Unos muy útiles son `slice` e `indexOf`, que se parecen a los métodos de matriz del mismo nombre.

```
console.log("coconuts".slice(4, 7));
// → nut
console.log("coconut".indexOf("u"));
// → 5
```

Una diferencia es que un `indexOf` de cadena puede buscar una cadena que contenga más de un carácter, mientras que el método de matriz correspondiente solo busca un elemento individual.

```
console.log("one two three".indexOf("ee"));
// → 11
```

El método `trim` quita espacio en blanco (espacios, líneas nuevas, tabuladores y caracteres similares) desde el principio hasta el final de una cadena.

```
console.log(" okay \n ".trim());
// → okay
```

La función `zeroPad` del capítulo 3 también existe como un método. Se llama `padStart` y toma la longitud deseada y carácter de relleno como argumentos.

```
console.log(String(6).padStart(3, "0"));
// → 006
```

Con `split` puede dividir una cadena cada vez que aparezca otra cadena y volverla a unir con `join`.

```
let sentence = "Secretarybirds specialize in stomping";
let words = sentence.split(" ");
console.log(words);
// → ["Secretarybirds", "specialize", "in", "stomping"]
console.log(words.join(". "));
// → Secretarybirds. specialize. in. stomping
```

Una cadena se puede repetir con el método `repeat`, y así se crea una cadena nueva que contiene múltiples copias de la cadena original pegadas juntas.

```
console.log("LA".repeat(3));
// → LALALA
```

Ya hemos visto la propiedad `length` del tipo cadena. Acceder a los caracteres individuales en una cadena se parece a acceder a elementos de una matriz (con una salvedad de la que hablaremos en el apartado «Cadenas y códigos de caracteres» en el capítulo 5).

```
let string = "abc";
console.log(string.length);
// → 3 console.log(string[1]);
// → b
```

Parámetros rest

Para una función puede ser útil aceptar cualquier cantidad de argumentos. Por ejemplo, `Math.max` calcula el máximo de todos los argumentos que se le dan.

Para escribir una función de este tipo, colocamos tres puntos delante del último parámetro de la función de la siguiente manera:

```
function max(...numbers) {
  let result = -Infinity;
  for (let number of numbers) {
    if (number > result) result = number;
  }
  return result;
}
console.log(max(4, 1, 9, -2));
// → 9
```

Cuando se llama a una función de este tipo, el parámetro rest está vinculado a una matriz que contiene todos los demás argumentos. Si hay otros parámetros antes, sus valores no forman parte de la matriz. Cuando sea el único parámetro, como en `max`, contendrá todos los argumentos.

```
let numbers = [5, 1, 7];
console.log(max(...numbers));
// → 7
```

Esto despliega la matriz en la llamada de función, pasando sus elementos como argumentos separados. Es posible incluir una matriz como esa junto con otros argumentos, como en `max(9, ...numbers, 2)`. De manera similar, la notación de matriz con corchetes permite el operador de tres puntos para desplegar otra matriz dentro de la matriz nueva.

```
let words = ["never", "fully"];
console.log(["will", ...words, "understand"]);
// → ["will", "never", "fully", "understand"]
```

El objeto Math

Según lo que hemos visto, `Math` es una caja sorpresa de funciones útiles relacionadas con los números, como `Math.max` (máximo), `Math.min` (mínimo) y `Math.sqrt` (raíz cuadrada). El objeto `Math` se utiliza como un contenedor para agrupar un montón de funcionalidades relacionadas. Solo hay un objeto `Math`, y casi nunca es útil como un valor. En lugar de eso, proporciona un espacio de nombres para que todas estas funciones y valores no tengan que ser vinculaciones globales. Que haya demasiadas vinculaciones globales "contamina" el espacio de nombres. Cuantos más nombres se tomen, más probabilidades hay de sobrescribir accidentalmente el valor de alguna vinculación existente. Por ejemplo, es posible que en uno de sus programas quiera nombrar algo usando `max`. Debido a que la función `max` integrada en JavaScript está guardada a salvo dentro del objeto `Math`, no tenemos que preocuparnos por sobrescribirla.

Muchos lenguajes le detendrán o al menos le avisarán, cuando defina una vinculación con un nombre que ya se ha utilizado. JavaScript hace esto para las vinculaciones declaradas con `let` o `const`, pero absurdamente no para las vinculaciones estándar ni para las declaradas con `var` o `function`.

Volvamos al objeto `Math`. Para hacer trigonometría, `Math` puede ayudarle. Contiene `cos` (coseno), `sin` (seno) y `tan` (tangente), así como sus funciones inversas, `acos`, `asin` y `atan`, respectivamente. El número π (pi), o al menos la aproximación más cercana que cabe en un número de JavaScript, está disponible como `Math.PI`. Existe una antigua tradición de programación que consiste en escribir los nombres de los valores constantes con todas las letras en mayúsculas.

```
function randomPointOnCircle(radius) {
  let angle = Math.random() * 2 * Math.PI;
  return {x: radius * Math.cos(angle),
    y: radius * Math.sin(angle)};
}
console.log(randomPointOnCircle(2));
// → {x: 0.3667, y: 1.966}
```

Si no está familiarizado con los senos y los cosenos, no se preocupe. Los explicaré cuando los use en el capítulo 14.

En el ejemplo anterior se usa `Math.random`. Es una función que devuelve un número pseudoaleatorio nuevo entre cero (incluido) y uno (exclusivo) cada vez que la llama.

```
console.log(Math.random());
// → 0.36993729369714856
console.log(Math.random());
// → 0.727367032552138
console.log(Math.random());
// → 0.40180766698904335
```

Aunque los ordenadores son máquinas deterministas porque siempre reaccionan de la misma manera si se les da la misma entrada, es posible hacer que produzcan números que parecen aleatorios. Para ello, la máquina guarda valores ocultos y, cuando le pedimos un número aleatorio nuevo, realiza cálculos complicados con este valor oculto para crear un valor nuevo. Almacena un valor nuevo y devuelve un número derivado de él. De ese modo, puede producir números siempre nuevos y difíciles de predecir de una forma que parece aleatoria. Si queremos un número entero aleatorio en lugar de uno fraccionario, podemos utilizar `Math.floor` (que redondea hacia abajo al número entero más cercano) en el resultado de `Math.random`.

```
console.log(Math.floor(Math.random() * 10));
// → 2
```

Si multiplicamos el número aleatorio por 10 obtenemos un número mayor o igual que 0 e inferior a 10. Como `Math.floor` redondea hacia abajo, esta expresión producirá, con igual probabilidad, cualquier número desde 0 hasta 9.

También están las funciones `Math.ceil` (para «techo», que redondea hacia arriba a un número entero), `Math.round` (para el número entero más cercano) y `Math.abs`, que toma el valor absoluto de un número, lo que significa que niega los valores negativos, pero deja los positivos como están.

Desestructurar

Volvamos a la función `phi` un momento:

```
function phi(table) {
  return (table[3] * table[0] - table[2] * table[1]) /
    Math.sqrt((table[2] + table[3]) *
              (table[0] + table[1]) *
              (table[1] + table[3]) *
              (table[0] + table[2]));
}
```

Uno de los motivos por los que esta función es difícil de leer es que tenemos una vinculación apuntando a nuestra matriz, pero preferiríamos tener vinculaciones para los elementos de la matriz, es decir, `let n00 = table[0]`, y así sucesivamente. Por suerte, en JavaScript hay una manera breve de hacer esto.

```
function phi([n00, n01, n10, n11]) {
   return (n11 * n00 - n10 * n01) /
   Math.sqrt((n10 + n11) * (n00 + n01) *
      (n01 + n11) * (n00 + n10));
}
```

También funciona para vinculaciones creadas con `let`, `var` o `const`. Si sabe que el valor al que está vinculando una variable es una matriz, puede usar corchetes para «mirar dentro» del valor, vinculando sus contenidos.

Para los objetos funciona un truco similar, usando paréntesis en lugar de corchetes.

```
let {name} = {name: "Faraji", age: 23};
console.log(name);
// → Faraji
```

Observe que, si intenta desestructurar `null` o `undefined`, obtiene un error, al igual que sucedería si intentara acceder directamente a una propiedad de esos valores.

JSON

Como las propiedades solo agarran su valor, en lugar de contenerlo, los objetos y las matrices se almacenan en la memoria del ordenador como secuencias de bits que contienen las direcciones (el lugar en la memoria) de sus contenidos. Así, una matriz con otra matriz dentro consta de (al menos) una región de memoria para la matriz interior y otra para la matriz exterior, que contiene (entre otras cosas) un número binario que representa la posición de la matriz interior. Si quiere guardar datos en un archivo para más tarde o enviarlos a otro ordenador a través de la red, tiene que convertir de alguna manera estas marañas de direcciones de memoria en una descripción que se pueda almacenar o enviar. Supongo que podría enviar toda la memoria de su ordenador junto con la dirección del valor que le interesa, pero no parece un buen planteamiento.

Lo que podemos hacer es serializar los datos. Eso significa que se convierten en una descripción plana. JSON es un formato de serialización popular, se pronuncia «Jason» y significa *JavaScript Object Notation*. Este formato se utiliza ampliamente para almacenamiento y comunicación de datos en la web, incluso en lenguajes que no son JavaScript.

JSON tiene un aspecto similar a la forma que tiene JavaScript de escribir matrices y objetos, con algunas restricciones. Todos los nombres de propiedades deben ir entre comillas dobles y solo se permiten expresiones de datos sencillas, es decir, no se permiten llamadas a funciones, vinculaciones ni nada que implique un cálculo real. En JSON no se permiten comentarios.

Una entrada del diario podría tener este aspecto cuando se representa como datos JSON:

```
{
  "squirrel": false,
  "events": ["work", "touched tree", "pizza", "running"]
}
```

JavaScript nos da las funciones `JSON.stringify` y `JSON.parse` para convertir datos hacia y desde este formato. La primera toma un valor de JavaScript y devuelve una cadena codificada JSON. La segunda toma una cadena de este tipo y la convierte en el valor que codifica.

```
let string = JSON.stringify({squirrel: false,
                             events: ["weekend"]});
console.log(string);
// → {"squirrel":false,"events":["weekend"]}
console.log(JSON.parse(string).events);
// → ["weekend"]
```

Resumen

Los objetos y las matrices (que son un tipo específico de objeto) ofrecen maneras de agrupar varios valores en uno solo. Conceptualmente, esto nos permite poner un montón de cosas relacionadas en una bolsa y correr con la bolsa, en lugar de rodear todas las cosas individuales con nuestros brazos y tratar de sujetarlas por separado.

La mayoría de los valores en JavaScript tienen propiedades, las excepciones son `null` y `undefined`. Para acceder a las propiedades se utiliza `value.prop` o `value["prop"]`. Los objetos tienden a utilizar nombres para sus propiedades y almacenar más o menos un conjunto fijo de ellas. Por otro lado, las matrices suelen contener cantidades variables de valores conceptualmente idénticos y utilizan números (empezando por 0) como los nombres de sus propiedades.

En las matrices hay algunas propiedades con nombre, como `length` y varios métodos. Los métodos son funciones que viven en las propiedades y (normalmente) actúan sobre el valor del que son una propiedad. Es posible iterar sobre matrices utilizando un tipo especial de bucle `for`: `for (let element of array)`.

Ejercicios

La suma de un rango

En la introducción de este libro se menciona el siguiente programa como una buena manera de calcular la suma de un rango de números:

```
console.log(sum(range(1, 10)));
```

Escriba una función `range` que toma dos argumentos, `start` y `end`, y devuelve una matriz que contiene todos los números desde `start` hasta (e incluido) `end`.

A continuación, escriba una función `sum` que toma una matriz de números y devuelve la suma de esos números. Ejecute el programa de ejemplo y compruebe si devuelve `55`.

Como una asignación extra, modifique su función `range` para tomar un tercer argumento opcional que indica el valor «paso» usado al construir la matriz. Si no se da paso, los elementos aumentan en incrementos de uno, correspondiente al comportamiento antiguo. La llamada de la función `range(1, 10, 2)` debería devolver `[1, 3. 5, 7, 9]`. Asegúrese de que también funciona con valores de paso negativos de manera que `range(5, 2, -1)` produce `[5, 4, 3, 2]`.

Invertir una matriz

Las matrices tienen un método `reverse` que cambia la matriz invirtiendo el orden en el que aparecen sus elementos. Para este ejercicio, escriba dos funciones, `reverseArray` y `reverseArrayInPlace`. La primera, `reverseArray`, toma una matriz como argumento y produce una matriz nueva que tiene los mismos elementos en el orden inverso. La segunda, `reverseArrayInPlace`, hace lo mismo que el método `reverse`: modifica la matriz dada como argumento invirtiendo sus elementos. Ninguna puede usar el método estándar `reverse`.

Si recordamos los comentarios sobre los efectos secundarios y las funciones puras en «Funciones y efectos secundarios» en el capítulo 3, ¿qué variante cree que será útil en más situaciones? ¿Cuál se ejecuta más rápido?

Una lista

Los objetos, como bloques genéricos de valores, pueden utilizarse para construir todo tipo de estructuras de datos. Una estructura de datos común es la lista (no confundir con matriz), que es un conjunto anidado de objetos, en el que el primer objeto contiene una referencia al segundo, el segundo al tercero, y así sucesivamente.

```
let list = {
  value: 1,
  rest: {
    value: 2,
```

```
    rest: {
      value: 3,
      rest: null
    }
  }
};
```

Los objetos resultantes forman una cadena como esta:

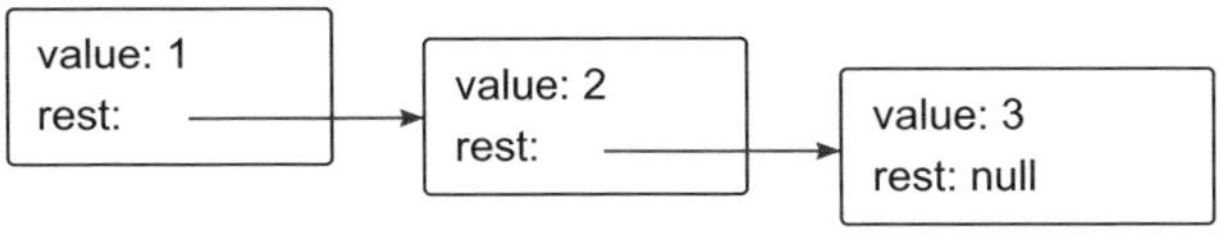

Una virtud de las listas es que pueden compartir partes de su estructura. Por ejemplo, si creo dos valores nuevos `{value: 0, rest: list}` y `{value: -1, rest: list}` (donde `list` se refiere a la vinculación antes definida), ambos son listas independientes, pero comparten la estructura que conforma sus tres últimos elementos. La lista original también es una lista válida de tres elementos.

Escriba una función `arrayToList` que construye una estructura de lista como la que se ve cuando se da `[1, 2, 3]` como argumento. Escriba también una función `listToArray` que produce una matriz a partir de una lista. Luego añada una función ayudante `prepend`, que toma un elemento y una lista y crea una lista nueva que añade el elemento delante de la lista de entrada, y `nth`, que toma una lista y un número y devuelve el elemento en la posición dada en la lista (donde cero se refiere al primer elemento) o `undefined` cuando no hay elemento de este tipo.

Si no lo ha hecho ya, escriba una versión recursiva de `nth`.

Comparación profunda

El operador == compara objetos por identidad. Pero a veces preferiría comparar los valores de sus propiedades reales.

Escriba una función `deepEqual` que toma dos valores y devuelve verdadero solo si son el mismo valor o son objetos con las mismas propiedades, donde los valores de las propiedades son iguales cuando se comparan con una llamada recursiva a `deepEqual`.

Para descubrir si los valores deberían compararse directamente, use el operador == o compare sus propiedades; puede usar el operador `typeof`. Si produce `"object"` para ambos valores, es recomendable hacer una comparación profunda. Pero tenga en cuenta una excepción absurda: debido a un accidente en el pasado, `typeof null` también produce `"object"`.

La función `Object.keys` será útil cuando necesite revisar las propiedades de objetos para compararlas.

«Hay dos maneras de construir un diseño de software: una es hacerlo tan sencillo que obviamente no haya fallos y la otra es hacerlo tan complicado que no haya fallos obvios».

— C. A. R. Hoare, *Conferencia del premio Turing de la ACM*

5

FUNCIONES DE ORDEN SUPERIOR

Un programa grande es costoso, y no solo por el tiempo que se requiere para construirlo. El tamaño casi siempre implica complejidad, y la complejidad confunde a los programadores. Los programadores confusos, a su vez, introducen errores (*bugs*) en los programas. Por lo tanto, un programa grande deja mucho espacio para que se escondan esos bugs y hace que sean difíciles de encontrar.

Volvamos brevemente a los dos programas de ejemplo que aparecían al final de la introducción. El primero es autónomo y tiene seis líneas.

```
let total = 0, count = 1;
while (count <= 10) {
  total += count;
  count += 1;
}
console.log(total);
```

El segundo se basa en dos funciones externas y tiene una línea.

```
console.log(sum(range(1, 10)));
```

¿Cuál de ellos tiene más posibilidades de contener un bug?

Si contamos el tamaño de las definiciones de `sum` y `range`, el segundo programa también es grande, incluso más grande que el primero. Pero, aun así, yo diría que es más probable que sea correcto.

Tiene más probabilidades de ser correcto porque la solución se expresa en un vocabulario que corresponde al problema que se está resolviendo. Sumar un rango de números no consiste en utilizar bucles y contadores, sino en rangos y sumas.

Sin embargo, las definiciones de este vocabulario (`sum` y `range`) implican bucles, contadores y otros detalles fortuitos. Pero como expresan conceptos más simples que el programa bajo la forma de un todo, es más fácil que sean correctos.

Abstracción

En el contexto de la programación, habitualmente estos tipos de vocabulario se llaman abstracciones. La abstracción oculta detalles y nos da la capacidad de hablar sobre problemas a un nivel superior (o más abstracto).

Como analogía, comparemos estas dos recetas de sopa de guisantes. Esta es la primera:

> Pon una taza de guisantes secos en un recipiente. Añade agua hasta que los guisantes queden bien cubiertos. Deja los guisantes en remojo durante 12 horas como mínimo. Saca los guisantes del agua y ponlos en una olla. Añade 4 tazas de agua por persona. Tapa la sartén y deja que los guisantes hiervan a fuego lento durante dos horas. Toma media cebolla por persona. Córtala en trozos con un cuchillo. Añádela a los guisantes. Toma un tallo de apio por persona. Córtalo en trozos con un cuchillo. Añádelo a los guisantes. Toma una zanahoria por persona. Córtala en trozos ¡Con un cuchillo! Añádela a los guisantes. Cocina durante 10 minutos más.

Y esta es la segunda receta:

> Ingredientes por persona: 1 taza de guisantes partidos secos, media cebolla troceada, un tallo de apio y una zanahoria.
> Pon los guisantes a remojo durante 12 horas. Hiérvelos a fuego lento durante 2 horas junto con 4 tazas de agua (por persona). Corta y añade las verduras. Cocina durante 10 minutos más.

La segunda receta es más corta y fácil de interpretar. Pero tienes que comprender un poco más las palabras relacionadas con la cocina como «poner a remojo», «hervir a fuego lento», «cortar» y, quizás, «verdura».

Al programar, no podemos contar con que todas las palabras que necesitamos estén esperándonos en el diccionario. Entonces podríamos caer en el patrón de la primera receta: elaborar los pasos precisos que debe realizar el ordenador, uno a uno, sin considerar los conceptos de alto que expresan.

En programación, es útil darse cuenta de cuándo se está trabajando en un nivel de abstracción demasiado bajo.

Abstraer repetición

Las funciones planas, como hemos visto hasta ahora, son una buena manera de construir abstracciones. Pero a veces se quedan cortas.

Para un programa, es habitual realizar una acción un número dado de veces. Para eso puede escribir un bucle `for` como este:

```
for (let i = 0; i < 10; i++) {
console.log(i);
}
```

¿Podemos abstraer «realizar una acción N veces» como una función? Bien, es fácil escribir una función que llama a `console.log` N veces.

```
function repeatLog(n) {
  for (let i = 0; i < n; i++) {
    console.log(i);
  }
}
```

Pero ¿qué pasa si queremos hacer algo distinto a registrar los números? Como «realizar una acción» se puede representar como una función y las funciones solo son valores, es posible pasar nuestra acción como un valor función.

```
function repeat(n, action) {
  for (let i = 0; i < n; i++) {
    action(i);
  }
}

repeat(3, console.log);
// → 0
// → 1
// → 2
```

No tenemos que pasar una función predefinida para `repeat`. Con frecuencia, en su lugar es más fácil crear un valor función en el momento.

```
let labels = [];
repeat(5, i => {
  labels.push(`Unit ${i + 1}`);
});
console.log(labels);
// → ["Unit 1", "Unit 2", "Unit 3", "Unit 4", "Unit 5"]
```

Esta estructura se parece un poco a un bucle `for`, primero describe el tipo de bucle y luego proporciona un cuerpo. Sin embargo, ahora el cuerpo está escrito como un valor función, que está empaquetado en el paréntesis de la llamada a `repeat`. Por eso, tiene que cerrarse con la llave de cierre y el paréntesis de cierre. En los casos como este ejemplo, donde el cuerpo es una expresión pequeña independiente, también podría omitir las llaves y escribir el bucle en una única línea.

Funciones de orden superior

Las funciones que operan con otras funciones, tomándolas como argumento o devolviéndolas, se llaman funciones de orden superior. Como ya hemos que las funciones son valores regulares, no hay nada especialmente destacable en el hecho de que este tipo de funciones existe. El término procede de las matemáticas, donde la distinción entre funciones y otros valores se considera más seria.

Las funciones de orden superior nos permiten abstraernos por encima de acciones, no solo valores. Aparecen bajo varias formas. Por ejemplo, podemos tener funciones que crean funciones nuevas.

```
function greaterThan(n) {
  return m => m > n;
}
let greaterThan10 = greaterThan(10);
console.log(greaterThan10(11));
// → true
```

Y podemos tener funciones que cambian otras funciones.

```
function noisy(f) {
  return (...args) => {
    console.log("calling with", args);
    let result = f(...args);
    console.log("called with", args, ", returned", result);
    return result;
  };
}
noisy(Math.min)(3, 2, 1);
// → calling with [3, 2, 1]
// → called with [3, 2, 1] , returned 1
```

Incluso podemos escribir funciones que proporcionan tipos nuevos de flujo de control.

```
function unless(test, then) {
  if (!test) then();
}

repeat(3, n => {
  unless(n % 2 == 1, () => {
    console.log(n, "is even");
  });
});
// → 0 is even
// → 2 is even
```

Hay un método de matriz integrado, `forEach`, que proporciona algo como un bucle `for/of` como una función de orden superior.

```
["A", "B"].forEach(l => console.log(l));
// → A
// → B
```

Conjunto de datos de script

Las funciones de orden superior brillan en el procesamiento de datos. Para procesar datos, necesitaremos algunos datos reales. Este capítulo usará un conjunto de datos en forma de scripts, sistemas de escritura como latín, cirílico o árabe.

Recuerde el Unicode del capítulo 1, el sistema que asigna un número a cada carácter en lenguaje escrito. La mayoría de estos caracteres están asociados a un script específico. El estándar contiene 140 scripts distintos: 81 todavía se usan en la actualidad y 59 son historia.

Aunque solo puedo leer con fluidez los caracteres latinos, aprecio el hecho de que las personas escriben textos en al menos otros 80 sistemas de escritura, muchos de ellos ni siquiera podría reconocerlos. Por ejemplo, aquí debajo vemos una muestra de escritura manual tamil:

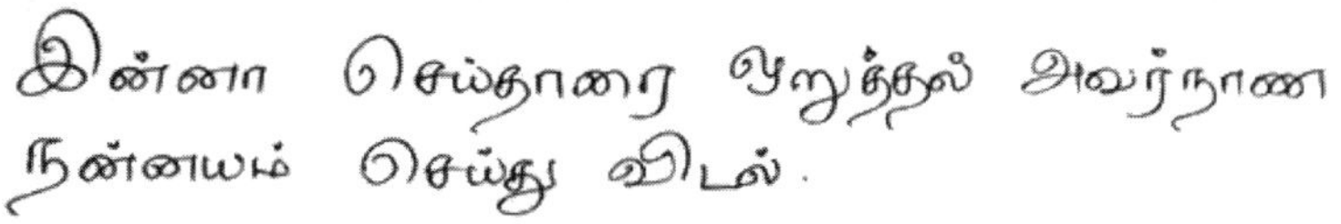

El conjunto de datos de ejemplo contiene información sobre los 140 scripts definidos en Unicode. Está disponible para su descarga en la carpeta correspondiente a este capítulo como se describe en la introducción, bajo la vinculación `SCRIPTS`. La vinculación contiene una matriz de objetos, cada uno de ellos describe un script.

```
{
  name: "Coptic",
  ranges: [[994, 1008], [11392, 11508], [11513, 11520]],
  direction: "ltr",
  year: -200,
  living: false,
  link: https://en.wikipedia.org/wiki/Coptic_alphabet
}
```

Un objeto de este tipo nos dice el nombre del script, los rangos de Unicode asignados a él, la dirección en la que está escrito, la hora de origen (aproximada), si todavía se está usando y un enlace hacia más información. La dirección puede ser `ltr` para de izquierda a derecha, `rtl` para de derecha a izquierda (como se escriben los textos en árabe y hebreo) o `ttb` de arriba abajo (como en la escritura mongol).

La propiedad `ranges` contiene una matriz de rangos de caracteres de Unicode, cada uno de los cuales es una matriz de dos elementos que contienen un límite inferior y uno superior. Todos los códigos de carácter en estos rangos se asignan al script. El límite inferior es inclusivo (código 994 es un carácter copto) y el límite superior no es inclusivo (código 1008 no lo es).

Filtrar matrices

Para encontrar los scripts en el conjunto de datos que todavía se están usando, la siguiente función podría ayudar. Filtra en una matriz los elementos que no pasan una prueba.

```
function filter(array, test) {
  let passed = [];
  for (let element of array) {
```

```
    if (test(element)) {
      passed.push(element);
    }
  }
  return passed;
}

console.log(filter(SCRIPTS, script => script.living));
// → [{name: "Adlam", ...}, ...]
```

La función usa el argumento llamado `test`, un valor función, para llenar un «hueco» en la computación: el proceso de decidir qué elementos recopilar.

Observe cómo la función `filter`, en lugar de borrar elementos de la matriz existente, construye una matriz nueva solo con los elementos que pasan el test. Esta función es pura y no modifica la matriz dada.

Al igual que sucede con `forEach`, `filter` es un método de matriz estándar. El ejemplo ha definido la función solo para mostrar lo que hace internamente. A partir de ahora, en su lugar la usaremos de la siguiente manera:

```
console.log(SCRIPTS.filter(s => s.direction == "ttb"));
// → [{name: "Mongolian", ...}, ...]
```

Transformar con map

Digamos que tenemos una matriz de objetos que representan scripts, producidos filtrando de algún modo la matriz `SCRIPTS`, pero queremos una matriz de nombres, que es más fácil de inspeccionar.

El método `map` transforma una matriz aplicando una función a todos sus elementos y construyendo una matriz nueva a partir de los valores devueltos. La matriz nueva tendrá la misma longitud que la matriz de entrada, pero su contenido habrá sido mapeado a una forma nueva por la función.

```
function map(array, transform) {
  let mapped = [];
  for (let element of array) {
    mapped.push(transform(element));
  }
  return mapped;
}

let rtlScripts = SCRIPTS.filter(s => s.direction == "rtl");
console.log(map(rtlScripts, s => s.name));
// → ["Adlam", "Arabic", "Imperial Aramaic", ...]
```

Al igual que `foreach` y `filter`, `map` es un método de matriz estándar.

Resumir con reduce

Otra cosa que se suele hacer con las matrices es calcular un valor único a partir de ellas. Nuestro ejemplo recurrente, sumar una colección de números, es un ejemplo de esto. Otro ejemplo es encontrar el script con más caracteres.

La operación de orden superior que representa a este patrón se llama `reduce` (a veces también llamada `fold`). Construye un valor tomando repetidamente un único elemento de la matriz y combinándolo con el valor actual. Cuando se suman números, se empieza con el número cero y cada elemento se añade a la suma.

Los parámetros para `reduce` son, además de la matriz, una función de combinación y un valor inicial. Esta función es un poco menos sencilla que `filter` y `map`, así que examínala detenidamente:

```
function reduce(array, combine, start) {
  let current = start;
  for (let element of array) {
    current = combine(current, element);
  }
  return current;
}

console.log(reduce([1, 2, 3, 4], (a, b) => a + b, 0));
// → 10
```

El método de matriz estándar `reduce`, que por supuesto corresponde a esta función, tiene una comodidad añadida. Si su matriz contiene al menos un elemento, se le permite dejar el argumento `start`. El método tomará el primer elemento de la matriz como su valor inicial y empezará a reducir en el segundo elemento.

```
console.log([1, 2, 3, 4].reduce((a, b) => a + b));
// → 10
```

Para usar `reduce` (dos veces) para encontrar el script con más caracteres, podemos escribir algo como esto:

```
function characterCount(script) {
  return script.ranges.reduce((count, [from, to]) => {
    return count + (to - from);
  }, 0);
}

console.log(SCRIPTS.reduce((a, b) => {
  return characterCount(a) < characterCount(b) ? b : a;
}));
// → {name: "Han", ...}
```

La función `characterCount` reduce los rangos asignados a un script sumando sus tamaños. Observe el uso de la desestructuración en la lista de parámetros de la función reductora. La segunda llamada a `reduce` utiliza esto para encontrar el script más grande comparando repetidamente dos scripts y devolviendo el más grande.

El script Han tiene más de 89 000 caracteres asignados a él en el estándar Unicode, lo que lo convierte con diferencia en el sistema de escritura más grande del conjunto de datos. Han es un script que se utiliza (a veces) para texto en chino, japonés y coreano.

Esos idiomas comparten muchos caracteres, aunque tienden a escribirlos de forma diferente. El Consorcio Unicode (con sede en los EE. UU.) decidió tratarlos como un único sistema de escritura para ahorrar códigos de caracteres. A esto se le llama unificación Han, y todavía hay algunas personas muy enfadadas por ello.

Componibilidad

Vamos a considerar cómo habríamos escrito el ejemplo anterior (encontrar el script más grande) sin funciones de orden superior. El código no es mucho peor.

```
let biggest = null;
for (let script of SCRIPTS) {
  if (biggest == null ||
      characterCount(biggest) < characterCount(script)) {
    biggest = script;
  }
}
console.log(biggest);
// → {name: "Han", ...}
```

Hay algunas vinculaciones más, y el programa es cuatro líneas más largo. Pero todavía es muy legible.

Las funciones de orden superior empiezan a brillar cuando necesitamos componer operaciones. Como ejemplo, vamos a escribir código que encuentra el año de origen medio para los scripts activos y en desuso en el conjunto de datos.

```
function average(array) {
  return array.reduce((a, b) => a + b) / array.length;
}

console.log(Math.round(average(
  SCRIPTS.filter(s => s.living).map(s => s.year))));
// → 1165
console.log(Math.round(average(
  SCRIPTS.filter(s => !s.living).map(s => s.year))));
// → 204
```

Así que los scripts en desuso son, de media, más antiguos que los activos. Esta estadística no es terriblemente significativa o sorprendente. Pero espero que esté de acuerdo en que el código utilizado para calcularla no es difícil de leer. Puede verlo como una canalización: empezamos con todos los scripts, filtramos los activos (o en desuso), tomamos los años de los resultantes, obtenemos a media y redondeamos el resultado.

Obviamente, también podría escribir este cálculo como un gran bucle.

```
let total = 0, count = 0;
for (let script of SCRIPTS) {
  if (script.living) {
    total += script.year;
```

```
    count += 1;
  }
}
console.log(Math.round(total / count));
// → 1165
```

Pero es más difícil ver qué se calcula y cómo. Y debido a que los resultados intermedios no se representan como valores coherentes, sería mucho más trabajo extraer algo como la media en una función separada.

En términos de lo que el ordenador está haciendo realmente, estos dos planteamientos también son bastante diferentes. El primero construirá matrices nuevas cuando ejecute `filter` y `map`, mientras que el segundo solo computa algunos números, haciendo menos trabajo. Normalmente puede permitirse el planteamiento legible, pero si está procesando matrices enormes, y lo hace muchas veces, el estilo menos abstracto podría ser valioso por la velocidad extra.

Cadenas y códigos de caracteres

Un uso del conjunto de datos sería averiguar qué script está utilizando un fragmento de texto. Examinemos un programa que realiza esta función.

Recuerde que cada script tiene una matriz de rangos de código de caracteres asociados a él. Así que, dado un código de carácter, podríamos usar una función como esta para encontrar el script correspondiente (si lo hay):

```
function characterScript(code) {
  for (let script of SCRIPTS) {
    if (script.ranges.some(([from, to]) => {
      return code >= from && code < to;
    })) {
      return script;
    }
  }
  return null;
}

console.log(characterScript(121));
// → {name: "Latin", ...}
```

El método `some` es otra función de orden superior. Toma una función de test y nos dice si devuelve verdadero para cualquiera de los elementos de la matriz.

Pero ¿cómo obtenemos los códigos de caracteres de una cadena?

En el capítulo 1 mencioné que las cadenas JavaScript se codifican como una secuencia de números de 16 bits. Se denominan unidades de código. Inicialmente, se suponía que un código de carácter Unicode cabía en una unidad de este tipo (que da un poco más de 65 000 caracteres). Cuando quedó claro que eso no iba a ser suficiente, mucha gente se resistió a la necesidad de utilizar más memoria por carácter. Para solucionar este problema, se inventó UTF-16, el formato utilizado por las cadenas de JavaScript. Este formato describe los caracteres más comunes utilizando una única unidad de código de 16 bits, pero para otros emplea un par de dos unidades de este tipo.

Hoy en día, en general, UTF-16 se considera una mala idea. Parece diseñado casi a propósito para invitar a cometer errores. Es fácil escribir programas que actúan como si las unidades de código y los caracteres fueran lo mismo. Y si tu lenguaje no utiliza caracteres de dos unidades, parecerá que funciona bien. Pero en cuanto alguien intenta utilizar un programa de este tipo con caracteres chinos menos comunes, se rompe. Afortunadamente, con la llegada de los emojis, todo el mundo ha empezado a utilizar caracteres de dos unidades, y la carga de lidiar con este tipo de problemas está más repartida.

Por desgracia, las operaciones obvias con cadenas JavaScript, como obtener su longitud a través de la propiedad `length` y acceder a su contenido usando corchetes, solo trabajan con unidades de código.

```
// Dos caracteres emojis, caballo y zapato
let horseShoe = "🐴👟";
console.log(horseShoe.length);
// → 4
console.log(horseShoe[0]);
// → (Invalid half-character)
console.log(horseShoe.charCodeAt(0));
// → 55357 (Code of the half-character)
console.log(horseShoe.codePointAt(0));
// → 128052 (Actual code for horse emoji)
```

El método `charCodeAt` de JavaScript proporciona una unidad de código, no un código de carácter completo. El método `codePointAt`, añadido posteriormente, proporciona un carácter Unicode completo. Así que podríamos usarlo para obtener caracteres de una cadena. Pero el argumento pasado a `codePointAt` sigue siendo un índice en la secuencia de unidades de código. Por eso, para recorrer todos los caracteres de una cadena, todavía tendríamos que lidiar con la cuestión de si un carácter ocupa una o dos unidades de código.

En «Bucles de matriz», en el capítulo 4, mencioné que un bucle `for/of` también puede usarse con cadenas. Al igual que `codePointAt`, este tipo de bucle se introdujo en un momento en el que la gente era muy consciente de los problemas con UTF-16. Cuando se usa para hacer un bucle sobre una cadena, da caracteres reales y no unidades de código.

```
let roseDragon = "🌹🐉";
for (let char of roseDragon) {
  console.log(char);
}
// → 🌹
// → 🐉
```

Si tiene un carácter (que será una cadena de una o dos unidades de código), puede usar `codePointAt(0)` para obtener su código.

Reconocer texto

Tenemos una función `characterScript` y una manera de hacer bucle correctamente sobre los caracteres. El siguiente paso es contar los caracteres que pertenecen a cada script. En ese caso, será útil la siguiente abstracción de conteo:

```
function countBy(items, groupName) {
  let counts = [];
  for (let item of items) {
    let name = groupName(item);
    let known = counts.findIndex(c => c.name == name);
    if (known == -1) {
      counts.push({name, count: 1});
    } else {
      counts[known].count++;
    }
  }
  return counts;
}

console.log(countBy([1, 2, 3, 4, 5], n => n > 2));
// → [{name: false, count: 2}, {name: true, count: 3}]
```

La función `countBy` espera una colección (cualquier cosa sobre la que podamos hacer un bucle con `for/of`) y una función que calcula un nombre de grupo para un elemento dado. Devuelve una matriz de objetos, cada uno de los cuales nombra un grupo y nos indica el número de elementos que se han encontrado en ese grupo.

Utilice otro método de matriz: `findIndex`. Este método se parece un poco a `indexOf`, pero, en lugar de buscar un valor específico, encuentra el primer valor para el que la función dada devuelve verdadero. Al igual que `indexOf`, devuelve `-1` cuando no se encuentra el elemento.

Usando `countBy`, podemos escribir la función que nos dice qué scripts se empleen en un fragmento de texto.

```
function textScripts(text) {
  let scripts = countBy(text, char => {
    let script = characterScript(char.codePointAt(0));
    return script ? script.name : "none";
  }).filter(({name}) => name != "none");

  let total = scripts.reduce((n, {count}) => n + count, 0);
  if (total == 0) return "No scripts found";

  return scripts.map(({name, count}) => {
    return `${Math.round(count * 100 / total)}% ${name}`;
  }).join(", ");
}

console.log(textScripts('英国的狗说"woof", 俄罗斯的狗说"тяв"'));
// → 61% Han, 22% Latin, 17% Cyrillic
```

La función cuenta primero los caracteres por nombre, utilizando `characterScript` para asignarles un nombre y recurriendo a la cadena `"none"` para los caracteres que no forman parte de ningún script. La llamada a `filter` elimina la entrada para `"none"` de la matriz resultante porque no nos interesan esos caracteres.

Para calcular porcentajes, primero necesitamos el número total de caracteres que pertenecen a un script, que podemos calcular con `reduce`. Si no se encuentran esos caracteres, la función devuelve una cadena específica. En caso contrario, transforma las entradas del recuento en cadenas legibles con `map` y luego las combina con `join`.

Resumen

Pasar valores función a otras funciones es un aspecto profundamente útil de JavaScript. Nos permite escribir funciones que modelan cálculos con «huecos». El código que llama a estas funciones puede rellenar los huecos proporcionando valores función.

Las matrices ofrecen varios métodos de orden superior muy útiles. Puede utilizar `forEach` para hacer bucle por los elementos en una matriz. El método `filter` devuelve una matriz nueva que solo contiene los elementos que superan la función predicado.

Transformar una matriz haciendo pasar todos los elementos a través una función se hace con `map`. Puede usar `reduce` para combinar todos los elementos de una matriz en un único valor. El método `some` comprueba si algún elemento coincide con una función predicado dada. Y `findIndex` encuentra la posición del primer elemento que coincide con un predicado.

Ejercicios

Nivelar

Use el método `reduce` en combinación con el método `concat` para «nivelar» una matriz o matrices en una matriz individual que tiene todos los elementos de las matrices originales.

Su propio bucle

Escriba una función de orden superior `loop` que proporciona algo similar a una instrucción de bucle for. Toma un valor, una función de prueba, una función de actualización y una función cuerpo. En cada iteración, ejecuta primero la función de prueba sobre el valor actual del bucle y se detiene si devuelve false. A continuación, llama a la función cuerpo, dándole el valor actual. Por último, llama a la función de actualización para crear un valor nuevo y comienza desde el principio.

Al definir la función, puede utilizar un bucle normal para realizar el recorrido en bucle real.

Todo

De manera análoga al método `some`, las matrices también cuentan con un método `every`. Este devuelve `true` cuando la función dada devuelve `true` para todos los elementos en la matriz. En cierto modo, `some` es una versión del operador `||` que actúa sobre las matrices, y `every` es como el operador `&&`.

Implemente `every` como una función que toma una matriz y una función predicado como parámetros. Escriba dos versiones, una con un bucle y otra usando el método `some`.

Sentido de escritura dominante

Escriba una función que calcula el sentido de escritura dominante en una cadena de texto. Recuerde que todos los objetos del script tienen una propiedad `direction` que puede ser `ltr` (de izquierda a derecha), `rtl` (de derecha a izquierda) o `ttb` (de arriba abajo).

La dirección dominante es la dirección de una mayoría de los caracteres que tienen un script asociado a ellos. Es probable que aquí sean útiles las funciones `characterScript` y `countBy` que hemos definido anteriormente en este capítulo.

«Un tipo de datos abstracto se consigue escribiendo una clase de programa especial... este define el tipo en términos de las operaciones que se pueden realizar con él».

— Barbara Liskov, *Programming with Abstract Data Types*

6

LA VIDA SECRETA DE LOS OBJETOS

En el capítulo 4 presentamos los objetos de JavaScript. En programación, tenemos la programación orientada a objetos, un conjunto de técnicas que usan objetos (y conceptos relacionados), como el principio fundamental de organización del programa.

Aunque nadie está muy de acuerdo con esta definición precisa, la programación orientada a objetos ha dado forma al diseño de muchos lenguajes de programación, incluido JavaScript. En este capítulo se describe cómo se pueden aplicar estas ideas a JavaScript.

Encapsulado

La idea principal de la programación orientada a objetos es dividir los programas en partes más pequeñas y hacer que cada parte sea responsable de gestionar su propio estado. De esta manera, algunos conocimientos sobre cómo funciona una parte del programa se pueden mantener de manera local para esa parte. Alguien que trabaja en el resto del programa no tiene que recordar o incluso ser consciente de ese conocimiento. Cuando estos detalles locales cambian, solo es necesario actualizar el código directamente a su alrededor.

Las diferentes partes de este tipo de programa interactúan entre sí a través de interfaces, conjuntos limitados de funciones o vinculaciones que proporcionan funciones útiles a un nivel más abstracto, ocultando su implementación precisa.

Estas partes del programa se modelan usando objetos. Su interfaz consiste en un conjunto específico de métodos y propiedades. Las propiedades que forman parte de la interfaz se denominan públicas. Las demás, que el código externo no debería tocar, se denominan privadas.

Muchos lenguajes tienen una manera de distinguir entre propiedades públicas y privadas, e impiden por completo que el código externo acceda a las privadas. JavaScript, que una vez más adopta el planteamiento minimalista, no lo hace, al menos todavía no. Está trabajando para añadirlo al lenguaje.

Aunque el lenguaje no tiene esta distinción integrada, los programadores de JavaScript utilizan esta idea con éxito. Normalmente, la interfaz disponible se describe en la documentación o en los comentarios. También es habitual poner un carácter guion bajo (_) al principio de los nombres de las propiedades para indicar que son privadas. Separar la interfaz de la implementación es una idea estupenda. Suele llamarse encapsulado.

Métodos

Los métodos solo son propiedades que contienen valores función. Este es un método sencillo:

```
let rabbit = {};
rabbit.speak = function(line) {
  console.log(`The rabbit says '${line}'`);
};

rabbit.speak("I'm alive.");
// → The rabbit says 'I'm alive.'
```

Normalmente, un método necesita hacer algo con el objeto sobre el que ha sido llamado. Cuando se llama a una función como un método, consultada como una propiedad y llamada inmediatamente, como en `object.method()`, la vinculación llamada `this` en su cuerpo apunta automáticamente al objeto sobre el que ha sido llamada.

```
function speak(line) {
  console.log(`The ${this.type} rabbit says '${line}'`);
}
let whiteRabbit = {type: "white", speak};
let hungryRabbit = {type: "hungry", speak};

whiteRabbit.speak("Oh my ears and whiskers, " +
                  "how late it's getting!");
// → The white rabbit says 'Oh my ears and whiskers, how
// late it's getting!'
hungryRabbit.speak("I could use a carrot right now.");
// → The hungry rabbit says 'I could use a carrot right now.'
```

Puede considerar `this` como un parámetro extra que se ha pasado de una manera distinta. Si quiere pasarlo explícitamente, puede usar un método `call` de función, que toma el valor `this` como su primer argumento y trata otros argumentos como parámetros normales.

```
speak.call(hungryRabbit, "Burp!");
// → The hungry rabbit says 'Burp!'
```

Como cada función tiene su propia vinculación this, cuyo valor depende de la manera en que se llama, no podemos referirnos al this del ámbito empaquetado en una función normal definida con la palabra clave function.

Las funciones flecha son distintas, no vinculan su propio this, sino que pueden ver la vinculación this del ámbito alrededor de ellas. Por lo tanto, podemos hacer algo como el código que aparece a continuación, que hace referencia a this desde dentro de una función local:

```
function normalize() {
  console.log(this.coords.map(n => n / this.length));
}
normalize.call({coords: [0, 2, 3], length: 5});
// → [0, 0.4, 0.6]
```

Si hubiera escrito el argumento para map usando la palabra clave function, el código no funcionaría.

Prototipos

Observe con atención.

```
let empty = {};
console.log(empty.toString);
// → function toString(){...}
console.log(empty.toString());
// → [object Object]
```

He sacado una propiedad de un objeto vacío. ¡Magia!

Bueno, en realidad no. Simplemente he estado ocultando información sobre cómo funcionan los objetos de JavaScript. Además de su conjunto de propiedades, la mayoría de los objetos también tienen un prototipo. Este es el nombre que recibe otro objeto que se utiliza como una fuente auxiliar de propiedades. Cuando un objeto recibe una petición de una propiedad que no tiene, la propiedad se buscará en su prototipo, luego en el prototipo del prototipo, y así sucesivamente.

Entonces, ¿quién es el prototipo de ese objeto vacío? Es el gran prototipo ancestral, la entidad detrás de casi todos los objetos, Object.prototype.

```
console.log(Object.getPrototypeOf({}) ==
  Object.prototype);
// → true
console.log(Object.getPrototypeOf(Object.prototype));
// → null
```

Como puede imaginar, Object.getPrototypeOf devuelve el prototipo de un objeto. Las relaciones de prototipo de los objetos JavaScript forman una estructura en forma de árbol, y en la raíz de esta estructura se encuentra Object.prototype. Proporciona algunos métodos que aparecen en todos los objetos, como toString, que convierte un objeto en una representación de cadena.

El prototipo de muchos objetos no es `Object.prototype` de manera directa, sino que hay otro objeto que proporciona un conjunto distinto de propiedades predeterminadas. Las funciones derivan de `Function.prototype` y las matrices de `Array.prototype`.

```
console.log(Object.getPrototypeOf(Math.max) ==
            Function.prototype);
// → true
console.log(Object.getPrototypeOf([]) ==
            Array.prototype);
// → true
```

Un objeto prototipo como este también tendrá su propio prototipo, que suele ser `Object.prototype`, de manera que todavía proporciona métodos de manera indirecta como `toString`. Podemos usar `Object.create` para crear un objeto con un prototipo específico.

```
let protoRabbit = {
  speak(line) {
    console.log(`The ${this.type} rabbit says '${line}'`);
  }
};
let killerRabbit = Object.create(protoRabbit);
killerRabbit.type = "killer";
killerRabbit.speak("SKREEEE!");
// → The killer rabbit says 'SKREEEE!'
```

Una propiedad como `speak(line)` en una expresión de objeto es una forma abreviada de definir un método. Crea una propiedad llamada `speak` y le da una función como valor.

El conejo "proto" actúa como un contenedor de las propiedades que comparten todos los conejos. Un objeto conejo individual, como el conejo asesino, contiene propiedades que solo se aplican a sí mismo, en este caso su tipo, y deriva propiedades compartidas procedentes de su prototipo.

Clases

El sistema de prototipo de JavaScript puede interpretarse como una versión algo informal de un concepto orientado a objetos llamado clases. Una clase define la forma de un tipo de objeto: los métodos y propiedades que tiene. Un objeto de este tipo se llama una instancia de la clase.

Los prototipos son útiles para definir propiedades para las que todas las instancias de una clase comparten el mismo valor, como los métodos. Las propiedades que difieren por instancia, como la propiedad `type` de nuestros conejos, deben almacenarse directamente en los propios objetos. Por lo tanto, para crear una instancia de una clase dada hay que hacer un objeto que derive del prototipo adecuado, pero también tenemos que asegurarnos de que dispone de las propiedades que se supone que tienen las instancias de esta clase. Esto es lo que hace una función constructora.

```
function makeRabbit(type) {
  let rabbit = Object.create(protoRabbit);
  rabbit.type = type;
  return rabbit;
}
```

JavaScript proporciona una manera de hacer que la definición de este tipo de función sea más fácil. Si colocamos la palabra clave `new` delante de una llamada de función, la función se trata como un constructor. Lo que significa que se crea automáticamente un objeto con el prototipo correcto, vinculado a `this` en la función y devuelto al final de la función.

El objeto prototipo usado cuando se construyen objetos se encuentra tomando la propiedad `prototype` de la función constructor.

```
function Rabbit(type) {
  this.type = type;
}
Rabbit.prototype.speak = function(line) {
  console.log(`The ${this.type} rabbit says '${line}'`);
};

let weirdRabbit = new Rabbit("weird");
```

Los constructores (todas las funciones, de hecho) obtienen automáticamente una propiedad llamada `prototype`, que por defecto contiene un objeto plano y vacío que deriva de `Object.prototype`. Si quiere, puede sobrescribirlo con un objeto nuevo. O puede añadir propiedades al objeto existente, como hace el ejemplo.

Por convención, los nombres de los constructores se escriben en mayúsculas para que se distingan con facilidad de otras funciones.

Es importante entender la distinción entre la forma en que un prototipo se asocia con un constructor (a través de su propiedad `prototype`) y la forma en que los objetos tienen un prototipo (que se encuentra con `Object.getPrototypeOf`).

El prototipo real de un constructor es `Function.prototype` porque los constructores son funciones. Su propiedad `prototype` contiene el prototipo utilizado para las instancias creadas a través de él.

```
console.log(Object.getPrototypeOf(Rabbit) ==
            Function.prototype);
// → true
console.log(Object.getPrototypeOf(weirdRabbit) ==
            Rabbit.prototype);
// → true
```

Notación de clase

Por lo tanto, las clases de JavaScript son funciones constructor con una propiedad `prototype`. Así funcionan y, hasta 2015, así era como había que escribirlas. En la actualidad tenemos una notación menos incómoda.

```
class Rabbit {
  constructor(type) {
    this.type = type;
  }
  speak(line) {
    console.log(`The ${this.type} rabbit says '${line}'`);
```

```
    }
}

let killerRabbit = new Rabbit("killer");
let blackRabbit = new Rabbit("black");
```

La palabra clave `class` inicia una declaración de clase, que nos permite definir un constructor y un conjunto de métodos, todos en un único lugar. Dentro de las llaves de declaración es posible escribir cualquier cantidad de métodos. El que tiene el nombre `constructor` se trata de manera especial. Proporciona la función constructor real, que estará vinculada al nombre `Rabbit`. Los otros están empaquetados en el prototipo de ese constructor. Por lo tanto, la declaración de clase precedente es equivalente a la definición de constructor de la sección anterior. Simplemente tiene mejor aspecto.

Actualmente, las declaraciones de clase solo permiten que se añadan métodos, propiedades que contienen funciones, al prototipo. Esto puede ser algo incómodo cuando queremos guardar allí un valor que no es una función. La próxima versión del lenguaje probablemente mejorará esto. Por ahora, puede crear este tipo de propiedades manipulando directamente el prototipo después de haber definido la clase.

Al igual que `function`, `class` puede utilizarse tanto en instrucciones como en expresiones. Cuando se utiliza como una expresión, no define una vinculación, sino que solo produce el constructor como un valor. Puede omitir el nombre de la clase en una expresión de clase.

```
let object = new class { getWord() { return "hello"; } };
console.log(object.getWord());
// → hello
```

Anular propiedades derivadas

Cuando se añade una propiedad a un objeto, tanto si está presente en el prototipo o no, la propiedad se añade al mismo objeto. Si ya había una propiedad con el mismo nombre en el prototipo, esta propiedad ya no afectará al objeto, porque ahora está escondida detrás de la propia propiedad del objeto.

```
Rabbit.prototype.teeth = "small";
console.log(killerRabbit.teeth);
// → small
killerRabbit.teeth = "long, sharp, and bloody";
console.log(killerRabbit.teeth);
// → long, sharp, and bloody
console.log(blackRabbit.teeth);
// → small console.log(Rabbit.prototype.teeth);
// → small
```

El siguiente diagrama es un esquema de la situación después de que este código se haya ejecutado. Los prototipos `Rabbit` y `Object` se esconden tras `killerRabbit` como un tipo de telón de fondo, donde se pueden buscar las propiedades que no se encuentran en el mismo objeto.

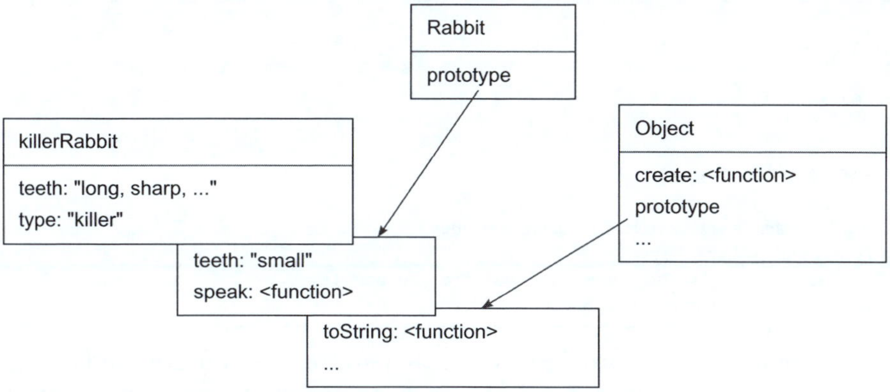

Anular propiedades que existen en un prototipo puede ser útil. Como se aprecia en el ejemplo de los dientes de conejo, anular se puede utilizar para expresar propiedades excepcionales en instancias de una clase de objetos más genérica, mientras se deja que los objetos no excepcionales tomen un valor estándar de su prototipo.

Anular también se usa para dar a los prototipos estándar de funciones y matrices un método `toString` diferente al del prototipo básico del objeto.

```
console.log(Array.prototype.toString ==
            Object.prototype.toString);
// → false
console.log([1, 2].toString());
// → 1,2
```

Llamar a `toString` en una matriz da un resultado similar a llamar a `.join(",")` sobre ella, pone comas entre los valores en la matriz. Llamar directamente a `Object.prototype.toString` con una matriz produce una cadena diferente. Esa función no conoce las matrices, así que simplemente pone la palabra `object` y el nombre del tipo entre corchetes.

```
console.log(Object.prototype.toString.call([1, 2]));
// → [object Array]
```

Maps

En «Transformar con map» del capítulo 5, vimos el uso de la palabra «map» para una operación que transforma una estructura de datos aplicando una función a sus elementos. Aunque puede parecer confuso, en programación también se utiliza la misma palabra para un fin relacionado pero bastante diferente.

Un *map* (sustantivo) es una estructura de datos que asocia valores (las claves) con otros valores. Por ejemplo, podría querer establecer un map de nombres con edades. Para esto es posible utilizar objetos.

```
let ages = {
  Boris: 39,
  Liang: 22,
  Júlia: 62
};

console.log(`Júlia is ${ages["Júlia"]}`);
// → Júlia is 62
console.log("Is Jack's age known?", "Jack" in ages);
// → Is Jack's age known? False
console.log("Is toString's age known?", "toString" in ages);
// → Is toString's age known? true
```

Aquí, los nombres de las propiedades del objeto son los nombres de las personas, y los valores de las propiedades son sus edades. Pero, evidentemente, en nuestro map no hemos incluido a nadie llamado `toString`. Sin embargo, como los objetos planos derivan de `Object.prototype`, parece que la propiedad está ahí.

Por lo tanto, usar objetos planos como maps es peligroso. Hay varias formas posibles de evitar este problema. En primer lugar, es posible crear objetos sin prototipo. Si pasa `null` a `Object.create`, el objeto resultante no derivará de `Object.prototype` y podrá ser utilizado con seguridad como un map.

```
console.log("toString" in Object.create(null));
// → false
```

Los nombres de las propiedades del objeto deben ser cadenas. Si necesita un map con claves que no se convierten fácilmente en cadenas (como objetos), no puede utilizar un objeto como map.

Por suerte, JavaScript viene con una clase llamada `Map` escrita para este propósito específico. Almacena un mapeado y permite cualquier tipo de claves.

```
let ages = new Map();
ages.set("Boris", 39);
ages.set("Liang", 22);
ages.set("Júlia", 62);

console.log(`Júlia is ${ages.get("Júlia")}`);
// → Júlia is 62
console.log("Is Jack's age known?", ages.has("Jack"));
// → Is Jack's age known? false console.log(ages.has("toString"));
// → false
```

Los métodos `set`, `get` y `has` forman parte de la interfaz del objeto `Map`.

Escribir una estructura de datos que sea capaz de actualizar y buscar con rapidez en un gran conjunto de valores no es fácil, pero no nos preocupemos por eso. Alguien lo ha hecho por nosotros, y podemos atravesar esta sencilla interfaz para utilizar su trabajo.

Si por alguna razón tiene un objeto plano que necesita tratar como un map, es útil saber que `Object.keys` solo devuelve las claves propias del objeto, no las del prototipo. Como alternativa al operador `in`, se puede utilizar el método `hasOwnProperty`, que ignora el prototipo del objeto.

```
console.log({x: 1}.hasOwnProperty("x"));
// → true
console.log({x: 1}.hasOwnProperty("toString"));
// → false
```

Polimorfismo

Cuando se llama a la función `String` (que convierte un valor en una cadena) en un objeto, esto llamará al método `toString` en ese objeto para intentar crear una cadena con sentido a partir de él. He mencionado que algunos de los prototipos estándar definen su propia versión de `toString` para poder crear una cadena que contenga más información útil que `"[objeto Objeto]"`. Usted también puede hacerlo.

```
Rabbit.prototype.toString = function() {
  return `a ${this.type} rabbit`;
};

console.log(String(blackRabbit));
// → a black rabbit
```

Acabamos de ver una instancia sencilla de una idea poderosa. Cuando se escribe un fragmento de código para trabajar con objetos con una determinada interfaz (en este caso, un método `toString`), existe la opción de conectar al código cualquier tipo de objeto compatible con esta interfaz, y funcionará.

Esta técnica se llama polimorfismo. El código polimórfico puede trabajar con valores de diferentes formas, siempre y cuando sean compatibles con la interfaz que espera.

En «Bucles de matriz», en el capítulo 4, señalé que un bucle `for/of` puede hacer un bucle sobre varios tipos de estructuras de datos. Este es otro caso de polimorfismo: estos tipos de bucles esperan que la estructura de datos exponga una interfaz específica, lo que hacen las matrices y las cadenas. Y también podemos añadir esta interfaz a nuestros propios objetos. Pero antes de hacerlo, entendamos qué son los símbolos.

Símbolos

Es posible que varias interfaces utilicen el mismo nombre de propiedad para distintos propósitos. Por ejemplo, podría definir una interfaz donde se supone que el método `toString` convierte el objeto en un fragmento de hilo. No sería posible que un objeto se ajustara a esa interfaz y al uso estándar de `toString`.

No sería recomendable y este problema no es muy común. La mayoría de los programadores de JavaScript simplemente no piensan en ello. Pero los diseñadores del lenguaje, cuyo trabajo es pensar en estas cosas, nos han proporcionado una solución de todos modos.

Cuando afirmé que los nombres de las propiedades son cadenas, no fui exacto. Normalmente lo son, pero también pueden ser símbolos. Los símbolos son valores creados con la función `Symbol`. A diferencia de las cadenas, los símbolos recién creados son únicos: no se puede crear el mismo símbolo dos veces.

```
let sym = Symbol("name");
console.log(sym == Symbol("name"));
// → false
Rabbit.prototype[sym] = 55;
console.log(blackRabbit[sym]);
// → 55
```

La cadena que se pasa a `Symbol` está incluida cuando lo convertimos en una cadena y puede facilitar reconocer un símbolo cuando, por ejemplo, se muestra en la consola. Pero no tiene otro significado: varios símbolos pueden tener el mismo nombre.

Al ser a la vez únicos y utilizables como nombres de propiedades, los símbolos son adecuados para definir interfaces que pueden convivir pacíficamente con otras propiedades, independientemente de cuáles sean sus nombres.

```
const toStringSymbol = Symbol("toString");
Array.prototype[toStringSymbol] = function() {
  return `${this.length} cm of blue yarn`;
};

console.log([1, 2].toString());
// → 1,2
console.log([1, 2][toStringSymbol]());
// → 2 cm of blue yarn
```

Es posible incluir propiedades de símbolos en expresiones de objetos y clases utilizando corchetes alrededor del nombre de la propiedad. Esto hace que se evalúe el nombre de la propiedad, al igual que la notación de acceso a propiedades con corchetes, que nos permite hacer referencia a una vinculación que contiene el símbolo.

```
let stringObject = {
  [toStringSymbol]() { return "a jute rope"; }
};
console.log(stringObject[toStringSymbol]());
// → a jute rope
```

La interfaz del iterador

Se espera que el objeto dado a un bucle `for/of` sea iterable. Esto significa que tiene un método llamado con el símbolo `Symbol.iterator` (un valor de símbolo definido por el lenguaje, almacenado como una propiedad de la función `Symbol`).

Cuando se le llama, ese método debería devolver un objeto que proporciona una segunda interfaz, `iterator`. Esta es la que realmente itera. Posee un método `next` que devuelve el siguiente resultado. Ese resultado debería ser un objeto con una propiedad `value` que proporciona el siguiente valor, si lo hay, y una propiedad `done`, que debería ser verdadera (`true`) cuando no hay más resultados y falsa (`false`) en caso contrario.

Observe que los nombres de propiedades `next`, `value` y `done` son cadenas, no símbolos. Solo es un símbolo real `Symbol.iterator`, que probablemente se añadirá a muchos objetos diferentes.

Podemos usar esta interfaz directamente.

```
let okIterator = "OK"[Symbol.iterator]();
console.log(okIterator.next());
// → {value: "O", done: false}
console.log(okIterator.next());
// → {value: "K", done: false}
console.log(okIterator.next());
// → {value: undefined, done: true}
```

Vamos a implementar una estructura de datos iterable. Construiremos una clase matriz, actuando como una matriz de dos dimensiones.

```
class Matrix {
  constructor(width, height, element = (x, y) => undefined) {
    this.width = width;
    this.height = height;
    this.content = [];

    for (let y = 0; y < height; y++) {
      for (let x = 0; x < width; x++) {
        this.content[y * width + x] = element(x, y);
      }
    }
  }

  get(x, y) {
    return this.content[y * this.width + x];
  }
  set(x, y, value) {
    this.content[y * this.width + x] = value;
  }
}
```

La clase almacena su contenido en una matriz única de `width` x `height` (ancho x alto) elementos. Los elementos se almacenan fila por fila, de modo que, por ejemplo, el tercer elemento de la quinta fila se almacena (utilizando indexación basada en cero) en la posición 4 x `width` + 2.

La función constructora toma una anchura, una altura y una función de contenido opcional que se utilizará para completar los valores iniciales. Existen métodos `get` y `set` para recuperar y actualizar los elementos en la matriz.

Cuando se realiza un bucle sobre una matriz, normalmente está interesado en la posición de los elementos, así como en los propios elementos, por lo que haremos que nuestro iterador produzca objetos con propiedades `x`, `y` y `value`.

```
class MatrixIterator {
  constructor(matrix) {
    this.x = 0;
    this.y = 0;
    this.matrix = matrix;
  }

  next() {
```

```
    if (this.y == this.matrix.height) return {done: true};

    let value = {x: this.x,
                 y: this.y,
                 value: this.matrix.get(this.x, this.y)};
    this.x++;
    if (this.x == this.matrix.width) {
      this.x = 0;
      this.y++;
    }
    return {value, done: false};
  }
}
```

La clase hace un seguimiento del progreso de la iteración sobre una matriz en sus propiedades `x` e `y`. El siguiente método empieza comprobando si se ha alcanzado el final de la matriz. Si no ha sido así, primero crea el objeto que contiene el valor actual y luego actualiza su posición, moviéndose a la siguiente fila si es necesario.

Vamos a configurar la clase `Matrix` para que sea iterable. A lo largo de este libro, en ocasiones utilizaré la manipulación de prototipos *a posteriori* para añadir métodos a las clases, de forma que las partes individuales de código sigan siendo pequeñas y autocontenidas. En un programa normal, donde no hay necesidad de dividir el código en partes pequeñas, en lugar de hacer manipulaciones, declararía estos métodos directamente en la clase.

```
Matrix.prototype[Symbol.iterator] = function() {
  return new MatrixIterator(this);
};
```

Ahora podemos hacer bucle sobre una matriz con `for/of`.

```
let matrix = new Matrix(2, 2, (x, y) => `value ${x},${y}`);
for (let {x, y, value} of matrix) {
  console.log(x, y, value);
}
// → 0 0 value 0,0
// → 1 0 value 1,0
// → 0 1 value 0,1
// → 1 1 value 1,1
```

Getters, setters y estáticas

Con frecuencia, las interfaces están formadas principalmente por métodos, pero también está bien incluir propiedades que contienen valores de no función. Por ejemplo, los objetos `Map` tienen una propiedad `size` que nos dice cuántas claves hay almacenadas en ellos. Ni siquiera es necesario que un objeto de este tipo calcule y almacene una propiedad de este tipo directamente en la instancia. Incluso las propiedades a las que se accede directamente pueden ocultar una llamada al método. Este tipo de métodos se llaman *getters* y se definen escribiendo `get` delante del nombre del método en una expresión de objeto o declaración de clase.

```
let varyingSize = {
  get size() {
  return Math.floor(Math.random() * 100);
  }
};

console.log(varyingSize.size);
// → 73 console.log(varyingSize.size);
// → 49
```

Cuando se lee la propiedad `size` de este objeto, se llama al método asociado. Podemos hacer algo similar cuando se escribe en una propiedad, usando un *setter*.

```
class Temperature {
  constructor(celsius) {
    this.celsius = celsius;
  }
  get fahrenheit() {
    return this.celsius * 1.8 + 32;
  }
  set fahrenheit(value) {
    this.celsius = (value - 32) / 1.8;
  }

  static fromFahrenheit(value) {
    return new Temperature((value - 32) / 1.8);
  }
}

let temp = new Temperature(22);
console.log(temp.fahrenheit);
// → 71.6
temp.fahrenheit = 86;
console.log(temp.celsius);
// → 30
```

La clase `Temperature` nos permite leer y escribir la temperatura en grados Celsius o Fahrenheit, pero internamente solo almacena Celsius y convierte automáticamente a y desde Celsius en el getter y setter `fahrenheit`.

A veces queremos adjuntar algunas propiedades directamente a nuestra función constructor, en lugar de al prototipo. Este tipo de métodos no tendrán acceso a una instancia de la clase, pero se utiliza, por ejemplo, para proporcionar formas adicionales de crear instancias.

Dentro de una declaración de clase, los métodos que tienen escrito `static` antes de su nombre se almacenan en el constructor. Así, la clase `Temperature` permite escribir `Temperature.fromFahrenheit(100)` para crear una temperatura utilizando grados Fahrenheit.

Herencia

Se sabe que algunas matrices son simétricas. Si reflejamos una matriz simétrica sobre su diagonal que va desde el extremo superior izquierdo hasta el inferior derecho, se mantiene igual. En otras palabras, el valor almacenado en x,y siempre es el mismo que en y,x.

Imaginemos que necesitamos una estructura de datos como Matrix, pero una que haga cumplir el hecho de que la matriz es y sigue siendo simétrica. Podríamos escribirla desde cero, pero eso implicaría repetir código muy similar al que ya hemos escrito.

El sistema de prototipos de JavaScript permite crear una clase nueva, muy parecida a la antigua, pero con definiciones nuevas para algunas de sus propiedades. El prototipo para la clase nueva deriva del prototipo anterior, pero añade una definición nueva para, digamos, el método set.

En términos de programación orientada a objetos, esto se llama herencia. La clase nueva hereda las propiedades y el comportamiento de la clase antigua.

```
class SymmetricMatrix extends Matrix {
  constructor(size, element = (x, y) => undefined) {
    super(size, size, (x, y) => {
      if (x < y) return element(y, x);
      else return element(x, y);
    });
  }

  set(x, y, value) {
    super.set(x, y, value);
    if (x != y) {
      super.set(y, x, value);
    }
  }
}

let matrix = new SymmetricMatrix(5, (x, y) => `${x},${y}`);
console.log(matrix.get(2, 3));
// → 3,2
```

El uso de la palabra extends indica que esta clase no debería basarse directamente en el prototipo Object predeterminado, sino en alguna otra clase. Lo que se denomina la superclase. La clase derivada es la subclase.

Para inicializar una instancia de SymmetricMatrix, el constructor llama al constructor de su superclase mediante la palabra clave super. Esta llamada es necesaria porque, si este objeto nuevo se va a comportar (más o menos) como una Matrix, necesitará las propiedades de instancia que tienen las matrices. Para garantizar que la matriz es simétrica, el constructor empaqueta el método content para intercambiar las coordenadas de los valores debajo de la diagonal.

El método set vuelve a usar super, pero esta vez no es para llamar al constructor, sino para llamar a un método específico del conjunto de métodos de la superclase. Estamos redefiniendo set, pero queremos utilizar el comportamiento original. Como this.set hace referencia al método set nuevo, llamarlo no funcionaría. Dentro de los métodos de clase, super proporciona una manera de llamar a los métodos tal y como se han definido en la superclase.

La herencia nos permite construir tipos de datos ligeramente diferentes a partir de tipos de datos existentes con relativamente poco trabajo. Es una parte fundamental de la tradición orientada a objetos, junto con la encapsulación y el polimorfismo. Pero mientras estos dos últimos se consideran por lo general ideas maravillosas, la herencia es más controvertida.

Aunque la encapsulación y el polimorfismo pueden utilizarse para separar partes de código entre sí, reduciendo la confusión del programa en general, la herencia fundamentalmente liga clases entre sí, lo que crea más confusión. Cuando se hereda de una clase, normalmente tenemos que saber más sobre su funcionamiento que cuando simplemente la usamos. La herencia puede ser una herramienta útil, y yo la uso de vez en cuando en mis propios programas, pero no debería ser la primera herramienta a la que recurra y probablemente no debería buscar oportunidades de forma activa para construir jerarquías de clases (árboles genealógicos de clases).

La instancia del operador

En ocasiones es útil saber si un objeto ha sido derivado de una clase específica. Para este propósito, JavaScript proporciona un operador binario llamado `instanceof`.

```
console.log(
  new SymmetricMatrix(2) instanceof SymmetricMatrix);
// → true
console.log(new SymmetricMatrix(2) instanceof Matrix);
// → true
console.log(new Matrix(2, 2) instanceof SymmetricMatrix);
// → false
console.log([1] instanceof Array);
// → true
```

El operador verá a través de tipos heredados, por lo que una `SymmetricMatrix` es una instancia de `Matrix`. El operador también puede aplicarse a constructores estándar como `Array`. Casi todos los objetos son una instancia de `Object`.

Resumen

Así que los objetos hacen algo más que albergar sus propias propiedades. Tienen prototipos, que son otros objetos. Actuarán como si tuvieran propiedades que no poseen mientras su prototipo cuente con esa propiedad. `Object.prototype` es el prototipo de los objetos simples.

Los constructores, que son funciones cuyos nombres habitualmente empiezan por una letra mayúscula, si se utilizan con el operador `new`, crean objetos nuevos. El prototipo del objeto nuevo será el objeto encontrado en la propiedad `prototype` del constructor. Puede rentabilizar el uso de esta característica poniendo en su prototipo las propiedades que comparten todos los valores de un tipo dado. Existe una notación de `class` que proporciona una manera clara para definir un constructor y su prototipo.

Puede definir getters y setters para llamar en secreto a métodos cada vez que se accede a una propiedad de objeto. Los métodos estáticos son métodos almacenados en un constructor de clase, en lugar de en su prototipo.

Dado un objeto y un constructor, el operador `instanceof` informará si ese objeto es una instancia de ese constructor.

Algo útil que se hace con los objetos es especificar una interfaz para ellos y decirles a todos que se supone que solo deben hablar con nuestro objeto a través de esa interfaz. Ahora, el resto de los detalles que componen nuestro objeto están encapsulados, ocultos detrás de la interfaz.

La misma interfaz puede ser implementada por más de un tipo. El código escrito para utilizar una interfaz sabe automáticamente cómo trabajar con cualquier cantidad de objetos distintos que proporciona la interfaz. Esto se llama polimorfismo.

Cuando se implementan varias clases que solo se diferencian en algunos detalles, es útil escribir las clases nuevas como subclases de una clase existente, por lo que heredarán parte de su comportamiento.

Ejercicios

Un tipo de vector

Escriba una clase `Vec` que representa a un vector en el espacio bidimensional. Toma como parámetros `x` e `y` (números), que debería guardar en propiedades del mismo nombre.

Otórguele dos métodos al prototipo `Vec`, `plus` y `minus`, que tomen otro vector como un parámetro y devuelvan un vector nuevo que tenga la suma o diferencia de los valores `x` e `y` de los dos vectores (`this` y el parámetro).

Añada una propiedad getter `length` al prototipo que calcule la longitud del vector, es decir, la distancia del punto (`x`, `y`) desde el origen (0, 0).

Grupos

El entorno estándar de JavaScript proporciona otra estructura de datos llamada `Set`. De manera similar a una instancia de `Map`, un conjunto contiene una colección de valores. Pero a diferencia de `Map`, no asocia otros valores con ellos, solo hace un seguimiento de qué valores son parte del conjunto. Un valor solo es parte de un conjunto una vez, volver a añadirlo no tiene ningún efecto.

Escriba una clase llamada `Group` (porque `Set` no está disponible). Al igual que `Set`, tiene métodos `add`, `delete` y `has`. Su constructor crea un grupo vacío, `add` añade un valor al grupo (pero solo si todavía no es un miembro), `delete` retira su argumento del grupo (si era un miembro) y `has` devuelve un valor booleano indicando si su argumento es un miembro del grupo.

Utilice el operador `===`, u otro elemento equivalente como `indexOf`, para determinar si dos valores son iguales.

Proporcione a la clase un método estático `from` que tome un objeto iterable como argumento y cree un grupo que contenga todos los valores producidos al iterar sobre él.

Grupos iterables

Haga iterable la clase `Group` del ejercicio anterior. Si no tiene clara la forma exacta de la interfaz, consulte la sección sobre la interfaz de iterador en este mismo capítulo.

Si ha utilizado una matriz para representar a los miembros del grupo, no se limite a devolver el iterador creado llamando al método `Symbol.iterator` en la matriz. Eso funcionaría, pero iría en contra del propósito de este ejercicio.

No pasa nada si tu iterador se comporta de forma extraña cuando el grupo se modifica durante la iteración.

Tomar prestado un método

Anteriormente en el capítulo 1 he mencionado que `hasOwnProperty` de un objeto se puede utilizar como una alternativa más robusta al operador `in` cuando se quiere ignorar las propiedades del prototipo. ¿Pero qué pasa si su mapa necesita incluir la palabra "hasOwnProperty"? Ya no podrá llamar a ese método porque la propiedad propia del objeto oculta el valor del método.

¿Se le ocurre alguna manera de llamar a `hasOwnProperty` sobre un objeto que tiene su propia propiedad con ese nombre?

«La pregunta de si las máquinas pueden pensar... es como si nos preguntáramos si los submarinos pueden nadar».

— Edsger Dijkstra, *The Threats to Computing Science*

7

PROYECTO: UN ROBOT

En los capítulos que contienen la palabra «proyecto», durante un breve instante dejaré de azotarle con teoría nueva para trabajar juntos en un programa. La teoría es necesaria para aprender a programar, pero leer y entender programas reales es igual de importante.

Nuestro proyecto en este capítulo es construir un autómata, un programa pequeño que realiza una tarea en un mundo virtual. Nuestro autómata será un robot repartidor de correo que recoge y entrega paquetes.

Meadowfield

Meadowfield no es un pueblo muy grande, está formado por 11 lugares con 14 caminos entre ellos. Se puede describir con esta matriz de caminos:

```
const roads = [
   "Alice's House-Bob's House",   "Alice's House-Cabin",
   "Alice's House-Post Office",   "Bob's House-Town Hall",
   "Daria's House-Ernie's House", "Daria's House-Town Hall",
   "Ernie's House-Grete's House", "Grete's House-Farm",
   "Grete's House-Shop",          "Marketplace-Farm",
   "Marketplace-Post Office",     "Marketplace-Shop",
   "Marketplace-Town Hall",       "Shop-Town Hall"
];
```

La red de caminos en el pueblo forma un grafo, que no es más que un conjunto de puntos (lugares en la ciudad) con líneas entre ellos (caminos). Este grafo será el mundo por el que se desplaza nuestro robot.

No es fácil trabajar con la matriz de cadenas. A nosotros nos interesa el destino al que podemos llegar desde un lugar dado. Vamos a convertir la lista de caminos en una estructura de datos que, para cada lugar, nos dice a dónde se puede llegar desde allí.

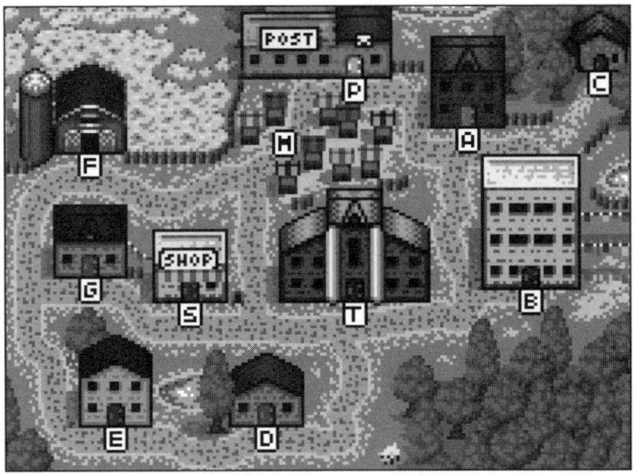


```
function buildGraph(edges) {
  let graph = Object.create(null);
  function addEdge(from, to) {
    if (graph[from] == null) {
        graph[from] = [to];
    } else {
        graph[from].push(to);
    }
  }
  for (let [from, to] of edges.map(r => r.split("-"))) {
    addEdge(from, to);
    addEdge(to, from);
  }
  return graph;
}

const roadGraph = buildGraph(roads);
```

Dada una matriz de aristas, `buildGraph` crea un objeto `map` que, para cada nodo, almacena una matriz de nodos conectados.

Utilice el método `split` para pasar de las cadenas de caminos, que tienen la forma "Inicio-Fin", a matrices de dos elementos que contienen el inicio y el fin como cadenas separadas.

La tarea

Nuestro robot se moverá por el pueblo. Hay paquetes en varios lugares, todos dirigidos a otros lugares. El robot recoge paquetes cuando llega a ellos y los entrega cuando llega a sus destinos.

El autómata debe decidir, en cada punto, a dónde ir a continuación. El autómata terminará su tarea cuando haya entregado todos los paquetes.

Para simular este proceso, debemos definir un mundo virtual que pueda describirlo. Este modelo nos dice dónde están los paquetes y el robot. Cuando el robot ha decidido desplazarse a un lugar, necesitamos actualizar el modelo para reflejar la nueva situación.

Si piensa en términos de programación orientada a objetos, su primer impulso podría ser empezar a definir objetos para los distintos elementos del mundo: una clase para el robot, otra para un paquete y quizás otra para los lugares. Estos objetos podrían contener propiedades que describen su estado actual, como la pila de paquetes en un lugar, que podríamos cambiar al actualizar el mundo. Esta manera de actuar es errónea.

Al menos, suele serlo. El hecho de que algo parezca un objeto no significa automáticamente que deba ser un objeto en el programa. Escribir clases de manera reflexiva para cada concepto en su aplicación tiende a dejarnos una colección de objetos interconectados, donde cada uno tiene su propio estado interno y cambiante. Este tipo de programas suele ser difícil de entender y, por lo tanto, fácil de romper.

En lugar de eso, condensemos el estado del pueblo hasta el conjunto mínimo de valores que lo definen. Conocemos la ubicación actual del robot y el conjunto de paquetes sin entregar, cada uno tiene una ubicación actual y una dirección de destino. Eso es todo.

Y, mientras tanto, vamos a hacerlo de manera que el estado no cambie cuando el robot se mueve, sino que calcule un estado nuevo para la situación después del movimiento.

```
class VillageState {
   constructor(place, parcels) {
      this.place = place;
      this.parcels = parcels;
   }

   move(destination) {
      if (!roadGraph[this.place].includes(destination)) {
         return this;
      } else {
         let parcels = this.parcels.map(p => {
            if (p.place != this.place) return p;
            return {place: destination, address: p.address};
         }).filter(p => p.place != p.address);
         return new VillageState(destination, parcels);
      }
   }
}
```

El método `move` es donde ocurre la acción. Primero comprueba si hay un camino que va desde el lugar actual hasta el destino y, si no lo hay, devuelve el estado anterior porque no es un movimiento válido. A continuación, crea un estado nuevo con el destino como nuevo lugar del robot. Pero también es necesario crear un conjunto de paquetes nuevo: los paquetes que transporta el robot (que están en el lugar actual del robot) deben moverse al nuevo lugar. Y los paquetes dirigidos al lugar nuevo deben entregarse, es decir, deben quitarse del conjunto de paquetes no entregados. La llamada a `map` se encarga del desplazamiento y la llamada a `filter` hace la entrega. Los objetos paquete no se modifican cuando se mueven, sino que se vuelven a crear. El método `move` nos da un estado nuevo del pueblo, pero deja el anterior completamente intacto.

```
let first = new VillageState(
   "Post Office",
   [{place: "Post Office", address: "Alice's House"}]
);
```

```
let next = first.move("Alice's House");

console.log(next.place);
// → Alice's House
console.log(next.parcels);
// → []
console.log(first.place);
// → Post Office
```

El movimiento hace que se entregue el paquete, y esto se refleja en el siguiente estado. Pero el estado inicial sigue describiendo la situación en la que el robot está en la oficina de correos y el paquete no se ha entregado.

Datos persistentes

Las estructuras de datos que no cambian se denominan inmutables o persistentes. Se comportan de forma muy parecida a las cadenas y los números en el sentido de que son lo que son y permanecen así, en lugar de contener diferentes elementos en distintos momentos.

En JavaScript, casi todo se puede cambiar, por lo que trabajar con valores que se supone que son persistentes requiere control. Hay una función llamada `Object.freeze` que cambia un objeto para que se ignore la escritura en sus propiedades. Si quiere ser cuidadoso, podría usarla para asegurarse de que sus objetos no cambian. Congelar requiere que el ordenador haga trabajo extra, y es muy probable que el hecho de tener actualizaciones ignoradas confunda a alguien o incite a que haga algo incorrecto. Así que normalmente prefiero decir que un objeto dado no debería ser manipulado y espero que lo recuerden.

```
let object = Object.freeze({value: 5});
object.value = 10;
console.log(object.value);
// → 5
```

¿Por qué me desvío de mi camino para no cambiar objetos cuando el lenguaje obviamente espera que lo haga?

Porque me ayuda a entender mis programas. Una vez más se trata de la gestión de la complejidad. Cuando los objetos en mi sistema son fijos y estables, puedo considerar las operaciones sobre ellos de forma aislada: desplazarme hasta la casa de Alicia (`Alice's House` en el programa) desde un estado inicial dado siempre produce el mismo estado nuevo. Cuando los objetos cambian con el tiempo, este tipo de razonamiento adquiere una nueva dimensión de complejidad.

Para un sistema pequeño como el que estamos construyendo en este capítulo, podríamos manejar esa pequeña complejidad adicional. Pero el límite más importante sobre qué tipo de sistemas podemos construir es cuánto seremos capaces de entender. Cualquier cosa que haga su código más fácil de entender hace posible construir un sistema más ambicioso.

Por desgracia, aunque entender un sistema construido sobre estructuras de datos persistentes es más fácil, diseñar uno, especialmente cuando el lenguaje de programación no ayuda, suele ser un poco más difícil. Buscaremos oportunidades para emplear estructuras de datos persistentes en este libro, pero también usaremos estructuras modificables.

Simulación

Un robot de reparto analiza el mundo y decide en qué dirección quiere desplazarse. Por eso, podríamos decir que un robot es una función que toma un objeto `VillageState` y devuelve el nombre de un lugar cercano. Como queremos que los robots sean capaces de recordar cosas para que puedan hacer y ejecutar planes, también les pasamos su memoria y les permitimos que devuelvan una memoria nueva. Por lo tanto, un robot devuelve un objeto que contiene la dirección en la que quiere desplazarse y un valor de memoria que se le devolverá la próxima vez que se le llame.

```
function runRobot(state, robot, memory) {
   for (let turn = 0;; turn++) {
      if (state.parcels.length == 0) {
         console.log(`Done in ${turn} turns`);
         break;
      }
      let action = robot(state, memory);
      state = state.move(action.direction);
      memory = action.memory;
      console.log(`Moved to ${action.direction}`);
   }
}
```

Pensemos en lo que tiene que hacer un robot para «resolver» un estado dado. Debe recoger todos los paquetes visitando todas las ubicaciones que poseen un paquete y entregarlos visitando todas las ubicaciones a las que va dirigido un paquete, pero solo después de recoger el paquete.

¿Cuál es la estrategia más tonta que podría funcionar? El robot podría caminar en una dirección aleatoria cada vez. Eso significa que hay una gran probabilidad de que acabe encontrando todos los paquetes y luego también llegue en algún momento al lugar donde debería entregarlos. Podría parecerse a esto:

```
function randomPick(array) {
   let choice = Math.floor(Math.random() * array.length);
   return array[choice];
}

function randomRobot(state) {
   return {direction: randomPick(roadGraph[state.place])};
}
```

Recuerde que `Math.random()` devuelve un número entre cero y uno, pero siempre inferior a uno. Si multiplicamos este número por la longitud de una matriz y luego le aplicamos `Math.floor`, obtenemos un índice aleatorio para la matriz.

Como este robot no necesita recordar nada, ignora su segundo argumento (recuerde que las funciones de JavaScript se invocan con argumentos adicionales sin efectos negativos) y omite la propiedad `memory` en el objeto devuelto.

Para poner a trabajar este sofisticado robot, primero necesitaremos una forma de crear un estado nuevo con paquetes. Un método estático (escrito aquí añadiendo directamente una propiedad al constructor) es un buen lugar donde poner esa funcionalidad.

```
VillageState.random = function(parcelCount = 5) {
  let parcels = [];
  for (let i = 0; i < parcelCount; i++) {
    let address = randomPick(Object.keys(roadGraph));
    let place;
    do {
      place = randomPick(Object.keys(roadGraph));
    } while (place == address);
    parcels.push({place, address});
  }
  return new VillageState("Post Office", parcels);
};
```

No queremos que ningún paquete se envíe desde el mismo lugar al que va dirigido. Por esta razón, el bucle do sigue eligiendo lugares nuevos cuando obtiene uno igual a la dirección. Vamos a poner en marcha un mundo virtual.

```
runRobot(VillageState.random(), randomRobot);
// → Moved to Marketplace
// → Moved to Town Hall
// → ...
// → Done in 63 turns
```

El robot necesita muchos turnos para entregar los paquetes porque no planea muy bien con antelación. Enseguida arreglaremos eso.

La ruta del camión del correo

Deberíamos ser capaces de hacerlo mucho mejor que el robot aleatorio. Una mejora fácil sería tomar ejemplo de cómo funciona el reparto de correo en el mundo real. Si hallamos una ruta que pasa por todos los lugares del pueblo, el robot podría recorrer esa ruta dos veces, cuando garantice que lo ha hecho. Aquí podemos ver una ruta de este tipo (que parte de la oficina de correos):

```
const mailRoute = [
  "Alice's House", "Cabin", "Alice's House", "Bob's House",
  "Town Hall", "Daria's House", "Ernie's House",
  "Grete's House", "Shop", "Grete's House", "Farm",
  "Marketplace", "Post Office"
];
```

Para implementar la ruta que sigue el robot, necesitaremos usar su memoria. El robot guarda el resto de su ruta en la memoria y suelta el primer elemento cada turno.

```
function routeRobot(state, memory) {
  if (memory.length == 0) {
    memory = mailRoute;
  }
  return {direction: memory[0], memory: memory.slice(1)};
}
```

Este robot ya es mucho más rápido. Le costará un máximo de 26 turnos (dos veces la ruta de 13 pasos), pero normalmente será menos.

Búsqueda de ruta

Aun así, yo no diría que seguir ciegamente una ruta fija sea un comportamiento inteligente. El robot podría ser más eficaz si adaptara su comportamiento al trabajo real que debe realizar.

Para hacerlo, tiene que ser capaz de moverse deliberadamente hacia un paquete dado o hacia el lugar donde hay que entregarlo. Para este propósito, incluso cuando el objetivo está a más de un movimiento de distancia, se requiere algún tipo de función de búsqueda de ruta.

El problema de encontrar una ruta a través de un grafo es un problema típico de búsqueda. Podemos decir si una solución dada (una ruta) es una solución válida, pero es imposible calcular directamente la solución como lo hacemos para 2 + 2. En lugar de eso, hay que seguir creando posibles soluciones hasta que hallemos una que funcione.

Las rutas posibles a través de un grafo son infinitas. Pero cuando buscamos una ruta de A a B, solo nos interesan las que empiezan en A. Tampoco nos importan las rutas que visitan el mismo lugar dos veces, ya que obviamente no son eficientes. Así se reduce la cantidad de rutas que tiene que considerar el buscador de rutas.

De hecho, lo que más nos interesa es la ruta más corta. Por eso, queremos asegurarnos de que consideramos las rutas cortas antes que las largas. Un buen planteamiento sería «hacer crecer» las rutas desde el punto de partida, explorando cada lugar alcanzable que todavía no se ha visitado, hasta que una ruta llega al objetivo. De esta forma, solo exploraremos las rutas que son potencialmente interesantes y encontraremos la más corta (o una de las más cortas, si hay más de una) hasta el objetivo.

Aquí se aprecia una función que hace este proceso:

```
function findRoute(graph, from, to) {
  let work = [{at: from, route: []}];
  for (let i = 0; i < work.length; i++) {
    let {at, route} = work[i];
    for (let place of graph[at]) {
      if (place == to) return route.concat(place);
      if (!work.some(w => w.at == place)) {
        work.push({at: place, route: route.concat(place)});
      }
    }
  }
}
```

La exploración se llevará a cabo en el orden correcto: hay que explorar primero los lugares a los que se ha llegado primero. No podemos explorar inmediatamente un lugar en cuanto llegamos a él porque eso significaría que los lugares a los que se llega desde allí también se explorarían de inmediato, y así sucesivamente, aunque puede haber otros caminos más cortos que aún no se han explorado.

Por lo tanto, la función mantiene una lista de trabajo. Se trata de una matriz de lugares que deberían ser explorados a continuación, junto con la ruta que nos ha llevado hasta allí. Comienza solo con la posición inicial y una ruta vacía.

A continuación, la búsqueda opera tomando el siguiente elemento de la lista y explorándolo, lo que significa que se analizan todos los caminos que salen de ese lugar. Si uno de ellos es el objetivo, se obtendrá una ruta terminada. De lo contrario, si no hemos analizado ese lugar antes, se añade un elemento nuevo a la lista. Si ya lo hemos analizado antes, como primero buscamos rutas cortas, o hemos encontrado una ruta más larga hacia ese lugar o una exactamente igual de larga que la existente, entonces no necesitamos explorarla.

Puede imaginárselo visualmente como una red de rutas conocidas que avanzan lentamente desde la ubicación de inicio, creciendo uniformemente en todos los lados (pero nunca enredándose en sí misma). En cuanto el primer hilo alcanza la ubicación de destino, se le sigue hasta el inicio y nos da nuestra ruta.

Nuestro código no maneja la situación en la que no hay más elementos de trabajo en la lista porque sabemos que nuestro grafo está conectado, lo que significa que se llega a todas las ubicaciones desde el resto de ellas. Siempre seremos capaces de encontrar una ruta entre dos puntos, y la búsqueda no puede fallar.

```
function goalOrientedRobot({place, parcels}, route) {
   if (route.length == 0) {
      let parcel = parcels[0];
      if (parcel.place != place) {
         route = findRoute(roadGraph, place, parcel.place);
      } else {
         route = findRoute(roadGraph, place, parcel.address);
      }
   }
   return {direction: route[0], memory: route.slice(1)};
}
```

Este robot utiliza su valor de memoria como una lista de direcciones a las que desplazarse, igual que el robot que sigue una ruta. Cuando esa lista está vacía, tiene que decidir qué hacer a continuación. Toma el primer paquete no entregado del conjunto y, si todavía no ha sido recogido, traza una ruta hasta él. Si el paquete ha sido recogido, aún debe ser entregado, por lo que en su lugar el robot crea una ruta hasta la dirección de entrega.

Este robot suele terminar la tarea de entrega de 5 paquetes en unos 16 turnos. Eso es un poco mejor que `routeRobot`, pero no hay duda de que sigue sin ser óptimo.

Ejercicios

Medir un robot

Es difícil comparar robots de forma objetiva dejando que resuelvan unos pocos escenarios. Es posible que un robot tenga tareas más fáciles o el tipo de tareas que se le dan mejor y el otro no.

Escriba una función `compareRobots` que toma dos robots (y su memoria inicial). Debería generar 100 tareas y dejar que cada uno de los robots resuelva cada una de ellas. Cuando hayan terminado, debería mostrar la cantidad media de pasos que han dado en cada tarea. Para garantizar la equidad, asegúrese de que ambos robots reciben todas las tareas, en lugar de generar tareas distintas para cada uno.

Eficiencia del robot

¿Puede escribir un robot que termine la tarea más rápido que `goalOrientedRobot`? Si observa el comportamiento de ese robot, ¿qué cosas obviamente estúpidas hace? ¿Cómo se podrían mejorar?

Si ha resuelto el ejercicio anterior, podría querer utilizar su función `compareRobots` para comprobar si el robot ha mejorado.

Grupo persistente

La mayoría de las estructuras de datos proporcionadas en un entorno JavaScript estándar no son muy adecuadas para un uso persistente. Las matrices cuentan con métodos `slice` y `concat`, que nos permiten crear fácilmente matrices nuevas sin dañar a la anterior. Pero `Set`, por ejemplo, no tiene métodos para crear un conjunto nuevo con un elemento añadido o retirado.

Escriba una clase nueva `PGroup`, similar a la clase `Group` del apartado «Grupos» en el capítulo 6, que almacene un conjunto de valores. Al igual que `Group`, posee métodos `add`, `delete` y `has`.

Sin embargo, su método `add` debería devolver una instancia nueva `PGroup` con el miembro dado añadido y dejar la antigua sin cambios. Del mismo modo, `delete` crea una instancia nueva sin un miembro dado.

La clase debería funcionar para valores de cualquier tipo, no solo cadenas. No ha de ser eficiente cuando se utiliza con grandes cantidades de valores.

El constructor no debería formar parte de la interfaz de clase (aunque seguro que querrá usarlo internamente). En su lugar, hay una instancia vacía, `PGroup.empty`, que se puede utilizar como valor inicial.

¿Por qué solo necesita un valor `PGroup.empty`, en lugar de una función que crea un mapa nuevo vacío cada vez?

«Depurar es el doble de difícil que escribir el código desde el principio. Por lo tanto, si escribe el código de la manera más ingeniosa posible, por definición, no será lo bastante inteligente como para depurarlo».

— Brian Kernighan y P. J. Plauger,
The Elements of Programming Style

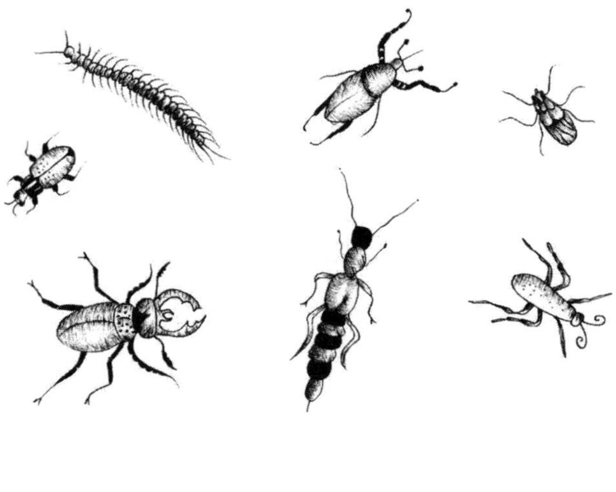

8

FALLOS Y ERRORES

Habitualmente, los defectos en los programas informáticos se llaman *bugs* (en inglés esta palabra también significa 'bicho' o 'insecto'). A los programadores nos hace sentir bien imaginarlos como pequeñines que se cuelan en nuestro trabajo. En realidad, es evidente que los ponemos nosotros mismos. Si un programa es un pensamiento cristalizado, los bugs se pueden clasificar a grandes rasgos en los causados por los pensamientos confusos y los causados por errores introducidos al convertir un pensamiento en código. En general, los primeros son más difíciles de diagnosticar y solucionar que los segundos.

Lenguaje

El ordenador podría indicarnos automáticamente muchos errores si supiera lo suficiente sobre lo que estamos intentando hacer. Pero en este caso la falta de rigidez de JavaScript es un obstáculo. Su concepto de vinculaciones y propiedades es tan vago que rara vez detectará errores tipográficos antes de ejecutar el programa de verdad. E incluso entonces permite hacer algunas cosas claramente sin sentido sin quejarse, como calcular `true * "mono"`. Hay algunas cosas de las que JavaScript sí se queja. Escribir un programa que no sigue la gramática del lenguaje hará que el ordenador se queje inmediatamente. Otras cosas, como llamar a algo que no es una función o buscar una propiedad en un valor indefinido, hará que se informe de un error cuando el programa intenta realizar la acción.

Pero, a menudo, su cálculo sin sentido simplemente producirá `NaN` (no es un número) o un valor indefinido, mientras que el programa continúa felizmente, convencido de que está haciendo algo con sentido. El error solo se manifestará más tarde, después de que el valor falso haya viajado a través de varias funciones. Tal vez no provoque ningún error, pero quizá sea la causa silenciosa de que la salida del programa sea incorrecta. Puede ser difícil encontrar el origen de estos problemas.

El proceso de encontrar errores o bugs en los programas se llama depuración o *debugging.*

Modo estricto

JavaScript se hace un poco más estricto activando el modo estricto. Esto se hace colocando la cadena "use strict" al principio de un archivo o del cuerpo de una función. Aquí vemos un ejemplo:

```
function canYouSpotTheProblem() {
  "use strict";
  for (counter = 0; counter < 10; counter++) {
    console.log("Happy happy");
  }
}

canYouSpotTheProblem();
// → ReferenceError: counter is not defined
```

Normalmente, cuando olvidamos poner let delante de su vinculación, como con counter en el ejemplo, JavaScript crea discretamente una vinculación global y la usa. En modo estricto, se informa de un error en su lugar. Esto es muy útil. Sin embargo, debería tener en cuenta que esta utilidad no funciona cuando la vinculación en cuestión ya existe como una vinculación global. En ese caso, el bucle sobrescribirá con discreción el valor de la vinculación.

Otro cambio en el modo estricto es que la vinculación this mantiene el valor undefined en funciones que no se llaman como métodos. Cuando se hace una llamada de este tipo fuera del modo estricto, this se refiere al objeto de ámbito global, que es un objeto cuyas propiedades son las vinculaciones globales. Así que, si accidentalmente llama a un método o constructor de manera incorrecta en modo estricto, JavaScript producirá un error en cuanto intente leer algo de this, en lugar de escribir felizmente en el ámbito global.

Por ejemplo, considere el siguiente código, que llama a una función constructor sin la palabra clave new para que su this no se refiera a un objeto de reciente construcción:

```
function Person(name) { this.name = name; }
let ferdinand = Person("Ferdinand"); // uy
console.log(name);
// → Ferdinand
```

Así que la llamada falsa a Person ha tenido éxito, pero ha devuelto un valor indefinido y creado la vinculación global name. En modo estricto, el resultado es distinto.

```
"use strict";
function Person(name) { this.name = name; }
let ferdinand = Person("Ferdinand"); // hemos olvidado new
// → TypeError: Cannot set property 'name' of undefined
```

Inmediatamente nos dice que algo va mal. Esto es útil.

Por suerte, los constructores creados con la notación class siempre se quejarán si se les llama sin new, haciendo que esto sea menos problemático incluso en modo no estricto. El modo estricto hace algo más. No permite dar a una función múltiples parámetros con el mismo nombre y quita por completo algunas características problemáticas del lenguaje (como la instrucción `with`, que es tan errónea que no se tratará más en este libro). En resumen, colocar `"use strict"` en la parte superior de su programa rara vez hace daño y podría ayudarle a detectar un problema.

Tipos

Algunos lenguajes quieren saber los tipos de todas sus vinculaciones y expresiones incluso antes de ejecutar un programa. Ellos le dirán de inmediato cuándo se usa un tipo de manera inconsistente. JavaScript solo considera los tipos cuando realmente ejecuta el programa, e incluso allí a menudo trata de convertir los valores al tipo que espera de manera implícita, así que no es de mucha ayuda.

Aun así, los tipos proporcionan un marco útil para hablar de programas. Muchos errores proceden de la confusión sobre el tipo de valor que entra o sale de una función. Si tiene esa información escrita, es menos probable que se confunda.

Para describir su tipo, podría añadir un comentario como el que aparece debajo antes de la función `goalOrientedRobot` del capítulo anterior:

```
// (VillageState, Array) → {direction: string, memory: Array}
function goalOrientedRobot(state, memory) {
  // ...
}
```

Existen diferentes convenciones para anotar programas de JavaScript con tipos.

Un detalle sobre los tipos es que necesitan introducir su propia complejidad para ser capaces de describir suficiente código para ser útiles. ¿Cuál cree que sería el tipo de la función `randomPick` que devuelve un elemento aleatorio de una matriz? Necesitaría introducir una variable de tipo, T, que puede representar a cualquier tipo, de modo que podemos dar a `randomPick` un tipo como `([T]) → T` (función desde una matriz de Ts a una T).

Cuando los tipos de un programa son conocidos, es posible que el ordenador los compruebe por usted y señale los errores antes de que se ejecute el programa. Hay varios dialectos de JavaScript que añaden tipos al lenguaje y los comprueban. El más popular se llama TypeScript. Si está interesado en añadir más rigor a sus programas, le recomiendo que lo pruebe.

En este libro, seguiremos usando código JavaScript puro, peligroso y sin tipos.

Pruebas

Si el lenguaje no va a ayudarnos mucho a encontrar errores, hay que encontrarlos de otra manera más difícil: ejecutando el programa y viendo si hace lo correcto.

Hacerlo manualmente, una y otra vez, no es nada recomendable. No solo es molesto, sino que también tiende a ser ineficaz porque requiere demasiado tiempo probar todo de manera exhaustiva cada vez que se hace un cambio.

Los ordenadores son buenos en tareas repetitivas, y las pruebas son la tarea repetitiva ideal. Hacer pruebas automatizadas es el proceso de escribir un programa que prueba otro programa. Escribir pruebas conlleva un poco más de trabajo que probar manualmente, pero, una vez hecho, conseguimos una especie de superpoder: solo cuesta unos segundos verificar que el programa todavía se comporta correctamente en todas las situaciones para las que hemos escrito pruebas. Cuando rompa algo, se dará cuenta inmediatamente, en lugar de encontrarse con ello al azar más tarde.

Las pruebas suelen adoptar la forma de pequeños programas etiquetados que verifican algún aspecto del código. Por ejemplo, un conjunto de pruebas para el método `toUpperCase` (estándar, probablemente ya probado por alguien más) podría tener este aspecto:

```
function test(label, body) {
  if (!body()) console.log(`Failed: ${label}`);
}

test("convert Latin text to uppercase", () => {
  return "hello".toUpperCase() == "HELLO";
});
test("convert Greek text to uppercase", () => {
  return "Χαίρετε".toUpperCase() == "ΧΑΊΡΕΤΕ";
});
test("don't convert case-less characters", () => {
return "你好".toUpperCase() == "你好";
});
```

Escribir pruebas de este tipo suele generar un código bastante repetitivo y complicado. Por suerte, existen fragmentos de programas que ayudan a crear y ejecutar conjuntos de pruebas (suites de pruebas) al proporcionar un lenguaje (en forma de funciones y métodos) adecuado para expresar pruebas y que da como resultado información cuando una prueba falla. Suelen llamarse ejecutores de pruebas.

Algunos códigos son más fáciles de probar que otros. En general, con cuantos más objetos externos interactúe el código, más difícil será crear el contexto para probarlo. El estilo de programación que hemos visto en el capítulo anterior utiliza valores persistentes autocontenidos en lugar de objetos cambiantes, tiende a ser fácil de probar.

Depuración

Cuando se da cuenta de que algo va mal en el programa porque se comporta mal o produce errores, el siguiente paso es averiguar cuál es el problema.

A veces es obvio. El mensaje de error apuntará a una línea específica de su programa, y si mira la descripción del error y esa línea de código, a menudo puede ver el problema.

Pero no siempre. A veces, la línea que ha desencadenado el problema es simplemente el primer lugar donde un valor defectuoso producido en otro lugar se utiliza de forma no válida. Si ha estado resolviendo los ejercicios de capítulos anteriores, probablemente ya habrá experimentado este tipo de situaciones.

El siguiente programa de ejemplo intenta convertir un número entero en una cadena con una base dada (decimal, binaria, etc.) escogiendo repetidamente el último dígito y dividiendo el número para deshacerse de este dígito. Pero la extraña salida que produce hasta ahora sugiere que tiene un error.

```
function numberToString(n, base = 10) {
  let result = "", sign = "";
  if (n < 0) {
    sign = "-";
```

```
    n = -n;
  }
  do {
    result = String(n % base) + result;
    n /= base;
  } while (n > 0);
  return sign + result;
}
console.log(numberToString(13, 10));
// → 1.5e-3231.3e-3221.3e-3211.3e-3201.3e-3191.3e-3181.3...
```

Incluso si ya ve el problema, finja que no por un momento. Sabemos que nuestro programa funciona mal y queremos averiguar por qué. Ahora debe resistirse al impulso de empezar a hacer cambios al azar en el código para ver si lo mejora. En lugar de eso, piense. Analice lo que ocurre y elabore una teoría de por qué podría estar pasando.

A continuación, realice observaciones adicionales para probar esta teoría o, si todavía no tiene una teoría, haga observaciones adicionales que le ayuden a elaborar una.

Poner algunas llamadas estratégicas `console.log` en el programa es una buena manera de obtener información adicional sobre lo que está haciendo el programa. En este caso, queremos que `n` tome los valores `13`, `1` y luego `0`. Vamos a escribir su valor al inicio del bucle.

```
13
1.3
0.13
0.013
...
1.5e-323
```

Correcto. Dividir 13 entre 10 no produce un número entero. En lugar de `n /= base`, lo que realmente queremos es `n = Math.floor(n / base)` para que el número «se desplace» correctamente hacia la derecha.

Una alternativa al uso de `console.log` para echar un vistazo al comportamiento del programa es utilizar las capacidades de depuración del navegador. Los navegadores tienen la capacidad de establecer un punto de interrupción o *breakpoint* en una línea específica de nuestro código. Cuando la ejecución del programa llega a una línea con un punto de interrupción, se pausa, y es posible inspeccionar los valores de las vinculaciones en ese punto. No voy a entrar en detalles porque los depuradores son distintos de un navegador a otro, pero mire en las herramientas para desarrolladores de su navegador o busque en la web para obtener más información.

Otra manera de establecer un punto de interrupción es incluir una instrucción de depuración (que consiste simplemente en esa palabra clave) en el programa. Si las herramientas para desarrolladores del navegador están activas, el programa se detendrá cada vez que llegue a una instrucción de este tipo.

Propagación de errores

Por desgracia, el programador no puede evitar todos los problemas. Si el programa se comunica con el mundo exterior de alguna manera, es posible que reciba entradas malformadas, que se sobrecargue de trabajo o que falle la red.

Si solo está programando para usted, puede permitirse ignorar esos problemas hasta que ocurren. Pero si construye algo que va a ser utilizado por alguien más, normalmente querrá que el programa lo haga mejor que simplemente fallar. A veces, lo correcto es tolerar la entrada mala y seguir ejecutando. En otros casos, es mejor informar al usuario de lo que ha ido mal y salir. Pero, en cualquier situación, el programa tiene que hacer algo de manera activa en respuesta al problema.

Digamos que tiene una función `promptInteger` que le pide al usuario un número entero y lo devuelve. ¿Qué debería devolver si el usuario introduce «naranja»?

Una opción es hacer que devuelva un valor especial. Las opciones comunes para valores de este tipo son `null`, `undefined` o `-1`.

```
function promptNumber(question) {
  let result = Number(prompt(question));
  if (Number.isNaN(result)) return null;
  else return result;
}

console.log(promptNumber("How many trees do you see?"));
```

Ahora, cualquier código que llama a `promptNumber` debe comprobar si se ha leído un número real y, en caso contrario, ha de recuperarlo de alguna manera, quizás preguntando de nuevo o rellenando un valor por defecto. O, una vez más, podría devolver un valor especial a su llamador para indicar que ha fallado al hacer lo que se había pedido.

En muchas situaciones, sobre todo cuando los errores son comunes y el llamador debería tenerlos en cuenta explícitamente, devolver un valor especial es una buena forma de indicar un error. Sin embargo, tiene sus desventajas. En primer lugar, ¿qué pasa si la función ya puede devolver todos los tipos de valor posibles? En una función de este tipo, tendrá que hacer algo como envolver el resultado en un objeto para poder distinguir el éxito del fracaso.

```
function lastElement(array) {
  if (array.length == 0) {
    return {failed: true};
  } else {
    return {element: array[array.length - 1]};
  }
}
```

El segundo problema con la devolución de valores especiales es que puede dar lugar a código difícil. Si un fragmento de código llama a `promptNumber` 10 veces, tiene que comprobar 10 veces si se ha devuelto `null`. Y si su respuesta al encontrar `null` es simplemente devolver `null`, los llamadores de la función a su vez tendrán que comprobarlo, y así sucesivamente.

Excepciones

Cuando una función no puede proceder con normalidad, lo que nos gustaría hacer es parar lo que estamos haciendo y saltar de inmediato a un lugar que sabe cómo manejar el problema. Esto es lo que hace el manejo de excepciones.

Las excepciones son un mecanismo que hace posible que el código que se encuentra con un problema levante (o lance) una excepción. Una excepción puede ser cualquier valor. Lanzar una excepción se parece a un retorno sobrecargado desde una función: no solo sale de la función actual, sino también de sus llamadores hasta la primera llamada que ha iniciado la ejecución actual. Esto se llama desenrollar la pila. Puede que recuerde la pila de llamadas a funciones que se mencionó en el apartado «La pila de llamadas» en el capítulo 3. Una excepción desciende por esta pila, descartando todos los contextos de llamada que encuentra.

Si las excepciones siempre bajaran directamente hasta el fondo de la pila, no serían muy útiles. Solo proporcionarían una forma novedosa de hacer explotar el programa. Su poder reside en el hecho de que se pueden poner «obstáculos» a lo largo de la pila para capturar la excepción a medida que baja. Después de capturar la excepción, es posible hacer algo con ella para solucionar el problema y luego se sigue ejecutando el programa.

Aquí vemos un ejemplo:

```
function promptDirection(question) {
   let result = prompt(question);
   if (result.toLowerCase() == "left") return "L";
   if (result.toLowerCase() == "right") return "R";
   throw new Error("Invalid direction: " + result);
}

function look() {
   if (promptDirection("Which way?") == "L") {
     return "a house";
   } else {
     return "two angry bears";
   }
}

try {
  console.log("You see", look());
} catch (error) {
  console.log("Something went wrong: " + error);
}
```

La palabra clave `throw` se utiliza para lanzar una excepción. La captura de una se realiza envolviendo un fragmento de código en un bloque `try`, seguido de la palabra clave `catch`. Cuando el código del bloque `try` provoca que se lance una excepción, se evalúa el bloque `catch`, con el nombre entre paréntesis ligado al valor de la excepción. Una vez finalizado el bloque `catch` o si el bloque `try` termina sin problemas, el programa continúa debajo de toda la instrucción `try/catch`.

En este caso, hemos usado el constructor `Error` para crear nuestro valor de excepción. Se trata de un constructor estándar de JavaScript que crea un objeto con una propiedad `message`. En la mayoría de los entornos JavaScript, las instancias de este constructor también recopilan información sobre la pila de llamadas que existía cuando se creó la excepción, lo que se conoce como seguimiento de pila. Esta información se almacena en la propiedad `stack` y puede ser útil cuando se intenta depurar un problema: nos dice la función donde ha ocurrido el problema y qué funciones han hecho la llamada que ha fallado.

Observe que la función `look` ignora por completo la posibilidad de que `promptDirection` pueda fallar. Esta es la gran ventaja de las excepciones: el código de manipulación de errores solo es necesario en el punto donde se produce el error y donde se gestiona. Las funciones intermedias pueden olvidarse de todo. Bueno, de casi...

Limpiar después de excepciones

El efecto de una excepción es otro tipo de flujo de control. Cada acción que puede causar una excepción (que son prácticamente todas las llamadas a funciones y accesos a propiedades) tiene la capacidad de hacer que el control abandone el código de repente.

Esto significa que cuando el código acarrea varios efectos secundarios, incluso si su flujo de control es «normal», parece que siempre van a suceder todos, una excepción puede impedir que se produzcan algunos de ellos.

Aquí vemos un código bancario muy malo.

```
const accounts = {
   a: 100,
   b: 0,
   c: 20
};

function getAccount() {
   let accountName = prompt("Enter an account name");
   if (!accounts.hasOwnProperty(accountName)) {
      throw new Error(`No such account: ${accountName}`);
   }
   return accountName;
}

function transfer(from, amount) {
   if (accounts[from] < amount) return;
   accounts[from] -= amount;
   accounts[getAccount()] += amount;
}
```

La función `transfer` transfiere una suma de dinero desde una cuenta dada a otra, preguntando el nombre de la otra cuenta en el proceso. Si se da un nombre de cuenta no válido, `getAccount` lanza una excepción.

Pero `transfer` primero retira el dinero de la cuenta y luego llama a `getAccount` antes de añadirlo a otra cuenta. Si una excepción interrumpe en ese punto, hará desaparecer el dinero.

Ese código podría haberse escrito de forma un poco más inteligente, por ejemplo, llamando a `getAccount` antes de empezar a mover el dinero. Pero es frecuente que este tipo de problemas sucedan de formas más sutiles. Incluso funciones que no parecen que vayan a lanzar una excepción podrían hacerlo en circunstancias excepcionales o cuando contienen un error de programación.

Una forma de solucionar esto es utilizar menos efectos secundarios. Una vez más, ayuda utilizar un estilo de programación que calcula valores nuevos en lugar de cambiar los datos existentes. Si un fragmento de código deja de ejecutarse en mitad de la creación de un valor nuevo, nadie ve nunca el valor a medio terminar y no hay problema.

Pero eso no siempre es práctico. Por eso, las instrucciones `try` tienen otra característica. Pueden ir seguidas de un bloque `finally` en lugar de o además de un bloque `catch`. Un bloque `finally` dice «no importa lo que pase, ejecuta este código después de intentar ejecutar el código en el bloque `try`».

```
function transfer(from, amount) {
  if (accounts[from] < amount) return;
  let progress = 0;
  try {
    accounts[from] -= amount;
    progress = 1;
    accounts[getAccount()] += amount;
    progress = 2;
  } finally {
    if (progress == 1) {
      accounts[from] += amount;
    }
  }
}
```

Esta versión de la función hace un seguimiento de su progreso; y si, al salir, se da cuenta de que ha sido abortada en un punto donde había creado un estado inconsistente del programa, repara el daño que ha hecho.

Observe que, aunque el código `finally` se ejecuta cuando se lanza una excepción en el bloque `try`, no interfiere con la excepción. Después de ejecutarse el bloque `finally`, la pila sigue desenrollándose.

Es difícil escribir programas que funcionen de forma fiable incluso cuando aparecen excepciones en lugares inesperados. Mucha gente simplemente no se molesta; y, como las excepciones se reservan habitualmente para circunstancias excepcionales, el problema puede ocurrir tan excepcionalmente que nunca se note. Que eso sea bueno o muy malo depende del daño que causa el software cuando falla.

Captura selectiva

Cuando una excepción llega hasta el final de la pila sin ser capturada, es manejada por el entorno. Su significado varía según el entorno. En los navegadores, habitualmente se escribe una descripción del error en la consola JavaScript (accesible a través del menú Herramientas o Desarrollador del navegador). Node.js, el entorno de JavaScript sin navegador del que hablaremos en el capítulo 20, es más cuidadoso con la corrupción de datos. Aborta todo el proceso cuando se produce una excepción no controlada.

Para los errores de programador, es frecuente que dejar pasar el error sea lo mejor que se puede hacer. Una excepción no controlada es una manera razonable de señalar un programa roto y, en los navegadores modernos, la consola de JavaScript le proporcionará información sobre qué llamadas a funciones estaban en la pila cuando se produjo el problema.

Para los problemas que se espera que sucedan durante el uso rutinario, colisionar con una excepción no controlada es una estrategia terrible.

Los usos no válidos del lenguaje, como hacer referencia a una vinculación inexistente, buscar una propiedad en `null` o llamar a algo que no es una función, además harán que se lancen excepciones. Estas últimas también se pueden capturar.

Cuando se introduce un cuerpo `catch`, todo lo que sabemos es que algo en nuestro cuerpo `try` ha causado una excepción. Pero no sabemos qué ha hecho o qué excepción ha causado.

JavaScript (en una omisión bastante evidente) no proporciona soporte directo para la captura selectiva de excepciones: o se capturan todas o ninguna. Esto hace que sea tentador asumir que la excepción que se obtiene es en la que estaba pensando cuando escribió el bloque `catch`.

Pero podría no serlo. Otras suposiciones podrían ser violadas o haber introducido un error que está causando una excepción. Aquí tenemos un ejemplo que intenta seguir llamando a `promptDirection` hasta que obtiene una respuesta válida:

```
for (;;) {
  try {
    let dir = promtDirection("Where?"); // ← ¡error tipográfico!
    console.log("You chose ", dir);
    break;
  } catch (e) {
    console.log("Not a valid direction. Try again.");
  }
}
```

La construcción `for` (;;) es una forma de crear intencionadamente un bucle que no termina por sí mismo. Solo salimos del bucle cuando se da una dirección válida. Pero hemos escrito mal `promptDirection`, lo que dará como resultado un error «undefined variable». Debido a que el bloque `catch` ignora completamente su valor de excepción (`e`), asumiendo que sabe cuál es el problema, trata el error de vinculación de manera errónea, como indicando entrada mala. Esto no solo causa un bucle infinito, sino que «entierra» el útil mensaje de error sobre la vinculación mal escrita.

Como una regla general, no capture excepciones de manera indiscriminada a menos que sea con el propósito de «enrutarlas» a algún lugar, por ejemplo, a través de la red para decirle a otro sistema que nuestro programa ha colisionado e, incluso entonces, piense cuidadosamente cómo podría estar ocultando información.

Queremos capturar un tipo específico de excepción. Una forma de hacerlo es comprobando en el bloque `catch` si la excepción que tenemos es la que nos interesa y lanzándola de nuevo si no es así. ¿Pero cómo reconocemos una excepción?

Podríamos comparar su propiedad `message` con el mensaje de error que esperamos. Pero esa es una forma poco segura de escribir código: estaríamos utilizando información destinada al consumo humano (el mensaje) para tomar una decisión programática. En cuanto alguien cambie (o traduzca) el mensaje, el código dejará de funcionar.

En su lugar, vamos a definir un tipo de error nuevo y utilicemos `instanceof` para identificarlo.

```
class InputError extends Error {}

function promptDirection(question) {
  let result = prompt(question);
```

```
  if (result.toLowerCase() == "left") return "L";
  if (result.toLowerCase() == "right") return "R";
  throw new InputError("Invalid direction: " + result);
}
```

La clase de error nueva amplía `Error`. No define su propio constructor, lo que significa que hereda el constructor `Error`, que espera un mensaje cadena como argumento. De hecho, no define nada en absoluto, la clase está vacía. Los objetos `InputError` se comportan como objetos `Error`, excepto porque tienen una clase diferente por la que los reconocemos.

Ahora el bucle puede capturarlos con más cuidado.

```
for (;;) {
  try {
    let dir = promptDirection("Where?");
    console.log("You chose ", dir);
    break;
  } catch (e) {
    if (e instanceof InputError) {
      console.log("Not a valid direction. Try again.");
    } else {
      throw e;
    }
  }
}
```

Esto solo capturará instancias de `InputError` y dejará pasar excepciones no relacionadas. Si vuelve a introduce el error tipográfico, se informará del error de vinculación indefinida correctamente.

Aserciones

Las aserciones son comprobaciones dentro de un programa que verifican que algo es como se supone que debe ser. No se utilizan para manejar situaciones que pueden surgir en el funcionamiento normal, sino para encontrar errores del programador.

Si, por ejemplo, `firstElement` se describe como una función que nunca debería ser llamada en matrices vacías, podríamos escribirla así:

```
function firstElement(array) {
  if (array.length == 0) {
    throw new Error("firstElement called with []");
  }
  return array[0];
}
```

Ahora, en cuanto use mal el programa, en lugar de devolver `undefined` (lo que se obtiene cuando se lee una propiedad de matriz que no existe) en silencio, esto hará que explote estrepitosamente. Lo que ocasiona que sea menos probable para los errores de este tipo pasar desapercibidos y más fácil encontrar su causa cuando ocurren.

No recomiendo intentar escribir aserciones para cada tipo susceptible de una entrada errónea. Eso sería mucho trabajo y nos conduciría hacia un código muy ruidoso. Usted querrá reserva las aserciones para errores que se cometen con facilidad (o que usted comete).

Resumen

Los errores y las entradas erróneas son cosas de la vida. Una parte importante de la programación es encontrar, diagnosticar y corregir errores. Los problemas pueden ser más fáciles de detectar si tiene una suite de pruebas automatizadas o añade aserciones a sus programas.

Habitualmente, los problemas causados por factores fuera del control del programa deben manejarse con elegancia. A veces, cuando el problema se puede manejar localmente, los valores de retorno especiales son una buena manera de hacerle seguimiento. De lo contrario, tal vez sería mejor usar las excepciones.

Lanzar una excepción hace que la pila de llamadas se desenrolle hasta el siguiente bloque que contiene `try/catch` o hasta el fondo de la pila. El valor de la excepción será dado al bloque `catch` que la captura, que debe verificar que es realmente el tipo de excepción esperada y luego hacer algo con ella. Para ayudar a resolver el flujo de control impredecible causado por las excepciones, se utilizan bloques `finally` para garantizar que, cuando termina un bloque, siempre se ejecuta un fragmento de código.

Ejercicios

Reintentar

Digamos que tiene una función `primitiveMultiply` que en el 20 % de los casos multiplica dos números y en el otro 80 % de los casos levanta una excepción de tipo `MultiplicatorUnitFailure`. Escriba una función que envuelva esta función tosca, siga intentándolo hasta que una llamada tenga éxito y después de eso devuelva el resultado.

Asegúrese de que solo trabaja con las excepciones que está intentando manejar.

La caja cerrada

Considere el siguiente objeto (bastante artificial):

```
const box = {
  locked: true,
  unlock() { this.locked = false; },
  lock() { this.locked = true; },
  _content: [],
  get content() {
    if (this.locked) throw new Error("Locked!");
    return this._content;
  }
};
```

Es una caja con una cerradura. En la caja hay una matriz, pero solo se puede acceder a ella cuando la caja está desbloqueada. Está prohibido acceder directamente a la propiedad `private_content`.

Escriba una función llamada `withBoxUnlocked` que toma un valor función como argumento, desbloquea la caja, ejecuta la función y luego se asegura de que la caja está bloqueada de nuevo antes de volver, independientemente de si la función del argumento ha vuelto con normalidad o ha lanzado una excepción.

```
const box = {
  locked: true,
  unlock() { this.locked = false; },
  lock() { this.locked = true; },
  _content: [],
  get content() {
    if (this.locked) throw new Error("Locked!");
    return this._content;
  }
};

function withBoxUnlocked(body) {
  // Escriba su código aquí.
}

withBoxUnlocked(function() {
  box.content.push("gold piece");
});

try {
  withBoxUnlocked(function() {
    throw new Error("Pirates on the horizon! Abort!");
  });
} catch (e) {
  console.log("Error raised:", e);
}
console.log(box.locked);
// → true
```

Para obtener puntos extra, asegúrese de que si llama a `withBoxUnlocked` cuando la caja ya está desbloqueada, la caja permanece desbloqueada.

«Cuando se enfrentan con un problema, algunas personas piensan: "Ya sé, usaré expresiones regulares". Ahora tienen dos problemas».

—Jamie Zawinski

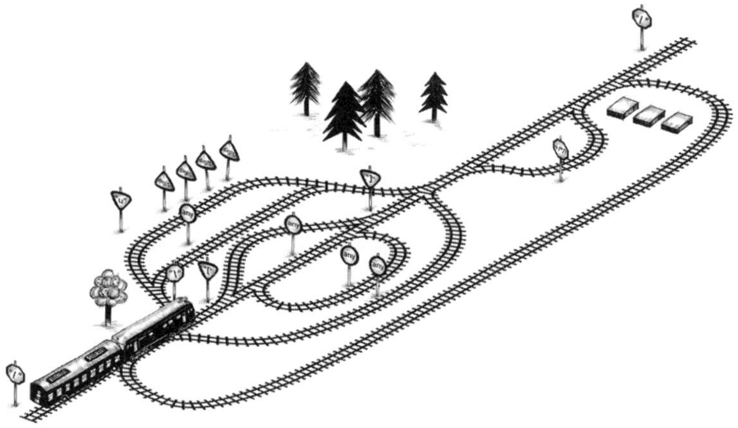

9

EXPRESIONES REGULARES

Las herramientas y técnicas de programación sobreviven y se extienden de forma caótica y evolutiva. No siempre triunfan las más bonitas o brillantes, sino las que funcionan lo bastante bien en el nicho adecuado o las que se integran con otra tecnología de éxito.

En este capítulo hablaré de una de estas herramientas: las expresiones regulares. Estas son una forma de describir patrones en datos de cadena. Forman un pequeño lenguaje independiente que es parte de JavaScript y de muchos otros lenguajes y sistemas.

Las expresiones regulares son al mismo tiempo muy incómodas y extremadamente útiles. Su sintaxis es críptica y la interfaz de programación que ofrece JavaScript es tosca. Pero son una herramienta potente para inspeccionar y procesar cadenas. Comprender expresiones regulares correctamente le convertirá en un programador más eficaz.

Crear una expresión regular

Una expresión regular es un tipo de objeto. Se puede construir con el constructor `RegExp` o escribirse como un valor literal colocando un patrón entre barras (/).

```
let re1 = new RegExp("abc");
let re2 = /abc/;
```

Ambos objetos de expresión regular representan el mismo patrón: un carácter `a` seguido de una `b` seguida de una `c`.

Cuando se utiliza el constructor `RegExp`, el patrón se escribe como una cadena normal, por lo que se aplican las reglas habituales para las barras invertidas.

La segunda notación, donde el patrón aparece entre caracteres barra, trata las barras invertidas de una manera un poco distinta. En primer lugar, como el patrón termina con una barra, tenemos que poner una barra invertida antes de la barra que queremos que forme parte del patrón. Además, las barras invertidas que no formen parte de códigos de caracteres especiales (como `\n`) se conservarán, en lugar de ignorarse como en las cadenas, y cambiarán el significado del patrón. Algunos caracteres, como los signos de interrogación y más, tienen significados especiales en las expresiones regulares y deben ir precedidos de una barra invertida si se pretende que representen al propio carácter.

```
let eighteenPlus = /eighteen\+/;
```

Probar coincidencias

Los objetos de expresiones regulares tienen varios métodos. El más simple es `test`. Si le pasamos una cadena, devolverá un booleano diciéndonos si la cadena contiene una coincidencia del patrón en la expresión.

```
console.log(/abc/.test("abcde"));
// → true
console.log(/abc/.test("abxde"));
// → false
```

Una expresión regular, formada solo por caracteres no especiales, simplemente representa esa secuencia de caracteres. Si `abc` sucede en algún lugar en la cadena con la que estamos probando (no solo al principio), `test` devolverá `true`.

Conjuntos de caracteres

Para averiguar si una cadena contiene `abc`, también podríamos hacerlo con una llamada a `indexOf`. Las expresiones regulares nos permiten expresar patrones más complicados.

Digamos que queremos comparar con cualquier número. En una expresión regular, poner un conjunto de caracteres entre corchetes hace que esa parte de la expresión compare cualquiera de los caracteres entre los corchetes. Las dos expresiones siguientes se comparan con todas las cadenas que contienen un dígito:

```
console.log(/[0123456789]/.test("in 1992"));
// → true
console.log(/[0-9]/.test("in 1992"));
// → true
```

Entre los corchetes se puede utilizar un guion (-) entre dos caracteres para indicar un rango de caracteres, cuyo orden está determinado por el número Unicode del carácter. Los caracteres del 0 al 9 están uno junto al otro en este orden (códigos del 48 al 57), por lo que `[0-9]` los cubre a todos y coincide con cualquier dígito.

Algunos grupos de caracteres comunes tienen sus propios métodos abreviados incorporados. Los dígitos son uno de ellos: `\d` significa lo mismo que `[0-9]`.

`\d` Cualquier carácter dígito

`\w` Cualquier carácter alfanumérico («carácter palabra»)

`\s` Cualquier carácter espacio en blanco (espacio, tabulador, retorno de línea y similares)

`\D` Un carácter que no es un dígito

`\W` Un carácter no alfanumérico

\S Un carácter que no es un espacio en blanco

. Cualquier carácter excepto retorno de línea

Por lo tanto, un formato de fecha y hora como 01-30-2003 15:20 podría compararse con la siguiente expresión:

```
let dateTime = /\d\d-\d\d-\d\d\d\d \d\d:\d\d/;
console.log(dateTime.test("01-30-2003 15:20"));
// → true
console.log(dateTime.test("30-jan-2003 15:20"));
// → false
```

Tiene un aspecto horrible, ¿verdad? La mitad de esta expresión son barras invertidas y producen un ruido de fondo que hace difícil ver el patrón real expresado. Veremos una versión ligeramente mejorada de esta expresión en la siguiente sección.

Estos códigos de barra invertida también pueden utilizarse dentro de corchetes. Por ejemplo, `[\d.]` significa cualquier dígito o un carácter punto. Pero el punto, entre corchetes, pierde su significado especial. Lo mismo ocurre con otros caracteres especiales, como `+`. Para invertir un conjunto de caracteres, es decir, para expresar que quiere que la coincidencia dé como resultado `true` con cualquier carácter excepto si aparecen los incluidos en el conjunto, escriba un carácter intercalación (`^`) después del corchete de apertura.

```
let notBinary = /[^01]/;
console.log(notBinary.test("1100100010100110"));
// → false
console.log(notBinary.test("1100100010200110"));
// → true
```

Repetir partes de un patrón

Ahora sabemos cómo comparar un único dígito. ¿Y si queremos comparar un número entero, es decir, una secuencia de uno o más dígitos? Cuando se pone un signo más (+) después de un elemento en una expresión regular, indica que el elemento puede repetirse más de una vez. Por lo tanto, `/\d+/` compara uno o más caracteres dígitos.

```
console.log(/'\d+'/.test("'123'"));
// → true
console.log(/'\d+'/.test("''"));
// → false
console.log(/'\d*'/.test("'123'"));
// → true
console.log(/'\d*'/.test("''"));
// → true
```

El asterisco (*) posee un significado similar, pero además permite que el patrón se compare cero veces. Colocar un asterisco después de un patrón nunca impide que se compare, solo comparará cero instancias si no puede encontrar ningún texto adecuado para comparar. Un signo de interrogación hace que una parte de un patrón sea opcional, lo que significa que puede aparecer cero veces o una. En el siguiente ejemplo, se permite que aparezca el carácter `u`, pero el patrón también coincide cuando falta.

```
let neighbor = /neighbou?r/;
console.log(neighbor.test("neighbour"));
// → true console.log(neighbor.test("neighbor"));
// → true
```

Para indicar que un patrón debería aparecer una cantidad específica de veces, utilice llaves. Por ejemplo, poner {4} después de un elemento requiere que aparezca exactamente cuatro veces. También es posible especificar un rango de esta forma: {2,4} significa que el elemento debe aparecer dos veces como mínimo y cuatro como máximo.

Aquí vemos otra versión del patrón de fecha y hora que permite días, meses y horas de uno y de dos dígitos. También es un poco más fácil de descifrar.

```
let dateTime = /\d{1,2}-\d{1,2}-\d{4} \d{1,2}:\d{2}/;
console.log(dateTime.test("1-30-2003 8:45"));
// → true
```

Cuando use llaves, también es posible especificar rangos de final abierto al omitir el número después de la coma. Entonces, {5,} significa cinco veces o más.

Agrupar subexpresiones

Para usar un operador como * o + en más de un elemento simultáneamente, hay que utilizar paréntesis. Una parte de una expresión regular colocada entre paréntesis cuenta como un solo elemento en lo que respecta a los operadores que le siguen.

```
let cartoonCrying = /boo+(hoo+)+/i;
console.log(cartoonCrying.test("Boohoooohoohooo"));
// → true
```

El primer y el segundo de los caracteres + solo se aplican a la segunda o en boo y hoo, respectivamente. El tercer + se aplica a todo el grupo (hoo+), coincidiendo con una o más secuencias como esa. La i al final de la expresión en el ejemplo hace que esta expresión regular no distinga entre mayúsculas y minúsculas, lo que le permite coincidir con la B mayúscula en la cadena de entrada, aunque el patrón esté en minúsculas.

Coincidencias y grupos

El método test es la forma indudablemente más sencilla de comparar una expresión regular. Solo indica si se ha encontrado una coincidencia y nada más. Las expresiones regulares también cuentan con un método exec (tomado de la palabra «*execute*» en inglés, significa 'ejecutar') que devolverá null si no se ha encontrado ninguna coincidencia y, en caso contrario, devolverá un objeto con información sobre la coincidencia.

```
let match = /\d+/.exec("one two 100");
console.log(match);
// → ["100"]
console.log(match.index);
// → 8
```

Un objeto devuelto desde exec tiene una propiedad index que nos indica en qué parte de la cadena empieza la coincidencia. Aparte de eso, el objeto parece (y, de hecho, es) una matriz de cadenas, cuyo primer elemento es la cadena que ha coincidido. En el ejemplo anterior, se trata de la secuencia de dígitos que estábamos buscando.

Los valores de cadena tienen un método match que se comporta de forma similar.

```
console.log("one two 100".match(/\d+/));
// → ["100"]
```

Cuando la expresión regular contiene subexpresiones agrupadas con paréntesis, el texto que coincide con esos grupos también aparecerá en la matriz. La coincidencia completa siempre es el primer elemento. El siguiente elemento es la parte coincidente con el primer grupo (aquel cuyo paréntesis de apertura aparece primero en la expresión), luego el segundo grupo, y así sucesivamente.

```
let quotedText = /'([^']*)'/;
console.log(quotedText.exec("she said 'hello'"));
// → ["'hello'", "hello"]
```

Cuando un grupo termina sin ninguna coincidencia (por ejemplo, cuando va seguido de un signo de interrogación), su posición en la matriz de salida contendrá undefined. Del mismo modo, cuando un grupo coincide varias veces, solo la última coincidencia termina en la matriz.

```
console.log(/bad(ly)?/.exec("bad"));
// → ["bad", undefined]
console.log(/(\d)+/.exec("123"));
// → ["123", "3"]
```

Los grupos pueden ser útiles para extraer partes de una cadena. Si queremos hacer algo más aparte de verificar si una cadena contiene una fecha, como también extraerla y construir un objeto que la represente, podemos rodear los patrones de dígitos con paréntesis y extraer directamente la fecha del resultado de exec.

Pero antes daremos un breve rodeo, donde hablaremos de la manera integrada en JavaScript de representar valores de fecha y hora.

La clase date

JavaScript dispone de una clase estándar para representar fechas o, mejor dicho, puntos en el tiempo, y se llama Date. Si simplemente crea un objeto fecha usando new, obtendrá la fecha y hora actuales.

```
console.log(new Date());
// → Sat Sep 01 2018 15:24:32 GMT+0200 (CEST)
```

Otra opción es crear un objeto para un momento específico.

```
console.log(new Date(2009, 11, 9));
// → Wed Dec 09 2009 00:00:00 GMT+0100 (CET)
console.log(new Date(2009, 11, 9, 12, 59, 59, 999));
// → Wed Dec 09 2009 12:59:59 GMT+0100 (CET)
```

JavaScript usa una convención en la que los números de mes empiezan por cero (por lo que diciembre recibe el número 11), pero los números de día comienzan por uno. Esto es confuso y absurdo. Tenga cuidado. Los cuatro últimos argumentos (horas, minutos, segundos y milisegundos) son opcionales y toman el valor cero cuando no se les da ninguno. Las marcas de tiempo se almacenan como el número de milisegundos desde el comienzo del año 1970, en la zona horaria UTC. Este sistema sigue una convención establecida por «Unix time», que se inventó más o menos entonces. Para fechas anteriores a 1970 puede usar números negativos. El método `getTime` en un objeto fecha devuelve este número. Como bien se imagina, es un número grande.

```
console.log(new Date(2013, 11, 19).getTime());
// → 1387407600000
console.log(new Date(1387407600000));
// → Thu Dec 19 2013 00:00:00 GMT+0100 (CET)
```

Si le da un único argumento al constructor `Date`, ese argumento se trata como un recuento de milisegundos. Al crear un objeto nuevo `Date`, se obtiene el recuento actual de milisegundos llamando a `getTime` sobre él o llamando a la función `Date.now`.

Los objetos fecha proporcionan métodos como `getFullYear`, `getMonth`, `getDate`, `getHours`, `getMinutes` y `getSeconds` para extraer sus componentes. Además de `getFullYear` está `getYear`, que da el año menos 1900 (`98` o `119`) y es casi inútil.

Ahora podemos crear un objeto fecha a partir de una cadena poniendo paréntesis alrededor de las partes de la expresión que nos interesan.

```
function getDate(string) {
  let [_, month, day, year] =
    /(\d{1,2})-(\d{1,2})-(\d{4})/.exec(string);
  return new Date(year, month - 1, day);
}
console.log(getDate("1-30-2003"));
// → Thu Jan 30 2003 00:00:00 GMT+0100 (CET)
```

La vinculación `_` (guion bajo) se ignora y solo se usa para omitir el elemento de coincidencia completa en la matriz devuelta por `exec`.

Límites de palabra y cadena

Por desgracia, `getDate` también extraerá alegremente la fecha sin sentido `00-1-3000` de la cadena `"100-1-30000"`. Una comparación puede producirse en cualquier parte de la cadena, así que, en este caso, empezará en el segundo carácter y terminará en el penúltimo.

Para imponer que la comparación se extienda a toda la cadena, podemos añadir los marcadores `^` y `$`. El signo de intercalación se corresponde con el inicio de la cadena de entrada y el signo de dólar con el final. Por lo tanto, `/^\d+$/` compara con una cadena formada íntegramente por uno o más dígitos, `/^!/` compara cualquier cadena que empieza con un signo de exclamación y `/x^/` no compara ninguna cadena (no puede haber una `x` antes del inicio de la cadena). Por el contrario, para asegurarnos de que la fecha empieza y acaba en un límite de palabra, podemos utilizar el marcador `\b`. Un límite de palabra puede ser el inicio o el final de la cadena o cualquier punto de la cadena con un carácter de palabra (como en `\w`) en un lado y un carácter que no es de palabra en el otro.

```
console.log(/cat/.test("concatenate"));
// → true
console.log(/\bcat\b/.test("concatenate"));
// → false
```

Observe que un delimitador no se corresponde con un carácter real. Impone que la expresión regular solo se compare cuando se cumple una determinada condición en el lugar donde aparece en el patrón.

Elegir patrones

Digamos que no solo queremos saber si un fragmento de texto contiene un número, sino un número seguido por una de las palabras «cerdo» (*pig*), «vaca» (*cow*), «pollo» (*chicken*) o cualquiera de sus formas plurales.

Podríamos escribir tres expresiones regulares y probarlas sucesivamente, pero hay una manera mejor de hacerlo. El carácter pleca (|) denota una elección entre el patrón a su izquierda y el patrón a su derecha. Así que puedo decir esto:

```
let animalCount = /\b\d+ (pig|cow|chicken)s?\b/;
console.log(animalCount.test("15 pigs"));
// → true
console.log(animalCount.test("15 pigchickens"));
// → false
```

Se pueden utilizar paréntesis para limitar la parte del patrón a la que se aplica el operador pleca, y se pueden poner varios operadores de este tipo uno junto a otro para expresar una elección entre más de dos alternativas.

La mecánica de las coincidencias

De manera conceptual, cuando usa `exec` o `test`, el motor de expresiones regulares busca una coincidencia en su cadena probando a comparar la expresión primero desde el principio de la cadena, luego desde el segundo carácter, y así sucesivamente, hasta que encuentra una coincidencia o llega al final de la cadena. Devolverá la primera coincidencia encontrada o no hallará ninguna.

Para hacer la comparación real, el motor trata la expresión regular como un diagrama de flujo. Este es el diagrama para la expresión del ganado del ejemplo anterior:

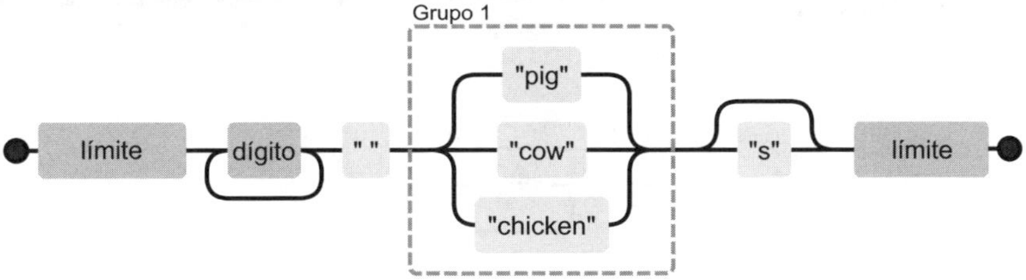

Nuestra expresión coincide si podemos encontrar un camino desde el lado izquierdo del diagrama hasta el lado derecho. Mantenemos una posición actual en la cadena; y cada vez que atravesamos un bloque, verificamos que la parte de la cadena después de nuestra posición actual coincide con ese bloque. Así, si probamos a comparar "`the 3 pigs`" desde la posición 4, nuestro progreso a través del diagrama de flujo se parecería a este:

- En la posición 4, hay un límite de palabra, así que podemos pasar el primer bloque.
- Todavía en la posición 4, encontramos un dígito, por lo que también podemos pasar el segundo bloque.
- En la posición 5, un camino regresa a antes del segundo bloque (dígito), mientras que el otro avanza a través del bloque que contiene un único carácter espacio. Aquí hay un espacio, no un dígito, así que debemos tomar el segundo camino.
- Ahora estamos en la posición 6 (el comienzo de `pigs`) y en la rama de tres vías del diagrama. Aquí no vemos ni `cow` ni `chicken`, pero sí `pig`, así que tomamos esa rama.
- En la posición 9, después de la rama triple, un camino se salta el bloque `s` y va directamente al límite final de la palabra, mientras que el otro camino coincide con una `s`. Aquí hay un carácter `s`, no un límite de palabra, así que atravesamos el bloque `s`.
- Estamos en la posición 10 (el final de la cadena) y solo podemos hacer coincidir un límite de palabra. El final de una cadena cuenta como un límite de palabra, así que atravesamos el último bloque y hemos tenido éxito encontrando una coincidencia para esta cadena.

Retroceder

La expresión regular `/\b([01]+b|[\da-f]+h|\d+)\b/` coincide con un número binario seguido de una `b`, un número hexadecimal (es decir, de base 16, con las letras de la `a` a la `f` representando a los dígitos desde el 10 hasta el 15) seguido de una `h`, o un número decimal regular sin carácter sufijo. Debajo vemos el diagrama correspondiente:

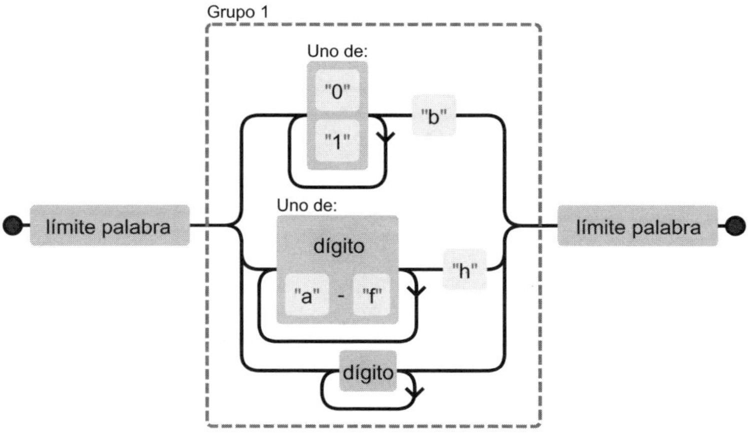

Cuando se compara esta expresión, con frecuencia se entra en la rama superior (binaria), aunque la entrada no contenga realmente un número binario. Por ejemplo, cuando se compara la cadena "`103`", solo cuando llegamos al `3` queda claro que estamos en la rama equivocada. La cadena coincide con la expresión, pero no con la rama en la que nos encontramos; así que el comparador retrocede. Cuando entre en una rama, recuerde su posición actual (en este caso, al principio de la cadena, justo después del primer bloque delimitador del diagrama) para poder volver atrás y probar otra rama si la actual no funciona. Para la cadena "103", después de encontrar el carácter 3, empezará a probar la rama para números hexadecimales, que vuelve a fallar porque no hay una h después del número. Entonces pruebe la rama de números decimales. Esta encaja y al final se informa de una coincidencia.

El comparador se detiene en cuanto encuentra una coincidencia completa. Esto significa que si hay posibilidades de que varias ramas coincidan con una cadena, solo se usa la primera (ordenada según la posición de las ramas en la expresión regular).

El retroceso también se produce para operadores de repetición como + y *. Si se compara /^.*x/ con "abcxe", la parte .* primero intentará consumir toda la cadena. Entonces el motor se dará cuenta de que necesita una x para que coincida con el patrón. Como no hay ninguna x más allá del final de la cadena, el operador asterisco intenta coincidir con un carácter menos. Pero el comparador tampoco encuentra una x después de abcx, así que vuelve a retroceder, comparando el operador estrella con abc. Ahora encuentra una x donde la necesita e informa de una coincidencia con las posiciones desde la 0 hasta la 4. Es posible escribir expresiones regulares que retrocederán mucho. Este problema se produce cuando un patrón puede coincidir con un fragmento de entrada de muchas maneras distintas. Por ejemplo, si nos confundimos al escribir una expresión regular de números binarios, por error podríamos escribir algo como /([01]+)+b/.

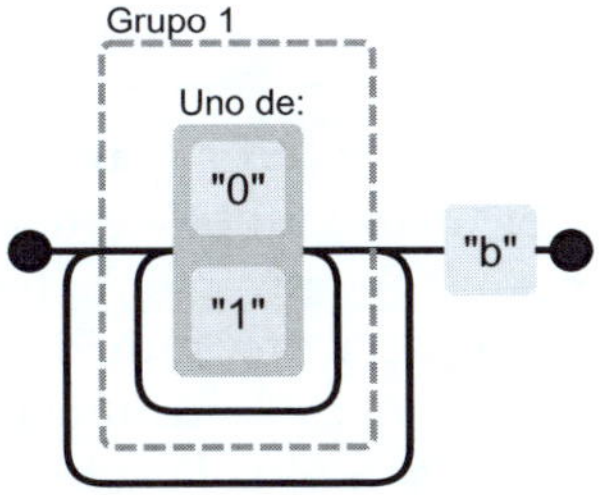

Si este diagrama intenta comparar series largas de ceros y unos sin carácter b de seguimiento, el comparador pasa primero por el bucle interno hasta que se le acaban los dígitos. Luego se da cuenta de que no hay b, así que retrocede una posición, pasa una vez por el bucle exterior, y vuelve a abandonar, intentando retroceder fuera del bucle interior una vez más. Seguirá intentando todas las rutas posibles a través de estos dos bucles. Esto significa que la cantidad de trabajo se duplica con cada carácter adicional. Incluso si solo hablamos de unas pocas docenas de caracteres, a la comparación resultante le costará prácticamente una eternidad.

El método replace

Los valores cadena tienen un método replace que se puede usar para sustituir parte de la cadena con otra cadena.

```
console.log("papa".replace("p", "m"));
// → mapa
```

El primer argumento también puede ser una expresión regular, en cuyo caso se sustituye la primera coincidencia de la expresión regular. Cuando se añade una opción `g` (de global) a la expresión regular, se sustituirán todas las coincidencias en la cadena, no solo la primera.

```
console.log("Borobudur".replace(/[ou]/, "a"));
// → Barobudur
console.log("Borobudur".replace(/[ou]/g, "a"));
// → Barabadar
```

Habría sido razonable si la elección entre sustituir una o todas las coincidencias se hubiera hecho mediante un argumento adicional para `replace` o proporcionando un método distinto, `replaceAll`. Pero por alguna desafortunada razón, en su lugar la elección se basa en una propiedad de la expresión regular. El verdadero poder de usar expresiones regulares con `replace` procede del hecho de que es posible referirnos a grupos coincidentes en la cadena de sustitución. Por ejemplo, supongamos que tenemos una cadena grande que contiene nombres de personas, un nombre por línea, en el formato `Lastname, Firstname` (apellido, nombre). Si queremos intercambiar estas palabras y quitar la coma para obtener un formato `Firstname Lastname`, una opción es utilizar el siguiente código:

```
console.log(
  "Liskov, Barbara\nMcCarthy, John\nWadler, Philip"
    .replace(/(\w+), (\w+)/g, "$2 $1"));
// → Barbara Liskov
// John McCarthy
// Philip Wadler
```

En la cadena de sustitución, `$1` y `$2` hacen referencia a los grupos entre paréntesis en el patrón. `$1` se sustituye por el texto que ha coincidido en la comparación con el primer grupo, `$2` por el segundo, y así sucesivamente hasta `$9`. Podemos referirnos a la coincidencia total con `$&`. Es posible pasar una función, en lugar de una cadena, como el segundo argumento para `replace`. Para cada sustitución, la función se llamará con los grupos que han coincidido (así como con toda la coincidencia) como argumentos, y su valor de retorno se insertará en la cadena nueva. Aquí vemos un pequeño ejemplo:

```
let s = "the cia and fbi";
console.log(s.replace(/\b(fbi|cia)\b/g,
  str => str.toUpperCase()));
// → the CIA and FBI
```

Este es más interesante:

```
let stock = "1 lemon, 2 cabbages, and 101 eggs";
function minusOne(match, amount, unit) {
  amount = Number(amount) - 1;
  if (amount == 1) { // only one left, remove the 's'
    unit = unit.slice(0, unit.length - 1);
  } else if (amount == 0) {
    amount = "no";
  }
  return amount + " " + unit;
}
console.log(stock.replace(/(\d+) (\w+)/g, minusOne));
// → no lemon, 1 cabbage, and 100 eggs
```

Este ejemplo toma una cadena, encuentra todas las apariciones de un número seguido por una palabra alfanumérica y devuelve una cadena donde cada aparición de este tipo se decrementa en una unidad.

El grupo (`\d+`) termina como el argumento `amount` para la función, y el grupo (`\w+`) se queda vinculado a `unit`. La función convierte `amount` en un número, que siempre funciona porque ha coincidido con `\d+`, y hace algunos ajustes en caso de que solo quede uno o cero.

Avaricia

Es posible usar `replace` para escribir una función que quita todos los comentarios de un fragmento de código JavaScript. Aquí vemos el primer intento:

```
function stripComments(code) {
  return code.replace(/\/\/.*|\/\*[^]*\*\//g, "");
}
console.log(stripComments("1 + /* 2 */3"));
// → 1 + 3
console.log(stripComments("x = 10;// ten!"));
// → x = 10;
console.log(stripComments("1 /* a */+/* b */ 1"));
// → 1 1
```

La parte que precede al operador *or* compara dos caracteres barra seguidos por cualquier cantidad de caracteres que no sean retorno de línea. La parte para comentarios multilínea es más difícil. Usamos `[^]` (cualquier carácter que no esté en el conjunto vacío de caracteres) como una manera para comparar con cualquier carácter. En este caso no se utiliza un punto porque los comentarios del bloque pueden continuar en una línea nueva, y el carácter punto no compara con caracteres línea nueva.

Pero la salida de la última línea parece haber salido mal. ¿Por qué?

La parte `[^]*` de la expresión, como he descrito en la sección sobre retroceso, primero comparará todo lo que pueda. Si eso hace que falle la siguiente parte del patrón, el comparador retrocede un carácter y vuelve a intentarlo desde ahí. En el ejemplo, el comparador primero intenta coincidir con el resto de la cadena y luego retrocede desde allí. Encontrará una ocurrencia de `*/` después de retroceder cuatro caracteres y comparar eso. Esto no es lo que queríamos: la intención era comparar un único comentario, no ir hasta el final del código y encontrar el final del último comentario del bloque.

Debido a este comportamiento, decimos que los operadores de repetición (`+`, `*`, `?` y `{}`) son codiciosos, lo que significa que comparan tanto como pueden y retroceden a partir de ahí. Si pone un signo de interrogación después de ellos (`+?`, `*?`, `??`, `{}?`), dejan de ser codiciosos y empiezan a comparar lo menos posible, solo comparan más cuando el patrón restante no se ajusta a la coincidencia más pequeña. Y eso es exactamente lo que queremos en este caso. Al hacer que el asterisco coincida con el tramo más pequeño de caracteres que nos lleva a un `*/`, consumimos un comentario de bloque y nada más.

```
function stripComments(code) {
  return code.replace(/\/\/.*|\/\*[^]*?\*\//g, "");
}
console.log(stripComments("1 /* a */+/* b */ 1"));
// → 1 + 1
```

El origen de muchos errores en los programas de expresiones regulares puede ser el uso de un operador avaricioso de manera accidental donde uno no avaricioso funcionaría mejor. Cuando utilice un operador de repetición, considere primero la variante no avariciosa.

Crear objetos RegExp de manera dinámica

Hay casos en los que sería posible que no conociera el patrón exacto con el que tiene que comparar cuando está escribiendo el código. Digamos que quiere buscar el nombre del usuario en un fragmento de texto y colocarlo entre caracteres guion bajo para que destaque. Como solo conocerá el nombre una vez que el programa se esté ejecutando, no puede utilizar la notación basada en barras. Pero sí es factible construir una cadena y usar el constructor `RegExp` en ella. Aquí se aprecia un ejemplo:

```
let name = "harry";
let text = "Harry is a suspicious character.";
let regexp = new RegExp("\\b(" + name + ")\\b", "gi");
console.log(text.replace(regexp, "_$1_"));
// → _Harry_ is a suspicious character.
```

Cuando creamos los marcadores de límites `\b`, hay que usar dos barras invertidas porque los estamos escribiendo en una cadena normal, no en una expresión regular colocada entre barras. El segundo argumento para el constructor `RegExp` contiene las opciones para la expresión regular, en este caso, `"gi"` para global e insensible a mayúsculas y minúsculas.

Pero ¿y si el nombre es `"dea+hl[]rd"` porque nuestro usuario es un adolescente rarito? El resultado sería una expresión regular sin sentido que realmente no coincidiría con el nombre del usuario.

Para evitarlo, podemos añadir barras invertidas antes de cualquier carácter que tenga un significado especial.

```
let name = "dea+hl[]rd";
let text = "This dea+hl[]rd guy is super annoying.";
let escaped = name.replace(/[\\[.+*?(){|^$]/g, "\\$&");
let regexp = new RegExp("\\b" + escaped + "\\b", "gi");
console.log(text.replace(regexp, "_$&_"));
// → This _dea+hl[]rd_ guy is super annoying.
```

El método search

El método `indexOf` para cadenas no se puede llamar con una expresión regular. Pero hay otro método, `search`, que espera una expresión regular. Al igual que `indexOf`, devuelve el primer índice en el que se ha encontrado la expresión o, en caso contrario, `-1`.

```
console.log("  word".search(/\S/));
// → 2
console.log("   ".search(/\S/));
// → -1
```

Por desgracia, no hay ninguna manera de indicar que la coincidencia debería empezar en un desplazamiento dado (como podemos hacer con el segundo argumento de `indexOf`), algo que sería útil con frecuencia.

La propiedad lastIndex

De manera similar, el método `exec` no proporciona una manera adecuada de iniciar la búsqueda desde una posición dada en la cadena. Pero sí brinda una manera no adecuada. Los objetos expresión regular tienen propiedades. Una de ellas es `source`, que contiene la cadena a partir de la cual se creó esa expresión. Otra propiedad es `lastIndex`, que controla, en algunas circunstancias limitadas, dónde empezará la siguiente coincidencia.

Estas circunstancias son que la expresión regular debe tener activada la opción global (`g`) o sticky (`y`), y la coincidencia debe producirse a través del método `exec`. De nuevo, una solución menos confusa habría sido permitir que se pase un argumento extra a `exec`, pero la confusión es una característica esencial de la interfaz de expresiones regulares de JavaScript.

```
let pattern = /y/g;
pattern.lastIndex = 3;
let match = pattern.exec("xyzzy");
console.log(match.index);
// → 4
console.log(pattern.lastIndex);
// → 5
```

Si la comparación ha tenido éxito, la llamada a `exec` actualiza automáticamente la propiedad `lastIndex` para que apunte después de la coincidencia. Si no se encuentra ninguna coincidencia, `lastIndex` vuelve a ser cero, que también es el valor que tiene en un objeto de expresión regular recién construido.

La diferencia entre las opciones *global* y *sticky* es que, cuando *sticky* está activada, la comparación solo tendrá éxito si empieza directamente en `lastIndex`, mientras que, con global, buscará por adelantado una posición donde pueda iniciar una comparación.

```
let global = /abc/g;
console.log(global.exec("xyz abc"));
// → ["abc"]
let sticky = /abc/y;
console.log(sticky.exec("xyz abc"));
// → null
```

Cuando se usa un valor expresión regular compartido para múltiples llamadas de `exec`, estas actualizaciones automáticas de la propiedad `lastIndex` pueden causar problemas. Su expresión regular podría estar empezando accidentalmente en un índice que ha quedado pendiente de una llamada anterior.

```
let digit = /\d/g;
console.log(digit.exec("here it is: 1"));
// → ["1"]
console.log(digit.exec("and now: 1"));
// → null
```

Otro efecto interesante de la opción global es que cambia la manera de trabajar del método `match` sobre cadenas. Cuando se llama con una expresión global, en lugar de devolver una matriz similar a la devuelta por `exec`, `match` encontrará todas las coincidencias del patrón en la cadena y devolverá una matriz que contiene las cadenas que han coincidido.

```
console.log("Banana".match(/an/g));
// → ["an", "an"]
```

Por lo tanto, tenga cuidado con las expresiones regulares. Estas son necesarias en las llamadas a `replace` y los lugares donde queremos usar `lastIndex` de manera explícita, y habitualmente son los únicos lugares donde queremos usarlas.

Bucles sobre coincidencias

Una operación habitual es escanear todas las ocurrencias de un patrón en una cadena, de una manera que nos da acceso al objeto de comparación en el cuerpo del bucle. Podemos hacerlo usando `lastIndex` y `exec`.

```
let input = "A string with 3 numbers in it... 42 and 88.";
let number = /\b\d+\b/g; let match;
while (match = number.exec(input)) {
  console.log("Found", match[0], "at", match.index);
}
// → Found 3 at 14
// Found 42 at 33
// Found 88 at 40
```

Este código usa el hecho de que el valor de una expresión de asignación (=) es el valor asignado. Así que al usar `match = number.exec(input)` como la condición en la instrucción `while`, hacemos la comparación al inicio de cada iteración, guardamos su resultado en una vinculación y detenemos el recorrido del bucle cuando no se encuentran más comparaciones.

Analizar un archivo INI

Para concluir el capítulo, analizaremos un problema que necesita expresiones regulares. Imagine que estamos escribiendo un programa para recoger información de Internet de manera automática sobre nuestros enemigos. (En realidad, no vamos a escribir ese programa aquí, solo la parte que lee el archivo de configuración. Disculpe las molestias). El archivo de configuración se parece a este:

```
searchengine=https://duckduckgo.com/?q=$1
spitefulness=9.7

; los comentarios se escriben después de un punto y coma...
; cada sección se refiere a un solo enemigo
[larry]
fullname=Larry Doe type=kindergarten bully
website=http://www.geocities.com/CapeCanaveral/11451
```

```
[davaeorn]
fullname=Davaeorn
type=evil wizard
outputdir=/home/marijn/enemies/davaeorn
```

Las normas exactas para este formato (se trata de un formato muy usado, habitualmente llamado un archivo `INI`) son las siguientes:

- Las líneas en blanco y las que empiezan con punto y coma se ignoran.
- Las líneas colocadas entre `[` y `]` empiezan una sección nueva.
- Las líneas que contienen un identificador alfanumérico seguido por un carácter `=` añaden una configuración a la sección actual.
- Todo lo demás no es válido.

Nuestra tarea es convertir una cadena como esta en un objeto cuyas propiedades contienen cadenas para configuraciones escritas antes del encabezado de primera sección y subobjetos para secciones, donde esos subobjetos contienen la configuración de la sección.

Como el formato debe procesarse línea a línea, dividir el archivo en líneas separadas es un buen comienzo. Hemos visto el método `split` en el apartado «Cadenas y sus propiedades» del capítulo 4. Sin embargo, algunos sistemas operativos no solo usan un carácter retorno de línea para separar líneas, sino un carácter retorno de carro seguido por un retorno de línea (`"\r\n"`). Dado que el método `Split` también permite una expresión regular como su argumento, podemos usar una expresión regular como `/\r?\n/` para dividir de una manera que permite `"\n"` y `"\r\n"` entre líneas.

```
function parseINI(string) {
   // Empieza con un objeto para contener los campos de nivel superior
   let result = {};
   let section = result;
   string.split(/\r?\n/).forEach(line => {
      let match;
      if (match = line.match(/^(\w+)=(.*)$/)) {
         section[match[1]] = match[2];
      } else if (match = line.match(/^\[(.*)\]$/)) {
         section = result[match[1]] = {};
      } else if (!/^\s*(;.*)?$/.test(line)) {
         throw new Error("Line '" + line + "' is not valid.");
      }
   });
   return result;
}

console.log(parseINI(`
name=Vasilis
[address]
city=Tessaloniki`));
// → {name: "Vasilis", address: {city: "Tessaloniki"}}
```

El código recorre las líneas del archivo y construye un objeto. Las propiedades de la parte superior se almacenan directamente en ese objeto, mientras que las propiedades que se encuentran en secciones se almacenan en un objeto de sección separado. Los puntos de vinculación de `section`, en el objeto de la sección actual.

Hay dos tipos de líneas significativas: encabezados de sección o líneas de propiedad. Cuando una línea es una propiedad normal, se almacena en la sección actual. Cuando es un encabezado de sección, se crea un objeto de sección nuevo y se configura `section` para que apunte a él.

Observe el uso recurrente de `^` y `$` para asegurarse de que la expresión compara con toda la línea, no solo con parte de ella. Si se omiten, el resultado es un código que funciona en su mayor parte, pero que se comporta de forma extraña para algunas entradas, lo que puede ser un error difícil de detectar.

El patrón `if (match = string.match(...))` es similar al truco de usar una asignación como condición para `while`. A menudo no está seguro de que su llamada a `match` tendrá éxito, por lo que puede acceder al objeto resultante solo dentro de una instrucción `if` que lo prueba. Para no romper la agradable cadena de expresiones `else if`, asignamos el resultado de la comparación a una vinculación e inmediatamente usamos esa asignación como la prueba para la instrucción `if`.

Si una línea no es un encabezado de sección o una propiedad, la función comprueba si es un comentario o una línea vacía usando la expresión `/^\s*(;.*)?$/`. ¿Ve cómo funciona? La parte entre los paréntesis comparará los comentarios, y ? se asegura de que también compara líneas que solo contienen espacio en blanco. Cuando una línea no coincide con ninguno de los tipos esperados, la función lanza una excepción.

Caracteres internacionales

Debido a la implementación simplista inicial de JavaScript y al hecho de que este planteamiento simplista se estableció posteriormente de manera inamovible como comportamiento estándar, las expresiones regulares de JavaScript son bastante tontas con los caracteres que no están incluidos en el idioma inglés. Por ejemplo, en lo que respecta a las expresiones regulares de JavaScript, un «carácter palabra» solo es uno de los 26 caracteres del alfabeto latino (mayúsculas o minúsculas), dígitos decimales y, por alguna razón, el carácter guion bajo. Caracteres como `é` o `β`, que sin duda son caracteres palabra, no se compararán con `\w` y sí con `\W` en mayúsculas, la categoría de las no palabras.

Por un extraño accidente histórico, `\s` (espacio en blanco) no tiene este problema y compara con todos los caracteres que el estándar Unicode considera espacio en blanco, incluyendo el espacio duro y el separador de vocales mongolas.

Otro problema es que, de manera predeterminada, las expresiones regulares trabajan sobre unidades de código (como se ha explicado en el apartado «Cadenas y códigos de caracteres» del capítulo 5), no sobre caracteres reales. Esto significa que los caracteres compuestos por dos unidades de código se comportan de forma extraña.

```
console.log(/🍎{3}/.test("🍎🍎🍎"));
// → false
console.log(/<.>/.test("<🌹>"));
// → false
console.log(/<.>/u.test("<🌹>"));
// → true
```

El problema es que la 🍎 de la primera línea se trata como dos unidades de código, y la parte {3} solo se aplica a la segunda. De manera similar, el punto coincide con una sola unidad de código, no con las dos que componen el emoji de la rosa.

Debe añadir una opción `u` (de Unicode) a su expresión regular para que trate dichos caracteres correctamente. Por desgracia, el comportamiento incorrecto sigue siendo el predeterminado, porque cambiarlo podría causar problemas al código existente que depende de él.

Aunque esto acaba de estandarizarse y, en el momento de escribir este libro, aún no es ampliamente compatible, es posible usar `\p` en una expresión regular (que debe tener activada la opción Unicode) para que coincida con todos los caracteres a los que el estándar Unicode asigna una propiedad dada.

```
console.log(/\p{Script=Greek}/u.test("α"));
// → true
console.log(/\p{Script=Arabic}/u.test("α"));
// → false
console.log(/\p{Alphabetic}/u.test("α"));
// → true
console.log(/\p{Alphabetic}/u.test("!"));
// → false
```

Unicode define varias propiedades útiles, aunque encontrar la que necesita no siempre sea algo banal. Puede utilizar la notación `\p{Property=Value}` para que compare con cualquier carácter que tenga el valor dado para esa propiedad. Si se omite el nombre de la propiedad, como en `\p{Name}`, se asume que el nombre es una propiedad binaria como `Alphabetic` o una categoría como `Number`.

Resumen

Las expresiones regulares son objetos que representan patrones en cadenas y usan su propio lenguaje para expresar estos patrones.

`/abc/`	Una secuencia de caracteres
`/[abc]/`	Cualquier carácter procedente de un conjunto de caracteres
`/[^abc]/`	Cualquier carácter que no forma parte de un conjunto de caracteres
`/[0-9]/`	Cualquier carácter en un rango de caracteres
`/x+/`	Una o más ocurrencias del patrón x
`/x+?/`	Una o más ocurrencias, no avariciosas
`/x*/`	Cero o más ocurrencias
`/x?/`	Cero o una ocurrencia
`/x{2,4}/`	De dos a cuatro ocurrencias
`/(abc)/`	Un grupo
`/a|b|c/`	Cualquiera de varios patrones
`/\d/`	Cualquier carácter dígito
`/\w/`	Un carácter alfanumérico («carácter palabra»)

`/\s/`	Cualquier carácter espacio en blanco
`/./`	Cualquier carácter excepto retorno de línea
`/\b/`	Un límite de palabra
`/^/`	Inicio de entrada
`/$/`	Final de entrada

Una expresión regular tiene un método `test` para probar si una cadena dada coincide. También tiene un método `exec` que, cuando se encuentra una coincidencia, devuelve una matriz que contiene todos los grupos que han coincidido. Una matriz de este tipo tiene una propiedad `index` que indica dónde ha empezado la coincidencia.

Las cadenas cuentan con un método `match` para compararlas con una expresión regular y un método `search` para buscar una, devolviendo solo la posición inicial de la coincidencia. Su método `replace` puede sustituir las coincidencias de un patrón con una cadena o función de sustitución.

Las expresiones regulares pueden tener opciones, que se escriben después de la barra final. La opción `i` hace que la comparación no distinga entre mayúsculas y minúsculas. La opción `g` hace que la expresión sea global, lo que, entre otras cosas, posibilita que el método `replace` sustituya todas las instancias en lugar de hacerlo solo con la primera. La opción `y` hace que la expresión sea «pegajosa», lo que significa que no buscará hacia delante ni omitirá parte de la cadena cuando busque una coincidencia. La opción `u` activa el modo Unicode, que soluciona varios problemas relacionados con el manejo de caracteres que ocupan hasta dos unidades de código.

Las expresiones regulares son una herramienta afilada con un mango incómodo. Simplifican enormemente algunas tareas, pero pueden volverse rápidamente inmanejables cuando se aplican a problemas complejos. Parte de saber cómo utilizarlas consiste en resistirse al impulso de intentar meter cosas de manera forzada que no pueden expresarse con claridad dentro de las expresiones regulares.

Ejercicios

Es casi inevitable que, mientras trabaja en estos ejercicios, se sienta confuso y frustrado por el comportamiento inexplicable de algunas expresiones regulares. A veces ayuda introducir la expresión en una herramienta en línea como `https://debuggex.com` para ver si su visualización se corresponde con lo que pretendía y experimentar con la forma en que responde a varias cadenas de entrada.

Regexp Golf

«Code golf» es un término utilizado para el juego de intentar expresar un programa específico en la menor cantidad de caracteres posible. De manera similar, «regexp golf» es la práctica de escribir una expresión regular lo más pequeña posible para que compare con un patrón dado, y solo ese patrón. Para cada uno de los siguientes elementos, escriba una expresión regular para probar si alguna de las subcadenas dadas aparece en una cadena. La expresión regular solo debería comparar cadenas que contienen una de las subcadenas descritas. No se preocupe por los límites de las palabras a menos que se mencione explícitamente. Cuando su expresión funcione, intente hacerla más pequeña.

1. «car» y «cat»
2. «pop» y «prop»
3. «ferret», «ferry» y «ferrari»
4. Cualquier palabra que termina en «ious»
5. Un carácter espacio en blanco seguido de un punto, coma, dos puntos o punto y coma
6. Una palabra con más de seis letras
7. Una palabra sin la letra «e» (o «E»)

Consulte la tabla en el resumen del capítulo para obtener ayuda. Pruebe cada solución con algunas cadenas de prueba.

Estilo de comillas

Imagínese que ha escrito una historia y ha utilizado comillas simples para marcar los fragmentos de diálogo. Ahora quiere sustituir todas las comillas de diálogo por comillas dobles, manteniendo las comillas simples utilizadas en contracciones como «aren't».

Piense en un patrón que distinga estos dos tipos de uso de las comillas y cree una llamada al método `replace` que realice la sustitución adecuada.

Números otra vez

Escriba una expresión que solo compare números de estilo JavaScript. Debe ser compatible con un signo menos o más opcional delante del número, el punto decimal y la notación exponencial (5e-3 o 1E10) de nuevo con un signo opcional delante del exponente. También hay que tener en cuenta que no es necesario que haya dígitos delante o detrás del punto, pero el número no puede ser solo un punto. Es decir, `.5` y `5.` son números JavaScript válidos, pero un punto solo no lo es.

«Escriba código que sea fácil de borrar, no fácil de ampliar».
— Tef, *Programming Is Terrible*

10

MÓDULOS

El programa ideal tiene una estructura transparente como el cristal. Es fácil explicar cómo funciona y cada parte desempeña una función bien definida.

Un programa real típico crece de manera orgánica. Se añaden partes de funcionalidad nuevas a medida que aparecen necesidades nuevas. Estructurar y conservar la estructura es trabajo añadido. Es un trabajo que solo compensará en el futuro, la siguiente vez que alguien trabaje en el programa. Por eso, es tentador desatenderlo y permitir que las partes del programa se enreden por completo.

En la práctica, esto crea dos problemas. El primero es la dificultad de comprender un sistema de este tipo. Si todos los elementos están relacionados entre sí, es difícil examinar una parte dada por separado. Está obligado a construir una comprensión holística de todo el asunto. El segundo es que, si queremos usar alguna de las funciones de un programa de este tipo en otra situación, reescribirlo puede ser más fácil que intentar desenredarlo de su contexto.

Es frecuente usar la frase «gran bola de lodo» para programas tan amplios y desestructurados. Todo se pega con todo y, cuando intentamos tomar un fragmento, todo se deshace y nos ensuciamos las manos.

Módulos como bloques de construcción

Los módulos son un intento de evitar estos problemas. Un módulo es una pieza del programa que especifica de qué otras piezas depende y qué funcionalidad proporciona para que otros módulos la utilicen (su interfaz).

Las interfaces de los módulos poseen mucho en común con las interfaces de los objetos, como vimos en el apartado «Encapsulado» del capítulo 6. Hacen que parte del módulo esté disponible para otros, así como para el mundo exterior y mantienen el resto privado. Al restringir las maneras en que los módulos interactúan entre sí, el sistema se parece más a LEGO, donde las piezas interactúan a través de conectores bien definidos, y menos al barro, donde todo se mezcla con todo. Las relaciones entre módulos se denominan dependencias. Cuando un módulo necesita una pieza de otro módulo, se dice que depende de ese módulo. Cuando este hecho se especifica claramente en el propio módulo, se puede usar para averiguar qué otros módulos deben estar presentes para poder usar un módulo determinado y cargar las dependencias automáticamente.

Para separar módulos de esta forma, cada uno necesita su propio ámbito privado.

El simple hecho de colocar el código JavaScript en distintos archivos no satisface estos requisitos. Los archivos siguen compartiendo el mismo espacio de nombres global. Pueden interferir con las vinculaciones entre ellos, de manera intencionada o accidental. Y la estructura de dependencias sigue sin estar clara. Es posible hacerlo mejor, como veremos más adelante en este capítulo.

Diseñar una estructura de módulos adecuada para un programa puede ser difícil. En la fase en la que todavía está explorando el problema, probando distintas alternativas para ver qué funciona, tal vez no quiera preocuparse demasiado por ello porque puede ser una gran distracción. Cuando tenga algo que parezca sólido, es un buen momento para dar un paso atrás y organizarlo.

Paquetes

Una de las ventajas de construir un programa a partir de piezas separadas, y de ser realmente capaz de ejecutar esas piezas por sí solas, es que podría aplicar la misma pieza en distintos programas.

Pero ¿cómo se configura? Digamos que quiero usar en otro programa la función `parseINI` del apartado «Analizar un archivo INI» del capítulo 9. Si está claro de qué depende la función (en este caso, de nada), simplemente puedo copiar todo el código necesario en mi proyecto nuevo y usarlo. Pero entonces, si encuentro un error en ese código, probablemente lo corrija en el programa con el que esté trabajando en ese momento y me olvide de corregirlo también en el otro programa.

Cuando empiece a duplicar código, enseguida se dará cuenta de que pierde tiempo y energía moviendo copias y manteniéndolas actualizadas.

Ahí es donde intervienen los paquetes. Un paquete es un trozo de código que puede ser distribuido (copiado e instalado). Es posible que contenga uno o varios módulos y tenga información sobre otros paquetes de los que depende. Habitualmente, un paquete también lleva documentación que explica lo que hace, para que puedan usarlo personas que no lo han escrito.

Cuando se detecta un problema en un paquete o se añade una función nueva, el paquete se actualiza. Ahora, los programas que dependen de él (que también es posible que sean paquetes) pueden actualizarse a la versión nueva.

Trabajar de esta manera requiere infraestructura. Necesitamos un lugar para almacenar y encontrar paquetes, y una manera adecuada de instalarlos y actualizarlos. En el mundo JavaScript, esta infraestructura la proporciona NPM (`https://npmjs.org`).

NPM es dos cosas: un servicio en línea donde se descargan (y suben) paquetes y un programa (empaquetado con Node.js) que ayuda a instalarlos y gestionarlos.

Durante la redacción de este libro, hay más de medio millón de paquetes distintos disponibles en NPM. Tengo que decir que una gran parte de ellos son basura, pero allí se encuentran casi todos los paquetes útiles disponibles públicamente. Por ejemplo, bajo el nombre de paquete `ini` hay un analizador de archivos `INI`, similar al que construimos en el capítulo 9. En el capítulo 20 veremos cómo instalar estos paquetes de manera local usando el programa de línea de comandos `npm`.

Contar con paquetes de calidad disponibles para descargar es extremadamente valioso. Significa que a menudo podemos evitar reinventar un programa que 100 personas han escrito antes y obtener una implementación sólida y bien probada pulsando unas teclas.

Copiar software no requiere una gran inversión, así que, una vez que alguien lo ha escrito, distribuirlo a otras personas es un proceso eficiente. Pero escribirlo la primera vez es trabajo, y responder a los que han encontrado problemas en el código o quieren proponer nuevas características es aún más trabajo. Por defecto, usted es el propietario de los derechos de autor del código que escribe, y otras personas solo pueden utilizarlo con su permiso. Pero debido a que algunas personas son amables y porque publicar buen software puede ayudar a hacerle un poco famoso entre los programadores, muchos paquetes se publican bajo una licencia que permite explícitamente que otras personas lo utilicen.

La mayor parte del código en NPM tiene esta licencia. Algunas licencias requieren que también publique el código que construya sobre el paquete bajo la misma licencia. Otras son menos exigentes, y solo ponen como condición que mantenga la licencia con el código a medida que lo distribuye. La comunidad JavaScript utiliza principalmente este último tipo de licencia. Cuando utilice paquetes de otras personas, asegúrese de que conoce su licencia.

Módulos improvisados

Hasta 2015, el lenguaje JavaScript no disponía de un sistema de módulos integrado. Sin embargo, la gente había estado construyendo grandes sistemas en JavaScript durante más de una década, y necesitaban módulos. Así que diseñaron sus propios sistemas de módulos sobre el lenguaje. Puede utilizar funciones de JavaScript para crear ámbitos locales y objetos que representan interfaces de módulos.

Este es un módulo para ir entre nombres de días y números (como devuelve el método `getDay` de `Date`). Su interfaz consiste en `weekDay.name` y `weekDay.number`, y oculta sus `names` de vinculación locales dentro del ámbito de una expresión de función a la que se llama inmediatamente.

```
const weekDay = function() {
  const names = ["Sunday", "Monday", "Tuesday", "Wednesday",
       "Thursday", "Friday", "Saturday"];
  return {
    name(number) { return names[number]; },
    number(name) { return names.indexOf(name); }
  };
}();

console.log(weekDay.name(weekDay.number("Sunday")));
// → Sunday
```

Este estilo de módulos proporciona aislamiento, hasta cierto punto, pero no declara dependencias. En vez de eso, pone su interfaz en el ámbito global y espera que sus dependencias, si las hay, hagan lo mismo. Durante mucho tiempo, este fue el principal enfoque utilizado en la programación web, pero ahora está obsoleto en la mayoría de los casos.

Si queremos que las relaciones de dependencia formen parte del código, tomemos el control de la carga de dependencias. Para ello, es necesario poder ejecutar cadenas como código, y JavaScript es capaz de hacerlo.

Evaluar datos como código

Hay varias maneras de tomar datos (una cadena de código) y ejecutarlos como parte del programa actual. La manera más obvia es el operador especial `eval`, que ejecutará una cadena en el ámbito actual. Esto suele ser una mala idea porque rompe algunas de las propiedades que por lo general tienen los ámbitos, como que es fácilmente predecible a qué vinculación se refiere un nombre dado.

```
const x = 1;
function evalAndReturnX(code) {
  eval(code);
  return x;
}

console.log(evalAndReturnX("var x = 2"));
// → 2
console.log(x);
// → 1
```

Una manera que da menos miedo de interpretar los datos como código es utilizar el constructor `Function`. Toma dos argumentos: una cadena que contiene una lista de nombres de argumentos separados por comas y una cadena que contiene el cuerpo de la función. Envuelve el código en un valor función para que tenga su propio ámbito y no haga cosas raras con otros ámbitos.

```
let plusOne = Function("n", "return n + 1;");
console.log(plusOne(4));
// → 5
```

Esto es lo que necesitamos exactamente para un sistema de módulos. Podemos empaquetar el código del módulo en una función y usar ese ámbito de función como ámbito de módulo.

CommonJS

El planteamiento más utilizado para módulos JavaScript añadidos posteriormente se llama módulos CommonJS. Node.js lo usa y es el sistema empleado por la mayoría de paquetes en NPM.

El concepto principal de los módulos CommonJS es una función llamada `require`. Cuando la llama con el nombre del módulo de una dependencia, se asegura de que el módulo está cargado y devuelve su interfaz.

Debido a que el cargador envuelve el código del módulo en una función, los módulos obtienen automáticamente su propio ámbito local. Todo lo que tienen que hacer es llamar a `require` para acceder a sus dependencias y poner su interfaz en el objeto vinculado a `exports`.

Este módulo de ejemplo proporciona una función de formato de fecha. Utiliza dos paquetes de NPM: `ordinal` para convertir números en cadenas como `"1st"` y `"2nd"`, y `date-names` para obtener los nombres en inglés de los días de la semana y los meses. Exporta una única función, `formatDate`, que toma un objeto `Date` y una cadena de plantilla.

La cadena de plantilla puede contener códigos que dirigen el formato, como `YYYY` para el año completo y `Do` para el día ordinal del mes. Podría darle una cadena como `"MMMM Do YYYY"` para obtener una salida como «November 22nd 2019» (22 de noviembre de 2019).

```
const ordinal = require("ordinal");
const {days, months} = require("date-names");

exports.formatDate = function(date, format) {
  return format.replace(/YYYY|M(MMM)?|Do?|dddd/g, tag => {
    if (tag == "YYYY") return date.getFullYear();
    if (tag == "M") return date.getMonth();
    if (tag == "MMMM") return months[date.getMonth()];
    if (tag == "D") return date.getDate();
    if (tag == "Do") return ordinal(date.getDate());
    if (tag == "dddd") return days[date.getDay()];
  });
};
```

La interfaz de `ordinal` es una función individual, mientras que `date-names` exporta un objeto que contiene varios elementos: `days` y `months` son matrices de nombres.

La desestructuración resulta muy práctica a la hora de crear vinculaciones para interfaces importadas.

El módulo añade su función de interfaz a `exports` para que los módulos que dependen de él tengan acceso a él. Una manera de utilizar el módulo es la siguiente:

```
const {formatDate} = require("./format-date");

console.log(formatDate(new Date(2019, 8, 13),
      "dddd the Do"));
// → Friday the 13th
```

Podemos definir la forma más abreviada de `require` de la siguiente manera:

```
require.cache = Object.create(null);

function require(name) {
  if (!(name in require.cache)) {
    let code = readFile(name);
    let module = {exports: {}};
    require.cache[name] = module;
    let wrapper = Function("require, exports, module", code);
    wrapper(require, module.exports, module);
  }
  return require.cache[name].exports;
}
```

En este código, `readFile` es una función inventada que lee un archivo y devuelve su contenido como una cadena. JavaScript estándar no proporciona esta funcionalidad, pero diferentes entornos JavaScript, como el navegador y Node.js, ofrecen sus propias maneras de acceder a los archivos. El ejemplo anterior solo simula que `readFile` existe.

Para evitar cargar el mismo módulo varias veces, `require` mantiene un almacén (caché) de módulos ya cargados. Cuando se llama a un módulo, primero comprueba si el módulo solicitado ha sido cargado y, si no, lo carga. Esto implica leer el código del módulo, empaquetarlo en una función y llamarlo.

La interfaz del paquete `ordinal` que hemos visto antes no es un objeto, sino una función. Una singularidad de los módulos CommonJS es que, aunque el sistema de módulos creará un objeto interfaz vacío para usted (vinculado a `exports`), puede reemplazarlo por cualquier valor sobrescribiendo `module.exports`. Algo que hacen muchos módulos para exportar un valor individual en lugar de un objeto de interfaz.

Al definir `require`, `exports` y `module` como parámetros para la función empaquetadora generada (y pasar los valores adecuados al llamarla), el cargador se asegura de que estas vinculaciones estén disponibles en el ámbito del módulo.

La cadena dada a `require` se traduce a un nombre de archivo real o a una dirección web de manera diferente en los distintos sistemas. Cuando comienza con «`./`» o «`../`», generalmente se interpreta como relativo al nombre de archivo del módulo actual. Así, «`./format-date`» sería el archivo llamado `format-date.js` en el mismo directorio.

Cuando el nombre no es relativo, Node.js buscará un paquete instalado con ese nombre. En el código de ejemplo de este capítulo, interpretaremos que estos tipos de nombres se refieren a paquetes NPM. Hablaremos más detalladamente sobre cómo instalar y usar módulos NPM en el capítulo 20.

Ahora, en lugar de escribir nuestro propio analizador de archivos INI, utilicemos uno de NPM.

```
const {parse} = require("ini");

console.log(parse("x = 10\ny = 20"));
// → {x: "10", y: "20"}
```

Módulos ECMAScript

Los módulos CommonJS funcionan bastante bien y, en combinación con NPM, han permitido a la comunidad JavaScript empezar a compartir código a gran escala.

Sin embargo, siguen pareciéndose un poco a un parche. La notación es un poco complicada: por ejemplo, las cosas que se añaden a `exports` no están disponibles en el ámbito local. Y como `require` es una llamada a una función normal que toma cualquier tipo de argumento, no solo una cadena literal, puede ser difícil determinar las dependencias de un módulo sin ejecutar su código.

Por eso, el estándar de JavaScript de 2015 introduce su propio sistema de módulos diferente. Suele denominarse módulos ES, donde ES significa ECMAScript. Los conceptos principales de dependencias e interfaces siguen siendo los mismos, pero los detalles son distintos. En primer lugar, ahora la notación está integrada en el lenguaje. En lugar de llamar a una función para acceder a una dependencia, se utiliza una palabra clave `import` especial.

```
import ordinal from "ordinal";
import {days, months} from "date-names";

export function formatDate(date, format) { /* ... */ }
```

De manera similar, la palabra clave `export` se emplea para exportar cosas. Puede aparecer delante de una función, clase o definición de vinculación (`let`, `const` o `var`).

Una interfaz de módulo ES no es un valor independiente, sino un conjunto de vinculaciones con nombre. El módulo anterior vincula `formatDate` a una función. Cuando se importa desde otro módulo, se importa la vinculación, no el valor, lo que significa que un módulo exportador puede cambiar el valor de la vinculación en cualquier momento, y los módulos que lo importen verán su valor nuevo.

Cuando hay una vinculación llamada `default`, se trata como el valor principal exportado del módulo. Si importamos un módulo como `ordinal` en el ejemplo, sin corchetes alrededor del nombre de la vinculación, obtendremos su vinculación `default`. Estos módulos aún pueden exportar otras vinculaciones con nombres diferentes junto a su exportación `default`.

Para crear una exportación por defecto, escriba `export default` antes de una expresión, una declaración de función o una declaración de clase.

```
export default ["Winter", "Spring", "Summer", "Autumn"];
```

Es posible renombrar vinculaciones importadas usando la palabra `as`.

```
import {days as dayNames} from "date-names";

console.log(dayNames.length);
// → 7
```

Otra diferencia importante es que las importaciones de módulos ES tienen lugar antes de que el script de un módulo comience a ejecutarse. Lo que significa que es posible que las declaraciones de `import` no aparezcan dentro de funciones o bloques, y que los nombres de las dependencias deben ser cadenas entrecomilladas, no expresiones arbitrarias.

Durante la escritura de este libro, la comunidad de JavaScript está adoptando este estilo de módulos. Pero ha sido un proceso lento. Después de especificarse el formato, los navegadores y Node.js tardaron varios años en empezar a ser compatibles. Aunque ahora casi todos son compatibles, todavía hay problemas y el debate sobre cómo deben distribuirse este tipo de módulos a través de NPM todavía no se ha resuelto.

Muchos proyectos se escriben utilizando módulos ES y luego se convierten automáticamente a otro formato cuando se publican. Estamos en un periodo de transición en el que se utilizan dos sistemas de módulos diferentes de manera conjunta, y es útil poder leer y escribir código en cualquiera de ellos.

Construir y empaquetar

De hecho, muchos proyectos JavaScript ni siquiera están, técnicamente hablando, escritos en JavaScript. Hay extensiones, como el dialecto de comprobación de tipos mencionado en el apartado «Tipos» en el capítulo 8, que se utilizan ampliamente. La gente también suele empezar a usar extensiones planificadas para el lenguaje mucho antes de que hayan sido añadidas a las plataformas que realmente ejecutan JavaScript.

Para hacerlo posible, compilan su código, traduciéndolo desde el dialecto de JavaScript elegido a JavaScript antiguo simple (o incluso a una versión anterior de JavaScript) para que los navegadores antiguos puedan ejecutarlo.

Incluir en una página web un programa modular compuesto por 200 archivos diferentes crea sus propios problemas. Si recuperar un solo archivo en la red requiere 50 milisegundos, para cargar todo el programa se necesitan 10 segundos o es posible que la mitad si podemos cargar varios archivos simultáneamente. Eso es mucho tiempo desperdiciado. Como recuperar un archivo grande suele ser más rápido que recuperar muchos pequeños, los programadores web han empezado a utilizar herramientas que reducen sus programas (meticulosamente divididos en módulos) a un único archivo grande antes de publicarlo en la web. Este tipo de herramientas se llama empaquetador.

Y podemos ir más lejos. Además del número de archivos, su tamaño también determina la velocidad a la que se transfieren por la red. Por eso, la comunidad JavaScript ha inventado los minificadores. Son herramientas que toman un programa JavaScript y lo hacen más pequeño eliminando automáticamente los comentarios y los espacios en blanco, renombrando las vinculaciones y sustituyendo trozos de código por otro equivalente que ocupa menos espacio.

Por lo tanto, no es raro que el código que se encuentra en un paquete NPM o que se ejecuta en una página web haya pasado por varias etapas de transformación, convertido de JavaScript moderno a JavaScript histórico, del formato de módulos ES a CommonJS, empaquetado y minificado. En este libro no explicaremos los detalles de estas herramientas, porque suelen ser aburridas y cambian con rapidez. Solo tenga en cuenta que el código JavaScript que ejecuta, a menudo, no es el código tal y como fue escrito.

Diseño de módulos

Estructurar programas es uno de los aspectos más sutiles de la programación. Cualquier parte de funcionalidad no trivial puede modelarse de varias maneras.

El buen diseño de un programa es subjetivo, hay ventajas e inconvenientes, y es cuestión de gustos. La mejor manera de aprender el valor de un diseño bien estructurado es leer o trabajar con muchos programas y fijarse en lo que funciona y lo que no. No asuma que un embrollo difícil no se puede cambiar. Si piensa más en ello, es posible mejorar la estructura de casi todo.

Un aspecto del diseño de módulos es la facilidad de uso. Si está diseñando algo que está destinado a ser utilizado por varias personas o incluso por usted mismo dentro de tres meses, cuando ya no recuerde los detalles de lo que hizo, es útil que su interfaz sea sencilla y predecible.

Eso puede significar seguir las convenciones existentes. Un buen ejemplo es el paquete `ini`. Este módulo imita el objeto `JSON` estándar proporcionando funciones `parse` y `stringify` (para escribir un archivo INI) y, como `JSON`, convierte entre cadenas y objetos planos. Así que la interfaz es pequeña y familiar; y cuando haya trabajado con ella una vez, es probable que recuerde cómo usarla.

Incluso si no hay ninguna función estándar o paquete ampliamente utilizado para imitar, puede hacer que sus módulos sean predecibles mediante el uso de estructuras de datos simples y haciendo una sola cosa concreta. Por ejemplo, muchos de los módulos de análisis de archivos INI en NPM proporcionan una función que lee directamente un archivo de este tipo desde el disco duro y lo analiza. Esto hace que sea imposible utilizar este tipo de módulos en el navegador, donde no tenemos acceso directo al sistema de archivos, y añade una complejidad que habría sido mejor abordar componiendo el módulo con alguna función de lectura de archivos.

Esto apunta a otro aspecto útil del diseño de módulos: la facilidad con la que algo puede componerse con otro código. Los módulos centrados que calculan valores son aplicables en una gama más amplia de programas además de en los módulos más grandes que realizan acciones complicadas con efectos secundarios. Un lector de archivos INI que insiste en leer el archivo del disco es inútil en un escenario en donde el contenido del archivo procede de otra fuente.

En relación con esto, los objetos con estado a veces son útiles o incluso necesarios, pero si algo puede hacerse con una función, use una función. Varios de los lectores de archivos INI en NPM proporcionan un estilo de interfaz que requiere que primero cree un objeto, luego cargue el archivo en su objeto y, finalmente, utilice métodos especializados para obtener los resultados. Esto es común en la tradición orientada a objetos, y es horrible. En lugar de hacer una función individual y seguir adelante, hay que efectuar el ritual de mover el objeto a través de varios estados. Y como ahora los datos están envueltos en un tipo de objeto especializado, todo el código que interactúa con él tiene que conocer ese tipo, creando interdependencias innecesarias.

A menudo, no se puede evitar definir estructuras de datos nuevas; el estándar del lenguaje solo proporciona algunas básicas y muchos tipos de datos tienen que ser más complejos que una matriz o un mapa. Pero cuando una matriz es suficiente, se usa una matriz.

Un ejemplo de una estructura de datos ligeramente más compleja es el grafo del capítulo 7. No hay una manera única y obvia de representar un grafo en JavaScript. En ese capítulo, usamos un objeto cuyas propiedades contenían matrices de cadenas, los otros nodos accesibles desde ese nodo.

Existen varios paquetes de búsqueda de ruta en NPM, pero ninguno de ellos utiliza este formato de grafo. Normalmente permiten que las aristas del grafo tengan un peso, que es el coste o la distancia asociada a ellas. Eso no es posible en nuestra representación.

Por ejemplo, está el paquete `dijkstrajs`. Un planteamiento muy conocido para la búsqueda de rutas, bastante similar a nuestra función `findRoute`, se llama algoritmo de Dijkstra en honor a Edsger Dijkstra, que fue quien lo escribió por primera vez. A menudo se añade el sufijo `js` a los nombres de los paquetes para indicar que están escritos en JavaScript. Este paquete `dijkstrajs` utiliza un formato de grafo similar al nuestro, pero, en lugar de matrices, usa objetos con números como valores de propiedades, que son los pesos de las aristas.

Si quisiéramos utilizar ese paquete, tendríamos que asegurarnos de que nuestro grafo se ha almacenado en el formato que espera. Todas las aristas tienen el mismo peso, porque nuestro modelo simplificado considera que cada camino tiene el mismo coste (una vuelta).

```
const {find_path} = require("dijkstrajs");

let graph = {};
for (let node of Object.keys(roadGraph)) {
  let edges = graph[node] = {};
  for (let dest of roadGraph[node]) {
    edges[dest] = 1;
  }
}

console.log(find_path(graph, "Post Office", "Cabin"));
// → ["Post Office", "Alice's House", "Cabin"]
```

Esto puede ser una barrera para la composición, es difícil combinar varios paquetes cuando están usando estructuras de datos distintas para describir cosas similares. Por lo tanto, si quiere diseñar para la componibilidad, busque qué estructuras de datos están usando otras personas y, cuando sea posible, siga su ejemplo.

Resumen

Los módulos estructuran programas más grandes separando el código en partes con interfaces y dependencias claras. La interfaz es la parte del módulo que es visible desde otros módulos, y las dependencias son los otros módulos que utiliza.

Como JavaScript históricamente no proporcionaba un sistema de módulos, sobre él se construyó el sistema CommonJS. Luego, en algún momento, obtuvo un sistema integrado, que ahora coexiste con el sistema CommonJS de manera imperfecta.

Un paquete es un trozo de código que puede distribuirse por sí solo. NPM es un repositorio de paquetes JavaScript. Desde allí puede descargar todo tipo de paquetes: útiles e inútiles.

Ejercicios

Un robot modular

Estas son las vinculaciones que crea el proyecto del capítulo 7:

```
roads
buildGraph
roadGraph
VillageState
runRobot
randomPick
randomRobot
mailRoute
```

```
routeRobot
findRoute
goalOrientedRobot
```

Si fuera a escribir este proyecto como un programa modular, ¿qué módulos crearía?, ¿cómo serían las interdependencias entre módulos y sus interfaces?

¿Qué partes es probable que ya estén escritas y disponibles en NPM? ¿Preferiría usar un paquete NPM o escribirlas usted mismo?

Módulo caminos

Escriba un módulo CommonJS, basado en el ejemplo del capítulo 7, que contiene la matriz de caminos y exporta la estructura de datos del grafo representándolos como `roadGraph`. Debería depender de un módulo `./graph`, que exporta una función `buildGraph` que se usa para construir el grafo. Esta función espera una matriz de dos elementos (los puntos inicial y final de los caminos).

Dependencias circulares

Una dependencia circular es una situación en la que el módulo A depende de B; y B, a su vez, de manera directa o indirecta también depende de A. Muchos sistemas de módulos simplemente lo prohíben porque, cualquiera que sea el orden que elijas para cargar dichos módulos, no puede estar seguro de que las dependencias de cada módulo se han cargado antes de que se ejecute.

Los módulos CommonJS permiten una forma limitada de dependencias cíclicas. Mientras los módulos no sustituyan a su objeto `exports` por defecto y no accedan a la interfaz del otro hasta que terminen de cargarse, las dependencias cíclicas son correctas.

La función `require` dada en el apartado «CommonJS» en este capítulo es compatible con este tipo de ciclo de dependencia. ¿Puede ver cómo maneja los ciclos? ¿Qué podría salir mal cuando un módulo en un ciclo sustituye a su objeto `exports` por defecto?

«¿Quién puede esperar tranquilamente mientras el barro se asienta? ¿Quién puede permanecer en calma hasta el momento de actuar?».

— Laozi, *Tao Te Ching*

11

PROGRAMACIÓN ASÍNCRONA

El procesador es la parte central de un ordenador, la que realiza los pasos individuales que constituyen nuestros programas. Los programas que hemos visto hasta ahora mantendrán al procesador ocupado hasta que hayan terminado su trabajo. La velocidad a la que se puede ejecutar algo como un bucle que manipula números depende prácticamente por completo de la velocidad del procesador.

Pero muchos programas interactúan con elementos externos al procesador. Por ejemplo, pueden comunicarse a través de una red informática o solicitar datos del disco duro, que es mucho más lento que obtenerlos de la memoria.

Cuando algo así está ocurriendo, sería una lástima dejar que el procesador se quedara inactivo porque podría realizar alguna otra tarea mientras tanto. En parte, de esto se encarga el sistema operativo, que alternará el procesador entre varios programas en ejecución. Pero eso no ayuda cuando queremos que un programa individual progrese mientras espera una petición de red.

Asincronismo

En un modelo de programación síncrono, las acciones suceden de una en una. Cuando se llama a una función que realiza una acción de larga duración, esta solo vuelve cuando la acción ha terminado y puede devolver el resultado. Nuestro programa se detiene durante el tiempo que dura la acción.

Un modelo asíncrono permite que sucedan varias cosas al mismo tiempo. Cuando inicia una acción, su programa sigue ejecutándose. Cuando la acción termina, el programa es informado y obtiene acceso al resultado (por ejemplo, los datos leídos del disco).

Podemos comparar la programación síncrona y asíncrona usando un pequeño ejemplo: un programa que obtiene dos recursos de la red y luego combina los resultados.

En un entorno síncrono, donde la función de petición únicamente vuelve después de haber realizado su trabajo, la forma más sencilla de realizar esta tarea es hacer las peticiones una tras otra. Esto tiene el inconveniente de que la segunda petición solo se iniciará cuando la primera haya terminado. El tiempo total empleado será, como mínimo, la suma de los dos tiempos de respuesta.

La solución a este problema, en un sistema síncrono, es iniciar hilos de control adicionales. Un hilo es otro programa activo para el que el sistema operativo puede intercalar la ejecución. Como la mayoría de los ordenadores modernos contienen múltiples procesadores, incluso pueden ejecutarse varios hilos al mismo tiempo, en diferentes procesadores. Un segundo hilo podría iniciar la segunda petición y, a continuación, ambos hilos esperarían a recibir sus resultados para volver, después se sincronizarían de nuevo para combinar sus resultados.

En el siguiente diagrama, las líneas gruesas representan el tiempo durante el que el programa se ejecuta normalmente y las líneas finas, el tiempo que espera a la red. En el modelo síncrono, el tiempo que tarda la red forma parte de la línea de tiempo de un hilo de control determinado. En el modelo asíncrono, el inicio de una acción de red provoca conceptualmente una división en la línea de tiempo. El programa que inició la acción sigue ejecutándose, mientras la acción tiene lugar simultáneamente y envía una notificación al programa cuando finaliza.

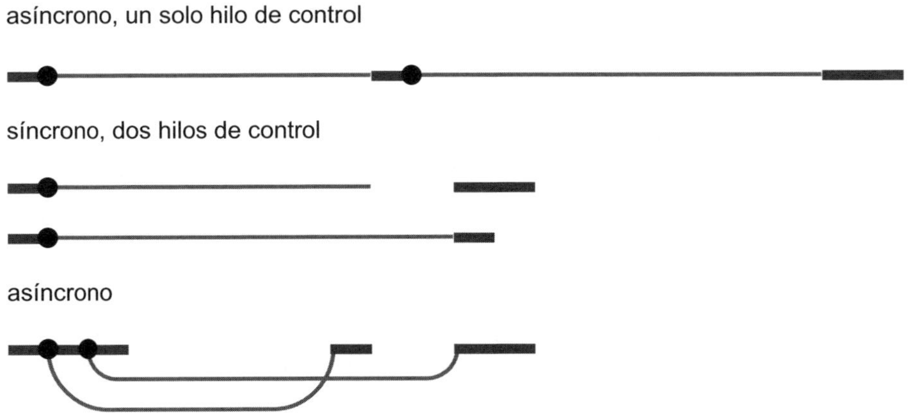

Otra manera de describir la diferencia es que esperar a que terminen las acciones está implícito en el modelo síncrono, pero en el asíncrono es explícito, bajo nuestro control.

La asincronía tiene dos caras. Facilita la expresión de programas que no se ajustan al modelo rectilíneo de control, pero también puede hacer más incómoda la expresión de programas que siguen una línea recta. Veremos maneras de abordar esta incomodidad más adelante en este capítulo.

Las dos plataformas de programación de JavaScript importantes, navegadores y Node.js, hacen que las operaciones que pueden necesitar más tiempo sean asíncronas, en lugar de depender de hilos. Debido a que la programación con hilos es difícil de manera notoria (entender lo que hace un programa es mucho más difícil cuando está haciendo varias cosas a la vez), por lo general esto se considera positivo.

Tecnología cuervo

La mayoría de la gente sabe que los cuervos son aves muy inteligentes. Pueden utilizar herramientas, planificar, recordar cosas e incluso comunicarse entre ellos.

Lo que la mayoría no sabe es que son capaces de muchas cosas que nos ocultan muy bien. Un reputado (aunque algo excéntrico) experto en córvidos me ha dicho que la tecnología de los cuervos no dista mucho de la humana, y que se están poniendo al día.

Por ejemplo, muchas culturas de cuervos son capaces de construir dispositivos de cálculo. No son electrónicos, como los humanos, sino que funcionan gracias a las acciones de pequeños insectos, una especie estrechamente emparentada con las termitas, que ha desarrollado una relación simbiótica con los cuervos.

Los pájaros les proporcionan comida y, a cambio, los insectos construyen y operan sus complejas colonias que, con la ayuda de los seres vivos de su interior, realizan cálculos.

Estas colonias suelen estar situadas en nidos grandes y longevos. Los pájaros y los insectos trabajan juntos para construir una red de estructuras bulbosas de arcilla, ocultas entre las ramitas del nido, donde viven y trabajan los insectos.

Para comunicarse con otros dispositivos, estas máquinas usan señales luminosas. Los cuervos incrustan trozos de material reflectante en tallos especiales de comunicación, y los insectos los dirigen para que reflejen la luz en otro nido, codificando los datos como una secuencia de destellos rápidos. Esto significa que solo pueden comunicarse los nidos que tienen una conexión visual ininterrumpida.

Nuestro amigo, el experto en córvidos, ha trazado un mapa de la red de nidos de cuervos en la población Hières-sur-Amby, situada en las orillas del Ródano. El mapa de debajo muestra los nidos y sus conexiones.

Church Tower: Torre de la iglesia
Soprtsgrounds: Zonas deportivas
Big Maple: Arce grande
Woods: Bosque
Fabienne's Garden: Jardín de Fabienne
Tall Poplar: Chopo alto
Cow Pasture: Pasto de vacas
Chateau: Castillo
Big Oak: Roble grande
Butcher's Shop: Carnicería
Gille's Garden: Jardín de Gille
Great Pine: Pino grande
Jacque's Farm: Granja de Jacques
Hawthorn: Espino

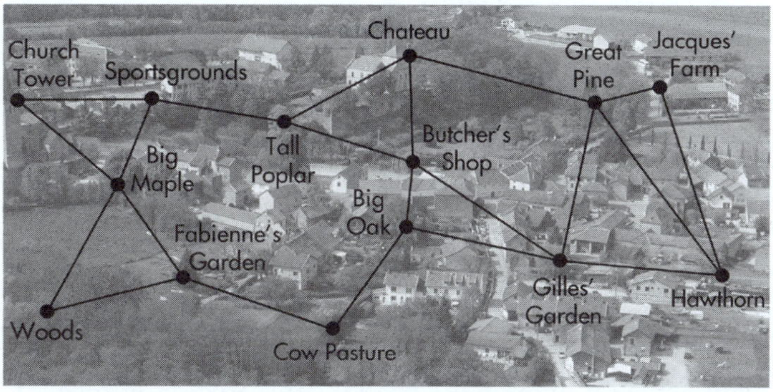

En un asombroso ejemplo de evolución convergente, los ordenadores cuervo manejan JavaScript. En este capítulo escribiremos algunas funciones básicas de red para ellos.

Rellamadas

Un enfoque de la programación asíncrona es hacer que las funciones que realizan una acción lenta tomen un argumento extra, una función de rellamada. La acción se inicia y, cuando termina, se llama a la función de rellamada con el resultado.

Como ejemplo, la función `setTimeout`, disponible en Node.js y en los navegadores, espera una cantidad de milisegundos dada (un segundo contiene mil milisegundos) y luego llama a una función.

```
setTimeout(() => console.log("Tick"), 500);
```

La espera no es generalmente un tipo de trabajo muy importante, pero puede ser útil cuando se hace algo como actualizar una animación o comprobar si algo está tardando más de un tiempo determinado. Realizar múltiples acciones asíncronas seguidas utilizando rellamadas significa que hay que continuar pasando funciones nuevas para manejar la continuación del cálculo después de las acciones.

La mayoría de los ordenadores nido de cuervo tienen un depósito de almacenamiento de datos a largo plazo, en el que se graban trozos de información en ramitas para recuperarlos más tarde. Grabar, o encontrar un fragmento de datos, necesita un momento, por lo que la interfaz para el almacenamiento a largo plazo es asíncrona y utiliza funciones de rellamada.

Los depósitos de almacenamiento guardan trozos de datos codificables en JSON bajo nombres. Un cuervo puede almacenar información sobre los lugares donde ha escondido comida bajo el nombre `"food caches"` (cachés de comida), que podría contener una matriz de nombres que apuntan a otros fragmentos de datos, describiendo el caché real. Para buscar un escondite de comida en los depósitos de almacenamiento del nido «Big Oak», un cuervo podría ejecutar un código como este:

```
import {bigOak} from "./crow-tech";

bigOak.readStorage("food caches", caches => {
  let firstCache = caches[0];
  bigOak.readStorage(firstCache, info => {
    console.log(info);
  });
});
```

(Todos los nombres y cadenas vinculantes han sido traducidos del lenguaje cuervo).

Este estilo de programación es viable, pero el nivel de indentación o sangrado aumenta con cada acción asíncrona porque acaba en otra función. Hacer cosas más complicadas, como ejecutar varias acciones al mismo tiempo, puede ser un poco incómodo.

Los ordenadores nido de cuervo están construidos para comunicarse usando pares petición-respuesta. Esto significa que un nido envía un mensaje a otro nido, que de inmediato envía un mensaje de vuelta, confirmando la recepción y posiblemente incluyendo una respuesta a una pregunta formulada en el mensaje.

Cada mensaje se etiqueta con un tipo, que determina cómo se manipula. Nuestro código puede definir manipuladores para tipos de solicitud específicos y, cuando llega una solicitud de este tipo, se llama al manipulador para producir una respuesta.

La interfaz exportada por el módulo `"./crow-tech"` proporciona funciones basadas en rellamadas para la comunicación. Los nidos tienen un método `send` que envía una solicitud. Espera el nombre del nido de destino, el tipo de petición y su contenido como sus tres primeros argumentos; además, espera una función a la que llamar cuando llega una respuesta como su cuarto y último argumento.

```
bigOak.send("Cow Pasture", "note", "Let's caw loudly at 7PM",
  () => console.log("Note delivered."));
```

Pero para hacer que los nidos sean capaces de recibir esa petición, primero tenemos que definir un tipo de petición llamado "note". El código que manipula las peticiones no solo tiene que ejecutarse en este nido-ordenador, sino en todos los nidos que pueden recibir mensajes de este tipo. Simplemente supondremos que un cuervo sobrevuela e instala nuestro código manipulador en todos los nidos.

```
import {defineRequestType} from "./crow-tech";

defineRequestType("note", (nest, content, source, done) => {
  console.log(`${nest.name} received note: ${content}`);
  done();
});
```

La función `defineRequestType` define un tipo de solicitud nuevo. El ejemplo añade soporte para peticiones "note", que simplemente envía una nota a un nido dado. Nuestra implementación llama a `console.log` para que podamos verificar que la petición ha llegado. Los nidos tienen una propiedad `name` que contiene su nombre.

El cuarto argumento pasado al manejador, `done`, es una función de rellamada a la que debe llamar cuando haya terminado con la petición. Si hubiéramos utilizado el valor de retorno del manejador como valor de respuesta, eso significaría que un manipulador de peticiones no puede realizar acciones asíncronas. Una función que realiza un trabajo asíncrono normalmente vuelve antes de que el trabajo se haya completado, habiendo dispuesto que se llame a una rellamada cuando se complete. Por lo tanto, necesitamos algún mecanismo asíncrono (en este caso, otra función de rellamada) para indicar cuándo hay una respuesta disponible.

En cierto modo, la asincronía es «contagiosa». Cualquier función que llama a una función que trabaja de manera asíncrona debe ser a su vez asíncrona, utilizando una rellamada o un mecanismo similar para entregar su resultado. Llamar a una rellamada es algo más complicado y propenso a errores que simplemente devolver un valor, por lo que necesitar estructurar grandes partes de su programa de esa manera no es bueno.

Promesas

Trabajar con conceptos abstractos suele ser más fácil cuando se pueden representar mediante valores. En el caso de acciones asíncronas, en lugar de disponer que se llame a una función en algún momento en el futuro, podría devolver un objeto que representa este evento futuro.

Para eso está la clase estándar `Promise`. Una promesa es una acción asíncrona que puede completarse en algún momento y producir un valor. Es capaz de notificar, a cualquiera que esté interesado, cuándo está disponible su valor.

La manera más sencilla de crear una promesa es llamando a `Promise.resolve`. Esta función se asegura de que el valor que le da está envuelto en una promesa. Si ya es una promesa, simplemente se devuelve. En caso contrario, se obtiene una promesa nueva que termina de inmediato con su valor como resultado.

```
let fifteen = Promise.resolve(15);
fifteen.then(value => console.log(`Got ${value}`));
// → Got 15
```

Para obtener el resultado de una promesa, puede utilizar su método then. Esto registra una función de rellamada que será llamada cuando la promesa se resuelve y produce un valor. Es posible añadir varias rellamadas a una misma promesa y serán llamadas, incluso si las añade después de que la promesa ya se haya resuelto (finalizado).

Pero eso no es todo lo que hace el método then. Devuelve otra promesa, que se resuelve para el valor que devuelve la función manipuladora o, si esta devuelve una promesa, espera a esa promesa y luego resuelve para su resultado.

Es útil pensar en las promesas como en un dispositivo para mover valores a una realidad asíncrona. Un valor normal simplemente está allí. Un valor prometido es un valor que ya podría estar allí o aparecer en algún momento del futuro.

Los cálculos definidos en términos de promesas actúan sobre dichos valores envueltos y se ejecutan de forma asíncrona a medida que los valores están disponibles.

Para crear una promesa, utilice Promise como un constructor. Tiene una interfaz un poco rara: el constructor espera una función como argumento, a la que llama inmediatamente, pasándole una función que puede usar para resolver la promesa. Funciona así en lugar de, por ejemplo, con un método resolve, de modo que solo el código que ha creado la promesa puede resolverla.

Así es como crearía una interfaz basada en promesas para la función readStorage:

```
function storage(nest, name) {
  return new Promise(resolve => {
    nest.readStorage(name, result => resolve(result));
  });
}

storage(bigOak, "enemies")
  .then(value => console.log("Got", value));
```

Esta función asíncrona devuelve un valor significativo. Esta es la principal ventaja de las promesas: simplifican el uso de funciones asíncronas. En lugar de tener que pasar rellamadas, las funciones basadas en promesas parecen similares a las normales: toman la entrada como argumento y devuelven la salida. La única diferencia es que es posible que la salida no esté disponible todavía.

Fallo

Los cálculos normales de JavaScript pueden fallar arrojando una excepción. Los cálculos asíncronos a menudo necesitan algo así. Una petición de red puede fallar o el código que forma parte del cálculo asíncrono puede arrojar una excepción.

Uno de los problemas más urgentes con el estilo de rellamada de la programación asíncrona es que hace extremadamente difícil asegurarse de que los fallos se comunican correctamente a las rellamadas.

Una convención muy utilizada es que el primer argumento para la rellamada se usa para indicar que la acción ha fallado, y el segundo contiene el valor producido por la acción cuando se ha realizado correctamente. Estas funciones de rellamada siempre deben comprobar si han recibido una excepción y asegurarse de que cualquier problema que causan, incluyendo las excepciones arrojadas por las funciones a las que llaman, son capturados y entregados a la función correcta.

Las promesas facilitan esta tarea. Se pueden resolver (la acción ha finalizado correctamente) o rechazar (ha fallado). Los manipuladores de resolución (como se han registrado con `then`) solo se llaman cuando la acción se realiza correctamente, y los rechazos se propagan automáticamente a la promesa nueva devuelta por `then`. Y cuando un manipulador arroja una excepción, causa el rechazo automático de la promesa producida por su llamada a `then`. Así, si falla algún elemento en una cadena de acciones asíncronas, el resultado de toda la cadena se marca como rechazado y no se llama a ningún manipulador de resultado correcto más allá del punto en el que se ha producido el fallo.

Al igual que resolver una promesa proporciona un valor, rechazarla también da uno, habitualmente llamado la razón del rechazo. Cuando una excepción en una función manipuladora causa el rechazo, el valor de la excepción se usa como la razón. De forma similar, cuando un manejador devuelve una promesa que es rechazada, ese rechazo fluye a la siguiente promesa. Hay una función `Promise.reject` que crea de inmediato una promesa rechazada nueva.

Para manejar de manera explícita este tipo de rechazos, las promesas poseen un método `catch` que registra un manipulador para ser llamado cuando la promesa es rechazada, de manera similar a como los manipuladores `then` manejan la resolución normal. También se parece mucho a `then` en que devuelve una promesa nueva, que se resuelve para el valor de la promesa original (si se resuelve normalmente) y para el resultado del manipulador `catch`, en caso contrario. Si un manipulador `catch` arroja un error, la promesa nueva también se rechaza.

Como una abreviatura, `then` también acepta un manipulador de rechazo como un segundo argumento, por lo que puede instalar ambos tipos de manipuladores en una única llamada a un método.

Una función pasada al constructor `Promise` recibe un segundo argumento, junto con la función de resolución, que puede utilizar para rechazar la promesa nueva.

Las cadenas de valores promesa creadas mediante llamadas a `then` y `catch` se pueden ver como un conducto a través del que se mueven valores asíncronos o fallos. Dado que dichas cadenas se crean mediante el registro de manipuladores, cada enlace tiene asociado un manipulador de terminar correctamente o de rechazo (o ambos). Los manipuladores que no coinciden con el tipo de resultado (correcto o fallo) se ignoran. Pero los que sí coinciden se llaman, y su resultado determina qué tipo de valor viene a continuación: correcto cuando devuelve un valor no promesa, rechazo cuando arroja una excepción, y el resultado de una promesa cuando devuelve uno de ellos.

```
new Promise((_, reject) => reject(new Error("Fail")))
  .then(value => console.log("Handler 1"))
  .catch(reason => {
    console.log("Caught failure " + reason);
    return "nothing";
  })
```

```
  .then(value => console.log("Handler 2", value));
// → Caught failure Error: Fail
// → Handler 2 nothing
```

De manera similar a como manipula el entorno una excepción no capturada, los entornos de JavaScript detectan cuándo un rechazo de promesa no es manipulado e informarán de esto como un error.

Las redes son difíciles

En ocasiones, no hay suficiente luz para que los sistemas de espejos de los cuervos transmitan una señal, o algo bloquea la trayectoria de la señal. Es posible que se envíe una señal, pero no se reciba nunca.

En la situación actual, eso solo causará que la rellamada dada para `send` no se llame nunca, lo que probablemente ocasionará que el programa se detenga sin ni siquiera darse cuenta de que hay un problema. Sería recomendable que, si después de un período determinado no se obtiene una respuesta, se terminara el tiempo de una solicitud y se informara de un fallo.

Con frecuencia, los fallos de transmisión son accidentes aleatorios, como el faro de un coche interfiriendo con las señales luminosas, y simplemente reintentar la petición puede causar que se realice correctamente. Así que, mientras estamos en ello, vamos a hacer que nuestra función de petición reintente automáticamente el envío de la petición unas cuantas veces antes de abandonar.

Y, ya que hemos establecido que las promesas son algo bueno, también haremos que nuestra función de petición devuelva una promesa. En términos de lo que pueden expresar, las rellamadas y las promesas son equivalentes. Las funciones basadas en rellamadas se pueden envolver para exponer una interfaz basada en promesas, y viceversa.

Incluso cuando una petición y su respuesta se entregan correctamente, la respuesta puede indicar un fallo; por ejemplo, si la petición intenta utilizar un tipo de petición que no se ha definido o si el manipulador arroja un error. Para darle soporte, `send` y `defineRequestType` siguen la convención antes mencionada, en la que el primer argumento que se pasa a las rellamadas es la razón del fallo, si lo hay, y el segundo es el resultado real. Nuestra envoltura puede traducirlos como resolución y rechazo de promesas.

```
class Timeout extends Error {}

function request(nest, target, type, content) {
  return new Promise((resolve, reject) => {
    let done = false;
    function attempt(n) {
      nest.send(target, type, content, (failed, value) => {
        done = true;
        if (failed) reject(failed);
        else resolve(value);
      });
      setTimeout(() => {
        if (done) return;
        else if (n < 3) attempt(n + 1);
```

```
                else reject(new Timeout("Timed out"));
            }, 250);
        }
        attempt(1);
    });
}
```

Esto funcionará porque las promesas solo se resuelven (o rechazan) una vez. La primera vez que se llama a `resolve` o `reject` determina el resultado de la promesa, y cualquier otra llamada se ignora, como el límite de tiempo que llega después de que termina la petición o una petición que vuelve después de que otra petición ha terminado.

Para construir un bucle asíncrono, para los reintentos, necesitamos usar una función recurrente porque un bucle normal no nos permite parar y esperar una acción asíncrona. La función `attempt` hace un único intento de enviar una petición. También establece un límite de tiempo, si no se ha devuelto una respuesta después de 250 milisegundos, inicia el siguiente intento o, si era el cuarto intento, rechaza la promesa con una instancia de `Timeout` como razón.

Reintentar cada cuarto de segundo y rendirse cuando no hay respuesta después de un segundo es algo arbitrario. Incluso es posible, si la petición ha llegado pero el manipulador está tardando un poco más, que las peticiones se entreguen varias veces. Escribiremos nuestros manipuladores teniendo en cuenta este problema: los mensajes duplicados deberían ser inofensivos.

En general, hoy no vamos a construir una red robusta de primera clase. Pero eso está bien, los cuervos aún no tienen expectativas muy altas cuando se trata de computación.

Para aislarnos por completo de las rellamadas, definiremos una envoltura para `defineRequestType` que permita a la función manipuladora devolver una promesa o un valor plano y lo conecte con la rellamada por nosotros.

```
function requestType(name, handler) {
    defineRequestType(name, (nest, content, source,
                             callback) => {
        try {
            Promise.resolve(handler(nest, content, source))
                .then(response => callback(null, response),
                      failure => callback(failure));
        } catch (exception) {
            callback(exception);
        }
    });
}
```

`Promise.resolve` se utiliza para convertir el valor devuelto por `handler` en una promesa si aún no lo es.

Nótese que la llamada a `handler` ha tenido que ser envuelta en un bloque `try` para asegurarse de que cualquier excepción que levante directamente sea entregada a la rellamada. Esto ilustra muy bien la dificultad de manipular correctamente los errores con las rellamadas en bruto: es fácil olvidar enrutar correctamente las excepciones de este tipo y, si no lo hace, no se informará de los fallos a la rellamada correcta. Las promesas hacen que una gran parte sea automática y, por lo tanto, menos propensa a errores.

Colecciones de promesas

Cada ordenador nido mantiene una matriz de otros nidos a distancia de transmisión en su propiedad `neighbors`. Para comprobar cuáles de ellos se alcanzan actualmente, podría escribir una función que intenta enviar una petición `"ping"` (una petición que simplemente pide una respuesta) a cada uno de ellos y ver cuáles vuelven.

Cuando se trabaja con colecciones de promesas que se ejecutan simultáneamente, la función `Promise.all` puede ser útil. Devuelve una promesa que espera a que se resuelvan todas las promesas de la matriz y luego resuelve para una matriz de los valores que han producido estas promesas (en el mismo orden que la matriz original). Si alguna promesa es rechazada, también se rechaza el resultado de `Promise.all`.

```
requestType("ping", () => "pong");

function availableNeighbors(nest) {
  let requests = nest.neighbors.map(neighbor => {
    return request(nest, neighbor, "ping")
      .then(() => true, () => false);
  });
  return Promise.all(requests).then(result => {
    return nest.neighbors.filter((_, i) => result[i]);
  });
}
```

Cuando un `neighbor` no está disponible, no queremos que toda la promesa combinada falle porque entonces seguiríamos sin saber nada. Así que la función que se mapea sobre el conjunto `neighbors` para convertirlos en promesas de petición adjunta manipuladores que hacen que las peticiones correctas produzcan `true` y las rechazadas `false`.

En el manipulador para la promesa combinada, se utiliza `filter` para quitar aquellos elementos de la matriz `neighbors` cuyo valor correspondiente es `false`. Esto usa el hecho de que `filter` pasa el índice de la matriz del elemento actual como segundo argumento a su función de filtrado (`map`, `some` y otros métodos similares de matriz de orden superior hacen lo mismo).

Inundación de red

El hecho de que los nidos solo puedan hablar con sus vecinos limita enormemente la utilidad de esta red.

Para transmitir información a toda la red, una solución es crear un tipo de petición que se reenvíe automáticamente a los vecinos. Estos, a su vez, la reenvían a sus vecinos hasta que toda la red ha recibido el mensaje.

```
import {everywhere} from "./crow-tech";

everywhere(nest => {
  nest.state.gossip = [];
});
```

```
function sendGossip(nest, message, exceptFor = null) {
  nest.state.gossip.push(message);
  for (let neighbor of nest.neighbors) {
    if (neighbor == exceptFor) continue;
    request(nest, neighbor, "gossip", message);
  }
}

requestType("gossip", (nest, message, source) => {
  if (nest.state.gossip.includes(message)) return;
  console.log(`${nest.name} received gossip '${
              message}' from ${source}`);
  sendGossip(nest, message, source);
});
```

Para evitar enviar siempre el mismo mensaje por la red, cada nido guarda una matriz de cadenas de cotilleo que ya ha visto. Para definir esta matriz utilizamos la función `everywhere`, que ejecuta código en cada nido para añadir una propiedad al objeto `state` del nido, que es donde guardaremos el estado local del nido.

Cuando un nido recibe un mensaje de cotilleo duplicado, algo muy probable porque todos los reenvían a ciegas, lo ignora. Pero cuando recibe un mensaje nuevo, se lo cuenta con entusiasmo a todos sus vecinos, excepto al que le ha enviado el mensaje.

Esto hará que un fragmento de cotilleo nuevo se extienda por la red como una mancha de tinta en el agua. Incluso cuando algunas conexiones no funcionan en ese momento, si existe una ruta alternativa a un nido determinado, el cotilleo llegará pasando por ella.

Este estilo de comunicación en red se denomina inundación porque inunda la red con un fragmento de información hasta que todos los nodos lo tienen.

Enrutado de mensajes

Si un nodo determinado quiere hablar con otro nodo, la inundación no es un planteamiento muy eficiente. Sobre todo cuando la red es grande, eso daría lugar a muchas transferencias de datos inútiles.

Otro planteamiento alternativo es establecer un camino para que los mensajes salten de nodo en nodo hasta llegar a su destino. La dificultad es que es necesario conocer la disposición de la red. Para enviar una petición en dirección a un nido lejano, es necesario saber qué nido vecino la acerca más a su destino. Enviarla en la dirección equivocada no servirá de mucho.

Como cada nido solo conoce a sus vecinos directos, no dispone de la información necesaria para calcular una ruta. Debemos difundir de algún modo la información sobre estas conexiones a todos los nidos, preferiblemente de un modo que permita que cambie con el tiempo, cuando se abandonen nidos o se construyan nuevos.

Podemos volver a utilizar la inundación, pero en lugar de comprobar si un mensaje dado ya se ha recibido, ahora comprobamos si el conjunto de vecinos nuevo de un nido dado coincide con el conjunto actual que tenemos para él.

```
requestType("connections", (nest, {name, neighbors},
                            source) => {
  let connections = nest.state.connections;
  if (JSON.stringify(connections.get(name)) ==
      JSON.stringify(neighbors)) return;
  connections.set(name, neighbors);
  broadcastConnections(nest, name, source);
});

function broadcastConnections(nest, name, exceptFor = null) {
  for (let neighbor of nest.neighbors) {
    if (neighbor == exceptFor) continue;
    request(nest, neighbor, "connections", {
      name,
      neighbors: nest.state.connections.get(name)
    });
  }
}

everywhere(nest => {
  nest.state.connections = new Map;
  nest.state.connections.set(nest.name, nest.neighbors);
  broadcastConnections(nest, nest.name);
});
```

La comparación usa `JSON.stringify` porque ==, en objetos o matrices, solo devolverá `true` cuando ambos sean exactamente el mismo valor, pero no es lo que necesitamos aquí. Comparar las cadenas JSON es una manera rudimentaria pero efectiva de comparar su contenido.

Los nodos comienzan inmediatamente a difundir sus conexiones, lo que debería, a menos que algunos nidos sean completamente inalcanzables, darle rápidamente a cada nido un mapa del grafo de red actual.

Una cosa que puede hacer con los grafos es encontrar rutas en ellos, como vimos en el capítulo 7. Si tenemos una ruta hacia un destino del mensaje, sabemos en qué dirección enviarlo.

Esta función `findRoute`, que se parece mucho a la función `findRoute` del capítulo 7, busca una forma de llegar a un nodo dado en la red. Pero en lugar de devolver la ruta completa, solo devuelve el siguiente paso. Ese nido siguiente utilizará su información actual sobre la red y decidirá a dónde envía el mensaje.

```
function findRoute(from, to, connections) {
  let work = [{at: from, via: null}];
  for (let i = 0; i < work.length; i++) {
    let {at, via} = work[i];
    for (let next of connections.get(at) || []) {
      if (next == to) return via;
      if (!work.some(w => w.at == next)) {
        work.push({at: next, via: via || next});
      }
    }
  }
  return null;
}
```

Ahora es posible construir una función capaz de enviar mensajes a larga distancia. Si el mensaje va dirigido a un vecino directo, se entrega como de costumbre. Si no, se empaqueta en un objeto y se envía a un vecino que está más cerca del objetivo, utilizando el tipo de petición `"route"`, que hará que ese vecino repita el mismo comportamiento.

```
function routeRequest(nest, target, type, content) {
  if (nest.neighbors.includes(target)) {
    return request(nest, target, type, content);
  } else {
    let via = findRoute(nest.name, target,
                        nest.state.connections);
    if (!via) throw new Error(`No route to ${target}`);
    return request(nest, via, "route",
                   {target, type, content});
  }
}

requestType("route", (nest, {target, type, content}) => {
  return routeRequest(nest, target, type, content);
});
```

Hemos construido varias capas de funcionalidad sobre un sistema de comunicación primitivo para que sea cómodo usarlo. Es un buen modelo (aunque simplificado) del funcionamiento de las redes informáticas reales.

Una propiedad distintiva de las redes informáticas es que no son fiables, aunque las abstracciones construidas sobre ellas pueden ayudar, pero no se puede hacer desaparecer el fallo de red. Por eso, la programación de redes suele consistir en gran medida en anticiparse a los fallos y tratarlos.

Funciones asíncronas

Para almacenar información importante, se sabe que los cuervos la duplican en los nidos. Así, cuando un halcón destruye un nido, la información no se pierde.

Para recuperar una determinada información que no tiene en su propio depósito de almacenamiento, un ordenador de nido puede consultar aleatoriamente otros nidos de la red hasta encontrar uno que la tiene.

```
requestType("storage", (nest, name) => storage(nest, name));

function findInStorage(nest, name) {
  return storage(nest, name).then(found => {
    if (found != null) return found;
    else return findInRemoteStorage(nest, name);
  });
}

function network(nest) {
  return Array.from(nest.state.connections.keys());
}

function findInRemoteStorage(nest, name) {
  let sources = network(nest).filter(n => n != nest.name);
```

```
  function next() {
    if (sources.length == 0) {
      return Promise.reject(new Error("Not found"));
    } else {
      let source = sources[Math.floor(Math.random() *
                                      sources.length)];
      sources = sources.filter(n => n != source);
      return routeRequest(nest, source, "storage", name)
        .then(value => value != null ? value : next(),
              next);
    }
  }
  return next();
}
```

Como connections es un Map, Object.keys no funciona con él. Tiene un método keys, pero que devuelve un iterador en lugar de una matriz. Un iterador (o valor iterable) puede convertirse en una matriz con la función Array.from.

Incluso con promesas, este es un código bastante difícil. Varias acciones asíncronas se encadenan de maneras no obvias. Una vez más necesitamos una función recursiva (next) para modelar el bucle a través de los nidos.

Y lo que realmente hace el código es completamente lineal porque siempre espera a que se complete la acción anterior antes de empezar la siguiente. En un modelo de programación síncrono, sería más sencillo de expresar.

La buena noticia es que JavaScript permite escribir código pseudosíncrono para describir computación asíncrona. Una función async es una función que devuelve implícitamente una promesa y en su cuerpo otras promesas await (esperan) de una manera que parece síncrona. Podemos reescribir findInStorage así:

```
async function findInStorage(nest, name) {
  let local = await storage(nest, name);
  if (local != null) return local;

  let sources = network(nest).filter(n => n != nest.name);
  while (sources.length > 0) {
    let source = sources[Math.floor(Math.random() *
                                    sources.length)];
    sources = sources.filter(n => n != source);
    try {
      let found = await routeRequest(nest, source, "storage",
                                     name);
      if (found != null) return found;
    } catch (_) {}
  }
  throw new Error("Not found");
}
```

Una función asíncrona está marcada por la palabra async antes de la palabra clave function. Los métodos también se hacen asíncronos escribiendo async antes de su nombre. Cuando se llama a una función o método de este tipo, devuelve una promesa. En cuanto el cuerpo devuelve algo, esa promesa se resuelve. Si arroja una excepción, la promesa es rechazada.

Dentro de una función `async`, la palabra `await` puede colocarse delante de una expresión para esperar a que se resuelva una promesa y solo entonces continúa la ejecución de la función.

Una función de este tipo ya no se ejecuta de principio a fin de una sola vez, como una función JavaScript normal. En su lugar, se puede congelar en cualquier punto que tiene un `await`, y se puede reanudar más tarde.

Para el código asíncrono no trivial, esta notación suele ser más conveniente que usar promesas directamente. Incluso si necesita hacer algo que no encaja en el modelo síncrono, como realizar varias acciones al mismo tiempo, es fácil combinar `await` con el uso directo de promesas.

Generadores

Esta capacidad de las funciones para pausarse y reanudarse de nuevo no es exclusiva de las funciones asíncronas. JavaScript también tiene una característica llamada funciones generadoras. Son similares, pero sin las promesas.

Cuando se define una función con `function*` (con un asterisco después de la palabra `function`), se convierte en un generador. Cuando se llama a un generador, este devuelve un iterador, que ya vimos en el capítulo 6.

```
function* powers(n) {
  for (let current = n;; current *= n) {
    yield current;
  }
}

for (let power of powers(3)) {
  if (power > 50) break;
  console.log(power);
}
// → 3
// → 9
// → 27
```

Inicialmente, cuando se llama a `powers`, la función se congela en su inicio. Cada vez que se llama a `next` en el iterador, la función se ejecuta hasta que llega a una expresión `yield`, que la pone en pausa y hace que el valor cedido se convierta en el siguiente valor producido por el iterador. Cuando la función devuelve (la del ejemplo nunca lo hace), el iterador ha terminado.

A menudo, es mucho más fácil escribir iteradores cuando se usan funciones generadoras. El iterador para la clase `Group` (del ejercicio en «Grupos iterables» en el capítulo 6) se puede escribir con este generador:

```
Group.prototype[Symbol.iterator] = function*() {
  for (let i = 0; i < this.members.length; i++) {
    yield this.members[i];
  }
};
```

Ya no es necesario crear un objeto que contenga el estado de iteración porque los generadores guardan automáticamente su estado local cada vez que ceden (`yield`).

Estas expresiones `yield` solo pueden suceder directamente en la propia función generadora y no en una función interna que se defina dentro de ella. El estado que guarda un generador, al ceder, solo es su entorno local y la posición donde ha cedido.

Una función asíncrona es un tipo especial de generador. Cuando se la llama produce una promesa, que es resuelta cuando devuelve (finaliza) y se rechaza cuando arroja una excepción. Cuando cede (espera) una promesa, el resultado de esa promesa (valor o excepción arrojada) es el resultado de la expresión `await`.

El bucle de eventos

Los programas asíncronos se ejecutan de manera fraccionada. Cada fragmento puede iniciar algunas acciones y programar código para que se ejecute cuando la acción finalice o falle. Entre estos fragmentos, el programa permanece inactivo, esperando la siguiente acción.

Así que las rellamadas no las llama directamente el código que las ha programado. Si llamo a `setTimeout` desde dentro de una función, esa función habrá vuelto cuando se llame a la función rellamada. Y cuando la rellamada vuelve, el control no retrocede hasta la función que la ha programado.

El comportamiento asíncrono tiene lugar en su propia pila vacía de llamadas a funciones. Esta es una de las razones por las que es difícil la gestión de excepciones en código asíncrono sin usar promesas. Debido a que cada llamada de retorno empieza con una pila casi vacía, sus manipuladores `catch` no estarán en la pila cuando arrojen una excepción.

```
try {
  setTimeout(() => {
    throw new Error("Woosh");
  }, 20);
} catch (_) {
  // Esto no se ejecutará
  console.log("Caught!");
}
```

Independientemente de la proximidad con la que se producen eventos como límites de tiempo de espera o peticiones entrantes, un entorno JavaScript solo ejecutará un programa a la vez. Puede considerarlo como si alrededor de su programa se ejecutara un gran bucle, llamado bucle de eventos. Cuando no hay nada que hacer, el bucle se detiene. Pero a medida que llegan los eventos se añaden a una cola, y su código se ejecuta uno tras otro. Porque no hay dos ejecutándose simultáneamente, el código de ejecución lenta podría retrasar la manipulación de otros eventos.

Este ejemplo establece un límite de tiempo de espera, pero luego se entretiene hasta después del punto del límite de tiempo de espera previsto y hace que el tiempo de espera se retrase.

```
let start = Date.now();
setTimeout(() => {
  console.log("Timeout ran at", Date.now() - start);
}, 20);
while (Date.now() < start + 50) {}
console.log("Wasted time until", Date.now() - start);
// → Wasted time until 50
// → Timeout ran at 55
```

Las promesas siempre se resuelven o rechazan como un evento nuevo. Incluso si una promesa ya está resuelta, esperarla hará que la rellamada se ejecute después de que termine el script actual, en lugar de hacerlo inmediatamente.

```
Promise.resolve("Done").then(console.log);
console.log("Me first!");
// → Me first!
// → Done
```

En los capítulos posteriores veremos otros tipos de eventos distintos que se ejecutan en el bucle de eventos.

Fallos asíncronos

Cuando su programa se ejecuta de manera síncrona, de una sola vez, no se producen cambios de estado, excepto los que realiza el propio programa. Pero en los programas asíncronos es diferente: tal vez tengan huecos en su ejecución durante los que puede ejecutarse otro código.

Veamos un ejemplo. Uno de los pasatiempos de nuestros cuervos es contar el número de polluelos que nacen en el pueblo cada año. Los nidos almacenan este recuento en sus depósitos de almacenamiento. El siguiente código intenta enumerar los recuentos procedentes de todos los nidos para un año dado:

```
function anyStorage(nest, source, name) {
  if (source == nest.name) return storage(nest, name);
  else return routeRequest(nest, source, "storage", name);
}

async function chicks(nest, year) {
  let list = "";
  await Promise.all(network(nest).map(async name => {
    list += `${name}: ${
      await anyStorage(nest, name, `chicks in ${year}`)
    }\n`;
  }));
  return list;
}
```

La parte `async name =>` muestra que las funciones de flecha también se vuelven asíncronas poniendo la palabra `async` delante de ellas.

El código no parece sospechoso de manera inmediata... mapea la función de flecha asíncrona sobre el conjunto de nidos y crea una matriz de promesas. Luego usa `Promise.all` para esperarlas a todas antes de devolver la lista que construyen.

Pero está profundamente roto. Siempre devuelve una única línea de salida y lista el nido que ha tardado más en responder.

¿Puede averiguar por qué?

El problema radica en el operador +=, que toma el valor actual de la lista en el momento en el que empieza a ejecutarse la instrucción y luego, cuando termina `await`, establece la vinculación `list` para que sea ese valor más la cadena añadida.

Pero entre el momento en que la instrucción empieza a ejecutarse y el momento en que termina hay un hueco asíncrono. La expresión `map` se ejecuta antes de que se haya añadido algo a la lista, por lo que cada uno de los operadores += comienza desde una cadena vacía y termina, cuando finaliza su recuperación de almacenamiento, estableciendo `list` como una lista de una sola línea; es el resultado de añadir su línea a la cadena vacía.

Esto podría haberse evitado fácilmente devolviendo las líneas desde las promesas mapeadas y llamando a `join` sobre el resultado de `Promise.all`, en lugar de construir la lista cambiando una vinculación. Como de costumbre, calcular valores nuevos es menos propenso a errores que cambiar valores existentes.

```
async function chicks(nest, year) {
  let lines = network(nest).map(async name => {
    return name + ": " +
      await anyStorage(nest, name, `chicks in ${year}`);
  });
  return (await Promise.all(lines)).join("\n");
}
```

Es fácil cometer errores como este, sobre todo cuando se utiliza `await`, y usted debería ser consciente de dónde se producen las lagunas en su código. Una ventaja de la asincronía explícita de JavaScript (ya sea a través de rellamadas, promesas o `await`) es que detectar estas lagunas es relativamente fácil.

Resumen

La programación asíncrona hace posible expresar la espera de acciones de larga duración sin bloquear el programa durante estas acciones.

Los entornos JavaScript suelen implementar este estilo de programación mediante rellamadas, funciones que se llaman cuando finalizan las acciones. Un bucle de eventos programa estas rellamadas para que sean llamadas cuando corresponda, una tras otra, de manera que su ejecución no se solape.

La programación asíncrona se facilita gracias a las promesas, objetos que representan acciones que podrían completarse en el futuro, y las funciones asíncronas, que permiten escribir un programa asíncrono como si fuera síncrono.

Ejercicios

Seguimiento del bisturí

Los cuervos del pueblo poseen un viejo bisturí que utilizan ocasionalmente en misiones especiales, por ejemplo, para cortar puertas de mosquitera o embalajes. Para localizarlo rápidamente, cada vez que el bisturí se traslada a otro nido, se añade una entrada al almacén tanto del nido que lo tenía como del que lo cogió, con el nombre `"bisturí"` y su nueva ubicación como valor.

Esto significa que encontrar el bisturí es cuestión de seguir el rastro de migas de pan de las entradas de almacenamiento, hasta encontrar un nido donde eso apunte al propio nido.

Escriba una función asíncrona `locateScalpel` que haga esto, comenzando en el nido en el que se ejecuta. Puede usar la función `anyStorage` definida antes para acceder al almacenamiento en nidos arbitrarios. El bisturí ha estado funcionando el tiempo suficiente como para que pueda suponer que todos los nidos tienen una entrada `"bisturí"` en su almacenamiento de datos.

A continuación, vuelva a escribir la misma función sin usar `async` y `await`.

¿Aparecen correctamente los fallos de petición como rechazos de la promesa devuelta en ambas versiones? ¿Cómo?

Construir Promise.alll

Dada una matriz de promesas, `Promise.all` devuelve una promesa que espera a que finalicen todas las promesas de la matriz. Luego termina correctamente y cede una matriz de valores resultado. Si falla una promesa de la matriz, la promesa devuelta por `all` también falla, con la razón del fallo de la promesa que ha fallado.

Implemente algo similar como una función normal llamada `Promise_all`.

Recuerde que después de que una promesa haya finalizado correctamente o fallado, es imposible volver a terminar correctamente o fallar, y las llamadas adicionales a las funciones que lo resuelven se ignoran. Esto puede simplificar la manera de manipular los fallos de la promesa.

«El evaluador, que determina el significado de expresiones en un lenguaje de programación, solo es otro programa».

— Hal Abelson y Gerald Sussman, *Structure and Interpretation of Computer Programs*

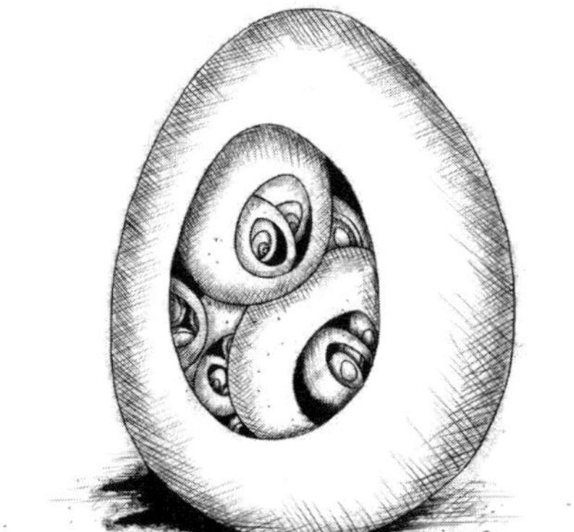

12

PROYECTO: UN LENGUAJE DE PROGRAMACIÓN

Construir un lenguaje de programación propio es sorprendentemente fácil (mientras no tenga unas expectativas muy altas) y muy enriquecedor.

Lo principal que quiero mostrar en este capítulo es que no existe ninguna magia en la construcción de su propio lenguaje. A menudo me ha parecido que algunos inventos humanos eran tan inmensamente inteligentes y complicados que nunca podría entenderlos. Pero con un poco de lectura y experimentación, se suelen convertir en bastante triviales.

Construiremos un lenguaje de programación llamado Egg. Será un lenguaje pequeño y sencillo, pero lo suficientemente potente como para expresar cualquier cálculo que pueda imaginar. Permitirá la abstracción simple basada en funciones.

Analizar

La parte más inmediatamente visible de un lenguaje de programación es su sintaxis o notación. Un analizador es un programa que lee un fragmento de texto y produce una estructura de datos que refleja la estructura del programa contenido en ese texto. Si el texto no forma un programa válido, el analizador debe señalar el error.

Nuestro lenguaje tendrá una sintaxis simple y uniforme. Todo en Egg es una expresión. Una expresión puede ser el nombre de una vinculación, un número, una cadena o una aplicación. Las aplicaciones se utilizan para llamadas a funciones, pero también para construcciones como `if` o `while`.

Para hacer que el analizador siga siendo simple, las cadenas en Egg no admiten nada como escapes de barra invertida. Una cadena es simplemente una secuencia de caracteres que no son comillas dobles, situados entre comillas dobles. Un número es una secuencia de dígitos. Los nombres de vinculación pueden consistir en cualquier carácter que no es un espacio en blanco y que no tiene un significado especial en la sintaxis.

Las aplicaciones se escriben tal como están en JavaScript, poniendo paréntesis después de una expresión y teniendo cualquier cantidad de argumentos entre esos paréntesis, separados por comas.

```
do(define(x, 10),
   if(>(x, 5),
      print("large"),
      print("small")))
```

La uniformidad del lenguaje Egg significa que los elementos que son operadores en JavaScript (como `>`) son vinculaciones normales en este lenguaje, aplicadas igual que otras funciones. Y, dado que la sintaxis no tiene el concepto de un bloque, necesitamos una construcción `do` para representar hacer varias acciones en secuencia.

La estructura de datos que usará el analizador para describir un programa consta de objetos de expresión, cada uno de los cuales tiene una propiedad `type` que indica el tipo de expresión que es y otras propiedades para describir su contenido.

Las expresiones de tipo `"valor"` representan cadenas literales o números. Su propiedad `value` contiene la cadena o el valor numérico que representan. Las expresiones de tipo `"palabra"` se utilizan para identificadores (nombres). Estos objetos tienen una propiedad `name` que contiene el nombre del identificador como una cadena. Finalmente, las expresiones `"aplicar"` representan aplicaciones. Tienen una propiedad `operator` que hace referencia a la expresión que se está aplicando, así como una propiedad `args` que contiene una matriz de expresiones de argumentos.

La parte `>(x, 5)` del programa anterior quedaría representada así:

```
{
  type: "apply",
  operator: {type: "word", name: ">"},
  args: [
    {type: "word", name: "x"},
    {type: "value", value: 5}
  ]
}
```

Una estructura de datos de este tipo se llama árbol de sintaxis. Si imagina los objetos como puntos y los enlaces entre ellos como líneas entre esos puntos, tiene forma de árbol. El hecho de que las expresiones contienen otras expresiones, que a su vez podrían contener más expresiones, es similar a la manera en que las ramas del árbol se dividen y se vuelven a dividir.

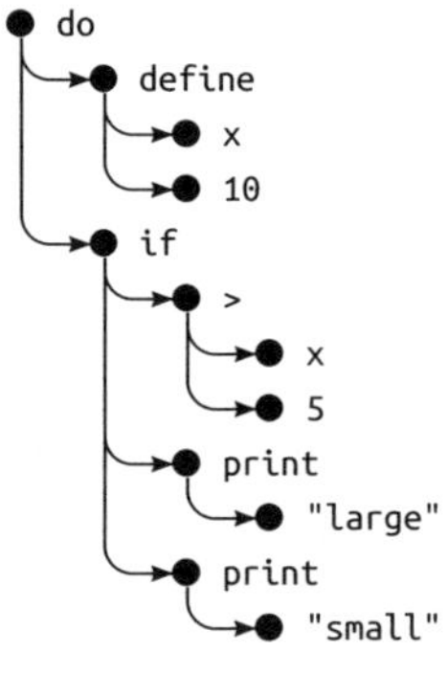

Compare esto con el analizador que escribimos para el formato del archivo de configuración en «Analizar un archivo INI» en el capítulo 9, que tenía una estructura simple: dividía la entrada en líneas y manipulaba esas líneas de una en una. Solo se permitía que una línea tuviera unas pocas formas simples.

Aquí debemos encontrar un planteamiento distinto. Las expresiones no están separadas en líneas y disponen de una estructura recursiva. Las expresiones de aplicación contienen otras expresiones.

Por suerte, este problema se resuelve muy bien escribiendo una función analizador que sea recursiva de una manera que refleje la naturaleza recursiva del lenguaje.

Definimos una función `parseExpression`, que toma una cadena como entrada y devuelve un objeto que contiene la estructura de datos para la expresión al inicio de la cadena, junto con la parte de la cadena que queda después de analizar esta expresión. Al analizar subexpresiones (el argumento para una aplicación, por ejemplo), se puede volver a llamar a esta función, cediendo la expresión del argumento, así como el texto que queda. Este texto, a su vez, puede contener más argumentos o ser el paréntesis de cierre que finaliza la lista de argumentos.

Esta es la primera parte del analizador:

```
function parseExpression(program) {
  program = skipSpace(program);
  let match, expr;
  if (match = /^"([^"]*)"/.exec(program)) {
    expr = {type: "value", value: match[1]};
  } else if (match = /^\d+\b/.exec(program)) {
    expr = {type: "value", value: Number(match[0])};
  } else if (match = /^[^\s(),#"]+/.exec(program)) {
    expr = {type: "word", name: match[0]};
  } else {
    throw new SyntaxError("Unexpected syntax: " + program);
  }

  return parseApply(expr, program.slice(match[0].length));
}

function skipSpace(string) {
  let first = string.search(/\S/);
  if (first == -1) return "";
  return string.slice(first);
}
```

Debido a que Egg, al igual que JavaScript, permite cualquier cantidad de espacios en blanco entre sus elementos, hay que cortar repetidamente los espacios en blanco del inicio de la cadena del programa. La función `skipSpace` ayuda en ese aspecto.

Después de omitir cualquier espacio inicial, `parseExpression` usa tres expresiones regulares para detectar los tres elementos atómicos que admite Egg: cadenas, números y palabras. El analizador construye un tipo diferente de estructura de datos dependiendo de cuál coincida. Si la entrada no coincide con una de estas tres formas, no es una expresión válida y el analizador arroja un error.

Usamos SyntaxError en lugar de Error como constructor de excepciones, que es otro tipo de error estándar, porque es un poco más específico; también es el tipo de error que se arroja cuando se intenta ejecutar un programa JavaScript no válido.

Luego cortamos la parte que ha coincidido de la cadena del programa y la pasamos, junto con el objeto de la expresión, a parseApply, que comprueba si la expresión es una aplicación. Si es así, analiza una lista de argumentos entre paréntesis.

```
function parseApply(expr, program) {
  program = skipSpace(program);
  if (program[0] != "(") {
    return {expr: expr, rest: program};
  }

  program = skipSpace(program.slice(1));
  expr = {type: "apply", operator: expr, args: []};
  while (program[0] != ")") {
    let arg = parseExpression(program);
    expr.args.push(arg.expr);
    program = skipSpace(arg.rest);
    if (program[0] == ",") {
      program = skipSpace(program.slice(1));
    } else if (program[0] != ")") {
      throw new SyntaxError("Expected ',' or ')'");
    }
  }
  return parseApply(expr, program.slice(1));
}
```

Si el siguiente carácter en el programa no es un paréntesis de apertura, no se trata de una aplicación y parseApply devuelve la expresión que se le ha dado.

De lo contrario, omite el paréntesis de apertura y crea el objeto árbol de sintaxis para esta expresión de aplicación. Luego llama recursivamente a parseExpression para analizar cada argumento hasta que se encuentra un paréntesis de cierre. La recursión es indirecta, mediante parseApply y parseExpression llamándose entre sí.

Como una expresión de aplicación puede aplicarse a sí misma (como en multiplier(2)(1)), parseApply debe, después de haber analizado una aplicación, llamarse a sí misma de nuevo para comprobar si le sigue otro par de paréntesis.

Esto es todo lo que necesitamos para analizar Egg. Lo envolvemos en una conveniente función parse adecuada que verifica que ha llegado al final de la cadena de entrada después de analizar la expresión (un programa Egg es una expresión única), y eso nos proporciona la estructura de datos del programa.

```
function parse(program) {
  let {expr, rest} = parseExpression(program);
  if (skipSpace(rest).length > 0) {
    throw new SyntaxError("Unexpected text after program");
  }
  return expr;
}

console.log(parse("+(a, 10)"));
```

```
// → {type: "apply",
//    operator: {type: "word", name: "+"},
//    args: [{type: "word", name: "a"},
//           {type: "value", value: 10}]}
```

¡Funciona! No nos da información muy útil cuando falla y no almacena la línea y columna en la que comienza cada expresión, lo que podría resultar útil más adelante para informar de errores, pero es lo suficientemente buena para nuestros propósitos.

El evaluador

¿Qué podemos hacer con el árbol de sintaxis para un programa? ¡Ejecutarlo, por supuesto! Y eso es lo que hace el evaluador. Si le asigna un árbol de sintaxis y un objeto de alcance que asocia nombres con valores, evaluará la expresión que representa el árbol y devolverá el valor que produce.

```
const specialForms = Object.create(null);

function evaluate(expr, scope) {
  if (expr.type == "value") {
    return expr.value;
  } else if (expr.type == "word") {
    if (expr.name in scope) {
      return scope[expr.name];
    } else {
      throw new ReferenceError(
        `Undefined binding: ${expr.name}`);
    }
  } else if (expr.type == "apply") {
    let {operator, args} = expr;
    if (operator.type == "word" &&
        operator.name in specialForms) {
      return specialForms[operator.name](expr.args, scope);
    } else {
      let op = evaluate(operator, scope);
      if (typeof op == "function") {
        return op(...args.map(arg => evaluate(arg, scope)));
      } else {
        throw new TypeError("Applying a non-function.");
      }
    }
  }
}
```

El evaluador tiene código para cada uno de los tipos de expresión. Una expresión de valor literal produce su valor (por ejemplo, la expresión `100` simplemente se evalúa para el número `100`). Para una vinculación, debemos comprobar si realmente está definido en el ámbito y, si lo está, recuperar el valor de la vinculación.

Las aplicaciones son más complejas. Si son una forma especial, como `if`, no evaluamos nada y pasamos las expresiones de argumento, junto con el ámbito, a la función que manipula esta forma. Si es una llamada normal, evaluamos el operador, verificamos que es una función y la llamamos con los argumentos evaluados.

Usamos valores de funciones simples de JavaScript para representar valores de funciones de Egg. Volveremos a hablar de este tema en el apartado «Funciones», más adelante en este mismo capítulo, cuando se defina la forma especial llamada `fun`.

La estructura recursiva de `evaluate` se parece a la estructura similar del analizador, y ambos reflejan la estructura del lenguaje. También sería posible integrar el analizador con el evaluador y evaluar durante el análisis, pero dividirlos de esta manera hace que el programa sea más claro.

En realidad, esto es todo lo que se necesita para interpretar Egg. Es así de simple. Pero sin definir algunas formas especiales y agregar algunos valores útiles al entorno, todavía no se puede hacer mucho con este lenguaje.

Formas especiales

El objeto `specialForms` se utiliza para definir una sintaxis especial en Egg. Asocia palabras con funciones que evalúan dichas formas. Actualmente está vacío. Vamos a agregar `if`.

```
specialForms.if = (args, scope) => {
  if (args.length != 3) {
    throw new SyntaxError("Wrong number of args to if");
  } else if (evaluate(args[0], scope) !== false) {
    return evaluate(args[1], scope);
  } else {
    return evaluate(args[2], scope);
  }
};
```

La construcción `if` de Egg espera exactamente tres argumentos. Evaluará el primero y, si el resultado no es el valor `false`, evaluará el segundo. De lo contrario, se evalúa el tercero. Esta forma `if` es más similar al operador ternario `?:` de JavaScript que al `if` de JavaScript. Es una expresión, no una instrucción, y produce un valor, es decir, el resultado del segundo o tercer argumento.

Egg también se diferencia de JavaScript en cómo manipula el valor de la condición para `if`. No tratará elementos como cero o la cadena vacía como falsa, solo el valor exacto `false`.

La razón por la que necesitamos representar `if` como una forma especial, en lugar de una función regular, es que todos los argumentos para funciones se evalúan antes de llamar a la función, mientras que `if` debería evaluar solo su segundo o tercer argumento, dependiendo del valor del primero.

La forma `while` es similar.

```
specialForms.while = (args, scope) => {
  if (args.length != 2) {
    throw new SyntaxError("Wrong number of args to while");
  }
  while (evaluate(args[0], scope) !== false) {
    evaluate(args[1], scope);
  }
```

```
  // Como undefined no existe in Egg, devolvemos false,
  // cuando se carece de un resultado comprensible.
  return false;
};
```

Otro bloque de construcción básico es `do`, que ejecuta todos sus argumentos desde arriba hasta abajo. Su valor es el producido por el último argumento.

```
specialForms.do = (args, scope) => {
  let value = false;
  for (let arg of args) {
    value = evaluate(arg, scope);
  }
  return value;
};
```

Para poder crear vinculaciones y darles valores nuevos, también creamos una forma llamada `define`. Espera una palabra como primer argumento y una expresión que produzca el valor para asignar a esa palabra como segundo argumento. Dado que `define`, como todo, es una expresión, debe devolver un valor. Haremos que devuelva el valor que se ha asignado (al igual que el operador = de JavaScript).

```
specialForms.define = (args, scope) => {
  if (args.length != 2 || args[0].type != "word") {
    throw new SyntaxError("Incorrect use of define");
  }
  let value = evaluate(args[1], scope);
  scope[args[0].name] = value;
  return value;
};
```

El entorno

El ámbito aceptado por `evaluate` es un objeto con propiedades cuyos nombres corresponden a nombres de vinculación y cuyos valores corresponden a los valores a los que están ligadas esas vinculaciones. Definamos un objeto para representar el ámbito global.

Para utilizar la construcción `if` que acabamos de definir, hay que tener acceso a valores booleanos. Como solo hay dos valores booleanos, no necesitamos una sintaxis especial para ellos. Simplemente vinculamos dos nombres a los valores `true` y `false`, y los usamos.

```
const topScope = Object.create(null);

topScope.true = true;
topScope.false = false;
```

Ahora Podemos evaluar una expresión simple que niega un valor booleano.

```
let prog = parse(`if(true, false, true)`);
console.log(evaluate(prog, topScope));
// → false
```

Para proporcionar operadores aritméticos y de comparación básicos, también añadiremos algunos valores de función al ámbito. Para evitar que el código sea muy extenso, usaremos `Function` para sintetizar un conjunto de funciones de operador en un bucle, en lugar de definirlas individualmente.

```
for (let op of ["+", "-", "*", "/", "==", "<", ">"]) {
  topScope[op] = Function("a, b", `return a ${op} b;`);
}
```

También es útil tener una manera de generar valores, por lo que envolveremos `console.log` en una función y la llamaremos `print`.

```
topScope.print = value => {
  console.log(value);
  return value;
};
```

Eso nos da suficientes herramientas elementales para escribir programas simples. La siguiente función proporciona una manera adecuada de analizar un programa y ejecutarlo en un ámbito nuevo:

```
function run(program) {
  return evaluate(parse(program), Object.create(topScope));
}
```

Usaremos cadenas de prototipos de objetos para representar ámbitos anidados para que el programa pueda añadir vinculaciones a su ámbito local sin cambiar el ámbito de nivel superior.

```
run(`
do(define(total, 0),
   define(count, 1),
   while(<(count, 11),
         do(define(total, +(total, count)),
            define(count, +(count, 1)))),
   print(total))
`);
// → 55
```

Este es el programa que hemos visto varias veces antes, que calcula la suma de los números del 1 al 10, expresada en Egg. Es claramente más feo que el programa JavaScript equivalente, pero no está mal para un lenguaje implementado en menos de 150 líneas de código.

Funciones

Un lenguaje de programación sin funciones es, de hecho, un lenguaje de programación pobre. Afortunadamente, no es difícil agregar una construcción `fun`, que trata a su último argumento como el cuerpo de la función y usa todos los argumentos anteriores como los nombres de los parámetros de la función.

```
specialForms.fun = (args, scope) => {
  if (!args.length) {
    throw new SyntaxError("Functions need a body");
  }
  let body = args[args.length - 1];
  let params = args.slice(0, args.length - 1).map(expr => {
    if (expr.type != "word") {
      throw new SyntaxError("Parameter names must be words");
    }
    return expr.name;
  });

  return function() {
    if (arguments.length != params.length) {
      throw new TypeError("Wrong number of arguments");
    }
    let localScope = Object.create(scope);
    for (let i = 0; i < arguments.length; i++) {
      localScope[params[i]] = arguments[i];
    }
    return evaluate(body, localScope);
  };
};
```

Las funciones en Egg obtienen su propio ámbito local. La función producida por la forma fun crea este ámbito local y le añade las vinculaciones de argumentos. Luego evalúa el cuerpo de la función en este ámbito y devuelve el resultado.

```
run(`
do(define(plusOne, fun(a, +(a, 1))),
   print(plusOne(10)))
`);
// → 11

run(`
do(define(pow, fun(base, exp,
     if(==(exp, 0),
        1,
        *(base, pow(base, -(exp, 1)))))),
   print(pow(2, 10)))
`);
// → 1024
```

Compilación

Hemos construido un intérprete. Durante la evaluación, actúa directamente sobre la representación del programa producida por el analizador.

La compilación es el proceso de añadir otro paso entre el análisis y la ejecución de un programa, que transforma el programa en algo que se puede evaluar de manera más eficiente haciendo tanto trabajo como sea posible por adelantado. Por ejemplo, en los lenguajes bien diseñados es obvio, para cada uso de una vinculación, a qué vinculación se hace referencia, sin ejecutar el programa. Esto se puede utilizar para evitar buscar la vinculación por su nombre cada vez que se accede a él, en lugar de buscarla directamente desde una ubicación de memoria predeterminada.

Tradicionalmente, la compilación implica convertir el programa a código máquina, el formato RAW (en bruto) que puede ejecutar el procesador de un ordenador. Pero cualquier proceso que convierte un programa en una representación diferente puede considerarse compilación.

Sería posible escribir una estrategia de evaluación alternativa para Egg, una que primero convierte el programa en un programa JavaScript, usa `Function` para llamar al compilador JavaScript en él y luego ejecuta el resultado. Si se hace bien, esto haría que Egg funcionara muy rápido y, al mismo tiempo, sería bastante simple de implementar.

Si está interesado en este tema y quiere dedicarle algo de tiempo, le animo a que intente implementar un compilador de este tipo como un ejercicio.

Hacer trampas

Cuando definimos `if` y `while`, probablemente se dio cuenta de que en cierto modo eran envoltorios triviales alrededor de los propios `if` y `while` de JavaScript. De forma similar, los valores en Egg solo son valores normales del antiguo JavaScript.

Si compara la implementación de Egg, construida sobre JavaScript, con la cantidad de trabajo y complejidad requeridas para construir un lenguaje de programación directamente sobre la funcionalidad bruta proporcionada por una máquina, la diferencia es enorme. En cualquier caso, lo ideal es que este ejemplo le dé una impresión de cómo funcionan los lenguajes de programación. Y cuando se trata de conseguir que se haga algo, hacer trampas es más eficaz que hacerlo todo usted mismo. Aunque el lenguaje de juguete de este capítulo no hace nada que no pueda hacerse mejor en JavaScript, hay situaciones en las que escribir lenguajes pequeños ayuda a realizar el trabajo real.

Un lenguaje de este tipo no tiene por qué parecerse a un lenguaje de programación típico. Si JavaScript no viniera equipado con expresiones regulares, por ejemplo, podría escribir su propio analizador y evaluador de expresiones regulares.

O imagine que está construyendo un dinosaurio robótico gigante y necesita programar su comportamiento (*behavior* en inglés). Podría resultar que JavaScript no es la forma más eficaz de hacerlo. En su lugar, tendría la posibilidad de optar por un lenguaje que se parece a esto:

```
behavior walk
  perform when
    destination ahead
  actions
    move left-foot
    move right-foot

behavior attack
  perform when
    Godzilla in-view
  actions
    fire laser-eyes
    launch arm-rockets
```

Esto es lo que suele llamarse un lenguaje específico de un dominio, un lenguaje hecho a medida para expresar un dominio estrecho de conocimiento. Un lenguaje de este tipo resulta más expresivo que un lenguaje de propósito general porque está diseñado para describir exactamente los elementos que hay que describir en su dominio, y nada más.

Ejercicios

Matrices

Añada soporte para matrices a Egg mediante la inclusión de las tres funciones siguientes al ámbito superior: `array(...values)` para construir una matriz que contenga los valores del argumento, `length(array)` para obtener la longitud de una matriz y `element(array, n)` para obtener el enésimo elemento de una matriz.

Cierre

La manera en que hemos definido `fun` posibilita que las funciones en Egg hagan referencia al ámbito circundante, permitiendo al cuerpo de la función usar valores locales que eran visibles en el momento en que la función fue definida, tal y como hacen las funciones JavaScript.

El siguiente programa ilustra este fenómeno: la función `f` devuelve una función que añade su argumento al argumento de `f`, lo que significa que necesita acceso al ámbito local dentro de `f` para poder usar la vinculación `a`.

```
run(`
do(define(f, fun(a, fun(b, +(a, b)))),
   print(f(4)(5)))
`);
// → 9
```

Vuelva a la definición de la forma `fun` y explique qué mecanismo hace que funcione.

Comentarios

Estaría bien que existiera la opción de escribir comentarios en Egg. Por ejemplo, siempre que encontremos un signo de almohadilla (`#`), podríamos tratar el resto de la línea como un comentario e ignorarlo, de manera similar a `//` en JavaScript.

No tenemos que hacer grandes cambios en el analizador para soportar esto. Simplemente cambiamos `skipSpace` para que omita los comentarios como si fueran espacios en blanco, de forma que todos los puntos en los que se llame a `skipSpace` ahora también omitirán los comentarios. Haga este cambio.

Fijar el alcance

Actualmente, la única manera de asignar un valor a una vinculación es `define`. Esta construcción sirve tanto para definir vinculaciones nuevas como para asignar un valor nuevo a las ya existentes.

Esta ambigüedad causa un problema. Cuando se intenta dar un valor nuevo a una vinculación no local, en vez de eso se acaba definiendo una local con el mismo nombre. Algunos lenguajes funcionan así por diseño, pero siempre me ha parecido una forma incómoda de manipular el ámbito.

Añada un conjunto de formas especial, similar a `define`, que dé un valor nuevo a una vinculación, actualizando la vinculación en un ámbito externo si no existe ya en el interno. Si la vinculación no está definida, arroja un `ReferenceError` (otro tipo de error estándar).

La técnica de representar ámbitos como objetos simples, que ha sido conveniente hasta ahora, se interpondrá un poco en su camino en este punto. Quizás quiera usar la función `Object.getPrototypeOf`, que devuelve el prototipo de un objeto. Recuerde también que los ámbitos no derivan de `Object.prototype`, así que, para llamar a `hasOwnProperty` en ellos, tendrá que usar esta expresión tosca:

```
Object.prototype.hasOwnProperty.call(scope, name);
```

PARTE II

NAVEGADOR

«El sueño detrás de la web es un espacio común de información donde nos comuniquemos compartiendo información. Su universalidad es fundamental: un vínculo de hipertexto puede apuntar a cualquier cosa, ser personal, local o global, estar en borrador o muy perfeccionado».

— Tim Berners-Lee,
The World Wide Web: A very short personal history

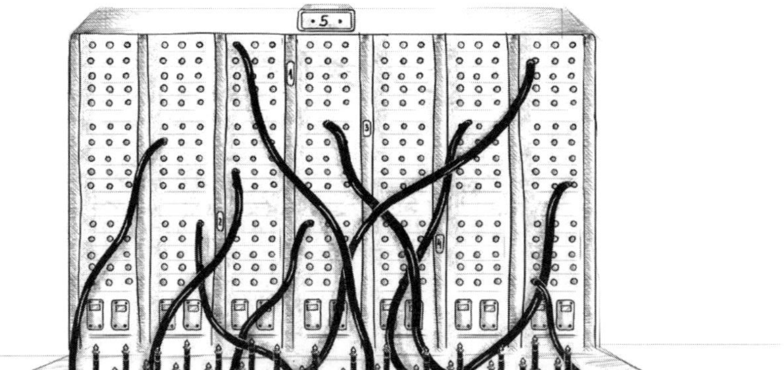

13

JAVASCRIPT Y EL NAVEGADOR

En los siguientes capítulos de este libro hablaremos de los navegadores web. Sin ellos, JavaScript no existiría. O, aunque existiera, nadie le habría prestado atención nunca.

La tecnología web ha estado descentralizada desde el principio, no solo desde el punto de vista técnico, sino también en su manera de evolucionar. Los distintos proveedores de navegadores han añadido funcionalidades nuevas para fines determinados y de maneras a veces poco meditadas que, en ocasiones, han terminado siendo adoptadas por otros y, finalmente, establecidas como estándares.

Esto es una bendición y una maldición. Por un lado, es una ventaja no tener una parte central que controla un sistema, sino que es mejorado por varias partes que colaboran de manera dispersa (o, a veces, en abierta hostilidad). Por otro lado, la manera caótica en que se ha desarrollado la web hace que el sistema resultante no sea precisamente un brillante ejemplo de consistencia interna. Algunas partes son realmente confusas y están mal diseñadas.

Redes e internet

Las redes informáticas existen desde los años cincuenta. Si ponemos cables entre dos o más ordenadores y les permitimos enviar datos de un lado a otro a través de esos cables, se pueden hacer todo tipo de cosas maravillosas.

Y si conectar dos máquinas en el mismo edificio nos permite hacer cosas maravillosas, conectar máquinas en todo el planeta debería ser aún mejor. La tecnología para empezar a poner en práctica esta visión se desarrolló en la década de 1980, y la red resultante se llama Internet. Ha cumplido su promesa.

Un ordenador puede utilizar esta red para disparar bits a otro ordenador. Para obtener comunicación eficaz de este disparo de bits, los ordenadores de ambos extremos deben saber qué se supone que representan los bits. El significado de cualquier secuencia de bits dada depende totalmente del tipo de elemento que se intenta expresar y del mecanismo de codificación utilizado.

Un protocolo de red describe un estilo de comunicación a través de una red. Hay protocolos para enviar y recibir correo electrónico, para compartir archivos e incluso para controlar ordenadores infectados por software malicioso.

Por ejemplo, el Protocolo de Transferencia de Hipertexto (HTTP, *HyperText Transfer Protocol*) se utiliza para recuperar recursos con nombre (trozos de información, como páginas web o imágenes). Especifica que la parte que hace la petición debería empezar con una línea como esta, nombrando el recurso y la versión del protocolo que está intentando utilizar:

```
GET /index.html HTTP/1.1
```

Hay muchas más reglas sobre la forma en que el solicitante puede incluir más información en la petición y la forma en que la otra parte, que devuelve el recurso, empaqueta su contenido. Veremos HTTP de manera un poco más detallada en el capítulo 18.

La mayoría de los protocolos se construyen sobre otros protocolos. HTTP trata la red como un dispositivo similar a un flujo en el que se pueden poner bits y hacer que lleguen al destino correcto en el orden correcto. Como vimos en el capítulo 11, asegurar eso ya es un problema bastante difícil.

El Protocolo de Control de Transmisión (TCP, *Transmision Control Protocol*) es un protocolo que aborda este problema. Todos los dispositivos conectados a Internet lo «hablan» y la mayor parte de la comunicación en Internet se ha construido basándose en él.

Una conexión TCP funciona de la siguiente manera: un ordenador debe estar esperando, o escuchando, a otros ordenadores para que empiecen a hablarle. Para poder escuchar diferentes tipos de comunicación al mismo tiempo en una sola máquina, cada oyente tiene un número (llamado puerto) asociado. La mayoría de los protocolos especifican qué puerto debería utilizarse de manera predeterminada. Por ejemplo, cuando queremos enviar un correo electrónico utilizando el protocolo SMTP, se espera que la máquina a través de la que lo enviamos esté escuchando en el puerto 25.

Entonces, otro ordenador puede establecer una conexión conectándose a la máquina de destino utilizando el número de puerto correcto. Si se puede llegar a la máquina de destino y está escuchando en ese puerto, la conexión se crea correctamente. El ordenador que escucha se llama servidor y el que se conecta se llama cliente.

Una conexión de este tipo actúa como un conducto bidireccional a través del cual fluyen bits: las máquinas de ambos extremos pueden introducir datos en él. Una vez que los bits se han transmitido correctamente, la máquina del otro lado es capaz de volver a leerlos. Es un modelo práctico. Se podría decir que TCP proporciona una abstracción de la red.

La web

La World Wide Web (no confundir con Internet en su conjunto) es un conjunto de protocolos y formatos que nos permiten visitar páginas web en un navegador. La parte «Web» del nombre se refiere al hecho de que esas páginas se enlazan fácilmente entre sí y, por consiguiente, se conectan en una enorme malla por la que se mueven los usuarios.

Para formar parte de la web, solo tiene que conectar una máquina a Internet y hacer que escuche en el puerto 80 con el protocolo HTTP para que otros ordenadores puedan pedirle documentos.

Cada documento de la web es nombrado por un Localizador Uniforme de Recursos (URL, *Uniform Resource Locator*), que se parece a esto:

```
  http://eloquentjavascript.net/13_browser.html
 |      |                     |               |
 protocolo       servidor             ruta
```

La primera parte nos dice que esta URL usa el protocolo HTTP (en lugar de HTTP cifrado, por ejemplo, que sería `https://`). Luego viene la parte que identifica a qué servidor estamos pidiendo el documento. La última es una cadena de ruta que identifica el documento (o fuente) específico en el que estamos interesados.

Las máquinas conectadas a Internet obtienen una dirección IP, un número que se puede usar para enviar mensajes a esa máquina y se parece a `149.210.142.219` o `2001:4860:4860:8888`. Pero las listas de números más o menos aleatorios son difíciles de recordar e incómodas de escribir, así que en lugar de eso puede registrar un nombre de dominio para una dirección específica o conjunto de direcciones. Yo registré el nombre de dominio `eloquentjavascript.net` para apuntar a la dirección IP de una máquina que controlo y, por lo tanto, puedo usar ese nombre para ser servidor de páginas web.

Si escribe esta URL en la barra de direcciones de su navegador, este intentará recuperar y mostrar el documento en esa URL. Primero, su navegador tiene que averiguar a qué dirección se refiere `eloquentjavascript.net`. A continuación, usando el protocolo HTTP, establecerá una conexión con el servidor de esa dirección y solicitará el recurso `/13_browser.html`. Si todo va bien, el servidor devuelve un documento que luego el navegador muestra en la pantalla.

HTML

HTML significa *Hypertext Markup Language* (Lenguaje de Marcado de Hipertexto) y es el formato de documento utilizado para las páginas web. Un documento HTML contiene texto, así como etiquetas que estructuran el texto y describen elementos como enlaces, párrafos y títulos.

Un documento HTML corto podría parecerse a esto:

```
<!doctype html>
<html>
  <head>
    <meta charset="utf-8">
```

```
    <title>My home page</title>
  </head>
  <body>
    <h1>My home page</h1>
    <p>Hello, I am Marijn and this is my home page.</p>
    <p>I also wrote a book! Read it
      <a href="http://eloquentjavascript.net">here</a>.</p>
  </body>
</html>
```

Un documento de este tipo tendría este aspecto en el navegador:

Las etiquetas, colocadas entre corchetes angulares (< y >, los símbolos de menor y mayor que), proporcionan información sobre la estructura del documento. El otro texto solo es texto sin formato.

El documento empieza con <!doctype html>, que le dice al navegador que interprete la página como HTML moderno, en lugar de los diversos dialectos que se usaban en el pasado.

Los documentos HTML tienen un encabezado y un cuerpo. El encabezado incluye información sobre el documento, y el documento contiene el cuerpo. En este caso, el encabezado declara que el título de este documento es «My home page» y que usa la codificación UTF-8, que es una manera de codificar texto Unicode como datos binarios. El cuerpo del documento contiene un encabezado (<h1>, que significa «heading 1», encabezado 1 en español, de <h2> a <h6> genera subencabezados) y dos párrafos (<p>).

Las etiquetas se presentan de varias maneras. Un elemento (como el cuerpo, un párrafo o un enlace) empieza con una etiqueta de apertura como <p> y termina con una etiqueta como </p>. Algunas etiquetas de apertura, como la que aparece para el enlace (<a>), contienen información adicional bajo la forma de pares name="value", y se llaman atributos. En este caso, el destino del enlace se indica con href="http://eloquentjavascript.net", donde href significa '*hypertext reference*' ('referencia de hipertexto').

Algunos tipos de etiquetas no contienen nada y, por lo tanto, no es necesario cerrarlas. La etiqueta de metadatos <meta charset="utf-8"> es un ejemplo de esto.

Para incluir corchetes angulares en el texto de un documento, aunque tengan un significado especial en HTML, hay que introducir otra forma de notación especial. Un paréntesis angular de apertura normal se escribe < («*less than*», 'menor que' en español), y un corchete de cierre se escribe como > («*greater than*», 'mayor que' en español). En HTML, un carácter et (&) seguido de un nombre o código de carácter y un punto y coma (;) se denomina «entidad» y será sustituido por el carácter que codifica.

Esto es análogo a la manera en que se utilizan las barras invertidas en las cadenas de JavaScript. Dado que este mecanismo también confiere un significado especial a los caracteres et, es necesario expresarlos como `&`. Dentro de los valores de los atributos, que van rodeados por comillas dobles, se puede usar `"` para insertar un carácter de comilla real.

HTML se analiza de una manera notablemente tolerante a los errores. Cuando faltan etiquetas que deberían estar ahí, el navegador las reconstruye. La manera de hacerlo se ha estandarizado, y puede confiar en que todos los navegadores modernos lo hacen de la misma forma.

El siguiente documento se tratará igual que el que hemos visto antes:

```
<!doctype html>

<meta charset=utf-8>
<title>My home page</title>

<h1>My home page</h1>
<p>Hello, I am Marijn and this is my home page.
<p>I also wrote a book! Read it
  <a href=http://eloquentjavascript.net>here</a>.
```

Las etiquetas `<html>`, `<head>` y `<body>` han desaparecido por completo. El navegador sabe que `<meta>` y `<title>` pertenecen al encabezado y que `<h1>` significa que el cuerpo ha empezado. Además, ya no cierro los párrafos explícitamente porque, al abrir un párrafo nuevo o finalizar el documento, se cerrarán implícitamente. Las comillas alrededor de los valores de los atributos también han desaparecido.

Este libro normalmente omitirá las etiquetas `<html>`, `<head>` y `<body>` de los ejemplos para que sean cortos y evitar que estén abarrotados. Pero cerraré las etiquetas e incluiré comillas alrededor de los atributos.

También suelo omitir la declaración de doctype (declaración de tipo de documento) y `charset`. No debe considerar esta afirmación como un estímulo para omitirlas en los documentos HTML. A menudo, los navegadores hacen cosas ridículas cuando las olvida. Debería considerar que los metadatos doctype y `charset` están implícitamente presentes en los ejemplos, incluso cuando no se muestran en el texto.

HTML y JavaScript

En el contexto de este libro, la etiqueta HTML más importante es `<script>`. Esta nos permite incluir una parte de JavaScript en un documento.

```
<h1>Testing alert</h1>
<script>alert("hello!");</script>
```

Un script como este se ejecutará en cuanto se encuentre la etiqueta `<script>` mientras el navegador lee el HTML. Esta página desplegará un cuadro de diálogo cuando se abra: la función `alert` se parece a `prompt` en que abre una ventana pequeña, pero solo muestra un mensaje sin pedir la introducción de información.

Incluir programas grandes directamente en documentos HTML suele ser poco práctico. A la etiqueta `<script>` se le puede dar un atributo `src` para obtener un archivo de script (un archivo de texto que contiene un programa JavaScript) de una URL.

```
<h1>Testing alert</h1>
<script src="code/hello.js"></script>
```

El archivo `code/hello.js` incluido aquí contiene el mismo programa: `alert("hello!")`. Cuando una página HTML hace referencia a otras URL como parte de sí misma (por ejemplo, un archivo de imagen o un script), los navegadores web las recuperarán de inmediato y las incluirán en la página.

Una etiqueta de script siempre debe cerrarse con `</script>`, incluso si hace referencia a un archivo de script y no contiene código. Si olvida hacerlo, el resto de la página se interpretará como parte del script.

Puede cargar módulos ES (consulte «Módulos ECMAScript» en el capítulo 10) en el navegador dándole a su etiqueta script un atributo `type="module"`. Este tipo de módulos pueden depender de otros módulos usando URL relativas a ellos mismos como nombres de módulo en declaraciones `import`.

Algunos atributos también pueden contener un programa JavaScript. La etiqueta `<button>` que se muestra a continuación (que aparece como un botón) tiene un atributo `onclick`. El valor del atributo se ejecutará cuando se haga clic en el botón.

```
<button onclick="alert('Boom!');">DO NOT PRESS</button>
```

Observe que he tenido que usar comillas simples para la cadena en el atributo `onclick` porque las comillas dobles ya se han empleado para indicar todo el atributo. También podría haber usado `"`.

En el entorno de pruebas

Ejecutar programas descargados de Internet es potencialmente peligroso. No contamos con mucha información sobre las personas que están detrás de la mayoría de los sitios que visitamos, y no necesariamente tienen buenas intenciones. Ejecutar programas de personas que no tienen buenas intenciones puede hacer que el ordenador se infecte con virus, nos roben los datos y pirateen nuestras cuentas.

Sin embargo, lo atractivo de la web es que es posible navegar por ella sin confiar necesariamente en todas las páginas que se visitan. Por eso, los navegadores limitan mucho lo que puede hacer un programa JavaScript: no puede observar los archivos de su ordenador ni modificar nada que no esté relacionado con la página web en la que se ha incrustado.

Aislar un entorno de programación de esta manera se denomina «*sandboxing*» o entorno de pruebas: la idea es que el programa se reproduzca de manera inofensiva en un entorno de pruebas. Pero debería imaginar este tipo específico de entorno de pruebas como si estuviera dentro de una jaula de barras de acero gruesas para que los programas que se reproducen dentro no puedan salir.

La parte difícil del entorno de pruebas es permitir que los programas tengan suficiente espacio para ser útiles y, al mismo tiempo, restringirlos para que no hagan nada peligroso. Muchas funciones útiles, como la comunicación con otros servidores o la lectura del contenido del portapapeles de copiar y pegar, también se pueden utilizar para realizar acciones problemáticas que invaden la privacidad.

De vez en cuando, a alguien se le ocurre una manera nueva de sortear las limitaciones de un navegador y hacer algo dañino, desde filtrar información privada de poca importancia hasta apoderarse de toda la máquina donde se ejecuta el navegador. Los desarrolladores del navegador responden corrigiendo el fallo y todo vuelve a ir bien, hasta que se descubre el siguiente problema y, con suerte, se hace público en lugar de ser aprovechado en secreto por alguna agencia gubernamental o mafia.

Compatibilidad y la guerra de los navegadores

En los inicios de la web, un navegador llamado Mosaic dominaba el mercado. Al cabo de unos años, la balanza se inclinó hacia Netscape que, a su vez, fue suplantado en gran medida por Internet Explorer de Microsoft. Siempre que un navegador dominaba el mercado, su fabricante se sentía con derecho a inventar unilateralmente funciones nuevas para la web. Como la mayoría de los usuarios usaban el navegador más popular, los sitios web simplemente empezaban a utilizar esas funciones, sin tener en cuenta los otros navegadores.

Fue la época oscura de la compatibilidad, a menudo llamada «guerra de los navegadores». Los desarrolladores web no tenían una web unificada, sino dos o tres plataformas incompatibles. Para empeorar las cosas, todos los navegadores que se usaban en 2003 estaban llenos de fallos y, por supuesto, los fallos eran diferentes en cada uno. La vida era dura para los que escribían páginas web.

Mozilla Firefox, un derivado sin ánimo de lucro de Netscape, desafió la posición de Internet Explorer a finales de la década de los 2000. Como en aquel momento Microsoft no estaba especialmente interesada en seguir siendo competitiva, Firefox le arrebató mucha cuota de mercado. Al mismo tiempo, Google presentó su navegador Chrome y el navegador Safari de Apple ganó popularidad, dando lugar a una situación en la que había cuatro actores principales, en lugar de uno.

Los actores nuevos tenían una actitud más seria hacia los estándares y mejores prácticas de ingeniería, lo que nos proporcionó menos incompatibilidad y menos errores. Microsoft, al ver que su cuota de mercado se desmoronaba, cedió y adoptó estas actitudes en su navegador Edge, que sustituye a Internet Explorer. Si está empezando a aprender desarrollo web en la actualidad, considérese afortunado. Las últimas versiones de los navegadores principales se comportan de manera bastante uniforme y tienen relativamente pocos bugs.

«¡Tanto peor! ¡Otra vez la vieja historia! Cuando uno ha acabado de construir su casa advierte que, mientras la edificaba, ha aprendido, sin darse cuenta, algo que tendría que haber sabido absolutamente antes de comenzar a construir».

— Friedrich Nietzsche,
Más allá del bien y del mal

14

EL MODELO DE OBJETOS DEL DOCUMENTO

Cuando abre una página web en su navegador, el navegador recupera el texto HTML de la página y lo analiza, de manera muy similar a cómo nuestro analizador del capítulo 12 lo hacía con los programas. El navegador construye un modelo de la estructura del documento y lo usa para dibujar la página en la pantalla.

Esta representación del documento es uno de los juguetes que un programa JavaScript tiene disponible en su entorno de pruebas. Es una estructura de datos que puede leer o modificar. Actúa como una estructura de datos en tiempo real: cuando se modifica, la página en la pantalla se actualiza para reflejar los cambios.

Estructura del documento

Un documento HTML se podría considerar como un conjunto de bloques anidados. Etiquetas como `<body>` y `<body>` contienen otras etiquetas, que a su vez contienen otras etiquetas o texto. Aquí debajo vemos el ejemplo del capítulo anterior:

```
<!doctype html>
<html>
  <head>
    <title>My home page</title>
  </head>
  <body>
    <h1>My home page</h1>
    <p>Hello, I am Marijn and this is my home page.</p>
    <p>I also wrote a book! Read it
      <a href="http://eloquentjavascript.net">here</a>.</p>
  </body>
</html>
```

Esta página tiene la siguiente estructura:

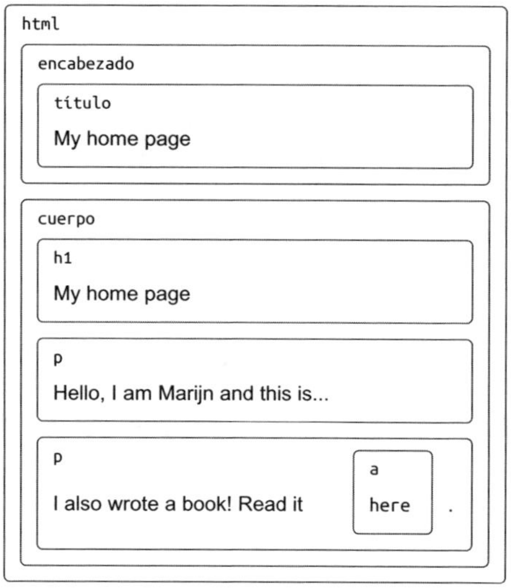

La estructura de datos que sigue el navegador para representar el documento tiene esta forma. Para cada bloque hay un objeto, con el que podemos interactuar para hacer averiguaciones como qué etiqueta HTML representa y qué bloques y texto contiene. Esta representación se denomina Modelo de Objetos del Documento (DOM, *Document Object Model*). La vinculación global `document` nos da acceso a estos objetos. Su propiedad `documentElement` hace referencia al objeto que representa la etiqueta `<html>`. Como todo documento HTML posee un encabezado y un cuerpo, también tiene propiedades `head` y `body`, que apuntan a esos elementos.

Árboles

Piense por un momento en los árboles de sintaxis del apartado «Analizar» en el capítulo 12. Sus estructuras son sorprendentemente similares a la estructura de un documento del navegador. Cada nodo puede referirse a otros nodos, hijos, que a su vez pueden tener sus propios hijos. Esta forma es típica de las estructuras anidadas donde los elementos pueden contener subelementos similares a sí mismos.

Llamamos árbol a una estructura de datos cuando su estructura es ramificada, no tiene ciclos (un nodo no puede contenerse a sí mismo, de manera directa o indirecta) y cuenta con una raíz única y bien definida. En el caso del DOM, `document.documentElement` sirve como raíz.

Los árboles se utilizan mucho en informática. Además de representar estructuras recursivas como documentos HTML o programas, se usan a menudo para mantener conjuntos ordenados de datos porque habitualmente los elementos se encuentran o insertan de manera más eficiente en un árbol que en una matriz plana.

Un árbol típico está formado por distintos tipos de nodos. El árbol sintáctico del lenguaje Egg tenía identificadores, valores y nodos de aplicación. Los nodos de aplicación pueden tener hijos, mientras que los identificadores y valores son hojas, o nodos sin hijos.

Lo mismo ocurre con el DOM. Los nodos para elementos, que representan etiquetas HTML, determinan la estructura del documento. Pueden tener nodos hijos. Un ejemplo de un nodo de este tipo es `document.body`. Algunos de estos hijos pueden ser nodos hoja, como trozos de texto o nodos de comentario. Cada objeto nodo DOM tiene una propiedad `nodeType`, que contiene un código (número) que identifica el tipo de nodo. Los elementos tienen el código 1, que también se define como la propiedad constante `Node.ELEMENT_NODE`. Los nodos de texto, que representan una sección de texto en el documento, tienen el código 3 (`Node.TEXT_NODE`). Los comentarios tienen el código 8 (`Node.COMMENT_NODE`).

Otra forma de visualizar nuestro árbol de documento es la siguiente:

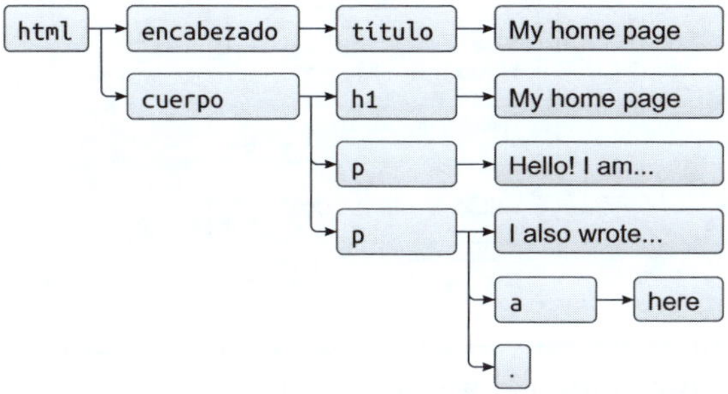

Las hojas son nodos de texto y las flechas indican relaciones padre-hijo entre nodos.

El estándar

Usar códigos numéricos crípticos para representar tipos de nodo no es muy propio de JavaScript. Más adelante en este capítulo veremos que otras partes de la interfaz DOM también parecen complejas y ajenas. La razón es que el DOM no estaba diseñado solo para JavaScript. En vez de eso, intenta ser una interfaz neutral del lenguaje que también se puede usar en otros sistemas, no solo para HTML, sino también para XML, que es un formato de datos genérico con una sintaxis parecida a HTML.

Esto es lamentable. Muchas veces los estándares son útiles, pero en este caso la ventaja (consistencia de lenguaje cruzado) no es tan atractiva. Disponer de una interfaz correctamente integrada con el lenguaje que está usando le ahorrará más tiempo que tener una interfaz familiar en los lenguajes.

Como ejemplo de esta integración deficiente, consideremos la propiedad `childNodes` de los nodos de los elementos en el DOM. Esta propiedad contiene un objeto similar a una matriz, con una propiedad `length` y propiedades etiquetadas con números para acceder a los nodos hijos. Pero es una instancia del tipo `NodeList`, no una matriz real, por lo que no tiene métodos como `slice` y `map`.

Hay problemas que son simplemente un diseño malo. Por ejemplo, no hay ninguna manera de crear un nodo nuevo y añadirle inmediatamente hijos o atributos. En su lugar, primero hay que crearlo y luego añadir los hijos y atributos uno a uno, utilizando efectos secundarios. El código que interactúa mucho con el DOM tiende a ser largo, repetitivo y feo. Pero estos defectos no son fatales. Como JavaScript nos permite crear nuestras propias abstracciones, es posible diseñar maneras mejoradas de expresar las operaciones que está realizando. Muchas bibliotecas destinadas a la programación de navegadores vienen con este tipo de herramientas.

Desplazamiento por el árbol

Los nodos DOM contienen muchos enlaces a otros nodos cercanos. Esta afirmación aparece representada en el siguiente diagrama:

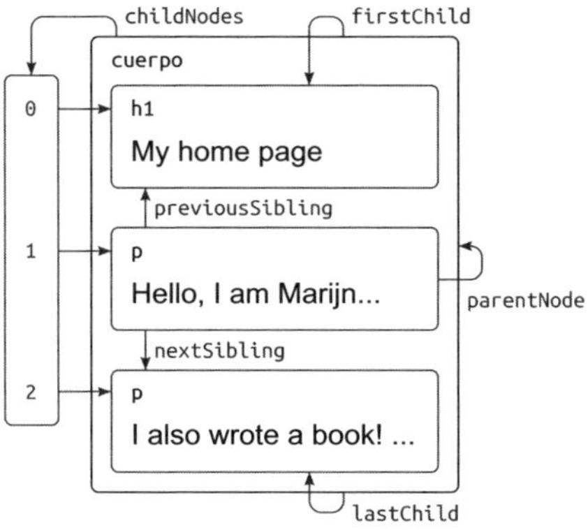

Aunque el diagrama solo muestra un enlace de cada tipo, cada nodo tiene una propiedad `parentNode` que apunta al nodo del que forma parte, si existe. Asimismo, cada nodo elemento (nodo tipo 1) tiene una propiedad `childNodes` que apunta a un objeto tipo matriz que contiene sus hijos. En teoría, podría desplazarse a cualquier parte del árbol usando solo estos enlaces padre e hijo. Pero JavaScript también permite acceder a una serie de enlaces adicionales adecuados. Las propiedades `firstChild` y `lastChild` apuntan al primer y último elemento hijo o tienen el valor `null` para los nodos sin hijos. Del mismo modo, `previousSibling` y `nextSibling` apuntan a nodos adyacentes, que son nodos con el mismo padre que aparecen inmediatamente antes o después del propio nodo. Para un primer hijo, `previousSibling` será `null`; y para un último hijo, `nextSibling` será `null`.

También está la propiedad `children`, que es como `childNodes`, pero solo contiene elementos hijos (tipo 1), no otros tipos de nodos hijos. Esto puede ser útil cuando no está interesado en nodos de texto.

Cuando se trabaja con una estructura de datos anidada como esta, las funciones recursivas suelen ser útiles. La siguiente función explora un documento en busca de nodos de texto que contengan una cadena dada y devuelve `true` cuando ha encontrado uno:

```
function talksAbout(node, string) {
  if (node.nodeType == Node.ELEMENT_NODE) {
    for (let i = 0; i < node.childNodes.length; i++) {
      if (talksAbout(node.childNodes[i], string)) {
        return true;
      }
    }
    return false;
  } else if (node.nodeType == Node.TEXT_NODE) {
    return node.nodeValue.indexOf(string) > -1;
  }
}

console.log(talksAbout(document.body, "book"));
// → true
```

Como `childNodes` no es una matriz real, no podemos hacer un bucle sobre ella con `for/of` y hay que saltarse el rango del índice usando un bucle `for` normal o `Array.from`. La propiedad `nodeValue` de un nodo de texto contiene la cadena de texto que representa.

Encontrar elementos

Navegar por estos enlaces entre padres, hijos y hermanos suele ser útil. Pero para encontrar un nodo específico en el documento, no es recomendable llegar a él empezando por `document.body` y siguiendo una ruta fija de propiedades. Si lo hacemos así, nuestro programa tendrá que hacer suposiciones sobre la estructura específica del documento, y podríamos querer cambiarla más adelante. Otro factor que complica las cosas es que los nodos de texto se crean incluso para el espacio en blanco entre nodos. La etiqueta `<body>` del documento de ejemplo no tiene solo tres hijos (`<h1>` y dos elementos `<p>`), sino siete: esos tres, más los espacios antes, después y entre ellos.

Para obtener el atributo `href` del enlace en ese documento, no queremos decir algo como «Obtener el segundo hijo del sexto hijo del cuerpo del documento». Sería mejor si pudiéramos decir «Obtener el primer enlace en el documento». Y podemos.

```
let link = document.body.getElementsByTagName("a")[0];
console.log(link.href);
```

Todos los nodos de elementos tienen un método `getElementsByTagName`, que recoge todos los elementos con el nombre de etiqueta dado que son descendientes (hijos directos o indirectos) de ese nodo y los devuelve como un objeto tipo matriz. Para encontrar un nodo individual, puede darle un atributo `id` y usar `document.getElementById` en su lugar.

```
<p>My ostrich Gertrude:</p>
<p><img id="gertrude" src="img/ostrich.png"></p>

<script>
  let ostrich = document.getElementById("gertrude");
  console.log(ostrich.src);
</script>
```

Un tercer método similar es `getElementsByClassName`, que, al igual que `getElementsByTagName`, busca en el contenido de un nodo de elementos y recupera todos los elementos que tienen la cadena dada en su atributo `class`.

Cambiar el documento

Se pueden cambiar casi todas las propiedades de la estructura de datos DOM. La forma del árbol del documento se modifica con la variación de las relaciones padre-hijo. Los nodos tienen un método `remove` para quitarlos de su nodo padre actual. Para añadir un nodo hijo a un nodo elemento, podemos usar `appendChild`, que lo coloca al final de la lista de hijos, o `insertBefore`, que inserta el nodo dado como primer argumento antes del nodo dado como segundo argumento.

```
<p>One</p>
<p>Two</p>
<p>Three</p>
```

```
<script>
  let paragraphs = document.body.getElementsByTagName("p");
  document.body.insertBefore(paragraphs[2], paragraphs[0]);
</script>
```

Un nodo solo puede existir en un lugar del documento. Así, insertar el párrafo «Tres» delante del párrafo «Uno» primero lo eliminará del final del documento y luego lo insertará delante, lo que da como resultado «Tres/Uno/Dos». Todas las operaciones que insertan un nodo en algún lugar provocarán, como efecto secundario, que se elimine de su posición actual (si la tiene).

El método `replaceChild` se utiliza para reemplazar un nodo hijo por otro. Toma como argumentos dos nodos: un nodo y el nuevo nodo para reemplazar. El nodo reemplazado debe ser un hijo del elemento sobre el que se llama al método. Tenga en cuenta que `replaceChild` e `insertBefore` esperan el nodo nuevo como su primer argumento.

Crear nodos

Supongamos que queremos escribir un script que sustituye todas las imágenes (etiquetas `<img>`) del documento por el texto contenido en sus atributos `alt`, que especifica una representación textual alternativa de la imagen.

Esto no solo implica quitar las imágenes, sino añadir un nodo de texto nuevo para reemplazarlas. Los nodos de texto se crean con el método `document.createTextNode`.

```
<p>The <img src="img/cat.png" alt="Cat"> in the
  <img src="img/hat.png" alt="Hat">.</p>

<p><button onclick="replaceImages()">Replace</button></p>

<script>
  function replaceImages() {
    let images = document.body.getElementsByTagName("img");
    for (let i = images.length - 1; i >= 0; i--) {
      let image = images[i];
      if (image.alt) {
        let text = document.createTextNode(image.alt);
        image.parentNode.replaceChild(text, image);
      }
    }
  }
</script>
```

Dada una cadena, `createTextNode` nos da un nodo de texto que podemos insertar en el documento para que aparezca en pantalla.

El bucle que recorre las imágenes empieza al final de la lista. Esto es necesario porque la lista de nodos devuelta por `getElementsByTagName` (o una propiedad como `childNodes`) está «viva», es decir, se actualiza a medida que cambia el documento. Si empezáramos por el principio, quitar la primera imagen haría que la lista perdiera su primer elemento, de modo que la segunda vez el bucle se repita; donde `i` es 1, se detendría porque la longitud de la colección ahora también es 1. Si quiere una colección de nodos sólida, en lugar de una viva, convierta la colección en una matriz real llamando a `Array.from`.

```
let arrayish = {0: "one", 1: "two", length: 2};
let array = Array.from(arrayish);
console.log(array.map(s => s.toUpperCase()));
// → ["ONE", "TWO"]
```

Para crear nodos de elemento, use el método `document.createElement`. Este toma un nombre de etiqueta y devuelve un nodo vacío nuevo del tipo dado. El siguiente ejemplo define una utilidad `elt`, que crea un nodo elemento y trata el resto de sus argumentos como hijos de ese nodo. Esta función se utiliza para añadir una atribución a una cita.

```
<blockquote id="quote">
  No book can ever be finished. While working on it we learn
  just enough to find it immature the moment we turn away
  from it.
</blockquote>

<script>
  function elt(type, ...children) {
    let node = document.createElement(type);
    for (let child of children) {
      if (typeof child != "string") node.appendChild(child);
      else node.appendChild(document.createTextNode(child));
    }
    return node;
  }

  document.getElementById("quote").appendChild(
    elt("footer", "—",
        elt("strong", "Karl Popper"),
        ", preface to the second editon of ",
        elt("em", "The Open Society and Its Enemies"),
        ", 1950"));
</script>
```

Este es el aspecto del documento resultante:

> No book can ever be finished. While working on it we learn just enough to find it immature the moment we turn away from it.
> —**Karl Popper**, preface to the second editon of *The Open Society and Its Enemies*, 1950

Atributos

A algunos atributos de elementos, como `href` para los enlaces, se accede a través de una propiedad del mismo nombre en el objeto DOM del elemento. Este es el caso de los atributos estándar más utilizados habitualmente. Pero HTML le permite establecer en los nodos los atributos que desee. Esto puede ser útil porque deja almacenar información adicional en un documento. Sin embargo, si inventa sus propios nombres de atributos, dichos atributos no estarán presentes como propiedades en el nodo del elemento. En su lugar, hay que utilizar los métodos `getAttribute` y `setAttribute` para trabajar con ellos.

```
<p data-classified="secret">The launch code is 00000000.</p>
<p data-classified="unclassified">I have two feet.</p>

<script>
  let paras = document.body.getElementsByTagName(«p»);
  for (let para of Array.from(paras)) {
    if (para.getAttribute("data-classified") == "secret") {
      para.remove();
    }
  }
</script>
```

Se recomienda colocar un prefijo delante de los nombres de los atributos construidos de esta manera con `data-` para garantizar que no entran en conflicto con otros atributos.

Hay un atributo usado habitualmente, `class`, que es una palabra clave en el lenguaje JavaScript. Por razones históricas, es decir, debido a que algunas implementaciones antiguas de JavaScript no podían manipular nombres de propiedades que coincidieran con palabras clave, la propiedad usada para acceder a este atributo se denomina `className`. También se accede a ella con su nombre real, `"class"`, mediante los métodos `getAttribute` y `setAttribute`.

Diseño

Es posible que se haya dado cuenta de que tipos de elementos distintos se presentan de manera diferente. Algunos, como los párrafos (`<p>`) o los encabezados (`<h1>`), ocupan todo el ancho del documento, se representan en líneas separadas y se denominan elementos de bloque. Otros, como los enlaces (`<a>`) o el elemento `<strong>`, se representan en la misma línea que el texto que los rodea. Estos elementos se denominan elementos en línea.

Para cualquier documento dado, los navegadores pueden calcular un diseño, que le da a cada elemento un tamaño y una posición según su tipo y contenido. Este diseño se utiliza luego para dibujar el documento en la realidad.

Se puede acceder al tamaño y la posición de un elemento desde JavaScript. Las propiedades `offsetWidth` y `offsetHeight` dan el espacio que ocupa el elemento en píxeles. Un píxel es la unidad de medida básica en el navegador. Tradicionalmente corresponde al punto más pequeño que puede dibujar la pantalla, pero en las pantallas modernas, que dibujan puntos muy pequeños, es posible que ya no sea así, y un píxel del navegador puede abarcar varios puntos de la pantalla. De manera similar, `clientWidth` y `clientHeight` le dan el tamaño del espacio dentro del elemento, ignorando el ancho del borde.

```
<p style="border: 3px solid red">
  I'm boxed in
</p>

<script>
  let para = document.body.getElementsByTagName("p")[0];
  console.log("clientHeight:", para.clientHeight);
  console.log("offsetHeight:", para.offsetHeight);
</script>
```

Darle un borde a un párrafo hace que se dibuje un rectángulo alrededor.

I'm boxed in

La manera más eficaz de encontrar la posición precisa de un elemento en la pantalla es el método `getBoundingClientRect`. Devuelve un objeto con propiedades `top`, `bottom`, `left` y `right`, que indica las posiciones de los píxeles de los lados del elemento respecto a la parte superior izquierda de la pantalla. Si quiere que los indique respecto a todo el documento, agregue la posición de desplazamiento actual, que se halla en las vinculaciones `pageXOffset` y `pageYOffset`. Diseñar un documento puede suponer bastante trabajo. Para mejorar la velocidad, los motores de los navegadores no modifican inmediatamente el diseño de un documento cada vez que lo cambia, sino que esperan todo lo que pueden. Cuando termina de ejecutarse un programa JavaScript que ha cambiado el documento, el navegador tendrá que calcular un diseño nuevo para dibujar el documento modificado en la pantalla. Cuando un programa pregunta por la posición o el tamaño de algo leyendo propiedades como `offsetHeight` o llamando a `getBoundingClientRect`, proporcionar información correcta también requiere calcular un diseño.

Un programa que alterna de manera repetida entre leer información de diseño DOM y cambiar el DOM obliga a que se realicen muchos cálculos de diseño y, en consecuencia, se ejecutará muy lentamente. El siguiente código es un ejemplo de esto. Contiene dos programas distintos que construyen una línea de x caracteres de 2000 píxeles de ancho y mide el tiempo que tarda cada uno.

```
<p><span id="one"></span></p>
<p><span id="two"></span></p>

<script>
  function time(name, action) {
    let start = Date.now(); // Current time in milliseconds
    action();
    console.log(name, "took", Date.now() - start, "ms");
  }

  time("naive", () => {
    let target = document.getElementById("one");
    while (target.offsetWidth < 2000) {
      target.appendChild(document.createTextNode("X"));
    }
  });
  // → naive took 32 ms

  time("clever", function() {
    let target = document.getElementById("two");
    target.appendChild(document.createTextNode("XXXXX"));
    let total = Math.ceil(2000 / (target.offsetWidth / 5));
    target.firstChild.nodeValue = "X".repeat(total);
  });
  // → clever took 1 ms
```

Estilos

Hemos visto que distintos elementos HTML se dibujan de forma diferente. Algunos se muestran como bloques y otros en línea. Algunos añaden estilo: `<strong>` es para dar formato negrita a su contenido y `<a>` le da el color azul y lo subraya. La manera en que una etiqueta `<img>` muestra una imagen o una etiqueta <a> hace que se siga un enlace cuando se hace clic en él, está fuertemente ligada al tipo de elemento. Pero podemos cambiar el estilo asociado a un elemento, como el color del texto o el subrayado. Aquí vemos un ejemplo que utiliza la propiedad `style`:

```
<p><a href=".">Normal link</a></p>
<p><a href="." style="color: green">Green link</a></p>
```

El segundo enlace será de color verde en lugar del color predeterminado del enlace.

Normal link

Green link

Un atributo de estilo puede contener una o más declaraciones, que son una propiedad (como `color`) seguida de dos puntos y un valor (como `green`). Cuando hay más de una declaración, deben estar separadas por punto y coma, como en `"color: red; border: none"`.

El estilo puede influir en muchos aspectos del documento. Por ejemplo, la propiedad `display` controla si un elemento se muestra como un bloque o un elemento en línea.

```
Este texto se muestra <strong>en línea</strong>,
<strong style="display: block">como un bloque</strong> y
<strong style="display: none">no se muestra</strong>.
```

La etiqueta `block` terminará en su propia línea porque los elementos del bloque no se muestran en línea con el texto que los rodea. La última etiqueta no se muestra en absoluto, `display: none` impide que un elemento aparezca en la pantalla, es una manera de ocultar elementos. A menudo es preferible eliminarlos por completo del documento porque facilita volver a mostrarlos más adelante.

Este texto se muestra **en línea**,
como un bloque
y .

El código JavaScript puede manipular directamente el estilo de un elemento a través de la propiedad `style` del elemento. Esta propiedad contiene un objeto que tiene propiedades para todas las propiedades de estilo posibles. Los valores de estas propiedades son cadenas en las que podemos escribir para cambiar un aspecto particular del estilo del elemento.

```
<p id="para" style="color: purple">
  Nice text
</p>

<script>
  let para = document.getElementById("para");
  console.log(para.style.color);
  para.style.color = "magenta";
</script>
```

Hay algunos nombres de propiedades de estilo que contienen guiones, como `font-family`. Debido a que es difícil trabajar con estos nombres de propiedades en JavaScript (tendría que decir `style["font-family"]`), a los nombres de propiedad en el objeto `style` para estas propiedades se les quitan los guiones y las letras que les siguen se escriben en mayúscula (`style.fontFamily`).

Estilos en cascada

El sistema de estilo para HTML se llama CSS (*Cascading Style Sheets*, hojas de estilo en cascada). Una hoja de estilo es un conjunto de reglas sobre cómo dar características de estilo a los elementos de un documento. Pueden indicarse dentro de una etiqueta <style>.

```
<style>
  strong {
    font-style: italic;
    color: gray;
  }
</style>
<p>Now <strong>strong text</strong> is italic and gray.</p>
```

La cascada en el nombre se refiere al hecho de que se combinan varias reglas de este tipo para producir el estilo final de un elemento. En el ejemplo, al estilo predeterminado para las etiquetas `<strong>`, que les da `font-weight: bold`, se superpone la regla en la etiqueta `<style>`, que agrega `font-style` y `color`.

Cuando varias reglas definen un valor para la misma propiedad, la última regla leída obtiene una prioridad mayor y gana. Entonces, si la regla en la etiqueta `<style>` incluyera `font-weight: normal`, contradiciendo la regla predeterminada `font-weight`, el texto sería normal, no en negrita. Los estilos en un atributo `style` aplicado directamente al nodo tienen la prioridad más alta y siempre ganan.

Es posible apuntar a elementos distintos de los nombres de etiquetas en las reglas CSS. Una regla para `.abc` se aplica a todos los elementos con `"abc"` en su atributo `class`. Se aplica una regla para `#xyz` al elemento con un atributo `id` de `"xyz"` (que debería ser único dentro del documento).

```
.subtle {
  color: gray;
  font-size: 80%;
}
#header {
  background: blue;
  color: white;
}
/* p elements with id main and with classes a and b */
p#main.a.b {
  margin-bottom: 20px;
}
```

La regla de prioridad que favorece a la última regla definida solo se aplica cuando las reglas tienen la misma especificidad. La especificidad de una regla es una medida de la precisión con la que describe elementos coincidentes, determinada por el número y tipo (etiqueta, clase o ID) de los aspectos del elemento que requiere. Por ejemplo, una regla que apunta a `p.a` es más específica que las reglas que apuntan a `p` o simplemente a `.a` y, por lo tanto, tendría prioridad sobre ellas.

La notación `p > a {...}` se aplica a los estilos dados para todas las etiquetas `<a>` que son hijas directas de las etiquetas `<p>`. De manera similar, `p a {...}` se aplica a todas las etiquetas `<a>` dentro de etiquetas `<p>`, ya sean hijas directas o indirectas.

Selectores de consultas

En este libro, no usaremos mucho las hojas de estilo. Cuando se programa en el navegador es útil comprenderlas, pero son lo suficientemente complicadas como para merecer su propio libro.

La razón principal por la que he introducido la sintaxis del selector (la notación utilizada en las hojas de estilo para determinar a qué elementos se aplica un conjunto de estilos) es que podemos usar este mismo minilenguaje como una manera efectiva de encontrar elementos DOM. El método `querySelectorAll`, que se define en el objeto `document` y en nodos de elementos, toma una cadena de selección y devuelve una `NodeList` que contiene todos los elementos con los que coincide.

```
<p>And if you go chasing
  <span class="animal">rabbits</span></p>
<p>And you know you're going to fall</p>
<p>Tell 'em a <span class="character">hookah smoking
  <span class="animal">caterpillar</span></span></p>
<p>Has given you the call</p>

<script>
  function count(selector) {
    return document.querySelectorAll(selector).length;
  }
  console.log(count("p"));           // All <p> elements
  // → 4
  console.log(count(".animal"));     // Class animal
  // → 2
  console.log(count("p .animal"));   // Animal inside of <p>
  // → 2
  console.log(count("p > .animal")); // Direct child of <p>
  // → 1
</script>
```

A diferencia de métodos como `getElementsByTagName`, el objeto devuelto por `querySelectorAll` no está «vivo». No cambiará cuando se modifique el documento. Sin embargo, todavía no es una matriz real, por lo que, si quiera tratarla como tal, necesita llamar a `Array.from`.

El método `querySelector` (sin la parte `All`) funciona de manera similar. Es útil si quiere un elemento único y específico. Solo devolverá el primer elemento coincidente o nulo cuando no coincida ningún elemento.

Posicionamiento y animación

La propiedad de estilo `position` influye en el diseño de manera decisiva. De manera predeterminada tiene un valor `static`, lo que significa que el elemento se encuentra en su lugar normal en el documento. Cuando se configura como `relative`, el elemento sigue ocupando espacio en el documento, pero ahora las propiedades de estilo `top` y `left` se pueden usar para moverlo en relación con ese lugar normal. Cuando `position` se configura como `absolute`, el elemento se quita del flujo normal del documento; es decir, ya no ocupa espacio y puede superponerse con otros elementos. Además, sus propiedades `top` y `left` se pueden usar para posicionarlo de manera absoluta respecto a la esquina superior izquierda del elemento envolvente más cercano (cuya propiedad `position` no es `static`), o respecto al documento (si no existe dicho elemento envolvente).

Podemos usar estas herramientas para crear una animación. El siguiente documento muestra una imagen de un gato que se mueve en una elipse:

```
<p style="text-align: center">
  <img src="img/cat.png" style="position: relative">
</p>
<script>
  let cat = document.querySelector("img");
  let angle = Math.PI / 2;
  function animate(time, lastTime) {
    if (lastTime != null) {
      angle += (time - lastTime) * 0.001;
    }
    cat.style.top = (Math.sin(angle) * 20) + "px";
    cat.style.left = (Math.cos(angle) * 200) + "px";
    requestAnimationFrame(newTime => animate(newTime, time));
  }
  requestAnimationFrame(animate);
</script>
```

La flecha negra muestra la trayectoria por la que se desplaza la imagen.

Nuestra imagen está centrada en la página y `position` tiene el valor `relative`. Actualizaremos repetidamente los estilos `top` y `left` de esa imagen para moverla.

El script utiliza `requestAnimationFrame` para programar la función `animate` para que se ejecute cuando el navegador esté listo para volver a pintar la pantalla. La función `animate` vuelve a llamar a `requestAnimationFrame` para programar la próxima actualización. Cuando la ventana (o pestaña) del navegador está activa, provocará que se realicen actualizaciones a una velocidad de aproximadamente 60 por segundo, lo que tiende a producir una animación atractiva.

Si simplemente actualizáramos el DOM en un bucle, la página se congelaría y no aparecería nada en la pantalla. Los navegadores no actualizan su visualización mientras se ejecuta un programa JavaScript, ni permiten ninguna interacción con la página. Por eso, necesitamos `requestAnimationFrame`, porque le permite al navegador saber que por ahora hemos terminado, que puede continuar y hacer las cosas que hacen los navegadores, como actualizar la pantalla y responder a las acciones del usuario.

A la función de animación se le pasa la hora actual como argumento. Para garantizar que el movimiento del gato por milisegundo es estable, la velocidad a la que cambia el ángulo se basa en la diferencia entre la hora actual y la última vez que se ejecutó la función.

Si el ángulo solo se moviera una cantidad fija por paso, el movimiento se entrecortaría si, por ejemplo, otra tarea pesada ejecutándose en el mismo ordenador impidiera que la función se ejecutara durante una fracción de segundo.

El movimiento en círculos se realiza con las funciones trigonométricas `Math.cos` y `Math.sin`. Para aquellos que no están familiarizados con estas funciones, voy a explicarlas brevemente porque las usaremos en este libro en algunas ocasiones.

`Math.cos` y `Math.sin` son útiles para hallar puntos que se encuentran en un círculo alrededor del punto (0,0) con radio uno. Ambas funciones interpretan su argumento como la posición en este círculo, donde cero denota el punto en el extremo derecho del círculo, girando hacia la derecha hasta que `2π` (aproximadamente 6,28) nos haya llevado alrededor de todo el círculo. `Math.cos` indica la coordenada *x* del punto que corresponde a la posición dada y `Math.sin` proporciona la coordenada *y*. Las posiciones (o ángulos) mayores de `2π` o menores de 0 son válidas: la rotación se repite de modo que `a + 2π` se refiere al mismo ángulo que `a`. Esta unidad para medir ángulos se llama radianes: un círculo completo mide 2π radianes, similar a 360° cuando se mide en grados. La constante `π` está disponible como `Math.PI` en JavaScript.

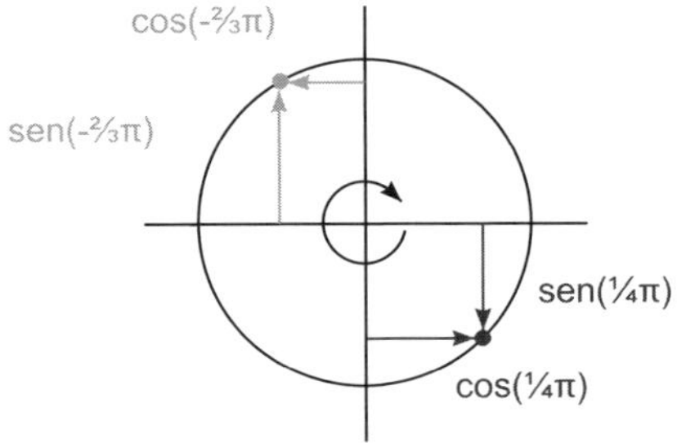

El código de animación del gato mantiene un contador, `angle`, para el ángulo actual de la animación y lo incrementa cada vez que se llama a la función `animate`. Luego puede usar este ángulo para calcular la posición actual del elemento imagen. El estilo `top` se calcula con `Math.sin` y se multiplica por `20`, que es el radio vertical de nuestra elipse. El estilo `left` se basa en `Math.cos` y se multiplica por `200` para que la elipse sea mucho más ancha que alta. Tenga en cuenta que los estilos habitualmente necesitan unidades. En este caso, tenemos que agregar «`px`» al número para indicarle al navegador que las unidades son píxeles (en lugar de centímetros, ems u otras unidades). Es fácil olvidar este detalle, pero usar números sin unidades hará que su estilo se ignore, a menos que el número sea 0, que siempre significa lo mismo, independientemente de su unidad.

Resumen

Los programas JavaScript pueden inspeccionar e interferir con el documento que el navegador está mostrando a través de una estructura de datos llamada DOM. Esta estructura de datos representa el modelo de documento del navegador, y un programa JavaScript puede modificarla para cambiar el documento visible.

El DOM está organizado como un árbol, en el que los elementos se ordenan jerárquicamente según la estructura del documento. Los objetos que representan elementos tienen propiedades como `parentNode` y `childNodes`, que pueden utilizarse para navegar por el árbol. Es posible influir en la forma de mostrar un documento mediante el estilo, es decir, adjuntando estilos a los nodos directamente y definiendo reglas que coinciden con determinados nodos. Hay muchas propiedades de estilo distintas, como `color` o `display`.

El código JavaScript puede manipular el estilo de un elemento directamente a través de su propiedad `style`.

Ejercicios

Construir una tabla

Una tabla HTML se construye con la siguiente estructura de etiquetas:

```
<table>
  <tr>
    <th>name</th>
    <th>height</th>
    <th>place</th>
  </tr>
  <tr>
    <td>Kilimanjaro</td>
    <td>5895</td>
    <td>Tanzania</td>
  </tr>
</table>
```

Para cada fila, la etiqueta `<table>` contiene una etiqueta `<tr>`. Dentro de estas etiquetas `<tr>`, podemos colocar elementos de celda: celdas de encabezado (`<th>`) o celdas normales (`<td>`). Dado un conjunto de datos de montañas, una matriz de objetos con propiedades `name`, `height` y `place` genera la estructura DOM para una tabla que enumera los objetos. Debería tener una columna por clave y una fila por objeto, además de una fila de encabezado con elementos `<th>` en la parte superior, enumerando los nombres de las columnas.

Escriba esto para que las columnas se deriven automáticamente de los objetos, tomando los nombres de las propiedades del primer objeto en los datos. Añada la tabla resultante al elemento con un atributo `id` de `"montains"` para que sea visible en el documento.

Cuando esto esté funcionando, alinee a la derecha las celdas que contengan valores numéricos estableciendo su propiedad `style.textAlign` en `"right"`.

Elementos por nombre de etiqueta

El método `document.getElementsByTagName` devuelve todos los elementos hijos con un nombre de etiqueta dado. Implemente su propia versión de esto como una función que toma un nodo y una cadena (el nombre de la etiqueta) como argumentos y devuelve una matriz que contiene todos los nodos de elementos descendientes con el nombre de etiqueta dado. Para encontrar el nombre de la etiqueta de un elemento, utilice su propiedad `nodeName`. Pero tenga en cuenta que esto devolverá el nombre de la etiqueta en mayúsculas. Utilice los métodos de cadena `toLowerCase` o `toUpperCase` para compensarlo.

El sombrero del gato

Amplíe la animación del gato definida en el apartado «Posicionamiento y animación» en este mismo capítulo para que el gato y su sombrero (`<img src="img/hat.png">`) orbiten en lados opuestos de la elipse. O haga que el sombrero gire alrededor del gato. O modifique la animación de alguna otra manera interesante. Para facilitar el posicionamiento de múltiples objetos, probablemente sea recomendable cambiar a posicionamiento absoluto. Esto significa que `top` y `left` se cuentan respecto a la parte superior izquierda del documento. Para evitar el uso de coordenadas negativas, que harían que la imagen se moviera fuera de la página visible, puede añadir un número fijo de píxeles a los valores de posición.

«Tienes poder sobre tu mente, no sobre los acontecimientos externos. Date cuenta de esto y encontrarás la fuerza».

— Marco Aurelio, *Meditaciones*

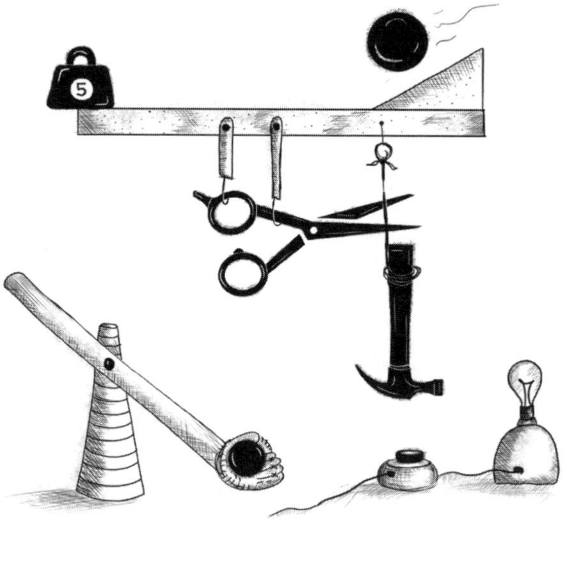

15

MANIPULAR EVENTOS

Algunos programas trabajan con entradas directas del usuario, como acciones procedentes del teclado y del ratón. Estas entradas no están disponibles como una estructura de datos bien organizada, llegan una a una, en tiempo real y se espera que el programa responda en cuanto se producen.

Manipuladores de eventos

Imagine una interfaz en la que la única manera de saber si se está pulsando una tecla del teclado es leer el estado actual de esa tecla. Para poder reaccionar a las pulsaciones, tendría que leer constantemente el estado de la tecla de modo que la detectara antes de que se volviera a soltar. Sería peligroso realizar otros cálculos que requieren mucho tiempo porque podría perderse la pulsación de una tecla. Algunas máquinas primitivas manejan la entrada como se ha descrito. Un avance respecto a este sistema sería que el hardware o el sistema operativo se dieran cuenta de la pulsación de la tecla y la pusieran en una cola. Un programa puede comprobar periódicamente si hay eventos nuevos en la cola y reaccionar a lo que encuentre. Por supuesto, tiene que acordarse de mirar la cola y hacerlo a menudo, porque cualquier tiempo entre la pulsación de la tecla y que el programa se dé cuenta del evento hará que parezca que el software no responde. Este enfoque se denomina «*polling*». La mayoría de los programadores prefieren evitarlo.

Un mecanismo mejor es que el sistema le notifique de manera activa a nuestro código cuándo se produce un evento. Los navegadores lo hacen permitiéndonos registrar funciones como manipuladores para eventos específicos.

```
<p>Click this document to activate the handler.</p>
<script>
  window.addEventListener("click", () => {
    console.log("You knocked?");
  });
</script>
```

La vinculación `window` se refiere a un objeto integrado suministrado por el navegador. Representa la ventana del navegador que contiene el documento. Al llamar a su método `addEventListener`, se registra el segundo argumento al que llamar cuando tenga lugar el evento descrito por el primer argumento.

Eventos y nodos DOM

Cada manejador de eventos del navegador está registrado en un contexto. En el ejemplo anterior hemos llamado a `addEventListener` en el objeto `window` para registrar un manejador para toda la ventana. Este método también puede encontrarse en elementos DOM y otros tipos de objetos. Los escuchadores de eventos solo se llaman cuando el evento ocurre en el contexto del objeto en el que están registrados.

```
<button>Click me</button>
<p>No handler here.</p>
<script>
  let button = document.querySelector("button");
  button.addEventListener("click", () => {
    console.log("Button clicked.");
  });
</script>
```

Este ejemplo adjunta un manejador al nodo `button`. Los clics en el botón hacen que el manejador se ejecute, pero no sucede lo mismo con los clics en el resto del documento.

Dar a un nodo un atributo `onclick` provoca un efecto similar. Esto funciona para la mayoría de los tipos de eventos: puede adjuntar un manejador a través del atributo cuyo nombre es el mismo del evento con `on` delante.

Pero un nodo solo puede tener un atributo `onclick`, por lo que de esta manera solo puede registrar un manejador por nodo. El método `addEventListener` permite añadir cualquier cantidad de manejadores de forma que es seguro añadir manejadores incluso si ya hay otro manejador en el elemento.

El método `removeEventListener`, llamado con argumentos similares a los de `addEventListener`, quita un manipulador.

```
<button>Act-once button</button>
<script>
  let button = document.querySelector("button");
  function once() {
    console.log("Done.");
    button.removeEventListener("click", once);
  }
  button.addEventListener("click", once);
</script>
```

La función dada a `removeEventListener` tiene que ser el mismo valor función dado a `addEventListener`. De esta manera, para anular el registro de un manipulador, querrá darle un nombre a la función (`once`, en el ejemplo) para poder pasar el mismo valor función a ambos métodos.

Objetos de evento

Aunque hasta ahora lo hemos ignorado, a las funciones manipuladoras de eventos se les pasa un argumento: el «objeto de evento». Este contiene información adicional sobre el evento. Por ejemplo, para saber qué botón del ratón se ha pulsado, consultaremos la propiedad `button` del objeto de evento.

```
<button>Click me any way you want</button>
<script>
  let button = document.querySelector("button");
  button.addEventListener("mousedown", event => {
    if (event.button == 0) {
      console.log("Left button");
    } else if (event.button == 1) {
      console.log("Middle button");
    } else if (event.button == 2) {
      console.log("Right button");
    }
  });
```

La información almacenada en un objeto de evento es distinta según el tipo de evento. Hablaremos de los diferentes tipos más adelante en este capítulo. La propiedad `type` del objeto siempre contiene una cadena que identifica el evento (como `"click"` o `"mousedown"`).

Propagación

Para la mayoría de los tipos de eventos, los manejadores registrados en nodos con hijos también recibirán eventos que tienen lugar en los hijos. Si se hace clic en un botón dentro de un párrafo, los manipuladores de eventos en el párrafo también verán el evento clic.

Pero si tanto el párrafo como el botón tienen un manipulador, el más específico será el primero, en este caso es el del botón. Se dice que el evento se propaga hacia fuera, desde el nodo donde ha ocurrido hacia el nodo padre de ese nodo y hasta la raíz del documento. Finalmente, después de que todos los manipuladores registrados en un nodo específico han tenido su turno, tienen la oportunidad de responder al evento los registrados en toda la ventana. En cualquier momento, un manipulador de eventos puede llamar al método `stopPropagation` en el objeto del evento para evitar que otros manejadores vayan más arriba desde que reciben el evento. Esto es ser útil cuando, por ejemplo, hay un botón dentro de otro elemento sobre el que se puede hacer clic y no quiere que los clics en el botón activen el comportamiento de clic del elemento exterior.

El siguiente ejemplo registra manipuladores `"mousedown"` en un botón y en el párrafo que lo rodea. Cuando se hace clic con el botón derecho del ratón, el manipulador del botón llama a `stopPropagation`, lo que evitará que se ejecute el manipulador del párrafo. Cuando se hace clic en el botón con otro botón del ratón, se ejecutarán los dos manipuladores.

```
<p>A paragraph with a <button>button</button>.</p>
<script>
  let para = document.querySelector("p");
  let button = document.querySelector("button");
  para.addEventListener("mousedown", () => {
```

```
    console.log("Handler for paragraph.");
  });
  button.addEventListener("mousedown", event => {
    console.log("Handler for button.");
    if (event.button == 2) event.stopPropagation();
  });
</script>
```

La mayoría de los objetos de evento tienen una propiedad `target` que se refiere al nodo donde se han originado. Puede utilizar esta propiedad para asegurarse de que no está manipulando de manera accidental algo que se ha propagado hacia arriba desde un nodo que no quiere manipular.

También es posible utilizar la propiedad `target` para lanzar una red amplia para un tipo específico de evento. Por ejemplo, si hay un nodo que contiene una lista de botones larga, quizá es más conveniente registrar un manipulador de clic único en el nodo exterior y hacer que utilice la propiedad `target` para averiguar si se ha hecho clic en un botón, en lugar de registrar manipuladores individuales en todos los botones.

```
<button>A</button>
<button>B</button>
<button>C</button>
<script>
  document.body.addEventListener("click", event => {
    if (event.target.nodeName == "BUTTON") {
      console.log("Clicked", event.target.textContent);
    }
  });
</script>
```

Acciones predeterminadas

Muchos eventos tienen una acción predeterminada asociada a ellos. Si hace clic en un enlace, irá al destino del enlace. Si pulsa la flecha hacia abajo, el navegador desplazará la página hacia abajo. Si hace clic con el botón derecho, obtendrá un menú contextual. Y así sucesivamente.

Para la mayoría de los tipos de eventos, se llama a los manipuladores de eventos de JavaScript antes de que se produzca el comportamiento predeterminado. Si el manipulador no quiere que se produzca este comportamiento normal, por lo general porque ya se ha encargado de manejar el evento, puede llamar al método `preventDefault` en el objeto del evento. Esto se puede utilizar para implementar sus propios atajos de teclado o menú contextual. También sirve para interferir de forma odiosa con el comportamiento que los usuarios esperan. Por ejemplo, aquí hay un enlace que es imposible seguir:

```
<a href="https://developer.mozilla.org/">MDN</a>
<script>
  let link = document.querySelector("a");
  link.addEventListener("click", event => {
    console.log("Nope.");
    event.preventDefault();
  });
</script>
```

Intente no hacer estas cosas por una razón muy buena. Cuando se rompa el comportamiento esperado, será desagradable para las personas que usen la página.

Dependiendo del navegador, algunos eventos no se interceptan de ninguna manera. En Chrome, por ejemplo, JavaScript no puede manejar el atajo de teclado para cerrar la pestaña actual (**Control-W** o **Comando-W**).

Eventos de tecla

Cuando se pulsa una tecla del teclado, el navegador dispara un evento "keydown". Cuando se libera, obtiene un evento "keyup".

```
<p>This page turns violet when you hold the V key.</p>
<script>
  window.addEventListener("keydown", event => {
    if (event.key == "v") {
      document.body.style.background = "violet";
    }
  });
  window.addEventListener("keyup", event => {
    if (event.key == "v") {
      document.body.style.background = "";
    }
  });
</script>
```

A pesar de su nombre, "keydown" no solo se dispara cuando la tecla se pulsa físicamente. Cuando una tecla se pulsa y se mantiene pulsada, el evento se dispara de nuevo cada vez que se repite la pulsación. A veces hay que tener cuidado con esto. Por ejemplo, si añade un botón al DOM cuando se pulsa una tecla y lo vuelve a quitar cuando se suelta, podría añadir accidentalmente cientos de botones cuando la tecla se mantiene pulsada durante más tiempo. El ejemplo consideraba la propiedad key del objeto de evento para ver de qué tecla se trataba. Esta propiedad contiene una cadena que, para la mayoría de las teclas, corresponde a lo que se escribiría al presionar esa tecla. Para teclas especiales como **Intro**, contiene una cadena que da nombre a la tecla ("Enter", en este caso). Si mantiene pulsada la tecla **Mayús** mientras pulsa otra tecla, esto también puede influir en el nombre de la tecla: "v" se convierte en "V" y "1" puede convertirse en "!", si eso es lo que escribe su teclado al pulsar **Mayús-1**.

Las teclas modificadoras como **Mayús**, **Control**, **Alt** y **Meta** (**Comando** en Mac) generan eventos de teclas igual que las teclas normales. Pero cuando busque combinaciones de teclas, también puede averiguar si estas están pulsadas consultando las propiedades shiftKey, ctrlKey, altKey y metaKey de los eventos de teclado y ratón.

```
<p>Press Control-Space to continue.</p>
<script>
  window.addEventListener("keydown", event => {
    if (event.key == " " && event.ctrlKey) {
      console.log("Continuing!");
    }
  });
</script>
```

El nodo DOM donde se origina un evento de tecla depende del elemento que tiene el foco cuando se presiona la tecla. La mayoría de los nodos no pueden tener foco a menos que les dé un atributo `tabindex`, pero es posible que cuenten con elementos como enlaces, botones y campos de formulario. Volveremos a hablar de los campos de formulario en el capítulo 18. Cuando no hay nada en particular que tenga el foco, `document.body` actúa como el nodo objetivo de eventos de tecla.

Cuando el usuario escribe texto, usar eventos de tecla para descubrir lo que se escribe es problemático. Algunas plataformas, sobre todo el teclado virtual en teléfonos Android, no activan eventos de tecla. Pero incluso si usamos un teclado antiguo, algunos tipos de entrada de texto no coinciden con las pulsaciones de teclas de una manera sencilla, como un software IME (*Input Method Editor*, Editor de Métodos de Entrada), que utilizan personas cuyos scripts no caben en un teclado, donde se combinan varias pulsaciones de teclas para crear caracteres. Para reconocer cuándo se ha escrito algo, los elementos en los que puede escribir, como las etiquetas `<input>` y `<textarea>`, activan eventos `"entrada"` cada vez que el usuario cambia su contenido. Para obtener el contenido real que se ha escrito, es mejor leerlo directamente del campo enfocado. En el apartado «Campos de formulario» del capítulo 18 se mostrará cómo hacerlo.

Eventos de puntero

En la actualidad hay dos formas ampliamente utilizadas de señalar elementos en una pantalla: ratones (incluidos los dispositivos que actúan como ratones, como paneles táctiles y trackballs) y pantallas táctiles. Estos dispositivos producen diferentes tipos de eventos.

Clics del ratón

Al pulsar un botón del ratón, se activan una serie de eventos. Los eventos `"mousedown"` y `"mouseup"` son similares a `"keydown"` y `"keyup"`, y se activan cuando se presiona y suelta el botón. Esto sucede en los nodos DOM que están inmediatamente debajo del puntero del ratón cuando se produce el evento. Después del evento `"mouseup"`, se activa un evento `"click"` en el nodo más específico que contenía la pulsación y la liberación del botón. Por ejemplo, si presiono el botón del ratón en un párrafo y luego muevo el puntero a otro párrafo y suelto el botón, el evento `"click"` ocurrirá en el elemento que contiene ambos párrafos. Si se producen dos clics muy juntos, después del segundo evento de clic también se activa un evento `"dblclick"` (doble clic).

Para obtener información precisa sobre el lugar donde se ha producido un evento del ratón, consulte sus propiedades `clientX` y `clientY`, que contienen las coordenadas del evento (en píxeles) respecto a la esquina superior izquierda de la ventana, o `pageX` y `pageY`, expresadas respecto a la esquina superior izquierda de todo el documento (que pueden ser diferentes cuando se ha desplazado la ventana).

El siguiente código implementa un programa de dibujo primitivo. Cada vez que hace clic en el documento, agrega un punto debajo del puntero del ratón. Consulte el capítulo 19 para ver un programa de dibujo menos primitivo.

```
<style>
  body {
    height: 200px;
```

```
    background: beige;
  }
  .dot {
    height: 8px; width: 8px;
    border-radius: 4px; /* rounds corners */
    background: blue;
    position: absolute;
  }
</style>
<script>
  window.addEventListener("click", event => {
    let dot = document.createElement("div");
    dot.className = "dot";
    dot.style.left = (event.pageX - 4) + "px";

    dot.style.top = (event.pageY - 4) + "px";
    document.body.appendChild(dot);
  });
</script>
```

Movimiento del ratón

Cada vez que el puntero del ratón se mueve, se activa un evento "mousemove". Este evento se puede utilizar para rastrear la posición del ratón. Lo anterior es útil en una situación común, cuando se implementa alguna forma de la función de arrastre del ratón.

Como ejemplo, el siguiente programa muestra una barra y configura manipuladores de eventos para que arrastrar hacia la izquierda o hacia la derecha en esta barra la haga más estrecha o más ancha:

```
<p>Drag the bar to change its width:</p>
<div style="background: orange; width: 60px; height: 20px">
</div>
<script>
  let lastX; // Tracks the last observed mouse X position
  let bar = document.querySelector("div");
  bar.addEventListener("mousedown", event => {
    if (event.button == 0) {
      lastX = event.clientX;
      window.addEventListener("mousemove", moved);
      event.preventDefault(); // Prevent selection
    }
  });

  function moved(event) {
    if (event.buttons == 0) {
      window.removeEventListener("mousemove", moved);
    } else {
      let dist = event.clientX - lastX;
      let newWidth = Math.max(10, bar.offsetWidth + dist);
      bar.style.width = newWidth + "px";
      lastX = event.clientX;
    }
  }
</script>
```

El resultado de la página se parece a este:

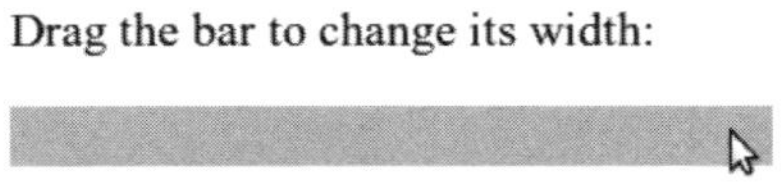

Tenga en cuenta que el manipulador "mousemove" está registrado en toda la ventana. Incluso si el ratón sale fuera de la barra durante el cambio de tamaño, mientras se mantenga presionado el botón, seguiremos queriendo actualizar su tamaño.

Cuando se suelta el botón del ratón, debemos dejar de cambiar el tamaño de la barra. Para eso, podemos usar la propiedad buttons (tenga en cuenta el plural), que nos informa sobre los botones que están presionados en ese momento. Cuando es cero, no hay ningún botón presionado. Cuando los botones están presionados, su valor es la suma de los códigos para esos botones: el botón izquierdo tiene el código 1, el botón derecho 2 y el del medio 4. De esa manera, es posible verificar si un botón determinado está presionado tomando el resto del valor de buttons y su código.

Tenga en cuenta que el orden de estos códigos es diferente al utilizado por button, donde el botón del medio iba antes que el derecho. Como se ha mencionado, la consistencia no es un punto fuerte de la interfaz de programación del navegador.

Eventos táctiles

El estilo de navegador gráfico que utilizamos se diseñó teniendo en cuenta las interfaces de ratón, en una época en la que las pantallas táctiles eran escasas. Para que la web «funcionara» en los primeros teléfonos con pantalla táctil, los navegadores de esos dispositivos pretendían, hasta cierto punto, que los eventos táctiles eran eventos del ratón. Si toca la pantalla, obtendrá eventos "mousedown", "mouseup" y "clic". Pero esta ilusión no es muy sólida. Una pantalla táctil funciona de manera distinta a un ratón: no tiene varios botones, no puede rastrear el dedo cuando no está sobre la pantalla (para simular "mousemove") y permite que varios dedos estén sobre la pantalla simultáneamente.

Los eventos del ratón cubren la interacción táctil solo en casos sencillos; si agrega un manipulador de "click" a un botón, los usuarios táctiles aún podrán usarlo. Pero algo como la barra de tamaño variable del ejemplo anterior no funciona en una pantalla táctil.

Hay tipos de eventos específicos desencadenados por la interacción táctil. Cuando un dedo empieza a tocar la pantalla, aparece un evento "touchstart". Cuando se mueve mientras toca, se activan los eventos "touchmove". Finalmente, cuando deje de tocar la pantalla verá un evento "touchend".

Debido a que muchas pantallas táctiles pueden detectar varios dedos al mismo tiempo, estos eventos no tienen un conjunto único de coordenadas asociadas con ellos. En lugar de eso, sus objetos de evento poseen una propiedad touches, que contiene un objeto de puntos similar a una matriz, cada uno de los cuales cuenta con sus propias propiedades clientX, clientY, pageX y pageY. Podría hacer algo como esto para mostrar círculos rojos alrededor de cada dedo que entra en contacto:

```
<style>
  dot { position: absolute; display: block;
        border: 2px solid red; border-radius: 50px;
        height: 100px; width: 100px; }
</style>
```

```
<p>Touch this page</p>
<script>
  function update(event) {
    for (let dot; dot = document.querySelector("dot");) {
      dot.remove();
    }
    for (let i = 0; i < event.touches.length; i++) {
      let {pageX, pageY} = event.touches[i];
      let dot = document.createElement("dot");
      dot.style.left = (pageX - 50) + "px";
      dot.style.top = (pageY - 50) + "px";
      document.body.appendChild(dot);
    }
  }
  window.addEventListener("touchstart", update);
  window.addEventListener("touchmove", update);
  window.addEventListener("touchend", update);
</script>
```

A menudo querrá llamar a `preventDefault` en los manipuladores de eventos táctiles para anular el comportamiento predeterminado del navegador (que puede incluir desplazarse por la página al deslizar el dedo) y evitar que se activen los eventos del ratón, para lo que también puede tener un manipulador.

Eventos de desplazamiento

Cada vez que se desplaza un elemento, se activa un evento `"scroll"`. Esto tiene varios usos, como saber qué está mirando el usuario en ese momento (para desactivar animaciones fuera de la pantalla o enviar informes de espionaje a su malvado cuartel general) o mostrar alguna indicación de progreso (resaltando parte de una tabla de contenidos o mostrando un número de página).

El siguiente ejemplo dibuja una barra de progreso encima del documento y la actualiza para que se llene a medida que se desplaza hacia abajo:

```
<style>
  #progress {
    border-bottom: 2px solid blue;
    width: 0;
    position: fixed;
    top: 0; left: 0;
  }
</style>
<div id="progress"></div>
<script>
  // Create some content
  document.body.appendChild(document.createTextNode(
    "supercalifragilisticexpialidocious ".repeat(1000)));

  let bar = document.querySelector("#progress");
  window.addEventListener("scroll", () => {
    let max = document.body.scrollHeight - innerHeight;
    bar.style.width = `${(pageYOffset / max) * 100}%`;
  });
</script>
```

Darle a un elemento una `position fixed` actúa de manera muy similar a una posición `absolute`, pero además evita que se desplace junto con el resto del documento. El efecto es hacer que nuestra barra de progreso permanezca en la parte superior. Su anchura cambia para indicar el progreso actual. Usamos `%`, en lugar de `px`, como unidad al configurar la anchura para que el tamaño del elemento tenga relación con la anchura de la página.

La vinculación global `internalHeight` nos da la altura de la ventana, que tenemos que restar de la altura total desplazable; no puede seguir desplazándose cuando llega al final del documento. También hay un `InnerWidth` para la anchura de la ventana. Al dividir `pageYOffset`, la posición de desplazamiento actual, por la posición de desplazamiento máxima y multiplicar por 100, obtenemos el porcentaje para la barra de progreso.

Llamar a `preventDefault` en un evento de desplazamiento no evita que este se produzca. De hecho, solo se llama al manipulador de eventos después de realizar el desplazamiento.

Eventos de foco de atención

Cuando un elemento consigue ser el foco de atención, el navegador activa un evento `"focus"` sobre él. Cuando pierde el foco de atención, el elemento obtiene un evento `"blur"`.

A diferencia de los eventos analizados anteriormente, estos dos no se propagan. Un manipulador en un elemento padre no recibe ninguna notificación cuando un elemento hijo gana o pierde el foco de atención. El siguiente ejemplo muestra texto de ayuda para el campo de texto que tiene el foco de atención en ese momento:

```
<p>Name: <input type="text" data-help="Your full name"></p>
<p>Age: <input type="text" data-help="Age in years"></p>
<p id="help"></p>

<script>
  let help = document.querySelector("#help");
  let fields = document.querySelectorAll("input");
  for (let field of Array.from(fields)) {
    field.addEventListener("focus", event => {
      let text = event.target.getAttribute("data-help");
      help.textContent = text;
    });

    field.addEventListener("blur", event => {
      help.textContent = "";
    });
  }
```

En esta captura de pantalla se aprecia el texto de ayuda para el campo `Age`.

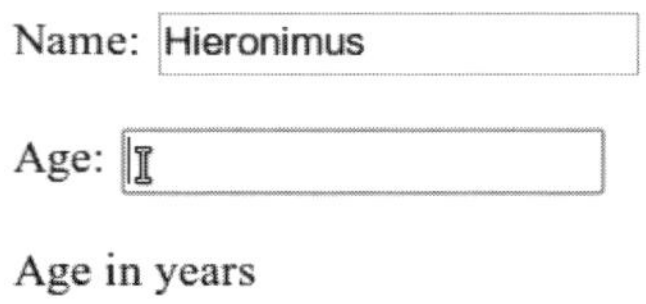

El objeto ventana recibirá los eventos `"focus"` y `"blur"` cuando el usuario se mueva desde o hacia la pestaña o ventana del navegador donde se muestra el documento.

Evento de carga

Cuando una página termina de cargarse, el evento "`load`" se activa en la ventana y en los objetos del cuerpo del documento. Esto se utiliza a menudo para programar acciones de inicialización que requieren que haya construido todo el documento. Recuerde que el contenido de las etiquetas `<script>` se ejecuta inmediatamente cuando se encuentra la etiqueta. Esto puede suceder demasiado pronto, por ejemplo, cuando el script necesita realizar un proceso con partes del documento que aparecen después de la etiqueta `<script>`.

Los elementos como imágenes y etiquetas de script que cargan un archivo externo también tienen un evento "`load`" que indica que se han cargado los archivos a los que hacen referencia. Al igual que los eventos relacionados con el foco, los eventos de carga no se propagan.

Cuando una página se cierra o se abandona (por ejemplo, siguiendo un enlace), se activa un evento "`beforeunload`". El uso principal de este evento es evitar que el usuario pierda trabajo de manera accidental al cerrar un documento. Como cabría esperar, evitar que la página se descargue no se hace con el método `preventDefault`. En su lugar, se realiza devolviendo un valor no nulo desde el manipulador. Así, el navegador le mostrará al usuario un diálogo preguntándole si está seguro de querer abandonar la página. Este mecanismo garantiza que el usuario siempre pueda salir, incluso en páginas maliciosas que preferirían retenerlo para siempre y obligarlo a ver anuncios dudosos de pérdida de peso.

Eventos y el bucle de eventos

En el contexto del bucle de eventos, como se mencionó en el capítulo 11, los manipuladores de eventos del navegador se comportan como otras notificaciones asíncronas. Se programan cuando ocurre el evento, pero deben esperar a que otros scripts que se están ejecutando terminen antes de tener la oportunidad de ejecutarse.

El hecho de que los eventos solo pueden procesarse cuando no hay nada más en ejecución significa que, si el bucle de eventos está inmovilizado con otro trabajo, cualquier interacción con la página (que ocurre a través de eventos) se retrasará hasta que haya tiempo para procesarla. Por ello, si programa demasiado trabajo, ya sea con manipuladores de eventos de larga ejecución o con muchos de corta ejecución, la página se volverá lenta e incómoda de usar.

Para los casos en los que realmente quiera hacer algo que consuma mucho tiempo en segundo plano sin congelar la página, los navegadores proporcionan algo llamado «*web workers*» (la traducción literal de esta expresión es «trabajadores de la web»). Un *worker* es un proceso JavaScript que se ejecuta junto al script principal, pero en su propia línea de tiempo.

Imagine que elevar un número al cuadrado es un cálculo pesado y de larga duración que queremos realizar en un hilo separado. Podríamos escribir un archivo llamado `code/squareworker.js` que responde a los mensajes calculando un cuadrado y enviando un mensaje de vuelta.

```
addEventListener("message", event => {
  postMessage(event.data * event.data);
});
```

Para evitar los problemas de tener múltiples hilos tocando los mismos datos, los *workers* no comparten su ámbito global ni ningún otro dato con el entorno del script principal. En lugar de eso, hay que comunicarse con ellos enviando mensajes de ida y vuelta.

Este código genera un *worker* que ejecuta ese script, le envía algunos mensajes y produce las respuestas.

```
let squareWorker = new Worker("code/squareworker.js");
squareWorker.addEventListener("message", event => {
  console.log("The worker responded:", event.data);
});
squareWorker.postMessage(10);
squareWorker.postMessage(24);
```

La función `postMessage` envía un mensaje, que hará que se active un evento `"message"` en el receptor. El script que ha creado el *worker* envía y recibe mensajes a través del objeto `Worker`, mientras que el *worker* habla con el script que lo ha creado enviando y escuchando directamente en su ámbito global.

Solo se pueden enviar como mensajes los valores que se representan como JSON; la otra parte recibirá una copia de ellos en lugar del valor.

Temporizadores

En el capítulo 11 vimos la función `setTimeout`, que programa llamar más tarde a otra función después de un número dado de milisegundos.

A veces necesita cancelar una función que ha programado. Esto se hace almacenando el valor devuelto por `setTimeout` y llamando a `clearTimeout` en él.

```
let bombTimer = setTimeout(() => {
  console.log("BOOM!");
}, 500);

if (Math.random() < 0.5) { // 50% chance
  console.log("Defused.");
  clearTimeout(bombTimer);
}
```

La función `cancelAnimationFrame` funciona de la misma manera que `clearTimeout`: al llamarla sobre un valor devuelto por `requestAnimationFrame` se cancelará ese fotograma (suponiendo que no se haya llamado ya).

Un conjunto similar de funciones, `setInterval` y `clearInterval`, se utilizan para establecer temporizadores que deben repetirse cada x milisegundos.

```
let ticks = 0;
let clock = setInterval(() => {
  console.log("tick", ticks++);
  if (ticks == 10) {
    clearInterval(clock);
    console.log("stop.");
  }
}, 200);
```

Eliminar rebotes

Algunos tipos de eventos tienen el potencial de activarse rápidamente, muchas veces seguidas (los eventos "mousemove" y "scroll", por ejemplo). Cuando manipule este tipo de eventos, tenga cuidado de no hacer nada que consuma demasiado tiempo o su manejador tardará tanto que la interacción con el documento empezará a parecer lenta.

Si necesita hacer algo no trivial en un manipulador de este tipo, use `setTimeout` para asegurarse de que no lo hace con demasiada frecuencia. A esto se le suele llamar eliminar rebotes de un evento. Hay varios planteamientos ligeramente distintos para llevarlo a cabo.

En el primer ejemplo, queremos reaccionar cuando el usuario ha tecleado algo, pero no queremos hacerlo de inmediato para cada evento de entrada. Cuando se teclea con rapidez, solo nos interesa esperar hasta que se produzca una pausa. En lugar de realizar inmediatamente una acción en el manipulador de eventos, establecemos un tiempo de espera. También borramos el tiempo de espera anterior (si lo hay) para que, cuando los eventos se produzcan en un breve periodo de tiempo (inferior a nuestro tiempo de espera), el tiempo de espera del evento anterior se cancele.

```
<textarea>Type something here...</textarea>
<script>
  let textarea = document.querySelector("textarea");
  let timeout;
  textarea.addEventListener("input", () => {
    clearTimeout(timeout);
    timeout = setTimeout(() => console.log("Typed!"), 500);
  });
</script>
```

Dar un valor indefinido a `clearTimeout` o llamarlo en un `timeout` que ya se ha activado no tiene ningún efecto. Por lo tanto, no hay que ser cuidados con el momento de llamarlo, simplemente lo llamamos para cada evento.

Podemos usar un patrón ligeramente distinto para espaciar las respuestas por al menos un cierto periodo de tiempo, pero queremos activarlas durante una serie de eventos, no solo después. Por ejemplo, podríamos querer responder a eventos "mousemove" mostrando las coordenadas actuales del ratón, pero solo cada 250 milisegundos.

```
<script>
  let scheduled = null;
  window.addEventListener("mousemove", event => {
    if (!scheduled) {
      setTimeout(() => {
        document.body.textContent =
          `Mouse at ${scheduled.pageX}, ${scheduled.pageY}`;
        scheduled = null;
      }, 250);
    }
    scheduled = event;
  });
</script>
```

Resumen

Los manipuladores de eventos hacen posible detectar y reaccionar a los eventos que suceden en nuestra página web. El método `addEventListener` se utiliza para registrar un manipulador de este tipo.

Cada evento tiene un tipo (`"keydown"`, `"focus"`, etc.) que lo identifica. A la mayoría de los eventos se les llama en un elemento DOM específico y luego se propagan a los ancestros de ese elemento, lo que permite que los manejen los manipuladores asociados a esos elementos.

Cuando se llama a un manipulador de eventos, se le pasa un objeto de evento con información adicional sobre el evento. Este objeto también tiene métodos para detener la propagación (`stopPropagation`) y evitar que el navegador manipule el evento por defecto (`preventDefault`).

Pulsar una tecla activa eventos `"keydown"` y `"keyup"`. Al pulsar un botón del ratón se activan los eventos `"mousedown"`, `"mouseup"` y `"click"`. Al mover el ratón se activan los eventos `"mousemove"`. La interacción con la pantalla táctil da lugar a los eventos `"touchstart"`, `"touchmove"` y `"touchend"`.

El desplazamiento puede detectarse con el evento `"scroll"` y los cambios de enfoque, con los eventos `"focus"` y `"blur"`. Cuando el documento termina de cargarse, se activa un evento `"load"` en la ventana.

Ejercicios

Globo

Escriba una página que muestre un globo (utilizando el emoji de globo, 🎈). Cuando pulse la flecha hacia arriba, debería inflarse (crecer) un 10 %; y cuando pulse la flecha hacia abajo, debería desinflarse (encogerse) un 10 %.

Puede controlar el tamaño del texto (los emojis son texto) configurando la propiedad de CSS `font-size` (`style.fontSize`) en su elemento padre. Recuerde incluir una unidad en el valor, por ejemplo, píxeles (`10px`).

Los nombres de las teclas de flecha son `"ArrowUp"` y `"ArrowDown"`. Asegúrese de que las teclas solo modifican el globo, sin desplazar la página.

Cuando eso funcione, añada una función donde explote el globo si al inflarlo supera un tamaño determinado. En este caso, explotar significa que se sustituye con un emoji 💥, y se elimina el manipulador de eventos (para que no pueda inflar o desinflar la explosión).

Recorrido del ratón

En los primeros días de JavaScript, una época en la que estaban en auge las páginas de inicio llamativas con muchas imágenes animadas, a la gente se le ocurrieron algunas maneras realmente inspiradoras de usar el lenguaje.

Una de ellas era el recorrido del ratón, una serie de elementos que seguirían al puntero del ratón mientras se movía por la página.

En este ejercicio, quiero que implemente un recorrido del ratón. Use elementos `<div>` posicionados de manera absoluta con un tamaño y color de fondo fijos (consulte el apartado «Clics del ratón» en este mismo capítulo para ver un ejemplo). Cree varios elementos de este tipo y, cuando se mueva el ratón, muéstrelos tras el puntero del ratón.

Aquí hay varios enfoques posibles. Puede hacer que su solución sea tan simple o compleja como desee. Para empezar, una solución simple es mantener un número fijo de elementos de recorrido y pasar por ellos de manera cíclica, moviendo el siguiente a la posición actual del ratón cada vez que ocurre un evento `"mousemove"`.

Pestañas

Los paneles con pestañas se utilizan ampliamente en las interfaces de usuario. Le permiten seleccionar un panel de interfaz eligiendo entre varias pestañas que «sobresalen» encima de un elemento.

En este ejercicio debe implementar una interfaz con pestañas simple. Escriba una función, `asTabs`, que toma un nodo DOM y crea una interfaz con pestañas que muestra los elementos hijos de ese nodo. Debería insertar una lista de elementos `<button>` en la parte superior del nodo, uno para cada elemento hijo, que contienen texto recuperado del atributo `data-tabname` del hijo. Todos, menos uno de los hijos originales, deben estar ocultos (dado un estilo de visualización `none`). El nodo actualmente visible se puede seleccionar haciendo clic en los botones.

Cuando eso funcione, amplíelo para darle un estilo diferente al botón de la pestaña seleccionada actualmente, de modo que sea obvio qué pestaña está seleccionada.

«Toda la realidad es un juego».
— Iain Banks, *El jugador*

16

PROYECTO: UN JUEGO DE PLATAFORMAS

Gran parte de mi fascinación inicial por los ordenadores, como la de muchos niños empollones, estaba relacionada con los juegos de ordenador. Me sentí atraído por los pequeños mundos simulados que podía manipular y en los que se desarrollaban historias (o algún tipo de ellas), supongo que más por la manera en que proyecté mi imaginación en ellos que por las posibilidades reales que ofrecían.

No le deseo a nadie una carrera en programación de juegos. Al igual que en la industria de la música, la discrepancia entre la cantidad de jóvenes entusiastas que desean trabajar en ella y la demanda real de esas personas crea un ambiente bastante insalubre. Pero escribir juegos por diversión es entretenido.

En este capítulo veremos el proceso de implementación de un juego de plataformas pequeño. En los juegos de plataformas (o juegos de «saltar y correr»), se espera que el jugador mueva un personaje por un mundo, que suele ser bidimensional y visto desde un lado, mientras salta sobre y encima de elementos del juego.

El juego

Nuestro juego se basará más o menos en Dark Blue (`www.lessmilk.com/games/10`) de Thomas Palef. He elegido ese juego porque es entretenido y minimalista, y porque se puede crear sin demasiado código. Se parece a la figura de la siguiente página.

El rectángulo oscuro representa al jugador, que tiene la tarea de recoger los cuadrados pequeños (monedas o `coins`) evitando la lava. Se completa un nivel cuando se han recogido todas las monedas. El jugador puede caminar con las teclas de flecha izquierda y derecha y saltar con la flecha hacia arriba. Saltar es una especialidad de este personaje del juego. Puede alcanzar varias veces su propia altura y cambiar de dirección en el aire. Puede que esto no sea completamente realista, pero ayuda a que el jugador sienta que tiene el control directo del avatar en la pantalla.

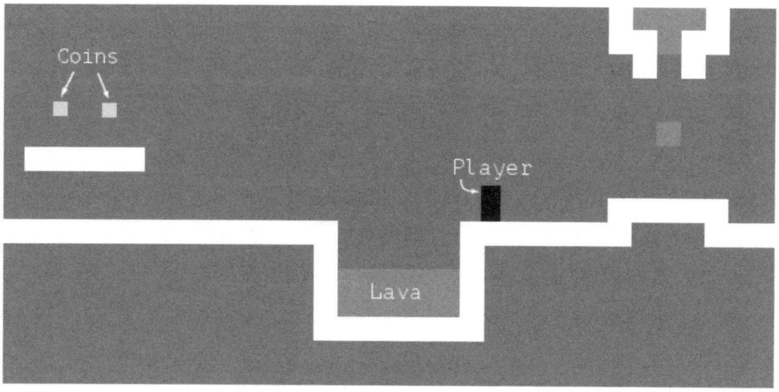

El juego consiste en un fondo estático, dispuesto como una cuadrícula, con los elementos en movimiento superpuestos sobre ese fondo. Cada campo de la cuadrícula está vacío o es sólido o es lava. Los elementos móviles son el jugador (`player`), las monedas (`coins`) y algunos trozos de lava. Las posiciones de estos elementos no están restringidas a la cuadrícula; sus coordenadas pueden ser fraccionarias, lo que permite un movimiento suave.

La tecnología

Usaremos el DOM del navegador para mostrar el juego y leeremos la entrada del usuario manipulando eventos de tecla. El código relacionado con la pantalla y el teclado solo es una parte pequeña del trabajo que debemos hacer para crear este juego. Como todo parece cuadros de colores, dibujar no es complicado: creamos elementos DOM y usamos estilo para darles un color de fondo, tamaño y posición.

Podemos representar el fondo como una mesa porque es una cuadrícula de cuadrados inmutable. Los elementos de movimiento libre se pueden superponer mediante elementos posicionados de manera absoluta.

En juegos y otros programas que deberían animar gráficos y responder a las entradas del usuario sin demoras perceptibles, la eficiencia es importante. A pesar de que el DOM no se diseñó originalmente para gráficos de alto rendimiento, en realidad funciona mejor con ellos de lo que cabría esperar. En una máquina moderna, un juego simple como este funciona bien, incluso si no nos preocupamos mucho por la optimización.

En el capítulo 14 vimos algunas animaciones y en el 17 analizaremos otra tecnología de navegador, la etiqueta `<canvas>`, que ofrece una manera más tradicional de dibujar gráficos y trabaja en términos de formas y píxeles en lugar de elementos DOM.

Niveles

Nos interesa contar con una forma legible y editable por humanos para especificar niveles. Como está bien que todo empiece en una cuadrícula, podríamos usar cadenas grandes en las que cada carácter representa un elemento, ya sea una parte de la cuadrícula de fondo o un elemento en movimiento.

El plano para un nivel pequeño podría ser el siguiente:

```
let simpleLevelPlan = `
......................
..#................#..
..#..............=.#..
..#.........o.o....#..
..#.@......#####...#..
..#####............#..
......#++++++++++++#..
......##############..
......................`;
```

Los puntos son espacio vacío, las almohadillas (`#`) son paredes y los signos más son lava. La posición inicial del jugador está en el símbolo (`@`). Cada carácter `o` es una moneda y el signo (`=`) en la parte superior es un bloque de lava que se mueve hacia adelante y atrás en horizontal. Será compatible con dos clases adicionales de lava en movimiento: el carácter pleca (`|`) crea gotas que se mueven en vertical; y `v` indica lava que gotea, se mueve en vertical y no rebota atrás y adelante, solo se mueve hacia abajo y salta hacia atrás hasta su posición inicial cuando toca el suelo.

Un juego completo está formado por varios niveles que debe completar el jugador. Un nivel se completa cuando se han recogido todas las monedas. Si el jugador toca la lava, el nivel actual vuelve a su posición inicial, y el jugador debe intentarlo otra vez.

Leer un nivel

La siguiente clase almacena un objeto de nivel. Su argumento debería ser la cadena que define el nivel.

```
class Level {
  constructor(plan) {
    let rows = plan.trim().split("\n").map(l => [...l]);
    this.height = rows.length;
    this.width = rows[0].length;
    this.startActors = [];

    this.rows = rows.map((row, y) => {
      return row.map((ch, x) => {
        let type = levelChars[ch];
        if (typeof type == "string") return type;
        this.startActors.push(
          type.create(new Vec(x, y), ch));
        return "empty";
      });
    });
  }
}
```

El método `trim` se usa para quitar espacio en blanco al principio y al final de la cadena del plano. Esto permite que nuestro plano de ejemplo comience con una línea nueva, de modo que todas las líneas queden directamente una debajo de otra. La cadena restante se divide en caracteres de línea nueva, y cada línea se distribuye en una matriz, produciendo matrices de caracteres. Por lo tanto, `rows` contiene una matriz de matrices de caracteres, las filas del plano. A partir de ellas obtendremos la anchura y la altura del nivel. Pero todavía hay que separar los elementos móviles de la cuadrícula de fondo. A los elementos móviles los llamaremos «actores» y se almacenarán en una matriz de objetos. El fondo será una matriz de matrices de cadenas, que contendrá tipos de campo como `"empty"`, `"wall"` o `"lava"`.

Para crear estas matrices, mapeamos las filas y luego su contenido. Recuerde que `map` pasa el índice de la matriz como un segundo argumento para la función de mapeo, que nos indica las coordenadas *x* e *y* de un carácter dado. Las posiciones en el juego se almacenarán como pares de coordenadas: la superior izquierda es 0,0 y cada cuadrado del fondo tendrá 1 unidad de alto y de ancho.

Para interpretar los caracteres en el plano, el constructor `Level` usa el objeto `levelChars`, que asigna elementos de fondo a cadenas y caracteres actor, a clases. Cuando `type` es una clase actor, su método estático `create` se utiliza para crear un objeto, que se añade a `startActors`, y la función de mapeo devuelve `"empty"` para este cuadrado de fondo.

La posición del actor se almacena como un objeto `Vec`. Se trata de un vector bidimensional, un objeto con propiedades `x` e `y`, como se ha visto en los ejercicios del capítulo 6.

A medida que el juego se ejecuta, los actores terminarán en diferentes lugares o incluso desaparecerán por completo (como las monedas cuando se recogen). Utilizaremos una clase `State` para hacer un seguimiento del estado de un juego en ejecución.

```
class State {
  constructor(level, actors, status) {
    this.level = level;
    this.actors = actors;
    this.status = status;
  }

  static start(level) {
    return new State(level, level.startActors, "playing");
  }

  get player() {
    return this.actors.find(a => a.type == "player");
  }
}
```

La propiedad `status` cambiará a `"lost"` o `"won"` cuando el juego haya terminado. De nuevo, se trata de una estructura de datos persistente: al actualizar el estado del juego se crea un estado nuevo y el anterior se deja intacto.

Actores

Los objetos actor representan la posición y el estado actuales de un elemento móvil determinado en nuestro juego. Todos los objetos actor se ajustan a la misma interfaz. Su propiedad `pos` contiene las coordenadas de la esquina superior izquierda del elemento y su propiedad `size`, el tamaño. Luego tienen un método `update`, que se usa para calcular su estado y posición nuevos después de un tiempo determinado. Simula lo que hace el actor: moverse en respuesta a las teclas de flecha para el jugador y rebotar hacia delante y hacia atrás para la lava; y devuelve un objeto actor nuevo y actualizado.

Una propiedad `type` contiene una cadena que identifica el tipo de actor: "`player`" (jugador), "`coin`" (moneda) o "`lava`". Esto es útil cuando se dibuja el juego: el aspecto del rectángulo dibujado para un actor se basa en su tipo. Las clases actor cuentan con un método estático `create` que utiliza el constructor `Level` para crear un actor a partir de un personaje del plano del nivel. Se le da el personaje y las coordenadas del mismo, es necesario porque la clase `Lava` maneja varios personajes distintos. Esta es la clase `Vec` que usaremos para nuestros valores bidimensionales, como la posición y el tamaño de los actores:

```
class Vec {
  constructor(x, y) {
    this.x = x; this.y = y;
  }
  plus(other) {
    return new Vec(this.x + other.x, this.y + other.y);
  }
  times(factor) {
    return new Vec(this.x * factor, this.y * factor);
  }
}
```

El método `times` escala un vector en función de un número dado. Será útil cuando necesitemos multiplicar un vector de velocidad por un intervalo de tiempo para obtener la distancia recorrida durante ese tiempo.

Los diferentes tipos de actores poseen sus propias clases porque su comportamiento es muy distinto. Definamos estas clases. Más adelante veremos sus métodos `update`.

La clase `Player` tiene una propiedad `speed` que almacena su velocidad actual para simular el momento y la gravedad.

```
class Player {
  constructor(pos, speed) {
    this.pos = pos;
    this.speed = speed;
  }

  get type() { return "player"; }

  static create(pos) {
    return new Player(pos.plus(new Vec(0, -0.5)),
                      new Vec(0, 0));
  }
}

Player.prototype.size = new Vec(0.8, 1.5);
```

Como un jugador es de un cuadrado y medio de alto, su posición inicial se fija en medio cuadrado por encima de la posición donde ha aparecido el carácter `@`. De esta forma, su parte inferior se alinea con la parte inferior del cuadrado en el que ha aparecido.

La propiedad `size` es la misma para todas las instancias de `Player`, por lo que la almacenamos en el prototipo, en lugar de en las propias instancias. Podríamos haber usado un getter como `type`, pero eso crearía y devolvería un objeto `Vec` nuevo cada vez que se leyera la propiedad, y sería un desperdicio. Por el contrario, las cadenas son inmutables y no tienen que volver a crearse cada vez que se evalúan.

Al construir un actor `Lava`, debemos inicializar el objeto de manera distinta en función del personaje en el que se basa. La lava dinámica se desplaza a su velocidad actual hasta que encuentra un obstáculo. En ese momento, si tiene una propiedad `reset`, saltará hacia atrás hasta su posición inicial (goteando). Si no la tiene, invertirá su velocidad y continuará en la otra dirección (rebotando).

El método `create` mira el personaje que le pasa el constructor `Level` y crea el actor lava adecuado.

```
class Lava {
  constructor(pos, speed, reset) {
    this.pos = pos;
    this.speed = speed;
    this.reset = reset;
  }

  get type() { return "lava"; }

  static create(pos, ch) {
    if (ch == "=") {
      return new Lava(pos, new Vec(2, 0));
    } else if (ch == "|") {
      return new Lava(pos, new Vec(0, 2));
    } else if (ch == "v") {
      return new Lava(pos, new Vec(0, 3), pos);
    }
  }
}

Lava.prototype.size = new Vec(1, 1);
```

Los actores `Coin` son relativamente sencillos. Casi siempre se quedan sentados en su sitio. Pero para animar un poco el juego, se les da un «bamboleo», un ligero movimiento vertical hacia atrás y hacia delante. Para hacer un seguimiento, un objeto moneda almacena una posición base y una propiedad `wobble` que rastrea la fase del movimiento de rebote. Juntas, determinan la posición real de la moneda (almacenada en la propiedad `pos`).

```
class Coin {
  constructor(pos, basePos, wobble) {
    this.pos = pos;
    this.basePos = basePos;
    this.wobble = wobble;
  }

  get type() { return "coin"; }

  static create(pos) {
    let basePos = pos.plus(new Vec(0.2, 0.1));
    return new Coin(basePos, basePos,
                    Math.random() * Math.PI * 2);
  }
}

Coin.prototype.size = new Vec(0.6, 0.6);
```

En el apartado «Posicionamiento y animación» del capítulo 14, vimos que `Math.sin` nos da la coordenada y de un punto en un círculo. Esa coordenada va y viene bajo la forma de una onda suave a medida que nos movemos a lo largo del círculo, lo que hace que la función seno sea útil para modelar un movimiento ondulante.

Para evitar una situación donde todas las monedas se mueven hacia arriba y hacia abajo de forma sincronizada, la fase inicial de cada moneda es aleatoria. La fase de la onda de `Math.sin`, el ancho de una onda que produce, es 2π. Multiplicamos el valor devuelto por `Math.random` por ese número para dar a la moneda una posición inicial aleatoria en la onda.

Ahora podemos definir el objeto `levelChars` que mapea los caracteres del plano para tipos de cuadrícula de fondo o clases de actor.

```
const levelChars = {
  ".": "empty", "#": "wall", "+": "lava",
  "@": Player, "o": Coin,
  "=": Lava, "|": Lava, "v": Lava
};
```

Eso nos da todas las partes necesarias para crear una instancia `Level`.

```
let simpleLevel = new Level(simpleLevelPlan);
console.log(`${simpleLevel.width} by ${simpleLevel.height}`);
// → 22 by 9
```

La tarea siguiente es mostrar estos niveles en la pantalla y modelar el tiempo y el movimiento dentro de ellos.

Encapsulado como una carga

Hay dos razones por las que la mayor parte del código de este capítulo no se preocupa demasiado por la encapsulación. En primer lugar, la encapsulación requiere un esfuerzo extra. Hace que los programas sean más grandes y requiere la introducción de conceptos e interfaces adicionales. Dado que no hay mucho código que se pueda lanzar a un lector antes de que se le nublen los ojos, he hecho un esfuerzo por mantener el programa pequeño.

En segundo lugar, los distintos elementos de este juego están tan estrechamente ligados entre sí que, si cambia el comportamiento de uno, es poco probable que los otros puedan permanecer igual. Las interfaces entre los elementos acabarían codificando muchas suposiciones sobre la manera de funcionar del juego. Esto las hace mucho menos eficaces: cada vez que cambia una parte del sistema, tiene que preocuparse por cómo afecta a las otras, porque sus interfaces no cubrirían la nueva situación.

Algunos puntos de corte en un sistema se prestan bien a la separación mediante interfaces rigurosas, pero otros no. Intentar encapsular algo que no es un límite adecuado es una manera segura de desperdiciar mucha energía. Cuando está cometiendo este error, por lo general notará que las interfaces se están volviendo incómodamente grandes y detalladas, y que necesita cambiarlas a menudo conforme evoluciona el programa.

Vamos a encapsular el subsistema de dibujo porque en el próximo capítulo mostraremos el mismo juego de una manera diferente. Al poner el dibujo detrás de una interfaz, podemos cargar allí el mismo programa de juego y conectar un módulo de visualización nuevo.

Dibujar

La encapsulación del código de dibujo se realiza mediante la definición de un objeto de visualización, que muestra un nivel y un estado determinados. El tipo de visualización que definimos en este capítulo se llama `DOMDisplay` porque emplea elementos DOM para mostrar el nivel. Usaremos una hoja de estilo para establecer los colores reales y otras propiedades fijas de los elementos que componen el juego. También sería posible asignarlas directamente a la propiedad `style` de los elementos cuando los creamos, pero eso produciría programas más recargados.

La siguiente función de ayuda nos da una manera precisa de crear un elemento, darle algunos atributos y nodos hijo:

```
function elt(name, attrs, ...children) {
  let dom = document.createElement(name);
  for (let attr of Object.keys(attrs)) {
    dom.setAttribute(attr, attrs[attr]);
  }
  for (let child of children) {
    dom.appendChild(child);
  }
  return dom;
}
```

Se crea una visualización dándole un elemento padre al que debería añadirse y un objeto de nivel.

```
class DOMDisplay {
  constructor(parent, level) {
    this.dom = elt("div", {class: "game"}, drawGrid(level));
    this.actorLayer = null;
    parent.appendChild(this.dom);
  }

  clear() { this.dom.remove(); }
}
```

La cuadrícula de fondo del nivel, que nunca cambia, se dibuja una vez.

Los actores se redibujan cada vez que se actualiza la visualización con un estado dado. La propiedad `actorLayer` se utilizará para hacer un seguimiento del elemento que contiene los actores, de modo que sea posible quitarlos y eliminarlos con facilidad.

Hacemos un seguimiento de nuestras coordenadas y tamaños en unidades de cuadrícula, donde un tamaño o distancia de 1 significa un bloque de cuadrícula. Al establecer los tamaños en píxeles tendremos que escalar estas coordenadas, porque todo en el juego sería ridículamente pequeño con un solo píxel por cuadrado. La constante `scale` da el número de píxeles que ocupa una unidad en la pantalla.

```
const scale = 20;

function drawGrid(level) {
  return elt("table", {
    class: "background",
    style: `width: ${level.width * scale}px`
```

```
  }, ...level.rows.map(row =>
    elt("tr", {style: `height: ${scale}px`},
        ...row.map(type => elt("td", {class: type})))
  ));
}
```

Como se ha mencionado, el fondo se dibuja como un elemento `<table>`. Esto se corresponde muy bien con la estructura de la propiedad `rows` del nivel: cada fila de la cuadrícula se convierte en una fila de tabla (elemento `<tr>`). Las cadenas en la cuadrícula se usan como nombres de clase para los elementos celda de tabla (`<td>`). El operador propagación (tres puntos) sirve para pasar matrices de nodos hijos a `elt` como argumentos independientes.

El siguiente CSS hace que la tabla tenga el aspecto de fondo que queremos:

```
.background    { background: rgb(52, 166, 251);
                 table-layout: fixed;
                 border-spacing: 0;              }
.background td { padding: 0;                     }
.lava          { background: rgb(255, 100, 100); }
.wall          { background: white;              }
```

Algunas de estas funciones (`table-layout`, `border-spacing` y `padding`) se emplean para eliminar comportamientos predeterminados no deseados. No queremos que el diseño de la tabla dependa de los contenidos de sus celdas, y no queremos espacio entre las celdas de la tabla ni relleno dentro de ellas.

La regla `background` establece el color de fondo. CSS permite que los colores se especifiquen como palabras (`white`) o con un formato como `rgb(R, G, B)`, donde los componentes rojo, verde y azul del color se separan en tres números del 0 al 255. Así, en `rgb(52, 166, 251)`, el componente rojo es 52, el verde 166 y el azul 251. Como hay mayor cantidad de azul, el color resultante será azulado. En la regla `.lava` puede ver que el primer número (rojo) indica que hay mayor cantidad de ese color.

Dibujamos cada actor creando un elemento DOM para él y estableciendo la posición y el tamaño de ese elemento en función de las propiedades del actor. Hay que multiplicar los valores por `scale` para pasar de unidades de juego a píxeles.

```
function drawActors(actors) {
  return elt("div", {}, ...actors.map(actor => {
    let rect = elt("div", {class: `actor ${actor.type}`});
    rect.style.width = `${actor.size.x * scale}px`;
    rect.style.height = `${actor.size.y * scale}px`;
    rect.style.left = `${actor.pos.x * scale}px`;
    rect.style.top = `${actor.pos.y * scale}px`;
    return rect;
  }));
}
```

Para darle más de una clase a un elemento, separamos los nombres de las clases con espacios. En el código CSS que se muestra a continuación, la clase `actor` les da a los actores su posición absoluta. Su nombre de tipo se utiliza como una clase adicional para darles un color. No tenemos que definir la clase `lava` de nuevo porque la estamos reutilizando para los cuadrados de la cuadrícula de lava que hemos definido antes.

```
.actor  { position: absolute;            }
.coin   { background: rgb(241, 229, 89); }
.player { background: rgb(64, 64, 64);   }
```

El método `syncState` se utiliza para hacer que la visualización muestre un estado determinado. Primero quita los gráficos de actores antiguos, si los hay, y luego vuelve a dibujar los actores en sus posiciones nuevas. Puede ser tentador intentar reutilizar los elementos DOM para actores, pero para que funcione necesitaríamos una gran cantidad de contabilidad adicional para asociar los actores con los elementos DOM y para asegurarnos de que quitamos los elementos cuando desaparecen sus actores. Como normalmente solo habrá un puñado de actores en el juego, redibujarlos a todos no es costoso.

```
DOMDisplay.prototype.syncState = function(state) {
  if (this.actorLayer) this.actorLayer.remove();
  this.actorLayer = drawActors(state.actors);
  this.dom.appendChild(this.actorLayer);
  this.dom.className = `game ${state.status}`;
  this.scrollPlayerIntoView(state);
};
```

Al añadir el estado actual del nivel como un nombre de clase para el empaquetado, podemos dar un estilo ligeramente diferente al actor jugador cuando se gana o se pierde la partida añadiendo una regla CSS que solo surte efecto cuando el jugador tiene un elemento antecesor con una clase determinada.

```
.lost .player {
  background: rgb(160, 64, 64);
}
.won .player {
  box-shadow: -4px -7px 8px white, 4px -7px 8px white;
}
```

Después de tocar la lava, el color del jugador se vuelve rojo oscuro, sugiriendo quemaduras. Cuando se ha recogido la última moneda, añadimos dos sombras blancas difuminadas, una arriba a la izquierda y otra arriba a la derecha, para crear un efecto de aureola blanca.

No podemos asumir que el nivel siempre encaja en la ventana gráfica (*viewport*), el elemento en el que dibujamos el juego. Por eso, necesitamos llamar a `scrollPlayerIntoView`. Así garantizamos que, si el nivel sobresale de la ventana gráfica, la desplazamos para asegurarnos de que el jugador está cerca de su centro. El siguiente CSS da al elemento DOM que envuelve el juego un tamaño máximo y garantiza que todo lo que sobresale del recuadro del elemento no es visible. También le damos una posición relativa para que los actores dentro de él se posicionen con respecto a la esquina superior izquierda del nivel.

```
.game {
  overflow: hidden;
  max-width: 600px;
  max-height: 450px;
  position: relative;
}
```

En el método `scrollPlayerIntoView`, encontramos la posición del jugador y actualizamos la posición de desplazamiento del elemento empaquetador. Cambiamos la posición de desplazamiento manipulando las propiedades `scrollLeft` y `scrollTop` de ese elemento cuando el jugador está demasiado cerca del borde.

```
DOMDisplay.prototype.scrollPlayerIntoView = function(state) {
  let width = this.dom.clientWidth;
  let height = this.dom.clientHeight;
  let margin = width / 3;

  // La ventana gráfica
  let left = this.dom.scrollLeft, right = left + width;
  let top = this.dom.scrollTop, bottom = top + height;

  let player = state.player;
  let center = player.pos.plus(player.size.times(0.5))
                         .times(scale);

  if (center.x < left + margin) {
    this.dom.scrollLeft = center.x - margin;
  } else if (center.x > right - margin) {
    this.dom.scrollLeft = center.x + margin - width;
  }
  if (center.y < top + margin) {
    this.dom.scrollTop = center.y - margin;
  } else if (center.y > bottom - margin) {
    this.dom.scrollTop = center.y + margin - height;
  }
};
```

La manera de encontrar el centro del jugador muestra cómo los métodos en nuestro tipo `Vec` permiten escribir cálculos con objetos de forma relativamente legible. Para encontrar el centro del actor, sumamos su posición (su esquina superior izquierda) y la mitad de su tamaño. Ese es el centro en coordenadas de nivel, pero nosotros lo necesitamos en coordenadas de píxel, así que multiplicamos el vector resultante por la escala de visualización. A continuación, una serie de comprobaciones verifica que la posición del jugador no está fuera del rango permitido. Tenga en cuenta que, a veces, se establecerán coordenadas de desplazamiento sin sentido que están por debajo de cero o más allá de la zona de desplazamiento del elemento. No pasa nada, el DOM las limitará a valores aceptables. Establecer `scrollLeft` a -10 hará que se convierta en 0.

Hubiera sido un poco más sencillo intentar siempre desplazar al jugador al centro de la ventana gráfica. Pero esto crea un efecto bastante irritante. Mientras está saltando, la vista se desplazará constantemente hacia arriba y hacia abajo. Es más agradable tener una zona «neutra» en el centro de la pantalla por la que pueda moverse sin provocar ningún desplazamiento. Ahora ya podemos mostrar nuestro pequeño nivel.

```
<link rel="stylesheet" href="css/game.css">

<script>
  let simpleLevel = new Level(simpleLevelPlan);
  let display = new DOMDisplay(document.body, simpleLevel);
  display.syncState(State.start(simpleLevel));
</script>
```

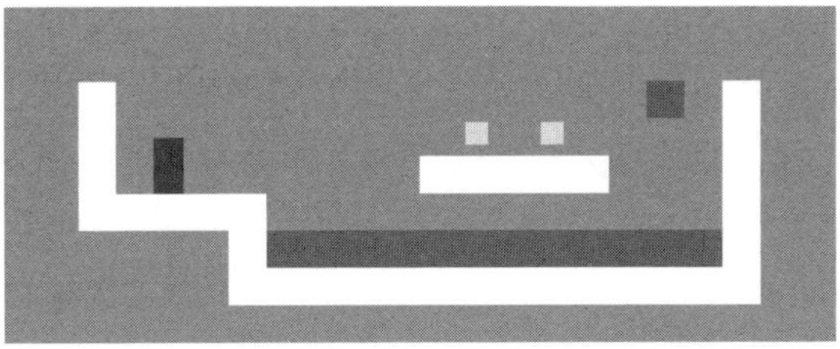

La etiqueta `<tag>`, cuando se usa con `rel="stylesheet"`, es una manera de cargar un archivo CSS en una página. El archivo `game.css` contiene los estilos necesarios para nuestro juego.

Movimiento y colisión

Ahora podemos empezar a añadir movimiento, el aspecto más interesante del juego. El planteamiento básico, adoptado por la mayoría de los juegos de este tipo, es dividir el tiempo en pasos pequeños y, para cada paso, mover a los actores una distancia correspondiente a su velocidad multiplicada por el tamaño del paso de tiempo. Mediremos el tiempo en segundos, así que las velocidades se expresan en unidades por segundo.

Mover cosas es fácil. Lo difícil es tratar las interacciones entre los elementos. Cuando el jugador golpea una pared o el suelo, no debería atravesarlos fácilmente. El juego debe darse cuenta de cuándo un movimiento dado hace que un objeto golpee a otro y responder en consecuencia. En el caso de las paredes, el movimiento debe detenerse. Al golpear una moneda, debe recogerla. Al tocar la lava, debería perder la partida. Resolver este problema para el caso general es una tarea ingente. Puede encontrar bibliotecas, habitualmente llamadas motores físicos, que simulan la interacción entre objetos físicos en dos o tres dimensiones. En este capítulo adoptaremos un enfoque más modesto: manipularemos solo colisiones entre objetos rectangulares y las trataremos de una manera bastante simplista.

Antes de mover al jugador o un bloque de lava, comprobamos si el movimiento lo llevaría al interior de una pared. Si es así, simplemente cancelamos el movimiento por completo. La respuesta a una colisión de este tipo depende del tipo de actor: el jugador se detendrá, mientras que un bloque de lava rebotará hacia atrás.

Este planteamiento requiere que los pasos temporales sean bastante pequeños, porque hará que el movimiento se detenga antes de que los objetos se toquen en realidad. Si los pasos temporales (y, por tanto, los pasos de movimiento) son demasiado grandes, el jugador acabará flotando a una distancia considerable del suelo. Otro planteamiento, probablemente mejor pero más complicado, sería encontrar el punto exacto de colisión y desplazarse hasta allí. Tomaremos el planteamiento simple y ocultaremos sus problemas asegurándonos de que la animación avanza en pasos pequeños.

Este método nos dice si un rectángulo (especificado por una posición y un tamaño) toca un elemento de la cuadrícula del tipo dado.

```
Level.prototype.touches = function(pos, size, type) {
  var xStart = Math.floor(pos.x);
  var xEnd = Math.ceil(pos.x + size.x);
```

```
  var yStart = Math.floor(pos.y);
  var yEnd = Math.ceil(pos.y + size.y);

  for (var y = yStart; y < yEnd; y++) {
    for (var x = xStart; x < xEnd; x++) {
      let isOutside = x < 0 || x >= this.width ||
                      y < 0 || y >= this.height;
      let here = isOutside ? "wall" : this.rows[y][x];
      if (here == type) return true;
    }
  }
  return false;
};
```

El método calcula el conjunto de cuadrículas con las que se solapa el cuerpo utilizando `Math.floor` y `Math.ceil` en sus coordenadas. Recuerde que los cuadrados de la cuadrícula tienen un tamaño de 1 por 1 unidad. Si redondeamos los lados de un rectángulo hacia arriba y hacia abajo, obtenemos el rango de cuadrados de fondo que toca el rectángulo.

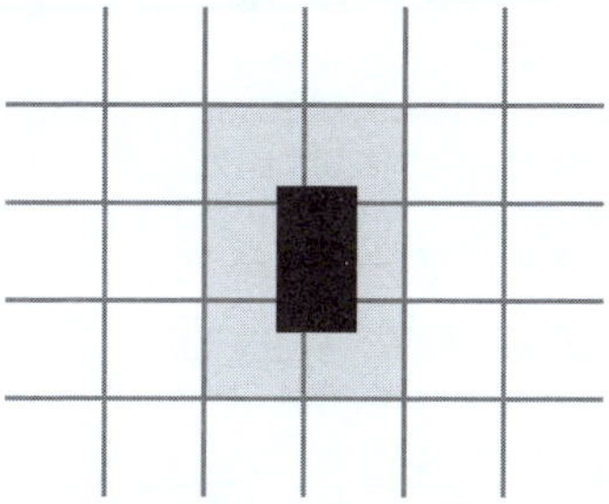

Hacemos un bucle sobre el bloque de cuadrados de la cuadrícula encontrados al redondear las coordenadas y devolvemos `true` cuando se halla un cuadrado coincidente. Los cuadrados fuera del nivel siempre se tratan como `"wall"` (pared) para garantizar que el jugador no pueda salir del mundo y que no intentaremos leer por error fuera de los límites de nuestra matriz `row`.

El método `update` de estado usa `touches` para averiguar si el jugador está tocando la lava.

```
State.prototype.update = function(time, keys) {
  let actors = this.actors
    .map(actor => actor.update(time, this, keys));
  let newState = new State(this.level, actors, this.status);

  if (newState.status != "playing") return newState;

  let player = newState.player;
  if (this.level.touches(player.pos, player.size, "lava")) {
    return new State(this.level, actors, "lost");
  }

  for (let actor of actors) {
    if (actor != player && overlap(actor, player)) {
```

```
      newState = actor.collide(newState);
    }
  }
  return newState;
};
```

Al método se le pasa un paso de tiempo y una estructura de datos que le indica qué teclas se mantienen pulsadas. Lo primero que hace es llamar al método `update` en todos los actores, y genera una matriz de actores actualizados. Los actores también obtienen el paso del tiempo, las teclas y el estado, para que puedan basar su actualización en ellos. Solo el jugador leerá realmente las teclas, porque es el único actor controlado por el teclado.

Si el juego ya ha terminado, no hay que procesar nada más (no se puede ganar el juego después de haberlo perdido, o viceversa). En caso contrario, el método comprueba si el jugador está tocando la lava del fondo. En ese caso, pierde el juego y hemos terminado. Por último, si el juego sigue realmente en marcha, se comprueba si otros actores se solapan con el jugador.

El solapamiento entre actores se detecta con la función `overlap`. Toma dos objetos actores y devuelve `true` cuando se tocan, lo que sucede cuando se solapan a lo largo del eje *x* y del *y*.

```
function overlap(actor1, actor2) {
  return actor1.pos.x + actor1.size.x > actor2.pos.x &&
         actor1.pos.x < actor2.pos.x + actor2.size.x &&

         actor1.pos.y + actor1.size.y > actor2.pos.y &&
         actor1.pos.y < actor2.pos.y + actor2.size.y;
}
```

Si algún actor se solapa, su método `collide` tiene una oportunidad de actualizar el estado. Tocar a un actor lava configura el estado del juego como `"lost"`. Las monedas desaparecen al tocarlas y establecen el estado como `"won"` cuando son la última moneda del nivel.

```
Lava.prototype.collide = function(state) {
  return new State(state.level, state.actors, "lost");
};

Coin.prototype.collide = function(state) {
  let filtered = state.actors.filter(a => a != this);
  let status = state.status;
  if (!filtered.some(a => a.type == "coin")) status = "won";
  return new State(state.level, filtered, status);
};
```

Actualizaciones de actores

Los métodos `update` de los objetos actor toman como argumentos el paso de tiempo, el objeto estado y un objeto `keys`. El método del tipo de actor `Lava` ignora el objeto `keys`.

```
Lava.prototype.update = function(time, state) {
```

```
  let newPos = this.pos.plus(this.speed.times(time));
  if (!state.level.touches(newPos, this.size, "wall")) {
    return new Lava(newPos, this.speed, this.reset);
  } else if (this.reset) {
    return new Lava(this.reset, this.speed, this.reset);
  } else {
    return new Lava(this.pos, this.speed.times(-1));
  }
};
```

Este método `update` calcula una posición nueva sumando el producto del paso de tiempo y la velocidad actual a su antigua posición. Si ningún obstáculo bloquea esa posición nueva, se desplaza hasta ella. Si hay un obstáculo, el comportamiento depende del tipo de bloque de lava: la lava que gotea tiene una posición `reset`, a la que salta de vuelta cuando choca con algo. La lava que rebota invierte su velocidad multiplicándola por -1, de modo que empieza a moverse en la dirección contraria.

Las monedas utilizan su método `update` para temblar. Ignoran las colisiones con la cuadrícula porque simplemente tiemblan dentro de su propio cuadrado.

```
const wobbleSpeed = 8, wobbleDist = 0.07;

Coin.prototype.update = function(time) {
  let wobble = this.wobble + time * wobbleSpeed;
  let wobblePos = Math.sin(wobble) * wobbleDist;
  return new Coin(this.basePos.plus(new Vec(0, wobblePos)),
                  this.basePos, wobble);
};
```

La propiedad `wobble` se incrementa para hacer un seguimiento del tiempo y luego se usa como un argumento de `Math.sin` para encontrar la posición nueva en la onda. La posición actual de la moneda se calcula a partir de su posición base y un desplazamiento basado en esta onda.

Solo queda el jugador. El movimiento del jugador se maneja por separado en cada eje, porque golpear el suelo no debería impedir el movimiento horizontal, y golpear una pared no debería detener el movimiento de caída o salto.

```
const playerXSpeed = 7;
const gravity = 30;
const jumpSpeed = 17;

Player.prototype.update = function(time, state, keys) {
  let xSpeed = 0;
  if (keys.ArrowLeft) xSpeed -= playerXSpeed;
  if (keys.ArrowRight) xSpeed += playerXSpeed;
  let pos = this.pos;
  let movedX = pos.plus(new Vec(xSpeed * time, 0));
  if (!state.level.touches(movedX, this.size, "wall")) {
    pos = movedX;
  }

  let ySpeed = this.speed.y + time * gravity;
  let movedY = pos.plus(new Vec(0, ySpeed * time));
  if (!state.level.touches(movedY, this.size, "wall")) {
```

```
    pos = movedY;
  } else if (keys.ArrowUp && ySpeed > 0) {
    ySpeed = -jumpSpeed;
  } else {
    ySpeed = 0;
  }
  return new Player(pos, new Vec(xSpeed, ySpeed));
};
```

El movimiento horizontal se calcula en función del estado de las teclas de flecha izquierda y derecha. Se usa cuando no hay ninguna pared bloqueando la posición nueva creada por este movimiento. En caso contrario, se mantiene la posición anterior.

El movimiento vertical funciona de manera similar, pero tiene que simular los saltos y la gravedad. La velocidad vertical del jugador (`ySpeed`) se acelera primero para tener en cuenta la gravedad.

Comprobamos de nuevo si hay paredes. Si no chocamos con ninguna, se usa la posición nueva. Si existe una pared, hay dos resultados posibles. Cuando se pulsa la flecha arriba y nos estamos moviendo hacia abajo (significa que el elemento que golpeamos está debajo de nosotros), la velocidad se establece en un valor relativamente grande y negativo. Esto hace que el jugador salte. Si no es el caso, el jugador simplemente ha chocado con algo y la velocidad se establece en cero.

La fuerza de gravedad, la velocidad de salto y casi todos los otros parámetros de este juego se han establecido mediante prueba y error. He probado valores hasta que he encontrado una combinación que me ha gustado.

Seguimiento de teclas

Para un juego como este, no nos interesa que las teclas actúen una vez por cada pulsación. En lugar de eso, queremos que su efecto (mover la figura del jugador) permanezca activo mientras se mantienen pulsadas.

Tenemos que configurar un manipulador de teclas que almacene el estado actual de las teclas de flecha izquierda, derecha y arriba. También hay que llamar a `preventDefault` para esas teclas de modo que no terminen desplazando la página.

La siguiente función, cuando se le da una matriz de nombres de teclas, devolverá un objeto que hace un seguimiento de la posición actual de esas teclas. Registra manipuladores de eventos para los eventos `"keydown"` y `"keyup"` y, cuando el código de la tecla en el evento está presente en el conjunto de códigos que está rastreando, actualiza el objeto.

```
function trackKeys(keys) {
  let down = Object.create(null);
  function track(event) {
    if (keys.includes(event.key)) {
      down[event.key] = event.type == "keydown";
      event.preventDefault();
    }
  }
  window.addEventListener("keydown", track);
  window.addEventListener("keyup", track);
```

```
  return down;
}

const arrowKeys =
  trackKeys(["ArrowLeft", "ArrowRight", "ArrowUp"]);
```

La misma función manipuladora se usa para ambos tipos de eventos. Examina la propiedad `type` del objeto evento para determinar si el estado de la tecla debería ser actualizado a `true` (`"keydown"`) o `false` (`"keyup"`).

Ejecutar el juego

La función `requestAnimationFrame`, que vimos en el capítulo 14, ofrece una buena manera de animar un juego. Pero su interfaz es bastante primitiva: usarla requiere que hagamos un seguimiento del momento en el que se llamó a nuestra función por última vez y volver a llamar a `requestAnimationFrame` después de cada fotograma.

Vamos a definir una función de ayuda que empaquete esas partes aburridas en una interfaz adecuada y nos permita simplemente llamar a `runAnimation`, dándole una función que espera una diferencia de tiempo como argumento y dibuja un solo fotograma. Cuando la función `frame` devuelve el valor `false`, la animación se detiene.

```
function runAnimation(frameFunc) {
  let lastTime = null;
  function frame(time) {
    if (lastTime != null) {
      let timeStep = Math.min(time - lastTime, 100) / 1000;
      if (frameFunc(timeStep) === false) return;
    }
    lastTime = time;
    requestAnimationFrame(frame);
  }
  requestAnimationFrame(frame);
}
```

He establecido un paso de fotograma máximo de 100 milisegundos (una décima de segundo). Cuando la pestaña o ventana del navegador con nuestra página se oculte, las llamadas a `requestAnimationFrame` se suspenderán hasta que la pestaña o ventana vuelva a ser visible. En este caso, la diferencia entre `lastTime` y `time` será todo el tiempo en el que la página ha estado oculta. Avanzar el juego tanto en un solo paso parecería absurdo y podría causar efectos secundarios extraños, como que el jugador se caiga atravesando el suelo.

La función también convierte los pasos de tiempo en segundos, que son una cantidad más fácil de considerar que los milisegundos.

La función `runLevel` toma un objeto `Level`, un constructor de visualización y devuelve una promesa. Muestra el nivel (en `document.body`) y permite al usuario jugar en él. Cuando el nivel ha terminado (perdido o ganado), `runLevel` espera un segundo más (para permitir que el usuario vea lo que sucede) y luego limpia la visualización, detiene la animación y resuelve la promesa para el estado final del juego.

```
function runLevel(level, Display) {
```

```
  let display = new Display(document.body, level);
  let state = State.start(level);
  let ending = 1;
  return new Promise(resolve => {
    runAnimation(time => {
      state = state.update(time, arrowKeys);
      display.syncState(state);

      if (state.status == "playing") {
        return true;
      } else if (ending > 0) {
        ending -= time;
        return true;
      } else {
        display.clear();
        resolve(state.status);
        return false;
      }
    });
  });
}
```

Un juego es una secuencia de niveles. Cada vez que el jugador muere, el nivel actual se reinicia. Cuando se ha completado un nivel, se pasa al siguiente. Esto se puede expresar mediante la siguiente función, que toma una matriz de planos de nivel (cadenas) y un constructor de visualización:

```
async function runGame(plans, Display) {
  for (let level = 0; level < plans.length;) {
    let status = await runLevel(new Level(plans[level]),
                                Display);
    if (status == "won") level++;
  }
  console.log("You've won!");
}
```

Como hemos hecho que `runLevel` devuelva una promesa, `runGame` se puede escribir usando una función `async`, como vimos en el capítulo 11. Devuelve otra promesa, que resuelve cuándo termina el juego el jugador. Devuelve otra promesa, que se resuelve cuando el jugador termina el juego.

Hay un conjunto de planos de nivel disponibles en la vinculación `GAME_LEVELS` en el entorno de pruebas de este capítulo (`https://eloquentjavascript.net/code#16`). Esta página alimenta a `runGame` con los planos mencionados e inicia un juego real.

```
<link rel="stylesheet" href="css/game.css">

<body>
  <script>
    runGame(GAME_LEVELS, DOMDisplay);
  </script>
</body>
```

Ejercicios

Fin del juego

En los juegos de plataformas es tradicional que el jugador empiece con una cantidad de vidas limitada y se reste una cada vez que muere. Cuando el jugador se queda sin vidas, el juego se reinicia desde el principio.

Ajuste `runGame` para implementar vidas. Haga que el jugador empiece con tres. Indique el número actual de vidas (usando `console.log`) cada vez que empiece un nivel.

Pausar el juego

Haga que sea posible pausar (suspender) y eliminar la pausa del juego pulsando la tecla **Esc**. Esto se consigue cambiando la función `runLevel` para usar otro manipulador de eventos de teclado e interrumpir o reanudar la animación cada vez que se pulse la tecla **Esc**.

Es posible que la interfaz `runAnimation` no parezca adecuada para esto a primera vista, pero lo es si reorganiza la manera de `runLevel` de llamarla.

Cuando funcione, podría intentar hacer algo más. La manera que hemos estado empleando para registrar los manipuladores de eventos de teclado es un poco problemática. Actualmente, el objeto `arrows` es una vinculación global, y sus manipuladores de eventos se mantienen incluso cuando no se está ejecutando ningún juego. Se podría decir que se escapan de nuestro sistema. Amplíe `trackKeys` para proporcionar una manera de cancelar el registro de sus manipuladores y luego cambie `runLevel` para registrar sus manipuladores cuando se inicia y para cancelar el registro de nuevo cuando ha terminado.

Un monstruo

En los juegos de plataformas es típico que haya enemigos sobre los que puede saltar para derrotarlos. Este ejercicio le pide que añada al juego un actor de este tipo.

Lo llamaremos monstruo. Los monstruos solo se mueven en horizontal. Puede hacer que se muevan en la dirección del jugador, que reboten hacia adelante y hacia atrás como la lava horizontal o que posean cualquier patrón de movimiento que desee. La clase no tiene que manejar la caída, pero debe asegurarse de que el monstruo no atraviesa las paredes.

Cuando un monstruo toca al jugador, el efecto depende de si el jugador está saltando encima del monstruo o no. Puede aproximarse a este efecto comprobando si la parte inferior del jugador está cerca de la parte superior del monstruo. Si es así, el monstruo desaparece. En caso contrario, se pierde la partida.

«Dibujar es decepción».

— M. C. Escher, citado por Bruno Ernst en
El espejo mágico de M. C. Escher

17

DIBUJAR SOBRE LIENZO

Los navegadores nos dan varias maneras de mostrar gráficos. La más sencilla es usar estilos para colocar y dar colores a los elementos DOM normales. Esto puede llevarle bastante lejos, como ya vimos en el capítulo anterior. Al añadir imágenes de fondo parcialmente transparentes a los nodos, podemos hacer que tengan exactamente el aspecto que queramos. Incluso es posible girar o inclinar nodos con el estilo `transform`.

Pero estaríamos usando el DOM para algo para lo que se diseñó originalmente. Algunas tareas, como dibujar una línea entre puntos arbitrarios, son muy difíciles de hacer con elementos HTML ordinarios. Hay dos alternativas. La primera está basada en DOM, pero usa SVG (*Scalable Vector Graphics,* gráficos vectoriales escalables), en lugar de HTML. Considere a SVG como un dialecto de marcado de documentos que se centra en formas en lugar de texto. Puede incrustar un documento SVG directamente en un documento HTML o incluirlo con una etiqueta `<img>`.

La segunda alternativa se llama «lienzo». Este es un elemento DOM independiente que encapsula una imagen. Proporciona una interfaz de programación para dibujar formas en el espacio ocupado por el nodo. La principal diferencia entre un lienzo y una imagen SVG es que en SVG se conserva la descripción original de las formas para que se puedan mover o redimensionar en cualquier momento.

Por otro lado, un lienzo convierte las formas en píxeles (puntos de colores en una trama o mapa de bits) tan pronto como se dibujan y no recuerda lo que representan estos píxeles. La única forma de mover una forma en un lienzo es limpiar el lienzo (o la parte del lienzo alrededor de la forma) y volver a dibujarla con la forma en una posición nueva.

SVG

Este libro no entrará en detalle en SVG, pero explicará brevemente cómo funciona. En el apartado «Elegir una interfaz de gráficos» en este mismo capítulo, volveré a hablar de las ventajas e inconvenientes que debe considerar cuando decida qué mecanismo de dibujo es apropiado para una aplicación dada.

Aquí debajo vemos un documento HTML con una imagen SVG simple en él:

```
<p>Normal HTML here.</p>
<svg xmlns="http://www.w3.org/2000/svg">
  <circle r="50" cx="50" cy="50" fill="red"/>
  <rect x="120" y="5" width="90" height="90"
        stroke="blue" fill="none"/>
</svg>
```

El atributo xmlns cambia un elemento (y sus hijos) a un espacio de nombres XML distinto. Este espacio de nombres, identificado por una URL, especifica el dialecto que estamos hablando actualmente. Las etiquetas <circle> y <rect>, que no existen en HTML, poseen un significado en SVG: dibujan formas usando el estilo y la posición especificados por sus atributos. El documento se muestra como en la imagen siguiente:

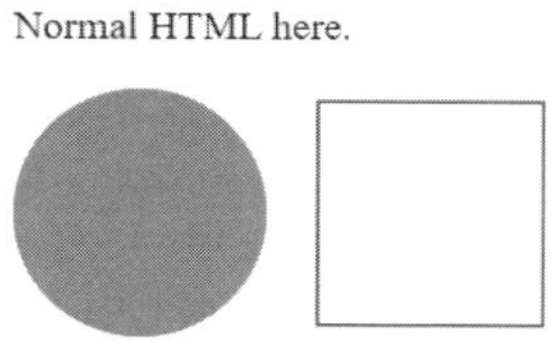

Estas etiquetas crean elementos DOM, como etiquetas HTML, con las que los scripts pueden interactuar. Por ejemplo, esto cambia el elemento <circle> y le da color cian.

```
let circle = document.querySelector(«circle»);
circle.setAttribute(«fill», «cyan»);
```

El elemento lienzo

Los gráficos de lienzo se pueden dibujar en un elemento <canvas>. A un elemento de este tipo se le dan atributos width y height para determinar su tamaño en píxeles.

Un lienzo nuevo está vacío, lo que significa que es completamente transparente y, por lo tanto, aparece como un espacio vacío en el documento.

La etiqueta <canvas> está destinada a permitir diferentes estilos de dibujo. Para obtener acceso a una interfaz de dibujo real, primero necesitamos crear un contexto, un objeto cuyos métodos proporcionan la interfaz de dibujo. Actualmente existen dos estilos de dibujo ampliamente compatibles: "2d" para gráficos bidimensionales y "webgl" para gráficos tridimensionales a través de la interfaz OpenGL.

En este libro no hablaremos de WebGL; nos ceñiremos a dos dimensiones. Pero si está interesado en los gráficos tridimensionales, le recomiendo que consulte WebGL. Proporciona una interfaz directa para el hardware de gráficos y le permite renderizar incluso escenas complicadas de manera eficiente, usando JavaScript.

Creamos un contexto con el método getContext en el elemento DOM <canvas>.

```
<p>Before canvas.</p>
<canvas width="120" height="60"></canvas>
<p>After canvas.</p>
<script>
  let canvas = document.querySelector("canvas");
  let context = canvas.getContext("2d");
```

```
  context.fillStyle = "red";
  context.fillRect(10, 10, 100, 50);
</script>
```

Después de crear el objeto de contexto, el ejemplo dibuja un rectángulo rojo de 100 píxeles de ancho y 50 de alto, con su esquina superior izquierda en las coordenadas (10,10).

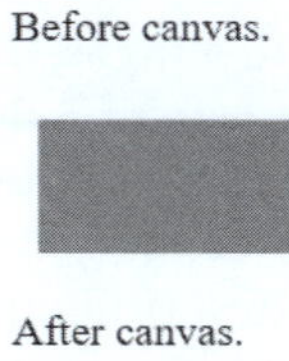

Al igual que en HTML (y SVG), el sistema de coordenadas que usa el lienzo coloca (0,0) en la esquina superior izquierda, y el eje *y* positivo desciende desde allí. Entonces (10,10) está 10 píxeles por debajo y a la derecha de la esquina superior izquierda.

Líneas y superficies

En la interfaz del lienzo, una forma se puede rellenar, lo que significa que a su área se le da un color o patrón determinado, o se puede trazar, es decir, se dibuja una línea a lo largo de su borde. SVG usa la misma terminología.

El método `fillRect` rellena un rectángulo. Primero se toman las coordenadas *x* e *y* de la esquina superior izquierda del rectángulo, luego su ancho y su alto. Un método similar, `StrokeRect`, dibuja el contorno de un rectángulo.

Ningún método toma más parámetros. El color del relleno, el grosor del trazo, etc., no están determinados por un argumento para el método (como sería razonable esperar), sino por las propiedades del objeto de contexto.

La propiedad `fillStyle` controla cómo se rellenan las formas. Se puede establecer en una cadena que especifica un color, usando la notación de color utilizada por CSS.

La propiedad `StrokeStyle` funciona de manera similar, pero determina el color utilizado para una línea trazada. El ancho de esa línea está determinado por la propiedad `lineWidth`, que puede contener cualquier número positivo.

```
<canvas></canvas>
<script>
  let cx = document.querySelector("canvas").getContext("2d");
  cx.strokeStyle = "blue";
  cx.strokeRect(5, 5, 50, 50);
  cx.lineWidth = 5;
  cx.strokeRect(135, 5, 50, 50);
</script>
```

Este código dibuja dos cuadrados, pero con una línea más gruesa para el segundo.

Cuando no se ha especificado el atributo `width` ni `height`, como en el ejemplo, un elemento lienzo tiene una anchura de 300 píxeles y una altura de 150 píxeles predeterminadas.

Trayectorias

Una trayectoria es una secuencia de líneas. La interfaz del lienzo 2D adopta un planteamiento específico para describir este tipo de trayectoria. Se hace completamente a través de efectos secundarios. Las trayectorias no son valores que puedan almacenarse y transmitirse. En cambio, si desea hacer algo con una trayectoria, debe realizar una secuencia de llamadas a métodos para describir su forma.

```
<canvas></canvas>
<script>
  let cx = document.querySelector("canvas").getContext("2d");
  cx.beginPath();
  for (let y = 10; y < 100; y += 10) {
    cx.moveTo(10, y);
    cx.lineTo(90, y);
  }
  cx.stroke();
</script>
```

Este ejemplo crea una trayectoria con varios segmentos de línea horizontales y luego la traza utilizando el método `stroke`. Cada segmento creado con `lineTo` comienza en la posición actual de la trayectoria. Esa posición suele ser el final del último segmento, a menos que se haya llamado a `moveTo`. En ese caso, el siguiente segmento comenzaría en la posición pasada a `moveTo`. La trayectoria descrita por el programa anterior tiene el aspecto de la figura de la derecha.

Al rellenar una trayectoria (usando el método `fill`), cada forma se rellena por separado. Una trayectoria puede contener varias formas: cada movimiento moveTo inicia uno nuevo. Pero es necesario cerrar la trayectoria (lo que significa que su inicio y final están en la misma posición) antes de poder rellenarla. Si la trayectoria aún no está cerrada, se agrega una línea desde el final hasta el inicio, y se rellena la forma encerrada por la trayectoria completada.

```
<canvas></canvas>
<script>
  let cx = document.querySelector("canvas").getContext("2d");
  cx.beginPath();
  cx.moveTo(50, 10);
  cx.lineTo(10, 70);
  cx.lineTo(90, 70);
  cx.fill();
</script>
```

Este ejemplo dibuja un triángulo relleno. Tenga en cuenta que solo dos lados se han dibujado explícitamente. El tercero, desde la esquina inferior derecha hasta la parte superior, está implícito y no estaría allí cuando trazó la trayectoria.

También puede usar el método closePath para cerrar explícitamente una trayectoria agregando un segmento de línea real al inicio de la trayectoria; este segmento se dibuja al trazarla.

Curvas

Una trayectoria también puede contener líneas curvas. Por desgracia, estas son un poco más complicadas de dibujar. El método `quadraticCurveTo` dibuja una curva hasta un punto determinado. Para determinar la curvatura de la línea, al método se le asigna un punto de control y uno de destino. Imagine que este punto de control atrae la línea y le da la curvatura. La línea no pasará por el punto de control, sino que su dirección en los puntos inicial y final será la que tendría una línea recta en esa dirección que apuntara hacia el punto de control. El siguiente ejemplo ilustra lo que acabamos de explicar:

```
<canvas></canvas>
<script>
  let cx = document.querySelector("canvas").getContext("2d");
  cx.beginPath();
  cx.moveTo(10, 90);
  // control=(60,10) goal=(90,90)
  cx.quadraticCurveTo(60, 10, 90, 90);
  cx.lineTo(60, 10);
  cx.closePath();
  cx.stroke();
</script>
```

Este código crea una trayectoria similar a la que aparece a continuación:

Dibujamos una curva cuadrática desde la izquierda hasta la derecha, con `(60,10)` como punto de control. Luego trazamos dos segmentos de línea que pasan por ese punto de control y vuelven al inicio de la línea. El resultado se parece un poco a la insignia de Star Trek. Puede ver el efecto del punto de control: las líneas que salen de las esquinas inferiores comienzan en la dirección del punto de control y luego se curvan hacia su objetivo.

El método `bezierCurveTo` dibuja un tipo de curva similar. En lugar de un punto de control único, este tiene dos: uno para cada uno de los puntos finales de la línea. A continuación, se muestra un esquema similar para ilustrar el comportamiento de una curva de este tipo:

```
<canvas></canvas>
<script>
  let cx = document.querySelector("canvas").getContext("2d");
  cx.beginPath();
  cx.moveTo(10, 90);
  // control1=(10,10) control2=(90,10) goal=(50,90)
  cx.bezierCurveTo(10, 10, 90, 10, 50, 90);
```

```
  cx.lineTo(90, 10);
  cx.lineTo(10, 10);
  cx.closePath();
  cx.stroke();
</script>
```

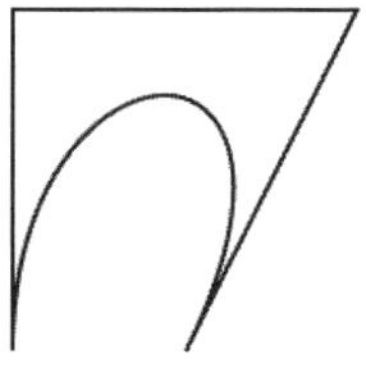

Los dos puntos de control especifican la dirección en ambos extremos de la curva. Cuanto más lejos están de su punto correspondiente, más se abulta la curva en esa dirección.

En ocasiones es difícil trabajar con este tipo de curvas; no siempre está claro cómo encontrar los puntos de control que proporcionan la forma que está buscando. A veces se calculan y otras veces hay que encontrar un valor adecuado mediante prueba y error.

El método del arco es una forma de dibujar una línea que se curva a lo largo del borde de un círculo. Se necesitan un par de coordenadas para el centro del arco, un radio y luego los ángulos inicial y final.

Estos dos últimos parámetros permiten dibujar solo una parte del círculo. Los ángulos se miden en radianes, no en grados. Esto significa que un círculo completo tiene un ángulo de 2π, o `2 * Math.PI`, que es aproximadamente 6,28. El ángulo comienza contando en el punto a la derecha del centro del círculo y hacia la derecha desde allí. Puede usar un ángulo inicial 0 y uno final mayor de 2π (digamos, 7) para dibujar un círculo completo.

```
<canvas></canvas>
<script>
  let cx = document.querySelector("canvas").getContext("2d");
  cx.beginPath();
  // center=(50,50) radius=40 angle=0 to 7
  cx.arc(50, 50, 40, 0, 7);
  // center=(150,50) radius=40 angle=0 to 1/2 pi
  cx.arc(150, 50, 40, 0, 0.5 * Math.PI);
  cx.stroke();
</script>
```

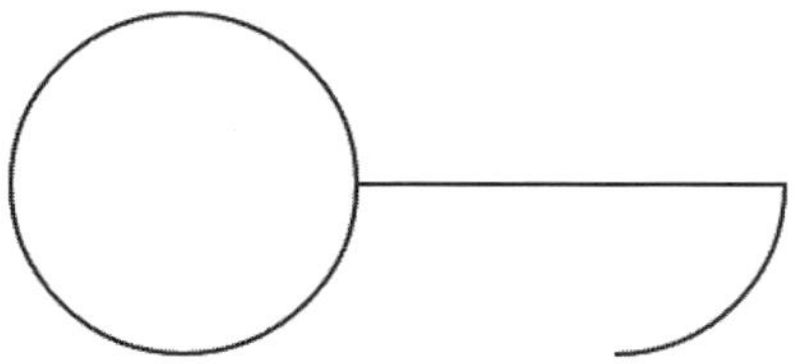

La imagen resultante contiene una línea desde la derecha del círculo completo (primera llamada a `arc`) hasta la derecha del cuarto de círculo (segunda llamada). Al igual que otros métodos de dibujo de trayectorias, una línea dibujada con `arc` se conecta al segmento de trayectoria anterior. Puede llamar a `moveTo` o iniciar una trayectoria nueva para evitar esto.

Dibujar un gráfico circular

Imagine que acaba de aceptar un trabajo en EconomiCorp, Inc. y su primera tarea es dibujar un gráfico circular de los resultados de su encuesta de satisfacción del cliente.

La vinculación `results` contiene una matriz de objetos que representan las respuestas de la encuesta.

```
const results = [
  {name: "Satisfied", count: 1043, color: "lightblue"},
  {name: "Neutral", count: 563, color: "lightgreen"},
  {name: "Unsatisfied", count: 510, color: "pink"},
  {name: "No comment", count: 175, color: "silver"}
];
```

Para dibujar un gráfico circular, dibujamos varios sectores circulares, cada uno de ellos formado por un arco y un par de líneas hacia el centro de ese arco. Podemos calcular el ángulo que ocupa cada arco dividiendo un círculo completo (2π) por la cantidad total de respuestas y luego multiplicando ese número (el ángulo de cada respuesta) por la cantidad de personas que han elegido una opción determinada.

```
<canvas width="200" height="200"></canvas>
<script>
  let cx = document.querySelector("canvas").getContext("2d");
  let total = results
    .reduce((sum, {count}) => sum + count, 0);
  // Start at the top
  let currentAngle = -0.5 * Math.PI;
  for (let result of results) {
    let sliceAngle = (result.count / total) * 2 * Math.PI;
    cx.beginPath();
    // center=100,100, radius=100
    // from current angle, clockwise by slice's angle
    cx.arc(100, 100, 100,
           currentAngle, currentAngle + sliceAngle);
    currentAngle += sliceAngle;
    cx.lineTo(100, 100);
    cx.fillStyle = result.color;
    cx.fill();
  }
</script>
```

Este código dibuja el siguiente gráfico:

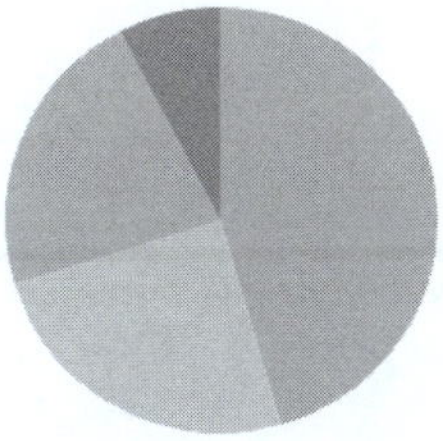

Pero un gráfico que no nos dice lo que significan los sectores no es muy útil. Necesitamos una manera de dibujar texto en el lienzo.

Texto

Un contexto de dibujo en lienzo 2D proporciona los métodos `fillText` y `strokeText`. Este último puede ser útil para hacer el contorno de letras, pero generalmente lo que necesita es `fillText`. Rellenará el contorno del texto dado con el `fillStyle` actual.

```
<canvas></canvas>
<script>
  let cx = document.querySelector("canvas").getContext("2d");
  cx.font = "28px Georgia";
  cx.fillStyle = "fuchsia";
  cx.fillText("I can draw text, too!", 10, 50);
</script>
```

El tamaño, estilo y fuente del texto se especifican con la propiedad `font`. Este ejemplo solo proporciona un tamaño de fuente y un nombre de familia tipográfica. También es posible agregar `italic` o `bold` al inicio de la cadena para seleccionar un estilo.

Los dos últimos argumentos para `fillText` y `strokeText` proporcionan la posición en la que se dibuja la fuente. Por defecto indican la posición de inicio de la línea base alfabética del texto, que es la línea sobre la que se colocan las letras, sin contar las partes colgantes en letras como j o p. Puede cambiar la posición horizontal estableciendo la propiedad `textAlign` como `"end"` o `"center"` y la posición vertical estableciendo `textBaseline` como `"top"`, `"middle"` o `"bottom"`.

Volveremos a nuestro gráfico circular y al problema de etiquetar las porciones en los ejercicios al final del capítulo.

Imágenes

En gráficos por ordenador se suele distinguir entre gráficos vectoriales y de mapa de bits. Los primeros son los que hemos estado haciendo hasta ahora en este capítulo: especificar una imagen dando una descripción lógica de las formas. Por otro lado, los gráficos de mapa de bits no especifican formas reales, sino que funcionan con datos de píxeles (tramas de puntos de colores).

El método `drawImage` nos permite dibujar datos de píxeles en un lienzo. Dichos datos pueden originarse en un elemento `<img>` o en otro lienzo. El siguiente ejemplo crea un elemento `<img>` separado y carga un archivo de imagen en él. Pero no puede empezar a dibujar inmediatamente a partir de esta imagen porque es posible que el navegador aún no la haya cargado. Para solucionar esto, registramos un manipulador de eventos `"load"` y hacemos el dibujo después de que se haya cargado la imagen.

```
<canvas></canvas>
<script>
  let cx = document.querySelector("canvas").getContext("2d");
  let img = document.createElement("img");
  img.src = "img/hat.png";
  img.addEventListener("load", () => {
    for (let x = 10; x < 200; x += 30) {
      cx.drawImage(img, x, 10);
    }
  });
</script>
```

De manera predeterminada, `drawImage` dibujará la imagen en su tamaño original. También puede darle dos argumentos adicionales para establecer una anchura y altura distintas.

Cuando a `drawImage` se le dan nueve argumentos, se puede usar para dibujar solo un fragmento de una imagen. Los argumentos desde el segundo hasta el quinto indican el rectángulo (*x*, *y*, ancho y alto) en la imagen de origen que se debe copiar, y los argumentos desde el sexto hasta el noveno dan el rectángulo (en el lienzo) en el que se debe copiar.

Lo anterior sirve para empaquetar múltiples sprites (elementos de imagen) en un único archivo de imagen y luego dibujar solo la parte que necesita. Por ejemplo, tenemos esta imagen que contiene un personaje del juego en múltiples posiciones:

Al alternar las poses que dibujamos, es posible mostrar una animación que parece un personaje que camina.

Para animar una imagen en un lienzo, el método `clearRect` resulta útil. Se parece a `fillRect`, pero, en lugar de colorear el rectángulo, lo hace transparente y quita los píxeles dibujados previamente.

Sabemos que cada sprite en el código, cada subimagen, tiene 24 píxeles de ancho y 30 de alto. El siguiente código carga la imagen y luego configura un intervalo (temporizador repetido) para dibujar el siguiente fotograma:

```
<canvas></canvas>
<script>
  let cx = document.querySelector("canvas").getContext("2d");
  let img = document.createElement("img");
  img.src = "img/player.png";
  let spriteW = 24, spriteH = 30;
  img.addEventListener("load", () => {
    let cycle = 0;
    setInterval(() => {
      cx.clearRect(0, 0, spriteW, spriteH);
      cx.drawImage(img,
                   // source rectangle
                   cycle * spriteW, 0, spriteW, spriteH,
                   // destination rectangle
                   0,                0, spriteW, spriteH);
      cycle = (cycle + 1) % 8;
    }, 120);
  });
</script>
```

La vinculación `cycle` hace un seguimiento de nuestra posición en la animación. Para cada fotograma, se incrementa y luego se recorta la parte trasera al rango de 0 a 7 usando el operador resto. Esta vinculación luego se usa para calcular la coordenada *x* de sprite para la postura actual en la imagen.

Transformación

Pero ¿y si queremos que nuestro personaje camine hacia la izquierda en lugar de hacia la derecha? Por supuesto, podríamos dibujar otro conjunto de sprites. Pero también otra opción es indicarle al lienzo que dibuje la imagen en la dirección contraria.

Llamar al método `scale` hará que se escale todo lo que se dibuje después de él. Este método toma dos parámetros: uno para establecer una escala horizontal y otro para una escala vertical.

```
<canvas></canvas>
<script>
  let cx = document.querySelector("canvas").getContext("2d");
  cx.scale(3, .5);
  cx.beginPath();
  cx.arc(50, 50, 40, 0, 7);
  cx.lineWidth = 3;
  cx.stroke();
</script>
```

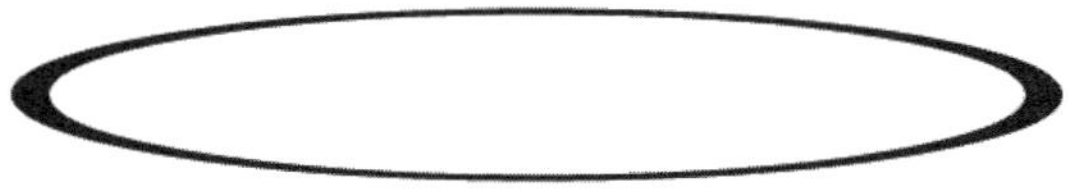

Debido a la llamada a `scale`, la anchura del círculo se multiplica por tres y la altura se divide por la mitad.

La escala hará que todo lo relacionado con la imagen dibujada, incluido el ancho de línea, se estire o comprima junto, según lo especificado. Escalar en una cantidad negativa invertirá la imagen. La inversión se produce alrededor del punto (0,0), lo que significa que también invertirá la dirección del sistema de coordenadas. Cuando se aplica una escala horizontal `-1`, una forma dibujada en la posición `100` de *x* terminará en lo que solía ser la posición `-100`. Entonces, para girar una imagen, no podemos simplemente agregar `cx.scale(-1, 1)` antes de llamar a `drawImage` porque eso movería nuestra imagen fuera del lienzo, donde no será visible. Podría ajustar las coordenadas dadas a `drawImage` para compensar esto dibujando la imagen en la posición `-50` de *x* en lugar de `0`. Otra solución, que no requiere que el código que dibuja sepa sobre el cambio de escala, es ajustar el eje alrededor del que se produce la escala.

Existen otros métodos además de `scale` que influyen en el sistema de coordenadas de un lienzo. Puede girar formas dibujadas posteriormente con el método `rotate` y moverlas con el método `translate`. Lo interesante (y confuso) es que estas transformaciones se apilan, es decir, cada una ocurre en relación con las transformaciones anteriores.

Entonces, si trasladamos 10 píxeles horizontales dos veces, todo se dibujará 20 píxeles a la derecha. Si primero movemos el centro del sistema de coordenadas a (50,50) y luego giramos 20° (aproximadamente 0,1π radianes), esa rotación se producirá alrededor del punto (50,50).

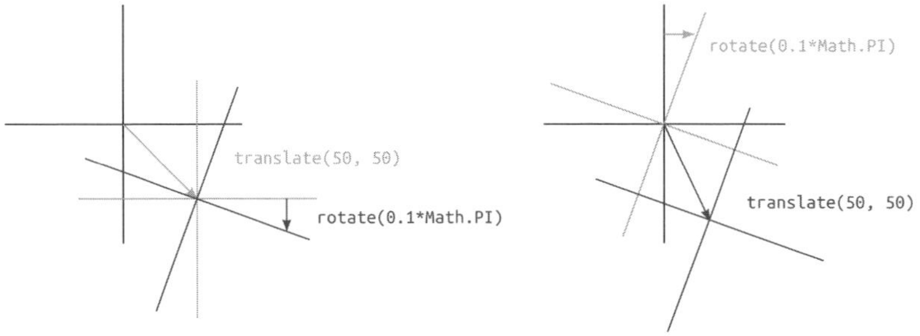

Pero si primero giramos 20° y luego trasladamos a (50,50), la traslación se producirá en el sistema de coordenadas girado y, por lo tanto, producirá una orientación diferente. El orden en el que se aplican las transformaciones es importante.

Para invertir una imagen alrededor de la línea vertical en una posición *x* determinada, una opción es hacer lo siguiente:

```
function flipHorizontally(context, around) {
  context.translate(around, 0);
  context.scale(-1, 1);
  context.translate(-around, 0);
}
```

Movemos el eje *y* a donde queremos que esté nuestro reflejo, aplicamos reflejar y, por último, volvemos a mover el eje *y* de vuelta a su lugar correcto en el universo reflejado. La siguiente imagen explica cómo funciona este proceso.

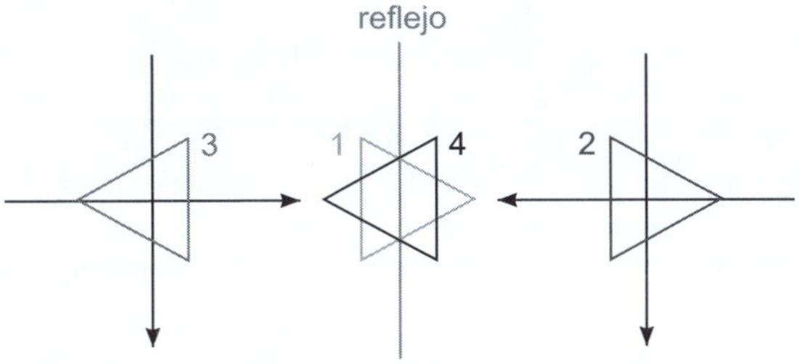

Esta imagen muestra los sistemas de coordenadas antes y después de reflejar respecto a la línea central. Los triángulos están numerados para ilustrar cada paso. Si dibujamos un triángulo en una posición *x* positiva, por defecto estaría en el lugar donde está el triángulo 1. Una llamada a `flipHorizontally` primero hace una traslación hacia la derecha, lo que nos lleva al triángulo 2. Luego escala, reflejando el triángulo a la posición 3. Aquí no es donde debería estar, si se reflejara en la línea dada. La segunda llamada de `translate` soluciona este problema: «cancela» la traducción inicial y hace que el triángulo 4 aparezca exactamente donde debería.

Ahora podemos dibujar un personaje reflejado en la posición (100,0) invirtiendo el mundo alrededor del centro vertical del personaje.

```
<canvas></canvas>
<script>
  let cx = document.querySelector("canvas").getContext("2d");
  let img = document.createElement("img");
  img.src = "img/player.png";
  let spriteW = 24, spriteH = 30;
  img.addEventListener("load", () => {
    flipHorizontally(cx, 100 + spriteW / 2);
    cx.drawImage(img, 0, 0, spriteW, spriteH,
                 100, 0, spriteW, spriteH);
  });
</script>
```

Guardar y eliminar transformaciones

Las transformaciones persisten. Todo lo demás que dibujemos después de dibujar ese personaje reflejado también estará reflejado. Eso podría ser un inconveniente.

Es posible guardar la transformación actual, dibujar y transformar y luego restaurar la transformación anterior. Esto suele ser lo correcto para una función que necesita transformar temporalmente el sistema de coordenadas. Primero, guardamos la transformación que estaba usando el código que ha llamado a la función. Entonces la función actúa agregando más transformaciones sobre la transformación actual. Finalmente, volvemos a la transformación con la que empezamos.

Los métodos `save` y `restore` en el contexto del lienzo 2D realizan esta gestión de transformación. Conceptualmente mantienen una pila de estados de transformación. Cuando se llama a `save`, el estado actual se coloca en la pila; y cuando se llama a `restore`, el estado en la parte superior de la pila se quita y se usa como la transformación actual del contexto. También se puede llamar a `resetTransform` para restablecer completamente la transformación.

La función `branch` en el siguiente ejemplo ilustra lo que se puede hacer con una función que cambia la transformación y luego llama a una función (en este caso a sí misma), que continúa dibujando con la transformación dada.

Esta función dibuja una forma de árbol mediante una línea, luego mueve el centro del sistema de coordenadas hasta el final de la línea y después se llama a sí misma dos veces: primero girada hacia la izquierda y luego girada hacia la derecha. Cada llamada reduce la longitud de la rama dibujada y la recursividad se detiene cuando la longitud cae por debajo de 8.

```
<canvas width="600" height="300"></canvas>
<script>
  let cx = document.querySelector("canvas").getContext("2d");
  function branch(length, angle, scale) {
    cx.fillRect(0, 0, 1, length);
    if (length < 8) return;
    cx.save();
    cx.translate(0, length);
    cx.rotate(-angle);
    branch(length * scale, angle, scale);
    cx.rotate(2 * angle);
    branch(length * scale, angle, scale);
    cx.restore();
  }
  cx.translate(300, 0);
  branch(60, 0.5, 0.8);
</script>
```

El resultado es un simple fractal.

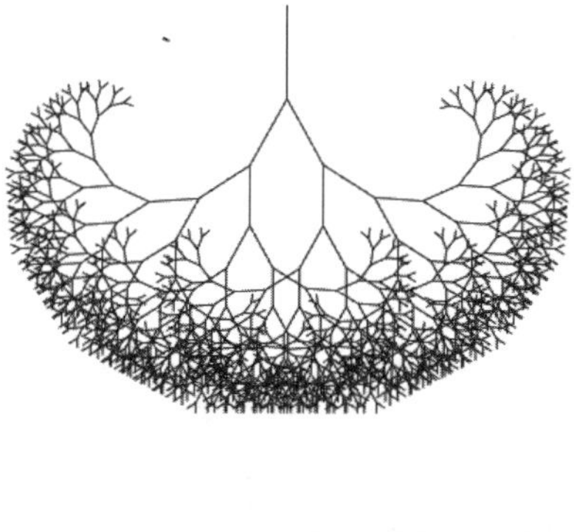

Si las llamadas a `save` y `restore` no estuvieran allí, la segunda llamada recursiva a `branch` terminaría con la posición y giro creadas por la primera llamada. No estaría conectado a la rama actual, sino a la rama más interna y a la derecha, dibujada por la primera llamada. La forma resultante también podría ser interesante, pero definitivamente no sería un árbol.

De vuelta al juego

Ahora sabemos lo suficiente sobre el dibujo en lienzo para comenzar a trabajar en un sistema de visualización basado en lienzo para el juego del capítulo anterior. La visualización nueva ya no mostrará solo cuadros de colores. En su lugar, usaremos `drawImage` para dibujar imágenes que representen los elementos del juego.

Definimos otro tipo de objeto de visualización llamado `CanvasDisplay`, compatible con la misma interfaz que `DOMDisplay` del apartado «Dibujar» en el capítulo 16, es decir, los métodos `syncState` y `clear`.

Este objeto guarda un poco más de información que `DOMDisplay`. En lugar de utilizar la posición de desplazamiento de su elemento DOM, rastrea su propia ventana gráfica, que nos dice qué parte del nivel estamos viendo actualmente. Y, para terminar, mantiene una propiedad `flipPlayer`, de modo que, incluso cuando el jugador está quieto, sigue mirando en la dirección en la que se movió por última vez.

```
class CanvasDisplay {
  constructor(parent, level) {
    this.canvas = document.createElement("canvas");
    this.canvas.width = Math.min(600, level.width * scale);
    this.canvas.height = Math.min(450, level.height * scale);
    parent.appendChild(this.canvas);
    this.cx = this.canvas.getContext("2d");

    this.flipPlayer = false;

    this.viewport = {
      left: 0,
      top: 0,
      width: this.canvas.width / scale,
      height: this.canvas.height / scale
    };
  }

  clear() {
    this.canvas.remove();
  }
}
```

Primero, el método `syncState` calcula una ventana gráfica nueva y, luego, dibuja la escena de juego en la posición adecuada.

```
CanvasDisplay.prototype.syncState = function(state) {
  this.updateViewport(state);
  this.clearDisplay(state.status);
  this.drawBackground(state.level);
  this.drawActors(state.actors);
};
```

A diferencia de `DOMDisplay`, este estilo de visualización tiene que volver a dibujar el fondo en cada actualización. Debido a que las formas en un lienzo solo son píxeles, después de dibujarlas no hay una buena manera de moverlas (o eliminarlas). La única manera de actualizar la visualización del lienzo es borrarlo y volver a dibujar la escena. Es posible que también nos hayamos desplazado, lo que requiere que el fondo esté en una posición distinta. El método `updateViewport` es similar al método `scrollPlayerIntoView` de `DOMDisplay`: comprueba si el jugador está demasiado cerca del borde de la pantalla; y, si es así, mueve la ventana gráfica.

```
CanvasDisplay.prototype.updateViewport = function(state) {
  let view = this.viewport, margin = view.width / 3;
  let player = state.player;
  let center = player.pos.plus(player.size.times(0.5));

  if (center.x < view.left + margin) {
    view.left = Math.max(center.x - margin, 0);
  } else if (center.x > view.left + view.width - margin) {
    view.left = Math.min(center.x + margin - view.width,
                         state.level.width - view.width);
  }
  if (center.y < view.top + margin) {
    view.top = Math.max(center.y - margin, 0);
  } else if (center.y > view.top + view.height - margin) {
    view.top = Math.min(center.y + margin - view.height,
                        state.level.height - view.height);
  }
};
```

Las llamadas a `Math.max` y `Math.min` garantizan que la ventana gráfica no termine mostrando espacio fuera del nivel. `Math.max(x, 0)` se asegura de que el número resultante no es menor que cero. `Math.min` garantiza de manera similar que un valor se mantenga por debajo de un límite dado.

Al borrar la pantalla, usaremos un color ligeramente diferente dependiendo de si se gana el juego (más brillante) o se pierde (más oscuro).

```
CanvasDisplay.prototype.clearDisplay = function(status) {
  if (status == "won") {
    this.cx.fillStyle = "rgb(68, 191, 255)";
  } else if (status == "lost") {
    this.cx.fillStyle = "rgb(44, 136, 214)";
  } else {
    this.cx.fillStyle = "rgb(52, 166, 251)";
  }
  this.cx.fillRect(0, 0,
                   this.canvas.width, this.canvas.height);
};
```

Para dibujar el fondo, recorremos las piezas visibles en la ventana gráfica actual, utilizando el mismo truco usado en el método `touches` del capítulo anterior.

```
let otherSprites = document.createElement("img");
otherSprites.src = "img/sprites.png";

CanvasDisplay.prototype.drawBackground = function(level) {
```

```
  let {left, top, width, height} = this.viewport;
  let xStart = Math.floor(left);
  let xEnd = Math.ceil(left + width);
  let yStart = Math.floor(top);
  let yEnd = Math.ceil(top + height);

  for (let y = yStart; y < yEnd; y++) {
    for (let x = xStart; x < xEnd; x++) {
      let tile = level.rows[y][x];
      if (tile == "empty") continue;
      let screenX = (x - left) * scale;
      let screenY = (y - top) * scale;
      let tileX = tile == "lava" ? scale : 0;
      this.cx.drawImage(otherSprites,
                        tileX,         0, scale, scale,
                        screenX, screenY, scale, scale);
    }
  }
};
```

Las piezas que no están vacías se dibujan con `drawImage`. La imagen `otherSprites` contiene las imágenes utilizadas para elementos que no son el jugador. Incluye, de izquierda a derecha, la pieza de la pared, la pieza de lava y el sprite de una moneda.

Las piezas del fondo son de 20 por 20 píxeles porque usaremos la misma escala que en `DOMDisplay`. Por lo tanto, el desplazamiento para las piezas de lava es 20 (el valor de la vinculación `scale`) y el desplazamiento para las paredes, 0.

No nos molestamos en esperar a que se cargue la imagen del sprite. Llamar a `drawImage` con una imagen que aún no se ha cargado simplemente no hará nada. Por lo tanto, es posible que no logremos dibujar el juego correctamente durante los primeros fotogramas, mientras la imagen aún se está cargando, pero eso no es un problema grave. Como seguimos actualizando la pantalla, la escena correcta aparecerá en cuanto termine la carga.

El personaje que camina mostrado anteriormente se usará para representar al jugador. El código que lo dibuja debe elegir el sprite y la dirección correctos según el movimiento actual del jugador. Los primeros ocho sprites contienen una animación que camina. Cuando el jugador se mueve por el suelo, lo recorremos cíclicamente según la hora actual. Queremos cambiar fotogramas cada 60 milisegundos, por lo que primero el tiempo se divide por 60. Cuando el jugador está parado, dibujamos el noveno sprite. Durante los saltos, que se reconocen porque la velocidad vertical no es cero, utilizamos el décimo sprite, el que se encuentra más a la derecha.

Debido a que los sprites son ligeramente más anchos que el objeto jugador (24 en lugar de 16 píxeles, para dejar espacio para pies y brazos), el método tiene que ajustar la coordenada *x* y la anchura una cantidad determinada (`playerXOverlap`).

```
let playerSprites = document.createElement("img");
playerSprites.src = "img/player.png";
const playerXOverlap = 4;
```

```
CanvasDisplay.prototype.drawPlayer = function(player, x, y,
                                              width, height){
  width += playerXOverlap * 2;
  x -= playerXOverlap;
  if (player.speed.x != 0) {
    this.flipPlayer = player.speed.x < 0;
  }

  let tile = 8;
  if (player.speed.y != 0) {
    tile = 9;
  } else if (player.speed.x != 0) {
    tile = Math.floor(Date.now() / 60) % 8;
  }

  this.cx.save();
  if (this.flipPlayer) {
    flipHorizontally(this.cx, x + width / 2);
  }
  let tileX = tile * width;
  this.cx.drawImage(playerSprites, tileX, 0, width, height,
                                   x,     y, width, height);
  this.cx.restore();
};
```

El responsable de dibujar a todos los actores en el juego, `drawActors`, llama al método `drawPlayer`.

```
CanvasDisplay.prototype.drawActors = function(actors) {
  for (let actor of actors) {
    let width = actor.size.x * scale;
    let height = actor.size.y * scale;
    let x = (actor.pos.x - this.viewport.left) * scale;
    let y = (actor.pos.y - this.viewport.top) * scale;
    if (actor.type == "player") {
      this.drawPlayer(actor, x, y, width, height);


    } else {
      let tileX = (actor.type == "coin" ? 2 : 1) * scale;
      this.cx.drawImage(otherSprites,
                        tileX, 0, width, height,
                        x,     y, width, height);
    }
  }
};
```

Cuando dibujamos algo que no es el jugador, miramos su tipo para encontrar el desplazamiento del sprite correcto. La pieza de lava se encuentra en el desplazamiento 20 y el sprite de la moneda en el 40 (`scale` dos veces).

Tenemos que restar la posición de la ventana gráfica al calcular la posición del actor, porque (0,0) en nuestro lienzo corresponde a la parte superior izquierda de la ventana gráfica, no a la parte superior izquierda del nivel. Para ello, también podríamos haber usado `translate`. Funciona de ambas maneras.

Con esto concluye el sistema de visualización nuevo. El juego resultante se parece a esto:

Elegir una interfaz de gráficos

Entonces, cuando necesite generar gráficos en el navegador, puede elegir entre HTML simple, SVG y lienzo. No existe un enfoque único que funcione en todas las situaciones. Cada opción tiene ventajas e inconvenientes.

HTML simple brinda la ventaja de ser simple. También se integra bien con el texto. Tanto SVG como lienzo permiten dibujar texto, pero no ayudarán a posicionar ese texto ni a empaquetarlo cuando ocupa más de una línea. En una imagen basada en HTML, es mucho más fácil incluir bloques de texto.

SVG se puede usar para producir gráficos nítidos que se ven bien en cualquier nivel de zoom. A diferencia de HTML, está diseñado para dibujar y, por lo tanto, es más adecuado para ese propósito.

SVG y HTML construyen una estructura de datos (el DOM) que representa su imagen. Esto hace posible modificar elementos después de dibujarlos. Si necesita cambiar repetidamente una pequeña parte de una imagen grande en respuesta a lo que está haciendo el usuario o como parte de una animación, hacerlo en un lienzo puede resultar innecesariamente costoso. El DOM también nos permite registrar manipuladores de eventos del ratón en cada elemento de la imagen (incluso en formas dibujadas con SVG). Eso es imposible de hacer con lienzo. Pero el enfoque orientado a píxeles del lienzo puede ser una ventaja al dibujar una gran cantidad de elementos pequeños. El hecho de que no construye una estructura de datos, sino que solo dibuja repetidamente sobre la misma superficie de píxel, le da al lienzo un coste menor por forma.

También hay efectos, como renderizar una escena un píxel a la vez (por ejemplo, usando un trazador de rayos) o editar una imagen con JavaScript (difuminarla o distorsionarla), que solo pueden manejarse de manera realista mediante un enfoque basado en píxeles.

En algunos casos, es posible que quiera combinar varias de estas técnicas. Por ejemplo, puede dibujar un gráfico con SVG o lienzo, pero mostrar información textual colocando un elemento HTML encima de la imagen.

Para aplicaciones poco exigentes, realmente no importa mucho qué interfaz elija. La pantalla que hemos construido para nuestro juego en este capítulo podría haberse implementado usando cualquiera de estas tres tecnologías gráficas, porque no necesita dibujar texto, manejar la interacción del ratón ni trabajar con una cantidad de elementos extraordinariamente grande.

Resumen

En este capítulo hemos analizado las técnicas para dibujar gráficos en el navegador, centrándonos en el elemento `<canvas>`.

Un nodo de lienzo representa una zona de un documento en la que nuestro programa puede dibujar. Este dibujo se realiza a través de un objeto de contexto de dibujo, creado con el método `getContext`.

La interfaz de dibujo 2D nos permite rellenar y trazar varias formas. La propiedad `fillStyle` del contexto determina cómo se rellenan las formas. Las propiedades `StrokeStyle` y `lineWidth` controlan la manera de dibujar las líneas.

Se pueden dibujar rectángulos y fragmentos de texto con una sola llamada a un método. Los métodos `fillRect` y `StrokeRect` dibujan rectángulos, y los métodos `FillText` y `StrokeText`, texto. Para crear formas personalizadas, primero debemos construir una trayectoria.

Llamar a `beginPath` inicia una trayectoria nueva. Otros métodos agregan líneas y curvas a la trayectoria actual. Por ejemplo, `lineTo` puede agregar una línea recta. Cuando una trayectoria se termina, se puede rellenar con el método `fill` o trazar con el método `stroke`.

Mover píxeles de una imagen u otro lienzo a nuestro lienzo se hace con el método `drawImage`. De manera predeterminada, este método dibuja toda la imagen de origen; pero, al darle más parámetros, puede copiar una zona específica de la imagen. Usamos esto para nuestro juego copiando poses individuales del personaje del juego a partir de una imagen que contenía muchas de esas poses.

Las transformaciones permiten dibujar una forma en múltiples orientaciones. Un contexto de dibujo 2D tiene una transformación actual que se modifica con los métodos `translate`, `scale` y `rotate`. Esto afectará a todas las operaciones de dibujo posteriores. Un estado de transformación se guarda con el método `save` y se restaura con el método `restore`.

Al mostrar una animación en un lienzo, el método `clearRect` se puede utilizar para borrar parte del lienzo antes de volver a dibujarlo.

Ejercicios

Formas

Escriba un programa que dibuje las siguientes formas en un lienzo:

1. Un trapecio (un rectángulo que es más ancho por un lado)
2. Un diamante rojo (un rectángulo girado 45° o ¼π radianes)
3. Una línea en zigzag

4. Una espiral formada por 100 segmentos de recta
5. Una estrella amarilla

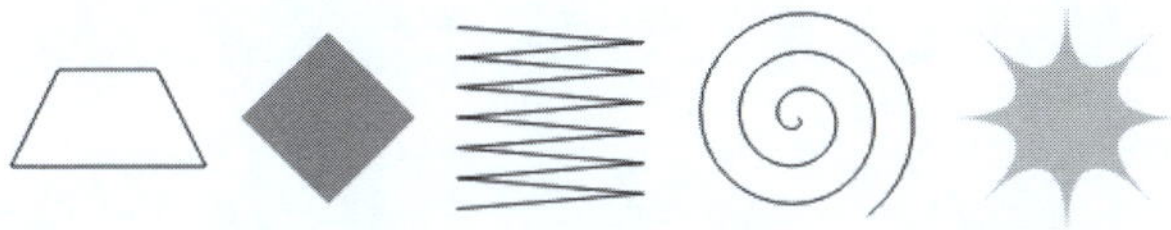

Al dibujar los dos últimos, es posible que quiera consultar la explicación de `Math.cos` y `Math.sin` en el apartado «Posicionamiento y animación» del capítulo 14, que describe cómo obtener coordenadas en un círculo empleando estas funciones.

Recomiendo crear una función para cada forma y pasar la posición, y opcionalmente otras propiedades como el tamaño o la cantidad de puntos, como parámetros. La alternativa, que consiste en codificar números en todo el código, tiende a hacer que el código sea innecesariamente difícil de leer y modificar.

El gráfico circular

En el apartado «Dibujar un gráfico circular» de este mismo capítulo, hemos visto un ejemplo que dibujaba un gráfico circular. Modifique este programa para que el nombre de cada categoría aparezca junto al sector circular que la representa. Intente encontrar una forma de aspecto agradable para posicionar este texto automáticamente que también funcionaría para otros conjuntos de datos. Puede suponer que las categorías son lo suficientemente grandes como para dejar el espacio necesario para sus etiquetas.

Es posible que vuelva a necesitar `Math.sin` y `Math.cos`, que se describen en el apartado «Posicionamiento y animación» del capítulo 14.

Una pelota que bota

Use la técnica `requestAnimationFrame` que vimos en los capítulos 14 y 16 para dibujar una caja con una pelota que rebota dentro. La pelota se mueve a una velocidad constante y rebota en los lados de la caja cuando los golpea.

Espejo precomputarizado

Un detalle desafortunado acerca de las transformaciones es que ralentizan el dibujo de mapas de bits. La posición y el tamaño de cada píxel deben transformarse. Aunque es posible que los navegadores se vuelvan más inteligentes en cuanto a la transformación en el futuro, actualmente provocan un aumento cuantificable del tiempo que requiere dibujar un mapa de bits.

En un juego como el nuestro, donde solo dibujamos un sprite individual transformado, esto no es un problema. Pero imagine que necesitamos dibujar cientos de caracteres o miles de partículas girando procedentes de una explosión.

Piense en una forma que nos permita dibujar un personaje invertido sin cargar archivos de imagen adicionales y sin realizar llamadas a `drawImage` transformadas en cada fotograma.

«La comunicación no debe tener estado por naturaleza... al igual que esa petición del cliente al servidor debe contener toda la información necesaria para comprender la petición, y no puede aprovechar la ventaja de ningún contexto almacenado en el servidor».

— Roy Fielding, *Architectural Styles and the Design of Network-based Software Architectures*

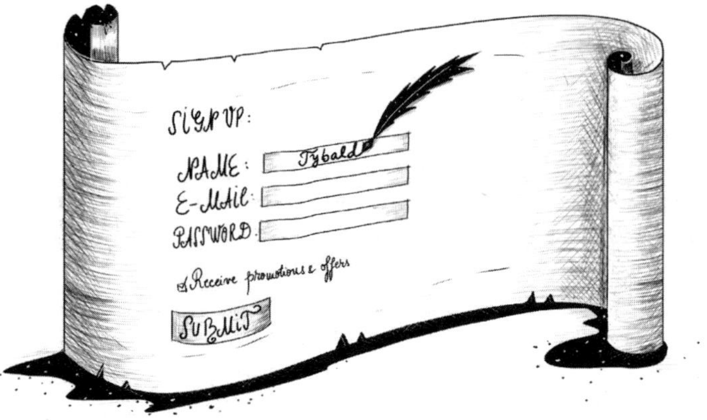

18

HTTP Y FORMULARIOS

El Protocolo de transferencia de hipertexto (HTTP, *Hypertext Transfer Protocol*), mencionado en el capítulo 13, es el mecanismo mediante el que se piden y se suministran datos en la Web (*World Wide Web*). Este capítulo describe el protocolo de manera más detallada y explica cómo JavaScript del navegador tiene acceso a él.

El protocolo

Si escribe `eloquentjavascript.net/18_http.html` en la barra de direcciones de su navegador, este busca primero la dirección del servidor asociado a `eloquentjavascript.net` e intenta abrir una conexión TCP con él en el puerto 80, el puerto predeterminado para el tráfico HTTP. Si el servidor existe y acepta la conexión, el navegador puede enviar algo como esto:

```
GET /18_http.html HTTP/1.1
Host: eloquentjavascript.net
User-Agent: Your browser's name
```

Entonces, el servidor responde mediante esa misma conexión.

```
HTTP/1.1 200 OK
Content-Length: 65585
Content-Type: text/html
Last-Modified: Mon, 07 Jan 2019 10:29:45 GMT

<!doctype html>
... the rest of the document
```

El explorador toma la parte de la respuesta después de la línea en blanco, su cuerpo (no confundir con la etiqueta `<body>` de HTML), y lo muestra como un documento HTML.

La información enviada por el cliente se llama la petición y empieza con esta línea:

```
GET /18_http.html HTTP/1.1
```

La primera palabra es el método de la petición. `GET` significa que queremos obtener el recurso especificado. Otros métodos habituales son `DELETE` para eliminar un recurso, `PUT` para crearlo o sustituirlo y `POST` para enviarle información. Tenga en cuenta que el servidor no está obligado a realizar todas las peticiones que recibe. Si se acerca a un sitio web cualquiera y le da la orden `DELETE` para su página principal, probablemente se negará.

La parte que sigue al nombre del método es la ruta del recurso al que se aplica la petición. En el caso más sencillo, un recurso simplemente es un archivo en el servidor, pero el protocolo no requiere que lo sea. Un recurso es cualquier cosa que pueda transferirse como si fuera un archivo. Muchos servidores generan las respuestas que producen sobre la marcha. Por ejemplo, si abre `https://github.com/marijnh`, el servidor busca en su base de datos un usuario llamado marijnh y, si encuentra uno, generará una página de perfil para ese usuario.

Después de la ruta del recurso, la primera línea de la petición menciona `HTTP/1.1` para indicar la versión del protocolo HTTP que está usando.

En la práctica, muchos sitios utilizan la versión 2 de HTTP, que es compatible con los mismos conceptos que la versión 1.1, pero mucho más complicada para poder ser más rápida. Los navegadores cambiarán automáticamente a la versión de protocolo adecuada cuando se comuniquen con un servidor determinado, y el resultado de una petición es el mismo independientemente de la versión que se use. Como la versión 1.1 es más sencilla y fácil de usar, nos centraremos en ella.

La respuesta del servidor también empezará con una versión, seguida del estado de la respuesta, primero como un código de estado de tres dígitos y después como una cadena legible por humanos.

```
HTTP/1.1 200 OK
```

Los códigos de estado que empiezan por 2 indican que la petición se ha realizado correctamente. Los códigos que empiezan por 4 informan de que hay algún error en la petición. 404 es probablemente el código de estado más famoso de HTTP: significa que no se ha podido encontrar el recurso. Los códigos que tienen como primer número el 5 notifican que se ha producido un error en el servidor y que la petición no es la culpable.

La primera línea de una petición o respuesta puede ir seguida de cualquier número de encabezados. Estas líneas tienen la forma `nombre: valor` que especifica información extra sobre la petición o respuesta. Estos encabezados formaban parte de la respuesta del ejemplo:

```
Content-Length: 65585
Content-Type: text/html
Last-Modified: Thu, 04 Jan 2018 14:05:30 GMT
```

Esto nos indica el tamaño y el tipo del documento de respuesta. En este caso, se trata de un documento HTML de 65.585 bytes. También nos dice cuándo se modificó ese documento por última vez.

Para la mayoría de los encabezados, el cliente y el servidor son libres de decidir si los incluyen en una petición o respuesta. Pero algunos son obligatorios. Por ejemplo, el encabezado `Host`, que especifica el nombre de host, debe incluirse en una petición porque un servidor puede estar sirviendo a múltiples nombres de host en una única dirección IP; y, sin ese encabezado, el servidor no sabrá con qué nombre de host está intentando hablar el cliente.

Después de los encabezados, tanto las peticiones como las respuestas pueden incluir una línea en blanco seguida de un cuerpo, que contiene los datos que se envían. Las peticiones `GET` y `DELETE` no envían ningún dato, pero las `PUT` y `POST` sí lo hacen. Del mismo modo, algunos tipos de respuesta, como las de error, no requieren un cuerpo.

Navegadores y HTTP

Como hemos visto en el ejemplo, un navegador realizará una petición cuando introduzcamos una URL en su barra de direcciones. Cuando la página HTML resultante hace referencia a otros archivos, como imágenes y archivos JavaScript, también se recuperan.

Un sitio web medianamente complicado incluye fácilmente entre 10 y 200 recursos. Para recuperarlos rápidamente, los navegadores realizarán varias peticiones `GET` simultáneamente, en lugar de esperar a las respuestas de una en una.

Las páginas HTML pueden incluir formularios que permiten al usuario rellenar información y enviarla al servidor. Este es un ejemplo de un formulario:

```
<form method="GET" action="example/message.html">
  <p>Name: <input type="text" name="name"></p>
  <p>Message:<br><textarea name="message"></textarea></p>
  <p><button type="submit">Send</button></p>
</form>
```

Este código describe un formulario con dos campos: uno pequeño que solicita un nombre y uno más grande para escribir un mensaje en él. Al hacer clic en el botón `Send`, el formulario se envía, lo que significa que el contenido de su campo se empaqueta en una petición HTTP y el navegador navega hasta el resultado de esa petición.

Cuando el atributo `method` del elemento `<form>` es `GET` (o se omite), la información del formulario se añade al final de la URL `action` como cadena de consulta. El navegador podría hacer una petición a esta URL:

```
GET /example/message.html?name=Jean&message=Yes%3F HTTP/1.1
```

El signo de interrogación indica el final de la parte de la ruta de la URL y el inicio de la consulta. Le siguen pares de nombres y valores que corresponden, respectivamente, al atributo `name` de los elementos del campo del formulario y al contenido de dichos elementos. El carácter et (`&`) se usa para separar los pares.

El mensaje real codificado en la URL es `Yes?`, pero el signo de interrogación se sustituye por un código extraño. Algunos caracteres de las cadenas de consulta deben evitarse. El signo de interrogación, representado como `%3F`, es uno de ellos. Parece existir una regla no escrita según la cual cada formato necesita su propia forma de evitar caracteres. Esta, llamada codificación URL, utiliza un signo de porcentaje seguido de dos dígitos hexadecimales (base 16) que codifican el código del carácter. En este caso, `3F`, que es 63 en notación decimal, es el código de un signo de interrogación. JavaScript proporciona las funciones `encodeURIComponent` y `decodeURIComponent` para codificar y descodificar este formato.

```
console.log(encodeURIComponent("Yes?"));
// → Yes%3F
console.log(decodeURIComponent("Yes%3F"));
// → Yes?
```

Si cambiamos el atributo `method` del formulario HTML del ejemplo que hemos visto antes a `POST`, la petición HTTP realizada para enviar el formulario usará el método `POST` y pondrá la cadena de consulta en el cuerpo de la petición, en lugar de añadirla a la URL.

```
POST /example/message.html HTTP/1.1
Content-length: 24
Content-type: application/x-www-form-urlencoded

name=Jean&message=Yes%3F
```

Las peticiones `GET` deben usarse para peticiones que no tengan efectos secundarios, sino que simplemente pidan información. Las peticiones que cambian algo en el servidor (como crear una cuenta nueva o publicar un mensaje) deben expresarse con otros métodos, como `POST`. El software del lado del cliente, como un navegador, sabe que no debe hacer peticiones `POST` a ciegas, sino que a menudo hará implícitamente peticiones `GET` como, por ejemplo, para hacer una búsqueda anticipada de un recurso que cree que el usuario necesitará pronto.

Volveremos a los formularios y a cómo interactuar con ellos desde JavaScript en el apartado «Campos de formulario» de este mismo capítulo.

Fetch

La interfaz a través de la cual el JavaScript del navegador puede hacer peticiones HTTP se llama `fetch`. Dado que es relativamente nueva, usa promesas de manera conveniente (algo poco habitual en las interfaces del navegador).

```
fetch("example/data.txt").then(response => {
  console.log(response.status);
  // → 200
  console.log(response.headers.get("Content-Type"));
  // → text/plain
});
```

Al llamar a `fetch` se devuelve una promesa que resuelve para un objeto `Response` que contiene información sobre la respuesta del servidor, como su código de estado y sus encabezados. Los encabezados están empaquetados en un objeto similar a `Map` que trata sus claves (los nombres de los encabezados) sin distinguir entre mayúsculas y minúsculas porque se supone que los nombres de los encabezados no distinguen entre mayúsculas y minúsculas. Esto significa que `headers.get("Content-Type")` y `headers.get("content-TYPE")` devolverán el mismo valor.

Tenga en cuenta que la promesa devuelta por `fetch` se resuelve correctamente incluso si el servidor responde con un código de error. También puede ser rechazada si hay un error de red o si no se encuentra el servidor al que se dirige la petición.

El primer argumento de `fetch` es la URL que debe pedirse. Cuando esa URL no empieza por un nombre de protocolo (como `http:`), se trata como relativa, lo que significa que se interpreta en relación con el documento actual. Cuando empieza por una barra (/), sustituye a la ruta actual, que es la parte situada después del nombre del servidor. En caso contrario, se coloca delante de la URL relativa la parte de la ruta actual hasta incluir el último carácter de barra. Para obtener el contenido real de una respuesta, puede utilizar su método `text`.

Como la promesa inicial se resuelve en cuanto se reciben los encabezados de la respuesta y, debido a que la lectura del cuerpo de la respuesta puede tardar un poco más, una vez más devuelve una promesa.

```
fetch("example/data.txt")
  .then(resp => resp.text())
  .then(text => console.log(text));
// → This is the content of data.txt
```

Un método similar, llamado `json`, devuelve una promesa que se resuelve para el valor que se obtiene al analizar el cuerpo como JSON o lo rechaza si no es JSON válido.

Por defecto, `fetch` usa el método `GET` para hacer su petición y no incluye un cuerpo de petición. Puede configurarlo de manera distinta pasando un objeto con opciones extra como segundo argumento. Por ejemplo, esta petición intenta borrar `example/data.txt`:

```
fetch("example/data.txt", {method: "DELETE"}).then(resp => {
  console.log(resp.status);
  // → 405
```

El código de estado 405 significa «método no permitido», y es la manera que tiene un servidor HTTP de decir «no puedo hacer eso».

Para añadir un cuerpo de petición, puede incluir una opción `body`. Para establecer encabezados, está la opción `headers`. Por ejemplo, esta petición incluye un encabezado `Range`, que le ordena al servidor que solo devuelva parte de una respuesta.

```
fetch("example/data.txt", {headers: {Range: "bytes=8-19"}})
  .then(resp => resp.text())
  .then(console.log);
// → the content
```

El navegador añadirá automáticamente algunos encabezados de petición, como `Host` y los necesarios para que el servidor determine el tamaño del cuerpo. Pero añadir sus propios encabezados suele ser útil para incluir elementos como información de autenticación o para decirle al servidor qué formato de archivo desea recibir.

Entorno de pruebas de HTTP

Realizar peticiones HTTP en scripts de páginas web vuelve a plantear problemas de seguridad. Podría suceder que la persona que controla el script no tuviera los mismos intereses que la persona poseedora del ordenador donde se ejecuta. Más concretamente, si visito `themafia.org`, no quiero que sus scripts hagan una petición a `mybank.com`, usando la información de identificación de mi navegador, con instrucciones para transferir todo mi dinero a una cuenta aleatoria.

Por esta razón, los navegadores nos protegen impidiendo que los scripts realicen peticiones HTTP a otros dominios (nombres como `themafia.org` y `mybank.com`).

Esto puede ser un problema molesto cuando se construyen sistemas que quieren acceder a varios dominios por razones legítimas. Afortunadamente, los servidores pueden incluir un encabezado como este en su respuesta para indicar de manera explícita al navegador que está bien que la petición provenga de otro dominio:

```
Access-Control-Allow-Origin: *
```

Comprender HTTP

Cuando se construye un sistema que requiere comunicación entre un programa JavaScript que se ejecuta en el navegador (en el lado del cliente) y un programa en un servidor (en el lado del servidor), hay varias maneras de modelar esta comunicación.

Un modelo comúnmente utilizado es el de llamadas a procedimientos remotos. En este modelo, la comunicación sigue los patrones de las llamadas a funciones normales, excepto por el hecho de que en realidad la función se está ejecutando en otra máquina. Llamarla implica hacer una petición al servidor que incluye el nombre y argumentos de la función. La respuesta a esa petición contiene el valor devuelto.

Cuando se piensa en términos de llamadas a procedimientos remotos, HTTP solo es un vehículo para la comunicación, y probablemente escribirá una capa de abstracción que lo oculta por completo.

Otro enfoque es construir su comunicación alrededor del concepto de recursos y métodos HTTP. En lugar de un procedimiento remoto llamado `addUser`, se utiliza una solicitud `PUT` a `/users/larry`. En lugar de codificar las propiedades de ese usuario en argumentos de función, se define un formato de documento JSON (o se utiliza un formato existente) que representa a un usuario. Entonces el cuerpo de la petición `PUT` para crear un recurso nuevo es un documento de este tipo. Un recurso se obtiene haciendo una petición `GET` a la URL del recurso (por ejemplo, `/user/larry`), que devuelve de nuevo el documento que representa el recurso.

Este segundo enfoque facilita el uso de algunas de las características que ofrece HTTP, como la posibilidad de almacenar recursos en memoria caché (mantener una copia en el cliente para un acceso rápido). Los conceptos utilizados en HTTP, que están bien diseñados, pueden proporcionar un conjunto de principios útiles para diseñar su interfaz de servidor.

Seguridad y HTTPS

Los datos que viajan por Internet suelen seguir un camino largo y peligroso. Para llegar a su destino, deben atravesar desde puntos de acceso Wi-Fi de cafeterías hasta redes controladas por diversas empresas y estados. En cualquier punto de su recorrido, pueden ser inspeccionados o incluso modificados.

Si es importante que algo permanezca secreto (como la contraseña de su cuenta de correo electrónico) o que llegue a su destino sin modificaciones (como el número de cuenta al que transfiere dinero a través del sitio web de su banco), el HTTP plano no es suficiente.

El protocolo HTTP seguro, usado para las URL que empiezan por `https://`, empaqueta el tráfico HTTP de una manera que lo hace más difícil de leer y falsificar. Antes de intercambiar datos, el cliente comprueba que el servidor es quien dice ser pidiéndole que demuestre que tiene un certificado criptográfico emitido por una autoridad de certificación que el navegador reconoce. A continuación, todos los datos que pasan por la conexión se encriptan para evitar escuchas y manipulaciones.

Así, cuando funciona correctamente, HTTPS impide que otras personas puedan suplantar el sitio web con el que intenta hablar y espiar su comunicación. No es perfecto, y ha habido varios incidentes en los que HTTPS ha fallado a causa de certificados falsificados o robados y software dañado, pero es mucho más seguro que HTTP plano.

Campos de formulario

Los formularios se diseñaron originalmente para la web anterior a JavaScript, para permitir que los sitios web mandaran información enviada por el usuario en una petición HTTP. Este diseño supone que la interacción con el servidor siempre se produce navegando a una página nueva. Pero sus elementos son parte del DOM como el resto de la página, y los elementos DOM que representan campos de formulario son compatibles con una serie de propiedades y eventos que no están presentes en otros elementos. Estos permiten inspeccionar y controlar dichos campos de entrada con programas JavaScript y hacen que sean posibles acciones como agregar funciones nuevas a un formulario o usar formularios y campos como bloques de construcción en una aplicación JavaScript.

Un formulario web consta de una cantidad cualquiera de campos de entrada agrupados en una etiqueta `<form>`. HTML permite varios estilos de campos distintos, que van desde simples casillas de verificación de encendido/apagado hasta menús desplegables y campos para entrada de texto. Este libro no intentará analizar exhaustivamente todos los tipos de campos, pero empezaremos con una descripción general aproximada.

Muchos tipos de campos usan la etiqueta `<input>`. El atributo `type` de esta etiqueta sirve para seleccionar el estilo del campo. Estos son algunos tipos `<input>` de uso común:

- `text`: un campo de texto de una sola línea
- `password`: igual que `text`, pero oculta el texto que se escribe
- `checkbox`: un interruptor de encendido/apagado
- `radio`: (parte de) un campo de opción múltiple
- `file`: permite al usuario elegir un archivo de su ordenador

No es necesario que los campos de formulario aparezcan en una etiqueta `<form>`. Existe la opción de colocarlos en cualquier lugar de una página. Este tipo de campos sin formulario no se pueden enviar (solo es posible enviar un formulario en su conjunto), pero al responder a la entrada con JavaScript, a menudo no queremos enviar nuestros campos de manera normal de todos los modos.

```
<p><input type="text" value="abc"> (text)</p>
<p><input type="password" value="abc"> (password)</p>
<p><input type="checkbox" checked> (checkbox)</p>
<p><input type="radio" value="A" name="choice">
   <input type="radio" value="B" name="choice" checked>
   <input type="radio" value="C" name="choice"> (radio)</p>
<p><input type="file"> (file)</p>
```

Los campos creados con este código HTML se parecen a los de la imagen:

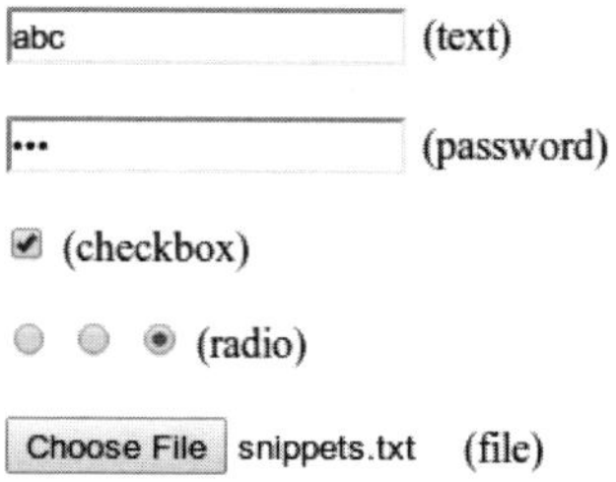

La interfaz JavaScript para estos elementos difiere según el tipo de elemento.

Los campos de texto de varias líneas tienen su propia etiqueta, `<textarea>`, principalmente porque usar un atributo para especificar un valor inicial de varias líneas sería incómodo. La etiqueta `<textarea>` requiere una etiqueta de cierre `</textarea>` coincidente y usa el texto entre esas dos, en lugar del atributo `value`, como texto inicial.

```
<textarea>
one
two
three
</textarea>
```

Finalmente, la etiqueta `<select>` se emplea para crear un campo que permite al usuario seleccionar entre una serie de opciones predefinidas.

```
<select>
  <option>Pancakes</option>
  <option>Pudding</option>
  <option>Ice cream</option>
</select>
```

Un campo de este tipo tiene este aspecto:

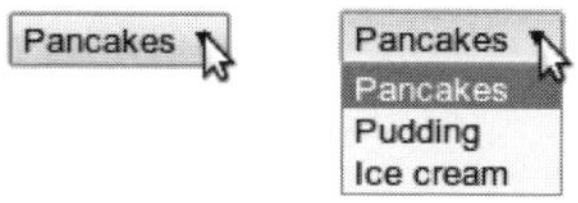

Cuando cambia el valor de un campo de formulario, activará un evento `"change"`.

Foco

A diferencia de la mayoría de los elementos en documentos HTML, los campos del formulario pueden obtener el foco del teclado. Cuando se hace clic en ellos o se activan de alguna otra manera, se convierten en el elemento actualmente activo y en el destinatario de la entrada del teclado. Por lo tanto, puede escribir en un campo de texto solo cuando tiene el foco. Otros campos responden de manera distinta a los eventos del teclado. Por ejemplo, un menú `<select>` intenta moverse a la opción que contiene el texto que el usuario ha escrito y responde a las teclas de flecha moviendo su selección hacia arriba y hacia abajo.

Con los métodos `focus` y `blur` se controla el foco desde JavaScript. El primero mueve el foco al elemento DOM en el que se llama y el segundo quita el foco. El valor en `document.activeElement` corresponde al elemento que actualmente tiene el foco.

```
<input type="text">
<script>
  document.querySelector("input").focus();
  console.log(document.activeElement.tagName);
  // → INPUT
  document.querySelector("input").blur();
  console.log(document.activeElement.tagName);
  // → BODY
</script>
```

Para algunas páginas, se espera que el usuario quiera interactuar con un campo de formulario inmediatamente. Se puede usar JavaScript para poner el foco en este campo cuando se carga el documento, pero HTML también proporciona el atributo `autofocus`, que produce el mismo efecto mientras le permite al navegador saber lo que estamos tratando de lograr. Esto le da al navegador la opción de deshabilitar el comportamiento cuando no es apropiado, como cuando el usuario ha puesto el foco en otra cosa.

Los navegadores tradicionalmente también permiten al usuario mover el foco por el documento pulsando la tecla **Tabulador**. Para influir en el orden en el que los elementos reciben foco se emplea el atributo `tabindex`. El siguiente documento de ejemplo permitirá que el foco salte de la entrada de texto al botón Aceptar, en lugar de pasar primero por el enlace de ayuda:

```
<input type="text" tabindex=1> <a href=".">(help)</a>
<button onclick="console.log('ok')" tabindex=2>OK</button>
```

De manera predeterminada, no se puede colocar el foco en la mayoría de los tipos de elementos HTML. Pero existe la opción de agregar un atributo `tabindex` a cualquier elemento que hará que podamos poner el foco en él. Un `tabindex` de `-1` hace que la tabulación omita un elemento, incluso si normalmente se puede poner el foco en él.

Campos deshabilitados

Todos los campos del formulario se desactivan a través de su atributo `disabled`. Es un atributo que se puede especificar sin valor; el hecho de que esté presente desactiva el elemento.

```
<button>I'm all right</button>
<button disabled>I'm out</button>
```

No se puede poner el foco en los campos deshabilitados, y tampoco cambiarlos; y los exploradores hacen que aparezcan de color gris y atenuados.

Cuando un programa está en el proceso de manejar una acción causada por algún botón u otro control que tal vez requiera comunicación con el servidor y, por lo tanto, tomar un tiempo, es una buena idea deshabilitar el control hasta que finalice la acción. De esa manera, cuando el usuario se impacienta y vuelve a hacer clic, no repite la acción sin querer.

El formulario como un todo

Cuando un campo está contenido en un elemento `<form>`, su elemento DOM tendrá una propiedad `form` que se vincula al elemento DOM del formulario. El elemento `<form>`, a su vez, posee una propiedad llamada `elements` que contiene una colección similar a una matriz de los campos que incluye.

El atributo `name` de un campo de formulario determina la manera en que se identificará su valor cuando se envíe el formulario. También se puede utilizar como un nombre de propiedad al acceder a la propiedad `elements` del formulario, que actúa como un objeto similar a una matriz (accesible por número) y un mapa (accesible por nombre).

```
<form action="example/submit.html">
  Name: <input type="text" name="name"><br>
  Password: <input type="password" name="password"><br>
  <button type="submit">Log in</button>
</form>
<script>
  let form = document.querySelector("form");
  console.log(form.elements[1].type);
  // → password
  console.log(form.elements.password.type);
  // → password
  console.log(form.elements.name.form == form);
  // → true
</script>
```

Cuando se pulse, un botón con un atributo `type` de `submit` hará que el formulario se envíe. Presionar **Intro** cuando un campo de formulario tiene el foco causa el mismo efecto.

Enviar un formulario normalmente significa que el navegador accede a la página indicada por el atributo `action` del formulario, usando una petición `GET` o `POST`. Pero antes de que eso suceda, se activa un evento `"submit"`. Este evento se manipula con JavaScript y así se evita este comportamiento predeterminado llamando a `preventDefault` en el objeto de evento.

```
<form action="example/submit.html">
  Value: <input type="text" name="value">
  <button type="submit">Save</button>
</form>
<script>
  let form = document.querySelector("form");
  form.addEventListener("submit", event => {
    console.log("Saving value", form.elements.value.value);
    event.preventDefault();
  });
</script>
```

Interceptar eventos `"submit"` en JavaScript sirve para varios usos. Podemos escribir código para verificar que tienen sentido los valores que ha introducido el usuario e inmediatamente mostrar un mensaje de error en lugar de enviar el formulario. O podemos desactivar por completo la manera normal de enviar el formulario, como en el ejemplo, y hacer que nuestro programa maneje la entrada, posiblemente usando `fetch` para enviarla a un servidor sin recargar la página.

Campos de texto

Los campos creados por etiquetas `<textarea>` o `<input>` con un tipo de `text` o `password` comparten una interfaz común. Sus elementos DOM tienen una propiedad `value` que mantiene su contenido actual como un valor de cadena. Establecer esta propiedad en otra cadena cambia el contenido del campo.

Las propiedades `selectionStart` y `selectionEnd` de los campos de texto nos dan información sobre el cursor y la selección en el texto. Cuando no hay nada seleccionado, estas dos propiedades tienen el mismo número, lo que indica la posición del cursor. Por ejemplo, 0 especifica el comienzo del texto y 10, que el cursor está después del décimo carácter. Cuando se selecciona parte del campo, las dos propiedades serán diferentes, dándonos el inicio y el final del texto seleccionado. Al igual que sucede con `value`, también es posible escribir en estas propiedades.

Imagine que está escribiendo un artículo sobre Khasekhemwy, pero tiene problemas para deletrear su nombre. El siguiente código conecta una etiqueta `<textarea>` con un manipulador de eventos que, cuando presionamos **F2**, inserta la cadena `"Khasekhemwy"` por usted.

```
<textarea></textarea>
<script>
  let textarea = document.querySelector("textarea");
  textarea.addEventListener("keydown", event => {
    // The key code for F2 happens to be 113
    if (event.keyCode == 113) {
      replaceSelection(textarea, "Khasekhemwy");
      event.preventDefault();
    }
  });
  function replaceSelection(field, word) {
    let from = field.selectionStart, to = field.selectionEnd;
```

```
    field.value = field.value.slice(0, from) + word +
                  field.value.slice(to);
    // Put the cursor after the word
    field.selectionStart = from + word.length;
    field.selectionEnd = from + word.length;
  }
</script>
```

La función `replaceSelection` sustituye a la parte actualmente seleccionada del contenido de un campo de texto con la palabra dada y luego mueve el cursor después de esa palabra para que el usuario siga escribiendo.

El evento `"change"` para un campo de texto no se activa cada vez que se escribe algo. En lugar de eso, se activa cuando el campo pierde el foco después de que se haya cambiado su contenido. Para responder de inmediato a los cambios en un campo de texto, debe registrar un manipulador para el evento `"input"`, que se activa cada vez que el usuario escribe un carácter, elimina texto o manipula de otro modo el contenido del campo.

El siguiente ejemplo muestra un campo de texto y un contador que presenta la longitud actual del texto en el campo:

```
<input type="text"> length: <span id="length">0</span>
<script>
  let text = document.querySelector("input");
  let output = document.querySelector("#length");
  text.addEventListener("input", () => {
    output.textContent = text.value.length;
  });
</script>
```

Casillas de verificación y botones de opción

Un campo de casilla de verificación es un conmutador binario. Su valor se puede extraer o cambiar mediante su propiedad `checked`, que contiene un valor booleano.

```
<label>
  <input type="checkbox" id="purple"> Make this page purple
</label>
<script>
  let checkbox = document.querySelector("#purple");
  checkbox.addEventListener("change", () => {
    document.body.style.background =
      checkbox.checked ? "mediumpurple" : "";
  });
</script>
```

La etiqueta `<label>` asocia una parte del documento con un campo de entrada. Al hacer clic en cualquier parte de la etiqueta se activará el campo, lo que pone el foco en él y cambia su valor cuando es una casilla de verificación o un botón de opción.

Un botón de opción es similar a una casilla de verificación, pero está implícitamente vinculado a otros botones de opción con el mismo atributo `name`, de modo que solo uno de ellos puede estar activo en todo momento.

```
Color:
<label>
  <input type="radio" name="color" value="orange"> Orange
</label>
<label>
  <input type="radio" name="color" value="lightgreen"> Green
</label>
<label>
  <input type="radio" name="color" value="lightblue"> Blue
</label>
<script>
  let buttons = document.querySelectorAll("[name=color]");
  for (let button of Array.from(buttons)) {
    button.addEventListener("change", () => {
      document.body.style.background = button.value;
    });
  }
</script>
```

Los corchetes en la consulta CSS dada para `querySelectorAll` se utilizan para comparar los atributos. Seleccionan elementos cuyo atributo `name` es `"color"`.

Campos de selección

Los campos de selección son conceptualmente similares a los botones de opción: también permiten al usuario elegir entre un conjunto de opciones. Pero mientras que un botón de opción pone el diseño de las opciones bajo nuestro control, el navegador determina la apariencia de una etiqueta `<select>`.

Los campos de selección, asimismo, cuentan con una variante que se parece más a una lista de casillas de verificación que a casillas de opción. Cuando se le asigna el atributo `multiple`, una etiqueta `<select>` permitirá al usuario seleccionar cualquier cantidad de opciones, en lugar de solo una opción. En la mayoría de los navegadores, esto se mostrará de manera distinta a un campo de selección normal, que por lo general se dibuja como un control desplegable que muestra las opciones solo cuando lo abre.

Cada etiqueta `<option>` tiene un valor. Este se define con un atributo `value`. Cuando no se proporciona, el texto dentro de la opción contará como su valor. La propiedad `value` de un elemento `<select>` refleja la opción seleccionada actualmente. Sin embargo, para un campo `multiple`, esta propiedad no significa mucho porque solo dará el valor de una de las opciones actualmente seleccionadas.

Es posible acceder a las etiquetas `<option>` para un campo `<select>` como un objeto similar a una matriz a través de la propiedad `options` del campo. Cada opción tiene una propiedad llamada `selected`, que indica si esa opción está seleccionada en el momento actual. La propiedad también se puede escribir para seleccionar o deseleccionar una opción.

Este ejemplo extrae los valores seleccionados de un campo de selección `multiple` y los usa para componer un número binario a partir de bits individuales. Mantenga pulsada la tecla **Control** (o **Comando** para Mac) para seleccionar múltiples opciones.

```
<select multiple>
  <option value="1">0001</option>
  <option value="2">0010</option>
  <option value="4">0100</option>
  <option value="8">1000</option>
</select> = <span id="output">0</span>
<script>
  let select = document.querySelector("select");
  let output = document.querySelector("#output");
  select.addEventListener("change", () => {
    let number = 0;
    for (let option of Array.from(select.options)) {
      if (option.selected) {
        number += Number(option.value);
      }
    }
    output.textContent = number;
  });
</script>
```

Campos de archivo

Los campos de archivo se diseñaron, originalmente, como una manera de cargar archivos desde la máquina del usuario a través de un formulario. En los navegadores modernos, también proporcionan una forma de leer dichos archivos desde programas JavaScript. El campo actúa como una especie de guardián. El script no puede simplemente comenzar a leer archivos privados del ordenador del usuario, pero si el usuario selecciona un archivo en dicho campo, el navegador interpreta que esa acción significa que el script puede leer el archivo.

Un campo de archivo generalmente parece un botón etiquetado con algo como «elegir archivo» o «examinar», con información sobre el archivo elegido al lado.

```
<input type="file">
<script>
  let input = document.querySelector("input");
  input.addEventListener("change", () => {
    if (input.files.length > 0) {
      let file = input.files[0];
      console.log("You chose", file.name);
      if (file.type) console.log("It has type", file.type);
    }
  });
</script>
```

La propiedad `files` de un elemento de campo de archivo es un objeto similar a una matriz (de nuevo, no es una matriz real) que contiene los archivos elegidos en el campo. Inicialmente está vacía.

La razón por la que no existe solo una propiedad `file` es que los campos de archivo también admiten un atributo `multiple`, lo que hace posible seleccionar varios archivos al mismo tiempo.

Los objetos en el objeto `files` tienen propiedades como `name` (el nombre del archivo), `size` (el tamaño del archivo en bytes, que son fragmentos de 8 bits) y `type` (el tipo de comunicación del archivo, como `text/plain` o `image/jpeg`).

Lo que no tiene es una propiedad que contenga el contenido del archivo. Llegar a eso es un poco más complicado. Como leer un archivo del disco puede requerir tiempo, la interfaz debe ser asíncrona para evitar congelar el documento.

```
<input type="file" multiple>
<script>
  let input = document.querySelector("input");
  input.addEventListener("change", () => {
    for (let file of Array.from(input.files)) {
      let reader = new FileReader();
      reader.addEventListener("load", () => {
        console.log("File", file.name, "starts with",
                    reader.result.slice(0, 20));
      });
      reader.readAsText(file);
    }
  });
</script>
```

La lectura de un archivo se hace creando un objeto `FileReader`, registrando un manipulador de eventos `"load"` para él y llamando a su método `readAsText`, para darle el archivo que queremos leer. Una vez que finaliza la carga, la propiedad `result` del lector contiene el contenido del archivo.

`FileReaders` también activa un evento `"error"` cuando la lectura del archivo falla por cualquier motivo. El objeto de error en sí terminará en la propiedad `error` del lector. Esta interfaz se diseñó antes de que las promesas se convirtieran en parte del lenguaje. Podría empaquetarlo en una promesa como esta:

```
function readFileText(file) {
  return new Promise((resolve, reject) => {
    let reader = new FileReader();
    reader.addEventListener(
      "load", () => resolve(reader.result));
    reader.addEventListener(
      "error", () => reject(reader.error));
    reader.readAsText(file);
  });
}
```

Guardar datos en el lado del cliente

Las páginas HTML simples con un poco de JavaScript pueden ser un formato excelente para «miniaplicaciones», pequeños programas auxiliares que automatizan tareas básicas. Al conectar algunos campos de formulario con manipuladores de eventos, es posible hacer cualquier cosa: desde convertir entre centímetros y pulgadas hasta calcular contraseñas a partir de una contraseña maestra y un nombre de sitio web.

Cuando una aplicación de este tipo necesita recordar algo entre sesiones, no se pueden usar vinculaciones de JavaScript porque se desechan cada vez que se cierra la página. Una opción es configurar un servidor, conectarlo a Internet y hacer que su aplicación almacene algo allí. Veremos cómo realizarlo en el capítulo 20. Pero eso supone mucho trabajo y complejidad adicionales. A veces basta con conservar los datos en el navegador.

El objeto `localStorage` se puede usar para almacenar datos de una manera que sobrevivan a las recargas de la página. Este objeto le permite archivar valores de cadena bajo nombres.

```
localStorage.setItem("username", "marijn");
console.log(localStorage.getItem("username"));
// → marijn
localStorage.removeItem("username");
```

Un valor en `localStorage` permanece hasta que se sobrescribe, se quita con `removeItem` o cuando el usuario borra sus datos locales.

Los sitios de diferentes dominios obtienen distintos compartimentos de almacenamiento. Eso significa que los datos almacenados en `localStorage` por un sitio web dado solo pueden, en principio, leerse (y sobrescribirse) mediante scripts en ese mismo sitio.

Los navegadores imponen un límite en el tamaño de los datos que un sitio puede almacenar en `localStorage`. Esa restricción, junto con el hecho de que llenar los discos duros de las personas con basura no es muy rentable, evita que la función consuma demasiado espacio.

El siguiente código implementa una aplicación sencilla para tomar notas. Mantiene un conjunto de notas con nombre además de permitir que el usuario las edite y cree otras nuevas.

```
Notes: <select></select> <button>Add</button><br>
<textarea style="width: 100%"></textarea>

<script>
  let list = document.querySelector("select");
  let note = document.querySelector("textarea");

  let state;
  function setState(newState) {
    list.textContent = "";
    for (let name of Object.keys(newState.notes)) {
      let option = document.createElement("option");
      option.textContent = name;
      if (newState.selected == name) option.selected = true;
      list.appendChild(option);
    }
    note.value = newState.notes[newState.selected];

    localStorage.setItem("Notes", JSON.stringify(newState));
    state = newState;
  }
  setState(JSON.parse(localStorage.getItem("Notes")) || {
    notes: {"shopping list": "Carrots\nRaisins"},
    selected: "shopping list"
  });
```

```
  list.addEventListener("change", () => {
    setState({notes: state.notes, selected: list.value});
  });
  note.addEventListener("change", () => {
    setState({
      notes: Object.assign({}, state.notes,
                           {[state.selected]: note.value}),
      selected: state.selected
    });
  });
  document.querySelector("button")
    .addEventListener("click", () => {
      let name = prompt("Note name");
      if (name) setState({
        notes: Object.assign({}, state.notes, {[name]: ""}),
        selected: name
      });
    });
</script>
```

El script obtiene su estado inicial del valor "Notes" almacenado en localStorage o, si falta, crea un estado de ejemplo que solo contiene una lista de la compra. La lectura de un campo que no existe en localStorage dará como resultado null. Pasar null a JSON.parse hará que analice la cadena "null" y devuelva null. Por lo tanto, el operador || se puede usar para proporcionar un valor por defecto en una situación como esta.

El método setState se asegura de que DOM está mostrando un estado dado y almacena el estado nuevo en localStorage. Los manipuladores de eventos llaman a esta función para pasar a un estado nuevo.

El uso de Object.assign en el ejemplo pretende crear un objeto nuevo que es un clon del state.notes antiguo, pero con una propiedad añadida o sobrescrita. Object.assign toma su primer argumento y le añade todas las propiedades de otros argumentos. Por lo tanto, si le da un objeto vacío, rellenará un objeto nuevo. La notación de corchetes en el tercer argumento se usa para crear una propiedad cuyo nombre se basa en algún valor dinámico.

Hay otro objeto llamado sessionStorage, similar a localStorage. La diferencia entre los dos es que el contenido de sessionStorage se olvida al final de cada sesión, lo que para la mayoría de los navegadores significa cuando se cierra el navegador.

Resumen

En este capítulo hemos visto cómo funciona el protocolo HTTP. Un cliente envía una petición, que contiene un método (normalmente GET) y una ruta que identifica un recurso. Entonces, el servidor decide qué hacer con la petición y responde con un código de estado y un cuerpo de respuesta. Tanto las peticiones como las respuestas pueden contener encabezados que proporcionan información adicional.

La interfaz a través de la que puede realizar peticiones HTTP el navegador JavaScript se denomina fetch. Una petición tiene el siguiente aspecto:

```
fetch("/18_http.html").then(r => r.text()).then(text => {
```

```
  console.log(`The page starts with ${text.slice(0, 15)}`);
});
```

Los navegadores realizan peticiones GET para obtener los recursos necesarios para mostrar una página web. Una página también puede contener formularios, que permiten que la información introducida por el usuario se envíe como una petición de una página nueva cuando se envía el formulario.

HTML puede representar varios tipos de campos de formulario, como campos de texto, casillas de verificación, campos de opción múltiple y selectores de archivos.

Es posible inspeccionar y manipular estos campos con JavaScript. Activan el evento "change" cuando se modifican, el evento "input" cuando se escribe texto y reciben eventos de teclado cuando tienen el foco en el teclado. Propiedades como value (para campos de texto y de selección) o checked (para casillas de verificación y botones de opción) se utilizan para leer o establecer el contenido del campo.

Cuando se envía un formulario, se activa un evento "submit" en él. Un manipulador de JavaScript puede llamar a preventDefault en ese evento para deshabilitar el comportamiento por defecto del navegador. Los elementos de un campo de formulario también pueden aparecer fuera de una etiqueta de formulario.

Cuando el usuario ha seleccionado un archivo de su sistema de archivos local en un campo selector de archivos, se puede usar la interfaz FileReader para acceder al contenido de este archivo desde un programa JavaScript.

Los objetos localStorage y sessionStorage también se emplean para guardar información de manera que sobreviva a las recargas de página. El primer objeto guarda los datos para siempre (o hasta que el usuario decide borrarlos), y el segundo, hasta que se cierra el navegador.

Ejercicios

Negociación de contenido

Una de las cosas que HTTP hace se llama negociación de contenido. El encabezado de petición Accept le dice al servidor qué tipo de documento desea obtener el cliente. Muchos servidores ignoran este encabezado, pero cuando un servidor conoce varias maneras de codificar un recurso, puede mirar este encabezado y enviar la que prefiere el cliente.

La URL https://eloquentjavascript.net/author está configurada para responder con texto plano, HTML o JSON, dependiendo de lo que pida el cliente. Estos formatos se identifican mediante los tipos de comunicación estandarizados text/plain, text/html y application/json.

Envíe peticiones para obtener los tres formatos de este recurso. Use la propiedad headers en el objeto de opciones pasado a fetch para establecer el encabezado llamada Accept como el tipo de comunicación deseado.

Por último, intente pedir el tipo de comunicación application/rainbows+unicorns y vea qué código de estado produce.

Un banco de pruebas de JavaScript

Cree una interfaz que permita a las personas escribir y ejecutar fragmentos de código JavaScript.

Coloque un botón al lado de un campo `<textarea>` que, cuando se pulsa, usa el constructor `Function` que vimos en el apartado «Evaluación de datos como código» en el capítulo 10 para empaquetar el texto en una función y llamarla. Convierta el valor de retorno de la función, o cualquier error que genere, en una cadena y muéstrela debajo del campo de texto.

Juego de la vida de Conway

El «Juego de la vida de Conway» es una simulación simple que crea «vida» artificial en una cuadrícula donde cada celda de la cuadrícula está viva o no. En cada generación (turno), se aplican las siguientes normas:

- Toda célula viva con menos de dos o más de tres vecinos vivos muere.
- Toda célula viva con dos o tres vecinos vivos pasa a la siguiente generación.
- Toda célula muerta con exactamente tres vecinos vivos se convierte en una célula viva.

Un vecino se define como toda celda adyacente, incluidas las diagonalmente adyacentes.

Tenga en cuenta que estas normas se aplican a toda la cuadrícula a la vez, no a un cuadrado a la vez. Eso significa que el recuento de vecinos se basa en la situación al inicio de la generación, y los cambios que suceden en las células vecinas durante esta generación no deberían influir en el estado nuevo de una célula determinada.

Implemente este juego utilizando una estructura de datos que considere apropiada. Con `Math.random` complete la cuadrícula inicialmente con un patrón aleatorio. Muéstrela como una cuadrícula de campos de casillas de verificación, con un botón al lado para avanzar a la siguiente generación. Cuando el usuario marca o desmarca las casillas de verificación, los cambios deben incluirse al calcular la siguiente generación.

«Observo todos los colores delante de mí. Miro mi lienzo en blanco. Luego, intento aplicar colores como las palabras dan forma a los poemas, como las notas dan forma a la música».

—Joan Miró

19

PROYECTO: UN EDITOR DE ARTE CON PÍXELES

El material de los capítulos anteriores le da todos los elementos que necesita para construir una aplicación web básica. En este capítulo, haremos precisamente eso.

Nuestra aplicación será un programa de dibujo de píxeles, donde puede modificar una imagen píxel a píxel manipulando una vista ampliada de la misma que vemos como una cuadrícula de cuadrados de colores. Puede utilizar el programa para abrir archivos de imagen, dibujar sobre ellos con el ratón u otro dispositivo puntero y guardarlos. Tendrá este aspecto:

Dibujar en un ordenador es estupendo. No tiene que preocuparse por los materiales, habilidad o talento. Solo hay que empezar a garabatear.

Componentes

La interfaz de la aplicación muestra un elemento `<canvas>` grande en la parte superior, con varios campos de formulario debajo. El usuario dibuja en la imagen seleccionando una herramienta de un campo `<select>` y luego hace clic, toca o arrastra por el lienzo. Hay herramientas para dibujar píxeles o rectángulos individuales, para rellenar una zona y para elegir un color de la imagen. Estructuraremos la interfaz del editor como una serie de componentes, objetos que son responsables de una parte del DOM y que pueden contener otros componentes en su interior.

El estado de la aplicación consta de la imagen actual, la herramienta y el color seleccionados. Configuraremos las cosas para que el estado resida en un valor único y para que los componentes de la interfaz siempre basen su apariencia en el estado actual.

Para comprender por qué esto es importante, consideremos la alternativa: distribuir partes de estado por toda la interfaz. Hasta cierto punto, esto es más fácil de programar. Podemos simplemente colocar un campo de color y leer su valor cuando necesitemos saber el color actual.

Pero luego agregamos el selector de color, una herramienta que permite hacer clic en la imagen para seleccionar el color de un píxel determinado. Para que el campo de color siga mostrando el color correcto, esa herramienta debería saber que el campo de color existe y actualizarlo cada vez que se elige un color nuevo. Si alguna vez agrega otra ubicación que hace visible el color (quizás el cursor del ratón podría mostrarlo), debe actualizar su código de cambio de color para mantenerlo sincronizado.

De hecho, esto crea un problema donde cada parte de la interfaz necesita tener conocimientos de las otras, lo cual no es muy modular. Para aplicaciones pequeñas como la de este capítulo, esto tal vez no sea un problema. Para proyectos más grandes, puede convertirse en una verdadera pesadilla.

Para cortar esta pesadilla de raíz, vamos a ser estrictos con el flujo de datos. Hay un estado y la interfaz se dibuja en función de él. Un componente de interfaz puede responder a las acciones del usuario actualizando el estado, momento en el que los componentes tienen una oportunidad de sincronizarse con este estado nuevo.

En la práctica, cada componente está configurado de modo que, cuando se le asigna un estado nuevo, también notifica a sus componentes hijos, en la medida en que es necesario actualizarlos. Configurar esto es un poco complicado. Hacerlo más fácil es el principal argumento de venta de muchas bibliotecas de programación del navegador. Pero para una aplicación pequeña como esta, es posible hacerlo sin dicha infraestructura.

Las actualizaciones del estado se representan como objetos, a los que llamaremos acciones.

Los componentes pueden crear estas acciones y enviarlas, es decir, entregarlas a una función de gestión de estados central. Esa función calcula el estado siguiente, después del cual los componentes de la interfaz se actualizan a este estado nuevo.

Estamos asumiendo la difícil tarea de ejecutar una interfaz de usuario y aplicarle una estructura. Aunque los fragmentos relacionados con DOM todavía están llenos de efectos secundarios, están sostenidos por una columna vertebral conceptualmente simple: el ciclo de actualización de estado. El estado determina el aspecto del DOM y la única forma en que los eventos DOM cambian el estado es enviando acciones a este.

Hay muchas variantes del planteamiento anterior, cada una con sus propios beneficios y problemas, pero su idea central es la misma: los cambios de estado deben pasar por un canal único y bien definido, no producirse en toda la ubicación.

Nuestros componentes serán clases adaptadas a una interfaz. A su constructor se le da un estado, que puede ser el estado de toda la aplicación o un valor menor si no necesita acceder a todo, y lo usa para construir una propiedad `dom`. Este es el elemento DOM que representa al componente. La mayoría de los constructores también tomarán otros valores que no cambiarán con el tiempo, como la función que pueden usar para enviar una acción.

Cada componente tiene un método `syncState` que se usa para sincronizarlo con un valor de estado nuevo. El método toma un argumento, el estado, que es del mismo tipo que el primer argumento para su constructor.

El estado

El estado de la aplicación será un objeto con propiedades `picture`, `tool` y `color`. La imagen es en sí misma un objeto que almacena la anchura, la altura y el contenido de píxeles de la imagen. Los píxeles se almacenan en una matriz, de la misma manera que la clase de matriz del capítulo 6: fila por fila, de arriba abajo.

```
class Picture {
  constructor(width, height, pixels) {
    this.width = width;
    this.height = height;
    this.pixels = pixels;
  }
  static empty(width, height, color) {
    let pixels = new Array(width * height).fill(color);
    return new Picture(width, height, pixels);
  }
  pixel(x, y) {
    return this.pixels[x + y * this.width];
  }
  draw(pixels) {
    let copy = this.pixels.slice();
    for (let {x, y, color} of pixels) {
      copy[x + y * this.width] = color;
    }
    return new Picture(this.width, this.height, copy);
  }
}
```

Queremos tratar una imagen como un valor inmutable, por razones que veremos más adelante en este capítulo. Pero a veces también necesitamos actualizar un montón de píxeles a la vez. Para hacer eso, la clase tiene un método `draw` que espera una matriz de píxeles actualizados, objetos con propiedades `x`, `y` y `color`, y crea una imagen nueva con esos píxeles sobrescritos. Este método usa `slice` sin argumentos para copiar toda la matriz de píxeles: el inicio del segmento tiene como valor predeterminado 0 y el final, la longitud de la matriz.

El método `empty` usa dos unidades de funciones de matriz que no hemos visto antes. Se puede llamar al constructor `Array` con un número para crear una matriz vacía de la longitud dada. Luego, con el método `fill` se llena esta matriz con un valor dado. Estos se usan para crear una matriz en la que todos los píxeles tienen el mismo color.

Los colores se almacenan como cadenas que contienen códigos de color CSS tradicionales compuestos por una almohadilla (#) seguida de seis dígitos hexadecimales (base 16): dos para el componente rojo, dos para el componente verde y dos para el azul. Esta es una manera un poco enigmática e incómoda de escribir colores, pero es el formato que emplea el campo de entrada de color HTML, y se puede usar en la propiedad `fillColor` de un contexto de dibujo de lienzo, por lo que es bastante práctico para las maneras de utilizar los colores en este programa.

El color negro, donde todos los componentes son cero, se escribe `"#000000"` y el rosa vivo se parece a `"#ff00ff"`, donde los componentes rojo y azul tienen un valor máximo de 255, escrito `ff` en dígitos hexadecimales (que con las letras de la a hasta la f representan los números del 10 al 15).

Permitiremos que la interfaz envíe acciones como objetos cuyas propiedades sobrescriben las propiedades del estado anterior. El campo de color, cuando el usuario lo cambia, podría enviar un objeto como `{color: field.value}`, a partir del cual esta función de actualización calcula un estado nuevo.

```
function updateState(state, action) {
  return Object.assign({}, state, action);
}
```

Este patrón es bastante engorroso y común en el código JavaScript que usa objetos inmutables. En él, `Object.assign` sirve para agregar primero las propiedades de `state` a un objeto vacío y luego para sobrescribir algunas de ellas con las propiedades de `action`. Hay una notación más adecuada que está en las etapas finales de estandarización, en ella se usa el operador de tres puntos para incluir todas las propiedades de otro objeto en una expresión de objeto. Con esa incorporación, podría escribir `{...state, ...action}` en su lugar. En el momento de escribir este libro, todavía no funciona en todos los navegadores.

Construcción DOM

Una de las funciones principales que desempeñan los componentes de la interfaz es crear una estructura DOM. Una vez más, para hacerlo no queremos usar directamente los métodos DOM detallados, así que aquí hay una versión ligeramente ampliada de la función `elt`:

```
function elt(type, props, ...children) {
  let dom = document.createElement(type);
  if (props) Object.assign(dom, props);


  for (let child of children) {
    if (typeof child != "string") dom.appendChild(child);
    else dom.appendChild(document.createTextNode(child));
  }
  return dom;
}
```

La principal diferencia entre esta versión y la que usamos en el apartado «Dibujar» del capítulo 16 es que esta asigna propiedades a los nodos DOM, no atributos. Lo anterior significa que no podemos usarlo para establecer atributos arbitrarios, pero podemos usarlo para establecer propiedades cuyo valor no es una cadena, como `onclick`, que se configura como una función para registrar un manipulador de eventos de clic.

Esto permite el siguiente estilo de registro de manipuladores de eventos:

```
<body>
  <script>
    document.body.appendChild(elt("button", {
      onclick: () => console.log("click")
    }, "The button"));
  </script>
</body>
```

El lienzo

El primer componente que definiremos es la parte de la interfaz que muestra la imagen como una cuadrícula de cuadros de colores. Este componente es responsable de dos cosas: mostrar una imagen y comunicar eventos de puntero en esa imagen al resto de la aplicación.

Como tal, podemos definirlo como un componente que solo conoce la imagen actual, no todo el estado de la aplicación. Debido a que no sabe cómo funciona la aplicación en su conjunto, no puede enviar acciones directamente. En lugar de eso, al responder a eventos de puntero, el componente llama a una función de rellamada proporcionada por el código que lo ha creado, que manipulará las partes específicas de la aplicación.

```
const scale = 10;

class PictureCanvas {
  constructor(picture, pointerDown) {
    this.dom = elt("canvas", {
      onmousedown: event => this.mouse(event, pointerDown),
      ontouchstart: event => this.touch(event, pointerDown)
    });
    this.syncState(picture);
  }
  syncState(picture) {
    if (this.picture == picture) return;
    this.picture = picture;
    drawPicture(this.picture, this.dom, scale);
  }
}
```

Dibujamos cada píxel como un cuadrado de 10 por 10, según lo determinado por la constante `scale`. Para evitar trabajo innecesario, el componente realiza un seguimiento de su imagen actual y vuelve a dibujar solo cuando se le proporciona una imagen nueva a `syncState`.

La función de dibujo real establece el tamaño del lienzo según la escala y el tamaño de la imagen, y lo rellena con una serie de cuadrados, uno para cada píxel.

```
function drawPicture(picture, canvas, scale) {
  canvas.width = picture.width * scale;
  canvas.height = picture.height * scale;
  let cx = canvas.getContext("2d");

  for (let y = 0; y < picture.height; y++) {
    for (let x = 0; x < picture.width; x++) {
      cx.fillStyle = picture.pixel(x, y);
      cx.fillRect(x * scale, y * scale, scale, scale);
    }
  }
}
```

Cuando se pulsa el botón izquierdo del ratón mientras está sobre el lienzo de la imagen, el componente llama a la rellamada `pointerDown`, dándole la posición del píxel en el que se ha hecho clic, en coordenadas de imagen. Esta función se utilizará para implementar la interacción del ratón con la imagen. La rellamada puede devolver otra función de rellamada para notificar cuándo se mueve el puntero a un píxel diferente mientras el botón se mantiene pulsado.

```
PictureCanvas.prototype.mouse = function(downEvent, onDown) {
  if (downEvent.button != 0) return;
  let pos = pointerPosition(downEvent, this.dom);
  let onMove = onDown(pos);
  if (!onMove) return;
  let move = moveEvent => {
    if (moveEvent.buttons == 0) {
      this.dom.removeEventListener("mousemove", move);
    } else {
      let newPos = pointerPosition(moveEvent, this.dom);
      if (newPos.x == pos.x && newPos.y == pos.y) return;
      pos = newPos;
      onMove(newPos);
    }
  };
  this.dom.addEventListener("mousemove", move);
};

function pointerPosition(pos, domNode) {
  let rect = domNode.getBoundingClientRect();
  return {x: Math.floor((pos.clientX - rect.left) / scale),
          y: Math.floor((pos.clientY - rect.top) / scale)};
}
```

Como conocemos el tamaño de los píxeles y podemos usar `getBoundingClientRect` para encontrar la posición del lienzo en la pantalla, es posible pasar de las coordenadas del evento del ratón (`clientX` y `clientY`) a las coordenadas de la imagen. Siempre se redondean hacia abajo para que se refieran a un píxel específico.

Con los eventos táctiles, tenemos que hacer algo similar, pero debemos usar eventos distintos y asegurarnos de llamar a `preventDefault` en el evento `"touchstart"` para evitar el desplazamiento.

```
PictureCanvas.prototype.touch = function(startEvent,
                                         onDown) {
  let pos = pointerPosition(startEvent.touches[0], this.dom);
  let onMove = onDown(pos);
  startEvent.preventDefault();
  if (!onMove) return;
  let move = moveEvent => {
    let newPos = pointerPosition(moveEvent.touches[0],
                                 this.dom);
    if (newPos.x == pos.x && newPos.y == pos.y) return;
    pos = newPos;
    onMove(newPos);
  };
  let end = () => {
    this.dom.removeEventListener("touchmove", move);
    this.dom.removeEventListener("touchend", end);
  };
  this.dom.addEventListener("touchmove", move);
  this.dom.addEventListener("touchend", end);
};
```

Para eventos táctiles, `clientX` y `clientY` no están disponibles directamente en el objeto del evento, pero existe la opción de usar las coordenadas del primer objeto táctil en la propiedad `touches`.

La aplicación

Para que sea posible construir la aplicación pieza por pieza, implementaremos el componente principal como un caparazón alrededor de un lienzo de imagen y un conjunto dinámico de herramientas y controles que pasamos a su constructor.

Los controles son los elementos de la interfaz que aparecen debajo de la imagen. Se proporcionarán como una matriz de constructores de componentes.

Las herramientas hacen cosas como dibujar píxeles o rellenar un área. La aplicación muestra el conjunto de herramientas disponibles como un campo `<select>`. La herramienta actualmente seleccionada determina qué sucede cuando el usuario interactúa con la imagen con un dispositivo señalador. El conjunto de herramientas disponibles se proporciona como un objeto que asigna los nombres que aparecen en el campo desplegable a funciones que implementan las herramientas. Estas funciones obtienen como argumentos la posición de la imagen, el estado actual de la aplicación y una función `dispatch`. Pueden devolver una función de manipulador de movimiento que se llama con una posición nueva y un estado actual cuando el puntero se mueve a un píxel distinto.

```
class PixelEditor {
  constructor(state, config) {
    let {tools, controls, dispatch} = config;
    this.state = state;
```

```
    this.canvas = new PictureCanvas(state.picture, pos => {
      let tool = tools[this.state.tool];
      let onMove = tool(pos, this.state, dispatch);
      if (onMove) return pos => onMove(pos, this.state);
    });
    this.controls = controls.map(
      Control => new Control(state, config));
    this.dom = elt("div", {}, this.canvas.dom, elt("br"),
                   ...this.controls.reduce(
                     (a, c) => a.concat(" ", c.dom), []));
  }
  syncState(state) {
    this.state = state;
    this.canvas.syncState(state.picture);
    for (let ctrl of this.controls) ctrl.syncState(state);
  }
}
```

El manipulador de puntero dado para `PictureCanvas` llama a la herramienta seleccionada actualmente con los argumentos apropiados y, si eso devuelve un manipulador de movimiento, lo adapta para recibir también el estado.

Todos los controles se construyen y almacenan en `this.controls` para que puedan actualizarse cuando cambie el estado de la aplicación. La llamada a `reduce` introduce espacios entre los elementos DOM de los controles. De esa manera, no se verán tan comprimidos.

El primer control es el menú de selección de herramientas. Crea un elemento `<select>` con una opción para cada herramienta y configura un manipulador de eventos `"change"` que actualiza el estado de la aplicación cuando el usuario selecciona una herramienta distinta.

```
class ToolSelect {
  constructor(state, {tools, dispatch}) {
    this.select = elt("select", {
      onchange: () => dispatch({tool: this.select.value})
    }, ...Object.keys(tools).map(name => elt("option", {
      selected: name == state.tool
    }, name)));
    this.dom = elt("label", null, "🖌 Tool: ", this.select);
  }
  syncState(state) { this.select.value = state.tool; }
}
```

Al empaquetar el texto y el campo de la etiqueta en un elemento `<label>`, le decimos al navegador que la etiqueta pertenece a ese campo para que pueda, por ejemplo, hacer clic en la etiqueta para poner el foco en el campo.

También necesitamos cambiar el color, así que agregaremos un control para eso. Un elemento `<input>` HTML con un atributo `type` de `color` nos proporciona un campo de formulario especializado para seleccionar colores. El valor de dicho campo es siempre un código de color CSS en formato `"#RRGGBB"` (componentes rojo, verde y azul, dos dígitos por color). El navegador mostrará una interfaz de selección de color cuando el usuario interactúe con él.

Dependiendo del navegador, el selector de color podría tener este aspecto:

Este control crea dicho campo y lo conecta para permanecer sincronizado con la propiedad `color` del estado de la aplicación.

```
class ColorSelect {
  constructor(state, {dispatch}) {
    this.input = elt("input", {
      type: "color",
      value: state.color,
      onchange: () => dispatch({color: this.input.value})
    });
    this.dom = elt("label", null, "🎨 Color: ", this.input);
  }
  syncState(state) { this.input.value = state.color; }
}
```

Herramientas de dibujo

Antes de que podamos dibujar algo, necesitamos implementar las herramientas que controlarán la funcionalidad del ratón o los eventos táctiles en el lienzo.

La herramienta más básica es la de dibujo, que cambia al color actualmente seleccionado en cualquier píxel en el que haga clic o al que toque. Esto envía una acción que actualiza la imagen a una versión en la que se le asigna el color actualmente seleccionado al píxel al que se apunta.

```
function draw(pos, state, dispatch) {
  function drawPixel({x, y}, state) {
    let drawn = {x, y, color: state.color};
    dispatch({picture: state.picture.draw([drawn])});
  }
  drawPixel(pos, state);
  return drawPixel;
}
```

La función llama de inmediato a la función `drawPixel`, pero luego también la devuelve para que se llame de nuevo para los píxeles recién tocados, cuando el usuario arrastra o desliza el dedo sobre la imagen.

Para dibujar formas más grandes, puede ser útil crear rectángulos con rapidez. La herramienta `rectangle` dibuja un rectángulo entre el punto donde empieza a arrastrar y el punto hasta el que arrastra.

```
function rectangle(start, state, dispatch) {
  function drawRectangle(pos) {
    let xStart = Math.min(start.x, pos.x);
    let yStart = Math.min(start.y, pos.y);
    let xEnd = Math.max(start.x, pos.x);
    let yEnd = Math.max(start.y, pos.y);
    let drawn = [];
    for (let y = yStart; y <= yEnd; y++) {
      for (let x = xStart; x <= xEnd; x++) {
        drawn.push({x, y, color: state.color});
      }
    }
    dispatch({picture: state.picture.draw(drawn)});
  }
  drawRectangle(start);
  return drawRectangle;
}
```

Un detalle importante en esta implementación es que, al arrastrar el rectángulo, se vuelve a dibujar en la imagen desde su estado original. Así, es posible volver a agrandar y reducir el rectángulo mientras lo crea, sin que los rectángulos intermedios queden pegados en la imagen final. Esta es una de las razones por las que son útiles los objetos de imagen inmutables; veremos otro motivo más adelante.

Implementar un relleno por inundación es bastante más complicado. Esta herramienta rellena el píxel debajo del puntero y todos los píxeles adyacentes del mismo color. «Adyacente» significa adyacente en dirección horizontal o vertical, pero no en diagonal. Esta imagen ilustra el conjunto de píxeles coloreados cuando se usa la herramienta de relleno por inundación en el píxel marcado:

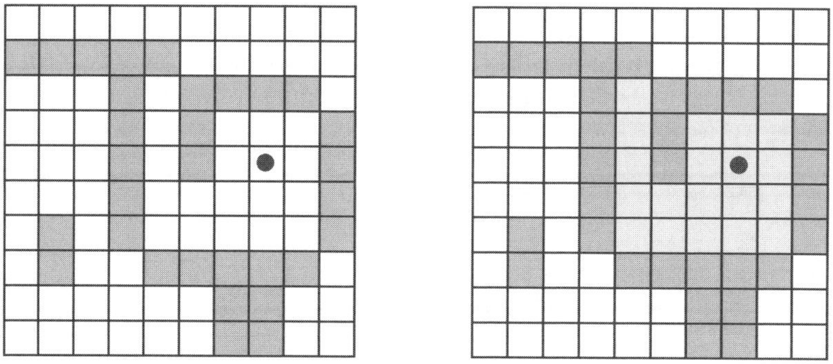

Curiosamente, haremos esto de una manera que se parece un poco al código de búsqueda de rutas del capítulo 7. Mientras que ese código buscaba en un grafo para encontrar una ruta, este código busca en una cuadrícula para hallar todos los píxeles «conectados». El problema de realizar un seguimiento de un conjunto ramificado de posibles rutas es similar.

```
const around = [{dx: -1, dy: 0}, {dx: 1, dy: 0},
                {dx: 0, dy: -1}, {dx: 0, dy: 1}];

function fill({x, y}, state, dispatch) {
  let targetColor = state.picture.pixel(x, y);
  let drawn = [{x, y, color: state.color}];
  for (let done = 0; done < drawn.length; done++) {
    for (let {dx, dy} of around) {
      let x = drawn[done].x + dx, y = drawn[done].y + dy;
      if (x >= 0 && x < state.picture.width &&
          y >= 0 && y < state.picture.height &&
          state.picture.pixel(x, y) == targetColor &&
          !drawn.some(p => p.x == x && p.y == y)) {
        drawn.push({x, y, color: state.color});
      }
    }
  }
  dispatch({picture: state.picture.draw(drawn)});
}
```

La matriz de píxeles dibujados también sirve como lista de trabajo de la función. Para cada píxel alcanzado, hay que ver si algún píxel adyacente tiene el mismo color y aún no ha sido pintado. El contador de bucle va por detrás de la longitud de la matriz `drawn` a medida que se agregan píxeles nuevos. Aún es necesario explorar los píxeles que se encuentran delante de él. Cuando alcanza la longitud, no quedan píxeles sin explorar y la función finaliza.

La herramienta final es un selector de color, que le permite señalar un color en la imagen para usarlo como color de dibujo actual.

```
function pick(pos, state, dispatch) {
  dispatch({color: state.picture.pixel(pos.x, pos.y)});
}
```

Guardar y cargar

Cuando hayamos dibujado nuestra obra maestra, querremos guardarla para más tarde. Deberíamos agregar un botón para descargar la imagen actual como un archivo de imagen. Este control proporciona ese botón:

```
class SaveButton {
  constructor(state) {
    this.picture = state.picture;
    this.dom = elt("button", {
      onclick: () => this.save()
    }, "💾 Save");
  }
  save() {
    let canvas = elt("canvas");
    drawPicture(this.picture, canvas, 1);
    let link = elt("a", {
      href: canvas.toDataURL(),
```

```
      download: "pixelart.png"
    });
    document.body.appendChild(link);
    link.click();
    link.remove();
  }
  syncState(state) { this.picture = state.picture; }
}
```

El componente realiza un seguimiento de la imagen actual para acceder a ella al guardarla. Para crear el archivo de imagen, usa un elemento <canvas> sobre el que dibuja la imagen (a una escala de un píxel por píxel).

El método toDataURL en un elemento lienzo crea una URL que empieza con data:. A diferencia de las URL http: y https:, las URL de datos contienen todo el recurso en la URL. Suelen ser muy largas, pero nos permiten crear enlaces funcionales a imágenes arbitrarias directamente en el navegador.

Para que el navegador descargue la imagen de manera efectiva, creamos un elemento de enlace que apunta a esta URL y tiene un atributo download. Al hacer clic en dichos enlaces, el navegador muestra un cuadro de diálogo para guardar el archivo. Añadimos ese enlace al documento, simulamos un clic en él y lo quitamos de nuevo.

Se puede hacer mucho con la tecnología del navegador, pero a veces la forma de realizarlo es bastante extraña.

Y la situación empeora. También querremos cargar archivos de imágenes existentes en nuestra aplicación. Para ello, definimos de nuevo un componente botón.

```
class LoadButton {
  constructor(_, {dispatch}) {
    this.dom = elt("button", {
      onclick: () => startLoad(dispatch)
    }, "📁 Load");
  }
  syncState() {}
}

function startLoad(dispatch) {
  let input = elt("input", {
    type: "file",
    onchange: () => finishLoad(input.files[0], dispatch)
  });
  document.body.appendChild(input);
  input.click();
  input.remove();
}
```

Para obtener acceso a un archivo en el ordenador del usuario, necesitamos que el usuario seleccione el archivo a través de un campo de entrada de archivo. Pero no quiero que el botón de carga tenga el aspecto de un campo de entrada de archivo, por lo que creamos la entrada del archivo cuando se hace clic en el botón y luego simulamos que se ha hecho clic en esta entrada de archivo.

Cuando el usuario ha seleccionado un archivo, con `FileReader` se accede a su contenido, de nuevo como una URL de datos. Esa URL se puede utilizar para crear un elemento `<img>`, pero como es imposible obtener acceso directo a los píxeles en dicha imagen, no podemos crear un objeto `Picture` a partir de eso.

```
function finishLoad(file, dispatch) {
  if (file == null) return;
  let reader = new FileReader();
  reader.addEventListener("load", () => {
    let image = elt("img", {
      onload: () => dispatch({
        picture: pictureFromImage(image)
      }),
      src: reader.result
    });
  });
  reader.readAsDataURL(file);
}
```

Para obtener acceso a los píxeles, primero dibujaremos la imagen en un elemento `<canvas>`. El contexto del lienzo posee un método `getImageData` que permite que un script lea sus píxeles. Entonces, una vez que la imagen está en el lienzo, es posible acceder a ella y construir un objeto `Picture`.

```
function pictureFromImage(image) {
  let width = Math.min(100, image.width);
  let height = Math.min(100, image.height);
  let canvas = elt("canvas", {width, height});
  let cx = canvas.getContext("2d");
  cx.drawImage(image, 0, 0);
  let pixels = [];
  let {data} = cx.getImageData(0, 0, width, height);

  function hex(n) {
    return n.toString(16).padStart(2, "0");
  }
  for (let i = 0; i < data.length; i += 4) {
    let [r, g, b] = data.slice(i, i + 3);
    pixels.push("#" + hex(r) + hex(g) + hex(b));
  }
  return new Picture(width, height, pixels);
}
```

Limitaremos el tamaño de las imágenes a 100 por 100 píxeles porque cualquier cosa más grande parecerá enorme en nuestra pantalla y podría ralentizar la interfaz.

La propiedad `data` del objeto devuelto por `getImageData` es una matriz de componentes de color. Para cada píxel en el rectángulo especificado por los argumentos, contiene cuatro valores, que representan los componentes rojo, verde, azul y alfa del color del píxel como números entre 0 y 255. La parte alfa representa la opacidad: cuando es cero, el píxel es completamente transparente; cuando es 255, es completamente opaco. Para nuestro propósito, podemos ignorarla.

Los dos dígitos hexadecimales por componente, tal como se usan en nuestra notación de colores, corresponden precisamente al rango de 0 a 255; dos dígitos en base 16 pueden expresar $16^2 = 256$ números. Al método `toString` de números se le puede dar una base como argumento, por lo que `n.toString(16)` producirá una representación de cadena en base 16. Tenemos que asegurarnos de que cada número ocupa un máximo de dos dígitos, por lo que la función auxiliar `hex` llama a `padStart` para añadir un cero a la izquierda cuando sea necesario.

¡Ahora podemos cargar y guardar! Lo que deja una característica más por implementar antes de que hayamos terminado.

Historial de deshacer

La mitad del proceso de edición consiste en cometer errores pequeños y corregirlos. Entonces, una característica importante en un programa de dibujo es el historial de deshacer.

Para deshacer los cambios, necesitamos almacenar versiones anteriores de la imagen. Eso es fácil porque es un valor inmutable, pero requiere un campo adicional en el estado de la aplicación.

Añadiremos una matriz `done` para conservar las versiones anteriores de la imagen. Mantener esta propiedad requiere una función de actualización de estado más complicada que agrega imágenes a la matriz.

Pero no queremos almacenar todos los cambios, solo aquellos con una cantidad de tiempo determinada de antigüedad. Para ello, se requiere una segunda propiedad, `doneAt`, que hace un seguimiento de la hora en la que hemos almacenado una imagen por última vez en el historial.

```
function historyUpdateState(state, action) {
  if (action.undo == true) {
    if (state.done.length == 0) return state;
    return Object.assign({}, state, {
      picture: state.done[0],
      done: state.done.slice(1),
      doneAt: 0
    });
  } else if (action.picture &&
             state.doneAt < Date.now() - 1000) {
    return Object.assign({}, state, action, {
      done: [state.picture, ...state.done],
      doneAt: Date.now()
    });
  } else {
    return Object.assign({}, state, action);
  }
}
```

Cuando la acción es una acción de deshacer, la función toma la imagen más reciente del historial y la convierte en la imagen actual. Establezca `doneAt` a cero para garantizar que el próximo cambio almacena la imagen en el historial, lo que le permitirá volver a ella en otro momento si lo desea.

De lo contrario, si la acción contiene una imagen nueva y la última vez que almacenamos algo fue hace más de un segundo (1000 milisegundos), las propiedades `done` y `doneAt` se actualizan para almacenar la imagen anterior.

El componente del botón **Undo** (deshacer) no tiene un papel principal. Envía acciones de deshacer cuando se hace clic en él y se desactiva cuando no hay nada que deshacer.

```
class UndoButton {
  constructor(state, {dispatch}) {
    this.dom = elt("button", {
      onclick: () => dispatch({undo: true}),
      disabled: state.done.length == 0
    }, "⮪ Undo");
  }
  syncState(state) {
    this.dom.disabled = state.done.length == 0;
  }
}
```

Vamos a dibujar

Para configurar la aplicación, hay que crear un estado, un conjunto de herramientas, un conjunto de controles y una función de envío. Podemos pasarlos al constructor `PixelEditor` para crear el componente principal. Como habrá que crear varios editores en los ejercicios, primero definimos algunas vinculaciones.

```
const startState = {
  tool: "draw",
  color: "#000000",
  picture: Picture.empty(60, 30, "#f0f0f0"),
  done: [],
  doneAt: 0
};

const baseTools = {draw, fill, rectangle, pick};

const baseControls = [
  ToolSelect, ColorSelect, SaveButton, LoadButton, UndoButton
];

function startPixelEditor({state = startState,
                           tools = baseTools,
                           controls = baseControls}) {
  let app = new PixelEditor(state, {
    tools,
    controls,
    dispatch(action) {
      state = historyUpdateState(state, action);
      app.syncState(state);
    }
  });
  return app.dom;
}
```

Al desestructurar un objeto o matriz, puede usar = después de un nombre de vinculación para darle a la vinculación un valor predeterminado, que se usa cuando la propiedad falta o contiene `undefined`. La función `startPixelEditor` lo utiliza para aceptar un objeto con varias propiedades opcionales como un argumento. Si no proporciona una propiedad `tools`, por ejemplo, `tools` estará limitada a `baseTools`.

Así es como obtenemos un editor real en la pantalla:

```
<div></div>
<script>
  document.querySelector("div")
    .appendChild(startPixelEditor({}));
</script>
```

¿Por qué es tan difícil?

La tecnología de los navegadores es asombrosa. Proporciona un potente conjunto de bloques de construcción de interfaces, maneras de darles estilo y manipularlas, junto con herramientas para inspeccionar y depurar las aplicaciones. El software que se escribe para el navegador puede ejecutarse en casi todos los ordenadores y teléfonos del planeta.

Al mismo tiempo, la tecnología de los navegadores es ridícula. Hay que aprender una gran cantidad de trucos tontos y hechos oscuros para dominarla, y el modelo de programación predeterminado que proporciona es tan problemático que la mayoría de los programadores prefieren cubrirlo con varias capas de abstracción en lugar de tratar con él directamente.

Y aunque no hay duda de que la situación está mejorando, sobre todo lo hace bajo la forma de más elementos que se añaden para subsanar las deficiencias, lo que crea todavía más complejidad. En realidad, no se puede sustituir una función usada por un millón de sitios web. Y aunque así fuera, sería difícil decidir con qué sustituirla.

La tecnología nunca existe en el vacío: estamos limitados por nuestras herramientas y por los factores sociales, económicos e históricos que las han producido. Este hecho puede ser molesto, pero suele ser más productivo intentar construir un buen conocimiento de cómo funciona la realidad técnica existente, y por qué es como es, que enfurecerse contra ella o esperar otra realidad.

Las abstracciones nuevas pueden ser útiles. El modelo de componentes y la convención de flujo de datos que he utilizado en este capítulo es una forma rudimentaria de ellas. Como se ha mencionado, hay bibliotecas que tratan de hacer más agradable la programación de la interfaz de usuario. En el momento de escribir este libro, React y Angular son opciones populares, pero hay toda una industria casera de este tipo de estructuras. Si le interesa programar aplicaciones web, le recomiendo que investigue algunas de ellas para entender cómo funcionan y qué ventajas aportan.

Ejercicios

Nuestro programa todavía se puede mejorar más. Vamos a añadir algunas funciones más como ejercicios.

Vinculaciones de teclado

Añada atajos de teclado a la aplicación. La primera letra del nombre de una herramienta selecciona la herramienta y **Control-Z** o **Comando-Z** activa deshacer.

Haga esto modificando el componente `PixelEditor`. Añada una propiedad `tabIndex` de 0 al elemento empaquetador `<div>` para que pueda recibir el foco del teclado. Tenga en cuenta que la propiedad correspondiente al atributo `tabindex` se llama `tabIndex`, con una I mayúscula, y nuestra función `elt` espera nombres de propiedad. Registre los manipuladores del evento de tecla directamente en ese elemento. Esto significa que tiene que hacer clic, tocar o tabular la aplicación antes de poder interactuar con ella usando el teclado.

Recuerde que los eventos de teclado tienen propiedades `ctrlKey` y `metaKey` (para la tecla **Comando** en un Mac), con las que se comprueba si esas teclas se mantienen presionadas.

Dibujo eficiente

Durante el dibujo, la mayor parte del trabajo que realiza nuestra aplicación ocurre en `drawPicture`. Crear un estado nuevo y actualizar el resto del DOM no es muy costoso, pero volver a pintar todos los píxeles del lienzo requiere bastante trabajo.

Encuentre una manera de hacer que el método `syncState` de `PictureCanvas` sea más rápido, volviendo a dibujar solo los píxeles que realmente han cambiado.

Recuerde que el botón Guardar también usa `drawPicture`; por eso, si lo cambia, asegúrese de que las modificaciones no rompen el uso anterior o cree una versión nueva con un nombre diferente.

También tenga en cuenta que cambiar el tamaño de un elemento `<canvas>` (estableciendo sus propiedades `width` o `height`) lo borra, haciéndolo por completo transparente de nuevo.

Círculos

Defina una herramienta llamada `circle` que dibuja un círculo relleno cuando arrastra. El centro del círculo se encuentra en el punto donde empieza el gesto de arrastrar o tocar, y su radio está determinado por la distancia arrastrada.

Líneas limpias

Este ejercicio es más avanzado que los dos anteriores y requerirá que diseñe una solución a un problema no trivial. Asegúrese de que tiene mucho tiempo y paciencia antes de empezar a trabajar en este ejercicio, y no se desanime por los fracasos iniciales.

En la mayoría de los navegadores, cuando usa la herramienta `draw` y arrastra rápidamente por la imagen, no obtiene una línea cerrada. En lugar de eso, el resultado son puntos con espacios entre ellos porque los eventos `"mousemove"` o `"touchmove"` no se han activado lo suficientemente rápido como para alcanzar a todos los píxeles.

Mejore la herramienta `draw` para que dibuje una línea completa. Esto significa que tiene que hacer que la función del manipulador de movimiento recuerde la posición anterior y la conecte a la actual. Para ello, dado que los píxeles pueden estar separados una distancia arbitraria, escriba una función de dibujo de línea general.

Una línea entre dos píxeles es una cadena de píxeles conectada que es lo más recta posible. Los píxeles diagonalmente adyacentes cuentan como conectados, por lo que una línea inclinada debe parecerse a la imagen de la izquierda y no a la de la derecha.

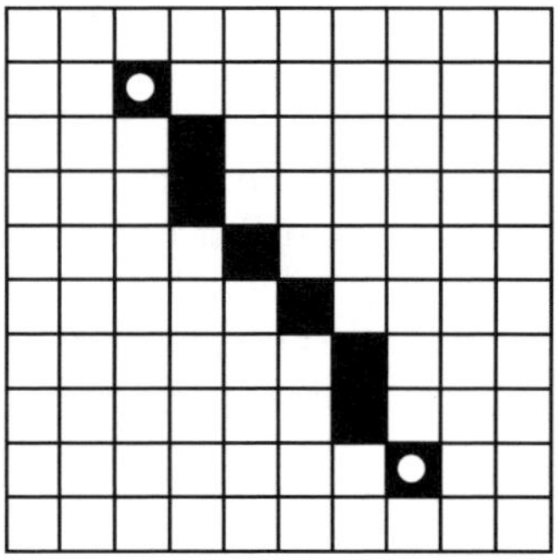

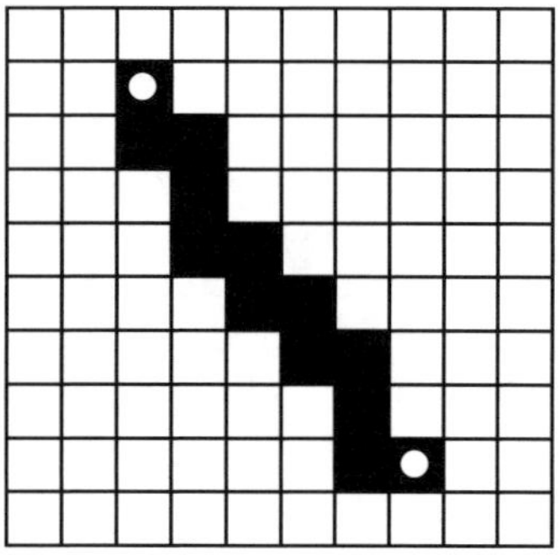

Finalmente, si tenemos código que dibuja una línea entre dos puntos arbitrarios, también podríamos usarlo para definir una herramienta `line`, que dibuja una línea recta entre el principio y el final de un arrastre.

PARTE III

NODE

«Un estudiante preguntó: "Los programadores antiguos solo usaban máquinas simples y no lenguajes de programación, pero hacían programas espléndidos. ¿Por qué usamos máquinas complicadas y lenguajes de programación?". Fu-Tzu respondió: "Los constructores antiguos solo usaban palos y arena, pero hacían chozas espléndidas"».

— Master Yuan-Ma, *The Book of Programming*

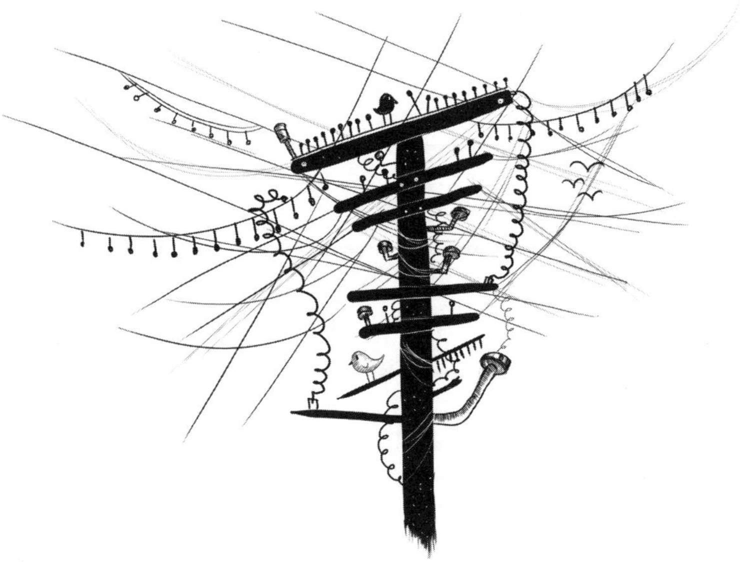

20

NODE.JS

Hasta ahora, hemos usado el lenguaje JavaScript en un único entorno: el navegador. Este capítulo y el siguiente presentan brevemente Node.js, un programa que permite aplicar los conocimientos de JavaScript fuera del navegador. Con Node.js, puede construir cualquier cosa, desde herramientas pequeñas de línea de comandos hasta servidores HTTP que impulsan sitios web dinámicos.

Estos capítulos persiguen la finalidad de enseñarle los conceptos principales que usa Node.js y darle información suficiente para que escriba programas útiles para él. No pretenden ser un tratamiento completo, ni siquiera exhaustivo, de la plataforma. Para seguir y ejecutar el código de este capítulo, necesitará instalar Node.js versión 10.1 o superior. Visite `https://nodejs.org` y siga las instrucciones de instalación correspondientes a su sistema operativo. Allí también encontrará más documentación sobre Node.js.

Antecedentes

Uno de los problemas más difíciles de los sistemas de escritura que se comunican a través de la red es gestionar la entrada y la salida, es decir, la lectura y escritura de datos en y procedentes de la red y el disco duro. El movimiento de datos requiere tiempo, y programarlo con inteligencia puede marcar una gran diferencia en la rapidez con la que un sistema responde al usuario o a las peticiones de red. En este tipo de programas, la programación asíncrona suele ser útil. Permite al programa enviar y recibir datos desde y hacia múltiples dispositivos simultáneamente sin una complicada gestión y sincronización de hilos.

Node se concibió inicialmente con el propósito de facilitar y hacer más cómoda la programación asíncrona. JavaScript se presta bien a un sistema como Node. Es uno de los pocos lenguajes de programación que no tiene una manera de hacer entrada y salida incorporada. Por lo tanto, JavaScript podría encajar en el planteamiento bastante excéntrico de Node para la entrada y salida sin terminar con dos interfaces inconsistentes. En 2009, cuando se estaba diseñando Node, la gente ya hacía programación basada en rellamadas en el navegador, por lo que la comunidad en torno al lenguaje estaba acostumbrada a un estilo de programación asíncrono.

El comando node

Cuando Node.js se instala en un sistema, proporciona un programa llamado `node`, que se utiliza para ejecutar archivos de JavaScript. Digamos que tiene un archivo `hello.js`, que contiene este código:

```
let message = "Hello world";
console.log(message);
```

Entonces, para ejecutar el programa, se ejecuta `node` desde la línea de comandos:

```
$ node hello.js
Hello world
```

El método `console.log` en Node se comporta de forma similar al navegador. Imprime un fragmento de texto. Pero en Node, el texto irá al flujo de salida estándar del proceso, en lugar de a la consola JavaScript del navegador. Cuando ejecuta `node` desde la línea de comandos, significa que ve los valores registrados en su terminal.

Si ejecuta `node` sin darle un archivo, le proporciona una línea de comando donde puede escribir código JavaScript y ver el resultado de manera inmediata.

```
$ node
> 1 + 1
2
> [-1, -2, -3].map(Math.abs)
[1, 2, 3]
> process.exit(0)
$
```

La vinculación `process`, al igual que la vinculación `console`, está disponible en Node a nivel global. Proporciona varias maneras de inspeccionar y manipular el programa actual. El método `exit` finaliza el proceso y se le puede dar un código de estado de salida, que le dice al programa que ha iniciado `node` (en este caso, la shell de línea de comandos) si el programa se ha completado correctamente (código cero) o ha encontrado un error (cualquier otro código). Para encontrar los argumentos de la línea de comandos dados a su script, puede leer `process.argv`, que es una matriz de cadenas. Tenga en cuenta que también incluye el nombre del comando `node` y el de su script, por lo que los argumentos reales comienzan en el índice 2. Si `showargv.js` contiene la instrucción `console.log(process.argv)`, puede ejecutarlo así:

```
$ node showargv.js one --and two
["node", "/tmp/showargv.js", "one", "--and", "two"]
```

Todas las vinculaciones globales estándar de JavaScript, como `Array`, `Math` y `JSON`, también están presentes en el entorno de Node, pero las funciones relacionadas con el navegador, como `document` o `prompt`, no.

Módulos

Más allá de las vinculaciones que he mencionado, como `console` y `process`, Node coloca otras adicionales en el ámbito global. Para acceder a la funcionalidad integrada, debe solicitarlo al sistema de módulos.

El sistema de módulos CommonJS, basado en la función `require`, se describió en el apartado «CommonJS» en el capítulo 10. Este sistema está integrado en Node y se utiliza para cargar cualquier cosa, desde módulos integrados hasta paquetes descargados y archivos que forman parte de su propio programa.

Cuando se llama a `require`, Node tiene que resolver la cadena dada en un archivo real que pueda cargar. Los nombres de ruta que empiezan con `/`, `./` o `../` se resuelven en relación con la ruta del módulo actual, donde `./` representa el directorio actual, `../` un directorio superior y `/` la raíz del sistema de archivos. Por lo tanto, si solicita `"./graph"` del archivo `/tmp/robot/robot.js`, Node intentará cargar el archivo `/tmp/robot/graph.js`.

La extensión `.js` se puede omitir y Node la agregará si dicho archivo existe. Si la ruta requerida hace referencia a un directorio, Node intentará cargar el archivo `index.js` existente en ese directorio. Cuando se proporciona a `require` una cadena que no parece una ruta relativa o absoluta, se supone que se refiere a un módulo integrado o a un módulo instalado en un directorio `node_modules`. Por ejemplo, `require("fs")` dará el módulo de sistema de archivos integrado de Node. Y `require("robot")` podría intentar cargar la biblioteca que se encuentra en `node_modules/robot/`. Una manera común de instalar este tipo de bibliotecas es usando NPM, al que volveremos enseguida.

Vamos a configurar un proyecto pequeño que consta de dos archivos. El primero, llamado `main.js`, define un script que se puede llamar desde la línea de comando para invertir una cadena.

```
const {reverse} = require("./reverse");

// Index 2 holds the first actual command line argument
let argument = process.argv[2];

console.log(reverse(argument));
```

El archivo `reverse.js` define una biblioteca para invertir cadenas, que puede ser utilizada por esta herramienta de línea de comandos y por otros scripts que necesitan acceso directo a una función de inversión de cadenas.

```
exports.reverse = function(string) {
  return Array.from(string).reverse().join("");
};
```

Recuerde que agregar propiedades a `exports` las incluye en la interfaz del módulo. Dado que Node.js trata los archivos como módulos CommonJS, `main.js` puede tomar la función `reverse` exportada de `reverse.js`. Ahora podemos llamar a nuestra herramienta así:

```
$ node main.js JavaScript
tpircSavaJ
```

Instalar con NPM

NPM, que se presentó en el capítulo 10, es un repositorio en línea de módulos de JavaScript, y muchos de ellos están escritos específicamente para Node. Cuando instala Node en el ordenador, también obtiene el comando `npm`, que puede usar para interactuar con este repositorio.

El uso principal de NPM es la descarga de paquetes. Vimos el paquete `ini` en el capítulo 10. Es posible usar NPM para obtener e instalar ese paquete en nuestro ordenador.

```
$ npm install ini
npm WARN enoent ENOENT: no such file or directory,
        open '/tmp/package.json'
+ ini@1.3.5
added 1 package in 0.552s

$ node
> const {parse} = require("ini");
> parse("x = 1\ny = 2");
{ x: '1', y: '2' }
```

Después de ejecutar `npm install`, NPM habrá creado un directorio llamado `node_modules`. Dentro de ese directorio habrá un directorio `ini` que contiene la biblioteca. Es posible abrirlo y ver el código. Cuando llamamos a `require("ini")`, esta biblioteca se carga y podemos llamar a su propiedad `parse` para analizar un archivo de configuración. De forma predeterminada, NPM instala paquetes en el directorio actual, en lugar de hacerlo en un lugar central. Si está acostumbrado a otros administradores de paquetes, esto quizá le parezca inusual, pero tiene ventajas: le da a cada aplicación el control total de los paquetes que instala, facilita la administración de versiones y la limpieza al quitar una aplicación.

Archivos de paquete

En el ejemplo `npm install`, podría ver una advertencia sobre el hecho de que el archivo `package.json` no existía. Se recomienda crear dicho archivo para cada proyecto, ya sea manualmente o ejecutando `npm init`. Contiene información sobre el proyecto, como su nombre y versión, y enumera sus dependencias.

La simulación del robot del capítulo 7, modularizada en el ejercicio «Un robot modular» en el capítulo 10, podría tener un archivo `package.json` como este:

```
{
  "author": "Marijn Haverbeke",
  "name": "eloquent-javascript-robot",
  "description": "Simulation of a package-delivery robot",
  "version": "1.0.0",
  "main": "run.js",
  "dependencies": {
    "dijkstrajs": "^1.0.1",
    "random-item": "^1.0.0"
  },
  "license": "ISC"
}
```

Cuando se ejecuta `npm install` sin nombrar un paquete para instalar, NPM instalará las dependencias enumeradas en `package.json`. Cuando instala un paquete específico que aún no se enumera como dependencia, NPM lo agregará a `package.json`.

Versiones

Un archivo `package.json` enumera tanto la versión propia del programa como las de sus dependencias. Las versiones son una manera de abordar el hecho de que los paquetes evolucionan por separado, y el código escrito para funcionar con un paquete tal como existía en un momento dado puede no funcionar con una versión posterior modificada del paquete. NPM exige que sus paquetes sigan un esquema llamado control de versiones semántico, que codifica cierta información en el número de versión sobre qué versiones son compatibles (no rompen la interfaz anterior). Una versión semántica consta de tres números, separados por puntos, como 2.3.0. Cuando se añade una funcionalidad nueva, se debe incrementar el número situado en el medio.

Cada vez que se rompe la compatibilidad, de modo que el código existente que utiliza el paquete podría no funcionar con la versión nueva, se debe incrementar el número situado en la primera posición.

Un carácter intercalación (`^`) delante del número de versión para una dependencia en `package.json` indica que se puede instalar cualquier versión compatible con el número dado. Entonces, por ejemplo, `"^2.3.0"` significaría que se permite cualquier versión mayor o igual a 2.3.0 y menor que 3.0.0.

El comando `npm` también se usa para publicar paquetes o versiones de paquetes nuevas. Si ejecuta `npm publish` en un directorio que tiene un archivo `package.json`, publicará un paquete con el nombre y la versión que figuran en el archivo JSON en el registro. Cualquiera puede publicar paquetes en NPM, aunque solo con un nombre de paquete que aún no esté en uso, porque daría un poco de miedo si personas al azar pudieran actualizar los paquetes existentes.

Dado que el programa `npm` es software que se habla con un sistema abierto (el registro de paquetes), no hay nada único en lo que hace. Otro programa, `yarn`, que se puede instalar desde el registro de NPM, cumple la misma función que `npm` utilizando una interfaz y una estrategia de instalación algo diferentes.

Este libro no profundizará en los detalles del uso de NPM. Consulte `https://npmjs.org` para obtener más documentación y una manera de buscar paquetes.

El módulo del sistema de archivos

Uno de los módulos integrados utilizados con más frecuencia en Node es `fs`, que significa *file system* o, en español, sistema de archivos. Este módulo exporta funciones para trabajar con archivos y directorios.

Por ejemplo, la función `readFile` lee un archivo y luego llama a una rellamada con el contenido del archivo.

```
let {readFile} = require("fs");
readFile("file.txt", "utf8", (error, text) => {
  if (error) throw error;
  console.log("The file contains:", text);
});
```

El segundo argumento de `readFile` indica la codificación de caracteres usada para decodificar el archivo en una cadena. Hay varias maneras de codificar texto en datos binarios, pero la mayoría de sistemas modernos utilizan UTF-8. A menos que tenga motivos para creer que se usa otra codificación, pase `"utf8"` al leer un archivo de texto. Si no pasa una codificación, Node supondrá que está interesado en los datos binarios y le dará un objeto `Buffer` en lugar de una cadena. Este es un objeto similar a una matriz que contiene números que representan los bytes (fragmentos de datos de 8 bits) en los archivos.

```
const {readFile} = require("fs");
readFile("file.txt", (error, buffer) => {
  if (error) throw error;
  console.log("The file contained", buffer.length, "bytes.",
              "The first byte is:", buffer[0]);
});
```

Una función similar, `writeFile`, se usa para escribir un archivo en el disco.

```
const {writeFile} = require("fs");
writeFile("graffiti.txt", "Node was here", err => {
  if (err) console.log(`Failed to write file: ${err}`);
  else console.log("File written.");
});
```

Aquí no ha sido necesario especificar la codificación: `writeFile` supondrá que cuando se le da una cadena para escribir, en lugar de un objeto `Buffer`, deberá escribirla como texto usando su codificación de caracteres predeterminada, que es UTF-8.

El módulo `fs` contiene muchas otras funciones útiles: `readdir` devolverá los archivos en un directorio como una matriz de cadenas, `stat` recuperará información sobre un archivo, `rename` cambiará el nombre de un archivo, `unlink` quitará uno, etc. Consulte la documentación en `https://nodejs.org` para obtener detalles.

La mayoría de ellos toma una función de rellamada como último parámetro, a la que llaman con un resultado de error (el primer argumento) o con un resultado correcto (el segundo). Como vimos en el capítulo 11, este estilo de programación tiene desventajas: la mayor es que el manejo de errores se vuelve extenso y propenso a errores.

Aunque las promesas han sido parte de JavaScript durante un tiempo, al momento de escribir este libro aún se está trabajando en su integración en Node.js. Hay un objeto `promises` exportado desde el paquete `fs` desde la versión 10.1 que contiene la mayoría de las mismas funciones que `fs`, pero usa promesas en lugar de funciones de rellamada.

```
const {readFile} = require("fs").promises;
readFile("file.txt", "utf8")
  .then(text => console.log("The file contains:", text));
```

A veces, el asincronismo no es necesario y simplemente estorba. Muchas de las funciones en `fs` también tienen una variante síncrona, que comparte el mismo nombre con `Sync` añadido al final. Por ejemplo, la versión síncrona de `readFile` se llama `readFileSync`.

```
const {readFileSync} = require("fs");
console.log("The file contains:",
            readFileSync("file.txt", "utf8"));
```

Tenga en cuenta que mientras se realiza dicha operación síncrona, su programa se detiene por completo. Si debe estar respondiendo al usuario o a otras máquinas de la red, quedarse atascado en una acción síncrona podría producir retrasos molestos.

El módulo HTTP

Otro módulo central se llama `http`. Proporciona funcionalidad para ejecutar servidores HTTP y realizar peticiones HTTP. Esto es todo lo que se necesita para iniciar un servidor HTTP:

```
const {createServer} = require("http");
let server = createServer((request, response) => {
  response.writeHead(200, {"Content-Type": "text/html"});
  response.write(`
    <h1>Hello!</h1>
    <p>You asked for <code>${request.url}</code></p>`);
  response.end();
});
server.listen(8000);
console.log("Listening! (port 8000)");
```

Si ejecuta este script en su propia máquina, puede apuntar su navegador web a `http://localhost:8000/hello` para realizar una petición a su servidor. Responderá con una página HTML pequeña.

La función pasada como argumento para `createServer` se llama cada vez que un cliente se conecta al servidor. Las vinculaciones `request` y `response` son objetos que representan los datos entrantes y salientes. El primero contiene información sobre la petición, como su propiedad `url`, que nos dice a qué URL se ha hecho la petición.

Entonces, cuando abre esa página en su navegador, envía una petición a su propio ordenador. Esto hace que la función del servidor se ejecute y envíe una respuesta, que luego se verá en el navegador.

Para devolver algo, llama a métodos en el objeto `response`. El primero, `writeHead`, escribirá los encabezados de respuesta (consulte el capítulo 18). Usted le da el código de estado (200 para «OK» en este caso) y un objeto que contiene valores de encabezado. El ejemplo configura el encabezado `Content-Type` para informar al cliente que devolveremos un documento HTML.

A continuación, el cuerpo de respuesta real (el documento en sí) se envía con `response.write`. Puede llamar a este método varias veces si desea enviar la respuesta en fragmentos de uno en uno, por ejemplo, para transmitir datos al cliente a medida que están disponibles. Finalmente, `response.end` señala el final de la respuesta.

La llamada a `server.listen` hace que el servidor empiece a esperar conexiones en el puerto 8000. Por eso, tiene que conectarse a `localhost:8000` para hablar con este servidor, en lugar de solo `localhost`, que usaría el puerto predeterminado 80.

Cuando ejecuta este script, el proceso simplemente se queda ahí y espera. Cuando un script está escuchando eventos (en este caso, conexiones de red), `node` no saldrá automáticamente cuando llegue al final del script. Para cerrarlo, pulse **Control-C**.

Habitualmente, un servidor web real hace más que el del ejemplo: observa el método de la petición (la propiedad `method`) para ver qué acción está intentando realizar el cliente y mira la URL de petición para averiguar en qué recurso se está realizando esta acción. Veremos un servidor más avanzado en el apartado «Un servidor de archivos», más adelante en este mismo capítulo.

Para actuar como un cliente HTTP, podemos usar la función `request` en el módulo `http`.

```
const {request} = require("http");
let requestStream = request({
  hostname: "eloquentjavascript.net",
  path: "/20_node.html",
  method: "GET",
```

```
  headers: {Accept: "text/html"}
}, response => {
  console.log("Server responded with status code",
              response.statusCode);
});
requestStream.end();
```

El primer argumento para `request` configura la petición, diciéndole a Node con qué servidor hablar, qué ruta pedir a ese servidor, qué método usar, etc. El segundo argumento es la función a la que se debe llamar cuando llega una respuesta. Se da un objeto que nos permite inspeccionar la respuesta como, por ejemplo, para conocer su código de estado.

Al igual que el objeto `response` que hemos visto en el servidor, el objeto devuelto por `request` nos permite transmitir datos a la petición con el método `write` y finalizar la petición con el método `end`. El ejemplo no usa `write` porque las peticiones `GET` no deben contener datos en el cuerpo de petición. Hay una función `request` similar en el módulo `https` que se puede usar para hacer peticiones a las URL `https:`.

Hacer peticiones con la funcionalidad básica de Node es bastante largo. Existen paquetes empaquetadores mucho más adecuados disponibles en NPM. Por ejemplo, `node-fetch` proporciona la interfaz `fetch` basada en promesas que conocemos del navegador.

Flujos

Hemos visto dos instancias de flujos con permisos de escritura en los ejemplos HTTP, es decir, el objeto de respuesta en el que el servidor podía escribir y el objeto de petición que había devuelto `request`.

Los flujos con permisos de escritura son un concepto ampliamente usado en Node. Estos objetos tienen un método `write` al que se le puede pasar una cadena o un objeto `Buffer` para escribir algo en el flujo. Su método `end` cierra el flujo y opcionalmente toma un valor para escribir en el flujo antes de cerrar. A ambos métodos se les puede dar una rellamada como un argumento adicional, a la que llamarán cuando haya terminado la escritura o el cierre. Es posible crear un flujo con permisos de escritura que apunta a un fichero con la función `createWriteStream` del módulo `fs`. A continuación, puede usar el método `write` en el objeto resultante para escribir el archivo fragmento a fragmento, en lugar de hacerlo de una sola vez como con `writeFile`.

Los flujos con permisos de lectura son un poco más complicados. Tanto la vinculación `request` que se ha pasado a la rellamada del servidor HTTP como la vinculación `response` que se ha pasado a la rellamada del cliente HTTP son flujos con permisos de escritura: un servidor lee peticiones y luego escribe respuestas, mientras que un cliente primero escribe una petición y luego lee una respuesta. La lectura de un flujo se hace con manipuladores de eventos, en lugar de con métodos.

Los objetos que emiten eventos en Node tienen un método llamado `on` que es similar al método `addEventListener` en el navegador. Le da un nombre de evento y luego una función, y registrará esa función para que sea llamada cada vez que suceda el evento dado.

Los flujos con permisos de lectura tienen eventos `"data"` y `"end"`. El primero se activa cada vez que entran datos, y el segundo se llama cuando el flujo llega a su fin. Este modelo es el más adecuado para la transmisión de datos que se pueden procesar de inmediato, incluso cuando el documento completo todavía no está disponible. Un archivo se lee como un flujo con permisos de lectura usando la función `createReadStream` de `fs`. Este código crea un servidor que lee los cuerpos de las peticiones y los transmite de vuelta al cliente como texto en mayúsculas:

```
const {createServer} = require("http");
createServer((request, response) => {
  response.writeHead(200, {"Content-Type": "text/plain"});
  request.on("data", chunk =>
    response.write(chunk.toString().toUpperCase()));
  request.on("end", () => response.end());
}).listen(8000);
```

El valor `chunk` pasado al manipulador de datos será un `Buffer` binario. Podemos convertirlo en una cadena decodificándolo como caracteres codificados UTF-8 con su método `toString`.

El siguiente fragmento de código, cuando se ejecuta con el servidor de mayúsculas activo, enviará una petición a ese servidor y escribirá la respuesta que obtiene:

```
const {request} = require("http");
request({
  hostname: "localhost",
  port: 8000,
  method: "POST"
}, response => {
  response.on("data", chunk =>
    process.stdout.write(chunk.toString()));
}).end("Hello server");
// → HELLO SERVER
```

El ejemplo escribe en `process.stdout` (la salida estándar del proceso, que es un flujo con permisos de escritura), en lugar de usar `console.log`. No podemos usar `console.log` porque añade un carácter de línea nueva adicional después de cada parte del texto que escribe, lo que no es apropiado aquí porque la respuesta puede presentarse en varios fragmentos.

Un servidor de archivos

Vamos a combinar nuestro nuevo conocimiento recién adquirido sobre servidores HTTP y trabajemos con el sistema de archivos para crear un puente entre los dos: un servidor HTTP que permite el acceso remoto a un sistema de archivos. Un servidor así tiene todo tipo de usos: permite que las aplicaciones web almacenen y compartan datos o da a un conjunto de personas acceso compartido a un grupo de archivos.

Cuando tratamos los archivos como recursos HTTP, los métodos HTTP `GET`, `PUT` y `DELETE` se pueden usar para leer, escribir y eliminar los archivos, respectivamente. Interpretaremos la ruta de la petición como la ruta del archivo a la que se refiere la petición.

Probablemente no queramos compartir todo nuestro sistema de archivos, por lo que interpretaremos que estas rutas empiezan en el directorio de trabajo del servidor, que es el directorio en el que se inició. Si he ejecutado el servidor desde `/tmp/public/` (o `C:\tmp\public\` en Windows), entonces una petición de `/file.txt` debería referirse a `/tmp/public/file.txt` (o `C:\tmp\public\file.txt`).

Construiremos el programa pieza a pieza, usando un objeto llamado `methods` para almacenar las funciones que manipulan los distintos métodos HTTP. Los manipuladores de métodos son funciones `async` que obtienen el objeto de petición como argumento y devuelven una promesa que se resuelve en un objeto que describe la respuesta.

```
const {createServer} = require("http");

const methods = Object.create(null);

createServer((request, response) => {
  let handler = methods[request.method] || notAllowed;
  handler(request)
    .catch(error => {
      if (error.status != null) return error;
      return {body: String(error), status: 500};
    })
    .then(({body, status = 200, type = "text/plain"}) => {
       response.writeHead(status, {"Content-Type": type});
       if (body && body.pipe) body.pipe(response);
       else response.end(body);
    });
}).listen(8000);

async function notAllowed(request) {
  return {
    status: 405,
    body: `Method ${request.method} not allowed.`
  };
}
```

Esto inicia un servidor que simplemente devuelve respuestas de error 405, que es el código utilizado para indicar que el servidor se niega a manipular un método dado.

Cuando se rechaza una promesa de un manipulador de peticiones, la llamada `catch` traduce el error en un objeto de respuesta, si todavía no lo es, de modo que el servidor sea capaz de enviar una respuesta de error para informar al cliente de que no ha podido manipular la petición. Es posible omitir el campo `status` de la descripción de la respuesta, en cuyo caso el valor predeterminado es 200 (OK). El tipo de contenido, en la propiedad `type`, también se puede omitir, en cuyo caso se supone que la respuesta es texto sin formato.

Cuando el valor de `body` es una transmisión con permisos de lectura, tendrá un método `pipe` que se usa para reenviar todo el contenido desde una transmisión con permisos de lectura a una con permisos de escritura. De lo contrario, se supone que es `null` (sin cuerpo), una cadena o un búfer, y se pasa directamente al método `end` de la respuesta.

Para determinar qué ruta de archivo corresponde a una URL de petición, la función `urlPath` usa el módulo `url` integrado de Node para analizar la URL. Toma su nombre de ruta, que será algo similar a `"/file.txt"`, lo decodifica para deshacerse de los códigos de escape de estilo `%20` y lo resuelve en relación con el directorio de trabajo del programa.

```
const {parse} = require("url");
const {resolve, sep} = require("path");

const baseDirectory = process.cwd();
```

```
function urlPath(url) {
  let {pathname} = parse(url);
  let path = resolve(decodeURIComponent(pathname).slice(1));
  if (path != baseDirectory &&
      !path.startsWith(baseDirectory + sep)) {
    throw {status: 403, body: "Forbidden"};
  }
  return path;
}
```

Desde el primer momento que configura un programa para aceptar peticiones de red, debe empezar a preocuparse por la seguridad. En este caso, si no tenemos cuidado, es probable que expongamos todo nuestro sistema de archivos a la red de manera involuntaria.

Las rutas de archivos son cadenas en Node. Para asignar una cadena de este tipo a un archivo real, existe una cantidad no trivial de interpretación. Las rutas pueden, por ejemplo, incluir `../` para hacer referencia a un directorio principal. Por lo tanto, las solicitudes de rutas como `/../secret_file` son una fuente evidente de problemas.

Para evitar este tipo de problemas, `urlPath` usa la función `resolve` del módulo `path`, que resuelve rutas relativas. Luego verifica que el resultado está debajo del directorio de trabajo. La función `process.cwd` (donde `cwd` significa *current working directory* o, en español, directorio de trabajo actual) sirve para encontrar este directorio de trabajo. La vinculación `sep` del paquete `path` es el separador de ruta del sistema: una barra invertida en Windows y una barra en la mayoría de los otros sistemas. Cuando la ruta no comienza con el directorio base, la función arroja un objeto de respuesta de error, usando el código de estado HTTP que indica que el acceso al recurso está prohibido.

Configuraremos el método `GET` para devolver una lista de archivos al leer un directorio y para devolver el contenido del archivo al leer un archivo normal.

Una pregunta complicada es qué tipo de encabezado `Content-Type` debemos establecer al devolver el contenido de un archivo. Como estos archivos pueden ser cualquier cosa, nuestro servidor no devuelve simplemente el mismo tipo de contenido para todos ellos. NPM nos ayudará aquí otra vez. El paquete `mime` (los indicadores de tipo de contenido como `text/plain` también se llaman tipos MIME) conoce el tipo correcto para una gran cantidad de extensiones de archivo. El siguiente comando `npm`, en el directorio donde reside el script del servidor, instala una versión específica de `mime`:

```
$ npm install mime@2.2.0
```

Cuando un archivo solicitado no existe, el código de estado HTTP correcto para devolver es 404. Usaremos la función `stat`, que busca información sobre un archivo, para averiguar si el archivo existe y si es un directorio.

```
const {createReadStream} = require("fs");
const {stat, readdir} = require("fs").promises;
const mime = require("mime");

methods.GET = async function(request) {
  let path = urlPath(request.url);
  let stats;
  try {
```

```
    stats = await stat(path);
  } catch (error) {
    if (error.code != "ENOENT") throw error;
    else return {status: 404, body: "File not found"};
  }
  if (stats.isDirectory()) {
    return {body: (await readdir(path)).join("\n")};
  } else {
    return {body: createReadStream(path),
            type: mime.getType(path)};
  }
};
```

Debido a que tiene que tocar el disco y, por lo tanto, podría tardar un poco, `stat` es asíncrona. Como usamos promesas en lugar de estilo de rellamada, ha de importarse desde `promises`, en lugar de directamente desde `fs`.

Cuando el archivo no existe, `stat` arrojará un objeto de error con una propiedad `code` de `"ENOENT"`. Estos códigos algo oscuros e inspirados en Unix son la manera de reconocer tipos de error en Node.

El objeto `stats` devuelto por `stat` nos dice varias cosas sobre un archivo, como su tamaño (propiedad `size`) y su fecha de modificación (propiedad `mtime`). Aquí nos interesa la cuestión de si es un directorio o un archivo normal y nos lo dice el método `isDirectory`.

Usamos `readdir` para leer la matriz de archivos en un directorio y devolverla al cliente. Para archivos normales, creamos un flujo con permisos de lectura con `createReadStream` y lo devolvemos como el cuerpo, junto con el tipo de contenido que nos proporciona el paquete `mime` para el nombre del archivo.

El código para manipular peticiones `DELETE` es un poco más simple.

```
const {rmdir, unlink} = require("fs").promises;

methods.DELETE = async function(request) {
  let path = urlPath(request.url);
  let stats;
  try {
    stats = await stat(path);
  } catch (error) {
    if (error.code != "ENOENT") throw error;
    else return {status: 204};
  }
  if (stats.isDirectory()) await rmdir(path);
  else await unlink(path);
  return {status: 204};
};
```

Cuando una respuesta HTTP no contiene ningún dato, una opción es usar el código de estado 204 («sin contenido») para indicarlo. Como la respuesta a la eliminación no necesita transmitir ninguna información más allá de si la operación se ha realizado correctamente, es sensato volver aquí.

Quizás se pregunte por qué al intentar eliminar un archivo inexistente se devuelve un código de estado de correcto en lugar de un error. Cuando el archivo que se está eliminando no está, se podría decir que el objetivo de la petición ya se ha cumplido. El estándar HTTP nos anima a hacer peticiones idempotentes, lo que significa que realizar la misma petición varias veces produce el mismo resultado que hacerla una vez. En cierto modo, si intenta eliminar algo que ya ha desaparecido, se habrá logrado el efecto que intentaba conseguir: el elemento ya no está allí.

Este es el manipulador para peticiones PUT:

```
const {createWriteStream} = require("fs");

function pipeStream(from, to) {
  return new Promise((resolve, reject) => {
    from.on("error", reject);
    to.on("error", reject);
    to.on("finish", resolve);
    from.pipe(to);
  });
}

methods.PUT = async function(request) {
  let path = urlPath(request.url);
  await pipeStream(request, createWriteStream(path));
  return {status: 204};
};
```

No necesitamos verificar si el archivo existe esta vez; si es así, simplemente lo sobrescribiremos. De nuevo, usamos `pipe` para mover datos desde una transmisión con permisos de lectura a una con permisos de escritura, en este caso desde la petición al archivo. Pero como `pipe` no está escrita para devolver una promesa, tenemos que escribir un empaquetador, `pipeStream`, que crea una promesa en torno al resultado de llamar a `pipe`.

Cuando algo sale mal al abrir el archivo, `createWriteStream` seguirá devolviendo una transmisión, pero esta activará un evento `"error"`. El flujo de salida de la petición también puede fallar, por ejemplo, si la red se cae. Así que conectamos los eventos `"error"` de las dos transmisiones para rechazar la promesa.

Cuando `pipe` ha terminado, cerrará el flujo de salida, lo que provocará que se active un evento `"finish"`. Ese es el punto en el que podemos resolver la promesa correctamente (sin devolver nada).

El script completo para el servidor está disponible en `https://eloquentjavascript.net/code/file_server.js`. Descárguelo y, después de instalar sus dependencias, ejecútelo con Node para iniciar su propio servidor de archivos. Y, por supuesto, es posible modificarlo y ampliarlo para resolver los ejercicios de este capítulo o para experimentar.

La herramienta de línea de comandos `curl`, ampliamente disponible en sistemas tipo Unix (como macOS y Linux), se puede utilizar para hacer peticiones HTTP. La siguiente sesión prueba brevemente nuestro servidor. La opción `-X` sirve para configurar el método de la petición y `-d`, para incluir un cuerpo de petición.

```
$ curl http://localhost:8000/file.txt
File not found
$ curl -X PUT -d hello http://localhost:8000/file.txt
$ curl http://localhost:8000/file.txt
hello
```

```
$ curl -X DELETE http://localhost:8000/file.txt
$ curl http://localhost:8000/file.txt
File not found
```

La primera solicitud de `file.txt` falla porque el archivo aún no existe. La petición `PUT` crea el archivo, y se queda mirando; la siguiente petición lo recupera correctamente. Después de eliminarlo con una petición `DELETE`, el archivo vuelve a faltar.

Resumen

Node es un sistema pequeño y agradable que nos permite ejecutar JavaScript en un contexto sin navegador. Fue diseñado en principio para tareas de red para desempeñar el papel de un nodo en una red. Pero se presta para todo tipo de tareas de secuencias de comandos; y si le gusta escribir JavaScript, automatizar tareas con Node funciona bien.

NPM proporciona paquetes para todo lo que se le ocurra (además de bastantes cosas que probablemente nunca se le ocurrirían), y permite obtener e instalar esos paquetes con el programa `npm`. Node viene con varios módulos integrados, incluido el módulo `fs` para trabajar con el sistema de archivos y el módulo `http` para ejecutar servidores HTTP y hacer peticiones HTTP.

Toda entrada y salida en Node se realiza de forma asíncrona, a menos que use explícitamente una variante síncrona de una función, como `readFileSync`. Al llamar a este tipo de funciones asíncronas, usted proporciona funciones de rellamada, y Node las llamará con un valor de error y (si está disponible) un resultado cuando esté listo.

Ejercicios

Herramienta buscar

En los sistemas Unix, existe una herramienta de línea de comandos llamada `grep` con la que se busca rápidamente en archivos una expresión regular.

Escriba un script de Node que pueda ejecutarse desde la línea de comandos y actúe de forma similar a `grep`. Trate su primer argumento de línea de comandos como una expresión regular y cualquier argumento adicional como archivos para buscar. Debería generar los nombres de cualquier archivo cuyo contenido coincida con la expresión regular.

Una vez que eso funcione, extiéndalo para que, cuando uno de los argumentos sea un directorio, busque en todos los archivos de ese directorio y sus subdirectorios.

Use funciones asíncronas o síncronas del sistema de archivos como mejor le parezca. Ajustar la configuración para que se soliciten múltiples acciones asíncronas simultáneamente puede acelerar un poco las cosas, pero no mucho porque la mayoría de los sistemas de archivos solo leen una cosa a la vez.

Creación de directorios

Aunque el método `DELETE` en nuestro servidor de archivos puede eliminar directorios (usando `rmdir`), el servidor actualmente no proporciona ninguna manera de crear un directorio.

Añada compatibilidad para el método `MKCOL` (significa 'crear columna'), que debería crear un directorio llamando a `mkdir` desde el módulo `fs`. `MKCOL` no es un método HTTP ampliamente utilizado, pero existe para este mismo propósito en el estándar WebDAV, que especifica un conjunto de convenciones, además de HTTP, que lo hacen adecuado para la creación de documentos.

Un espacio público en la web

Dado que el servidor de archivos sirve cualquier tipo de archivo e incluso incluye el encabezado `Content-Type` correcto, puede usarlo para servir un sitio web. Como permite a todo el mundo eliminar y reemplazar archivos, sería un tipo de sitio web interesante: uno que es posible modificar, mejorar y destrozar por cualquiera que invierta tiempo en crear la petición HTTP correcta.

Escriba una página HTML básica que incluya un archivo JavaScript simple. Coloque los archivos en un directorio servido por el servidor de archivos y ábralos en su navegador.

A continuación, como ejercicio avanzado o incluso como proyecto de fin de semana, combine todos los conocimientos adquiridos en este libro para crear una interfaz más fácil de usar para modificar el sitio web desde dentro del sitio.

Con un formulario HTML, edite el contenido de los archivos que componen el sitio web. Debe permitir que el usuario los actualice en el servidor mediante peticiones HTTP, como se describe en el capítulo 18.

Comience haciendo editable solo un archivo. Luego haga que el usuario pueda seleccionar qué archivo editar. Utilice el hecho de que nuestro servidor de archivos devuelve listas de archivos al leer un directorio.

No trabaje directamente en el código expuesto por el servidor de archivos porque, si comete un error, es probable que dañe los archivos que se encuentran allí. En lugar de eso, mantenga su trabajo fuera del directorio de acceso público y cópielo allí cuando lo pruebe.

«Si tienes conocimiento, deja que otros enciendan sus velas en él».

— Margaret Fuller

21

PROYECTO: PÁGINA WEB PARA INTERCAMBIO DE HABILIDADES

Una reunión para intercambiar habilidades es un evento donde personas con un interés común se reúnen y hacen presentaciones pequeñas e informales sobre sus habilidades. En una reunión para intercambiar habilidades de jardinería, alguien podría explicar cómo cultivar apio. O en un grupo para intercambiar habilidades de programación, otra persona podría pasar por allí y hablarles a los demás sobre Node.js.

Este tipo de reuniones, también llamadas grupos de usuarios cuando se trata de ordenadores, son una excelente manera de ampliar horizontes, conocer nuevos desarrollos o simplemente codearse con gente con intereses similares. Muchas grandes ciudades tienen reuniones de JavaScript. Por lo general, la asistencia es gratuita y las que he visitado me han parecido cordiales y hospitalarias.

En este capítulo final del proyecto, nuestro objetivo es crear un sitio web para gestionar las charlas impartidas en una reunión de intercambio de habilidades. Imagínese un pequeño grupo de personas que se reúnen periódicamente en la oficina de uno de los miembros para hablar sobre monociclismo. El anterior organizador de las reuniones se mudó a otra ciudad y no se ha presentado nadie para hacerse cargo de esta tarea. Queremos un sistema que deje que los participantes propongan y comenten las charlas entre ellos, sin un organizador central.

El código completo del proyecto se puede descargar del sitio web del libro en `https://eloquentjavascript.net/code/skillsharing.zip`.

Diseño

Hay una parte servidor en este proyecto, escrita para Node.js, y una parte cliente, escrita para el navegador. El servidor almacena los datos del sistema y se los proporciona al cliente. También sirve los archivos que implementan el sistema en el lado cliente.

El servidor guarda la lista de charlas propuestas para la próxima reunión y el cliente muestra esta lista. Cada charla tiene un nombre de presentador, un título, un resumen y una matriz de comentarios asociados a ella. Respecto a las charlas, el cliente permite a los usuarios proponer nuevas (agregándolas a la lista), eliminarlas y comentar las existentes. Cada vez que el usuario realiza un cambio de este tipo, el cliente hace una petición HTTP para informar al servidor.

La aplicación se configurará para mostrar una vista en tiempo real de las charlas propuestas actualmente y sus comentarios. Cuando alguien en algún lugar envía una charla nueva o añade un comentario, todas las personas que tienen la página abierta en sus navegadores deberían ver el cambio de inmediato. Este planteamiento supone un reto: no hay ninguna manera de que un servidor web abra una conexión con un cliente, tampoco hay una forma buena de saber qué clientes están mirando un sitio web dado en este momento.

Una solución muy usada para este problema se llama «sondeo largo» («*long polling*» en inglés), y además es una de las motivaciones para el diseño de Node.

Sondeo largo

Para notificar inmediatamente a un cliente que algo ha cambiado, necesitamos una conexión con él. Como los navegadores web tradicionalmente no aceptan conexiones y los clientes a menudo están detrás de rúteres que bloquearían dichas conexiones de todos modos, no es práctico hacer que el servidor inicie esta conexión.

Es posible hacer arreglos para que el cliente abra la conexión y la mantenga de manera que el servidor pueda usarla para enviar información cuando sea necesario. Pero una petición HTTP solo permite un flujo simple de información: el cliente envía una solicitud, el servidor regresa con una única respuesta, y eso es todo. Existe una tecnología llamada WebSockets, compatible con los navegadores modernos, con la que se abren conexiones para el intercambio de datos arbitrario. Pero es complicado emplearlos correctamente.

En este capítulo, utilizamos una técnica más simple, sondeo largo, donde los clientes continuamente hacen solicitudes de información nueva al servidor mediante peticiones HTTP normales, y el servidor paraliza su respuesta cuando no tiene nada nuevo para informar.

Siempre que el cliente se asegure de tener constantemente una petición de sondeo abierta, recibirá información del servidor rápidamente después de que esté disponible. Por ejemplo, si Fatma tiene nuestra aplicación para intercambiar habilidades abierta en su navegador, ese navegador habrá realizado una petición de actualizaciones y estará esperando una respuesta a esa petición. Cuando Iman envía una charla Descenso en monociclo extremo, el servidor reconocerá que Fatma está esperando actualizaciones y enviará una respuesta a su solicitud pendiente que contiene la charla nueva. El navegador de Fatma recibirá los datos y actualizará la pantalla para mostrar la charla.

Para evitar que las conexiones superen el límite de tiempo (se cancelan debido a la falta de actividad), las técnicas de sondeo largo por lo general establecen un tiempo máximo para cada petición. Una vez transcurrido este, el servidor responderá, aunque no tenga nada de lo que informar, y luego el cliente iniciará una petición nueva. Reiniciar la petición periódicamente también hace que la técnica sea más sólida y hace posible que los clientes se recuperen de fallos temporales de conexión o problemas del servidor.

Un servidor ocupado que utiliza un sondeo largo puede tener miles de peticiones en espera y, por lo tanto, conexiones TCP abiertas. Node, que facilita la gestión de muchas conexiones sin crear un hilo de control independiente para cada una, es una buena opción para un sistema de este tipo.

Interfaz HTTP

Antes de empezar a diseñar el servidor o el cliente, pensemos en el punto donde se tocan: la interfaz HTTP sobre la que se comunican.

Utilizaremos JSON como formato de nuestros cuerpos de petición y respuesta. Como en el servidor de archivos del capítulo 20, intentaremos hacer un buen uso de los métodos y encabezados HTTP. La interfaz se centra en la ruta `/talks`. Las rutas que no empiecen por `/talks` se utilizarán para servir archivos estáticos: el código HTML y JavaScript para el sistema en el lado cliente.

Una petición `GET` a `/talks` devuelve un documento JSON como este:

```
[{"title": "Unituning",
  "presenter": "Jamal",
  "summary": "Modifying your cycle for extra style",
  "comments": []}]}
```

La creación de una charla nueva se hace realizando una petición `PUT` a una URL como `/talks/Unituning`, donde la parte después de la segunda barra es el título de la charla. El cuerpo de la petición `PUT` debe contener un objeto JSON con las propiedades `presenter` y `summary`.

Como los títulos de las charlas pueden contener espacios y otros caracteres que no aparecen normalmente en una URL, las cadenas de título deben codificarse con la función `encodeURIComponent` al construir la mencionada URL.

```
console.log("/talks/" + encodeURIComponent("How to Idle"));
// → /talks/How%20to%20Idle
```

Una petición para crear una charla sobre estar parado podría parecerse a esto:

```
PUT /talks/How%20to%20Idle HTTP/1.1
Content-Type: application/json
Content-Length: 92

{"presenter": "Maureen",
 "summary": "Standing still on a unicycle"}
```

Las URL de este tipo también son compatibles con las peticiones `GET` para recuperar la representación JSON de una charla y las peticiones `DELETE` para eliminar una charla.

Para añadir un comentario a una charla se hace con una petición `POST` a una URL como `/talks/Unituning/comments`, con un cuerpo JSON que posee las propiedades `autor` y `message`.

```
POST /talks/Unituning/comments HTTP/1.1
Content-Type: application/json
Content-Length: 72

{"author": "Iman",
 "message": "Will you talk about raising a cycle?"}
```

Para soportar un sondeo largo, las peticiones `GET` a `/talks` pueden incluir encabezados adicionales que informan al servidor de que debe retrasar la respuesta si no hay información nueva disponible. Utilizaremos un par de encabezados normalmente destinados a gestionar el almacenamiento en memoria caché: `ETag` e `If-None-Match`.

Los servidores pueden incluir un encabezado `ETag` (*Entity Tag*, etiqueta de entidad) en una respuesta. Su valor es una cadena que identifica la versión actual del recurso. Cuando los clientes vuelven a pedir ese recurso más tarde, pueden hacer una petición condicional incluyendo un encabezado `If-None-Match`, cuyo valor contiene esa misma cadena. Si el recurso no ha cambiado, el servidor responderá con el código de estado 304, que significa 'no modificado', lo que le indica al cliente que su versión en memoria caché sigue siendo actual. Cuando la etiqueta no coincide, el servidor responde normalmente.

Necesitamos algo parecido a esto, donde el cliente puede decirle al servidor qué versión de la lista de charlas tiene, y el servidor solo responde cuando esa lista ha cambiado. Pero, en lugar de devolver inmediatamente una respuesta 304, el servidor debería paralizar la respuesta y devolverla solo cuando haya algo nuevo disponible o haya transcurrido un tiempo determinado. Para distinguir las peticiones de sondeo largo de las peticiones condicionales normales, les damos otro encabezado, `Prefer: wait=90`, que le dice al servidor que el cliente está dispuesto a esperar la respuesta un máximo de 90 segundos.

El servidor guardará un número de versión que actualizará cada vez que cambien las charlas y lo utilizará como el valor de `ETag`. Los clientes pueden hacer peticiones como esta para ser notificados cuando cambien las charlas:

```
GET /talks HTTP/1.1
If-None-Match: "4"
Prefer: wait=90

(time passes)

HTTP/1.1 200 OK
Content-Type: application/json
ETag: «5»
Content-Length: 295

[....]
```

El protocolo aquí descrito no realiza ningún control de acceso. Todo el mundo puede comentar, modificar e incluso borrar charlas. Como Internet está lleno de gamberros, poner en línea un sistema de este tipo sin una protección mayor probablemente no acabaría bien.

El servidor

Empecemos construyendo la parte del lado servidor del programa. El código en esta sección se ejecuta en Node.js.

Enrutamiento

Nuestro servidor utilizará `createServer` para iniciar un servidor HTTP. En la función que manipula una petición nueva, debemos distinguir entre los distintos tipos de peticiones (determinados por el método y la ruta) compatibles. Esto se hace con una cadena larga de instrucciones `if`, pero hay una manera más agradable.

Un enrutador es un componente que ayuda a enviar una petición a la función que puede manejarla. Es posible decirle al enrutador, por ejemplo, que las peticiones `PUT` con una ruta que coincide con la expresión regular `/^\/talks\/([^\/]+)$/` (`/talks/` seguido del título de una charla) pueden ser manipuladas por una función determinada. Además, esto ayudaría a extraer las partes significativas de la ruta (en este caso el título de la charla), empaquetadas entre paréntesis en la expresión regular, y a pasarlas a la función manipuladora.

Hay varios paquetes de enrutadores buenos en NPM, pero aquí escribiremos uno nosotros mismos para ilustrar el principio. Este es `router.js`, con el que más tarde usaremos `require` desde nuestro módulo servidor:

```
const {parse} = require("url");

module.exports = class Router {
  constructor() {
    this.routes = [];
  }
  add(method, url, handler) {
    this.routes.push({method, url, handler});
  }
  resolve(context, request) {
    let path = parse(request.url).pathname;

    for (let {method, url, handler} of this.routes) {
      let match = url.exec(path);
      if (!match || request.method != method) continue;
      let urlParts = match.slice(1).map(decodeURIComponent);
      return handler(context, ...urlParts, request);
    }
    return null;
  }
};
```

El módulo exporta la clase `Router`. Un objeto enrutador permite registrar manipuladores nuevos con el método `add` y puede resolver peticiones con su método `resolve`.

Este último devolverá una respuesta cuando encuentre un manipulador; y `null`, en caso contrario. Prueba las rutas de una en una (en el orden en que fueron definidas) hasta encontrar una que coincide.

Las funciones manipuladoras se llaman con el valor `context` (que en nuestro caso será la instancia del servidor), comparan cadenas para grupos que han definido en su expresión regular, y el objeto de la petición. Las cadenas tienen que ser decodificadas como URL porque la URL en bruto puede contener códigos de estilo `%20`.

Servir archivos

Cuando una petición no coincide con ninguno de los tipos de petición definidos en nuestro enrutador, el servidor debe interpretarla como una petición de un archivo en el directorio `public`.

Para servir dichos archivos sería posible usar el servidor de archivos definido en el capítulo 20, pero no necesitamos ni queremos soportar peticiones `PUT` y `DELETE` sobre archivos, y nos gustaría tener características avanzadas como compatibilidad para memoria caché. Por eso, en su lugar utilizaremos un servidor de archivos de NPM estático, sólido y bien probado.

Yo elegí `ecstatic`. Este no es el único servidor de este tipo en NPM, pero funciona bien y se ajusta a nuestros propósitos. El paquete `ecstatic` exporta una función que puede ser llamada con un objeto de configuración para producir una función manipuladora de peticiones. Usamos la opción `root` para decirle al servidor dónde debe buscar los archivos. La función manipuladora acepta parámetros `request` y `response` y se puede pasar directamente a `createServer` para crear un servidor que solo sirve archivos. Sin embargo, primero queremos comprobar si hay peticiones que debemos manipular de forma especial, así que lo empaquetamos en otra función.

```
const {createServer} = require("http");
const Router = require("./router");
const ecstatic = require("ecstatic");

const router = new Router();
const defaultHeaders = {"Content-Type": "text/plain"};

class SkillShareServer {
  constructor(talks) {
    this.talks = talks;
    this.version = 0;
    this.waiting = [];

    let fileServer = ecstatic({root: "./public"});
    this.server = createServer((request, response) => {
      let resolved = router.resolve(this, request);
      if (resolved) {
        resolved.catch(error => {
          if (error.status != null) return error;
          return {body: String(error), status: 500};
        }).then(({body,
                  status = 200,
                  headers = defaultHeaders}) => {
          response.writeHead(status, headers);
          response.end(body);
        });
      } else {
        fileServer(request, response);
      }
    });
  }
  start(port) {
    this.server.listen(port);
  }
  stop() {
    this.server.close();
  }
}
```

Este código utiliza una convención similar a la del servidor de archivos del capítulo anterior para las respuestas: los manipuladores devuelven promesas que se resuelven en objetos que describen la respuesta. Además, empaqueta al servidor en un objeto que también contiene su estado.

Charlas como recursos

Las charlas propuestas se almacenan en la propiedad `talks` del servidor, un objeto cuyos nombres de propiedad son los títulos de las charlas. Estas se expondrán como recursos HTTP en `/talks/[title]`, por lo que necesitamos añadir a nuestro enrutador manipuladores que implementen los distintos métodos que los clientes pueden utilizar para trabajar con ellas.

El manipulador para las peticiones que mediante la instrucción GET obtienen una sola charla debe buscar la charla y responder con los datos JSON de la charla o con una respuesta de error 404.

```
const talkPath = /^\/talks\/([^\/]+)$/;

router.add("GET", talkPath, async (server, title) => {
  if (title in server.talks) {
    return {body: JSON.stringify(server.talks[title]),
            headers: {"Content-Type": "application/json"}};
  } else {
    return {status: 404, body: `No talk '${title}' found`};
  }
});
```

Una charla se elimina quitándola del objeto talks.

```
router.add("DELETE", talkPath, async (server, title) => {
  if (title in server.talks) {
    delete server.talks[title];
    server.updated();
  }
  return {status: 204};
});
```

El método updated, que definiremos en la sección siguiente, notifica información sobre el cambio a las peticiones de sondeo largo en espera.

Para recuperar el contenido del cuerpo de una petición, definimos una función llamada readStream, que lee todo el contenido de una transmisión legible y devuelve una promesa que resuelve una cadena.

```
function readStream(stream) {
  return new Promise((resolve, reject) => {
    let data = "";
    stream.on("error", reject);
    stream.on("data", chunk => data += chunk.toString());
    stream.on("end", () => resolve(data));
  });
}
```

El manipulador PUT necesita leer los cuerpos de las peticiones, y se utiliza para crear charlas nuevas. Ha de comprobar si los datos que se le han dado tienen las propiedades presenter y summary, que son cadenas. Es posible que los datos procedentes de fuera del sistema no tengan sentido, y no queremos que nuestro modelo de datos interno se corrompa o bloquee cuando lleguen peticiones erróneas.

Si los datos parecen válidos, el manipulador almacena un objeto que representa la charla nueva en el objeto talks, posiblemente sobrescribiendo una charla existente con este título, y vuelve a llamar a updated.

```
router.add("PUT", talkPath,
           async (server, title, request) => {
  let requestBody = await readStream(request);
```

```
  let talk;
  try { talk = JSON.parse(requestBody); }
  catch (_) { return {status: 400, body: "Invalid JSON"}; }

  if (!talk ||
      typeof talk.presenter != "string" ||
      typeof talk.summary != "string") {
    return {status: 400, body: "Bad talk data"};
  }
  server.talks[title] = {title,
                         presenter: talk.presenter,
                         summary: talk.summary,
                         comments: []};
  server.updated();
  return {status: 204};
});
```

Añadir un comentario a una charla funciona de manera similar. Utilizamos `readStream` para obtener el contenido de la petición, validar los datos resultantes y almacenarlos como un comentario cuando parecen válidos.

```
router.add("POST", /^\/talks\/([^\/]+)\/comments$/,
           async (server, title, request) => {
  let requestBody = await readStream(request);
  let comment;
  try { comment = JSON.parse(requestBody); }
  catch (_) { return {status: 400, body: "Invalid JSON"}; }

  if (!comment ||
      typeof comment.author != "string" ||
      typeof comment.message != "string") {
    return {status: 400, body: "Bad comment data"};
  } else if (title in server.talks) {
    server.talks[title].comments.push(comment);
    server.updated();
    return {status: 204};
  } else {
    return {status: 404, body: `No talk '${title}' found`};
  }
});
```

Intentar añadir un comentario a una charla que no existe devuelve un error 404.

Soporte sondeo largo

El aspecto más interesante del servidor es la parte que manipula el sondeo largo. Cuando llega una petición `GET` para `/talks`, puede ser una petición normal o de sondeo largo.

Habrá múltiples lugares en los que tengamos que enviar al cliente una matriz de charlas, así que primero definimos un método auxiliar que construye dicha matriz e incluye un encabezado `ETag` en la respuesta.

```
SkillShareServer.prototype.talkResponse = function() {
  let talks = [];
  for (let title of Object.keys(this.talks)) {
    talks.push(this.talks[title]);
  }
  return {
    body: JSON.stringify(talks),
    headers: {"Content-Type": "application/json",
              "ETag": `"${this.version}"`}
  };
};
```

El propio manipulador tiene que mirar los encabezados de petición para ver si están presentes los encabezados `If-None-Match` y `Prefer`. Node almacena encabezados con sus nombres en minúsculas: se ha especificado que los nombres de los encabezados no distinguen entre mayúsculas y minúsculas.

```
router.add("GET", /^\/talks$/, async (server, request) => {
  let tag = /"(.*)"/.exec(request.headers["if-none-match"]);
  let wait = /\bwait=(\d+)/.exec(request.headers["prefer"]);
  if (!tag || tag[1] != server.version) {
    return server.talkResponse();
  } else if (!wait) {
    return {status: 304};
  } else {
    return server.waitForChanges(Number(wait[1]));
  }
});
```

Si no se ha dado ninguna etiqueta o una que no coincide con la versión actual del servidor, el manipulador responde con la lista de charlas. Si la petición es condicional y las charlas no han cambiado, consultamos el encabezado `Prefer` para ver si debemos retrasar la respuesta o responder de inmediato.

Las funciones de rellamada para peticiones retrasadas se almacenan en la matriz `waiting` del servidor para que puedan ser notificadas cuando suceda algo. El método `waitForChanges` también establece inmediatamente un temporizador para responder con un estado 304 cuando la petición ha esperado el tiempo suficiente.

```
SkillShareServer.prototype.waitForChanges = function(time) {
  return new Promise(resolve => {
    this.waiting.push(resolve);
    setTimeout(() => {
      if (!this.waiting.includes(resolve)) return;
      this.waiting = this.waiting.filter(r => r != resolve);
      resolve({status: 304});
    }, time * 1000);
  });
};
```

Registrar un cambio con `updated` aumenta la propiedad `versión` y despierta a todas las peticiones en espera.

```
SkillShareServer.prototype.updated = function() {
  this.version++;
  let response = this.talkResponse();
  this.waiting.forEach(resolve => resolve(response));
  this.waiting = [];
};
```

Con esto concluye el código del servidor. Si creamos una instancia `SkillShareServer` y la iniciamos en el puerto 8000, el servidor HTTP resultante sirve archivos del subdirectorio `public` junto con una interfaz de gestión de charlas bajo la URL `/talks`.

```
new SkillShareServer(Object.create(null)).start(8000);
```

El cliente

La parte en el lado cliente del sitio web para intercambiar habilidades está compuesta por tres archivos: una página HTML pequeña, una hoja de estilo y un archivo JavaScript.

HTML

Es una convención ampliamente utilizada por los servidores web para intentar servir un archivo llamado `index.html` cuando se hace una petición directamente a una ruta que corresponde a un directorio. El módulo servidor de archivos que utilizamos, `ecstatic`, es compatible con esta convención. Cuando se hace una petición a la ruta `/`, el servidor busca el archivo `./public/ index.html` (donde `./public` es la raíz que le hemos dado) y lo devuelve si lo ha encontrado.

Por lo tanto, para que aparezca una página cuando un navegador apunte a nuestro servidor, debemos ponerla en `public/index.html`. Este es nuestro archivo `index`:

```
<!doctype html>
<meta charset="utf-8">
<title>Skill Sharing</title>
<link rel="stylesheet" href="skillsharing.css">

<h1>Skill Sharing</h1>

<script src="skillsharing_client.js"></script>
```

Define el título del documento e incluye una hoja de estilo, que define algunos estilos para, entre otras cosas, asegurarse de que haya espacio entre las charlas.

En la parte inferior, añade un encabezado en la parte superior de la página y carga el script que contiene la aplicación del lado cliente.

Acciones

El estado de la aplicación consiste en la lista de charlas y el nombre del usuario, y lo almacenaremos en un objeto `{talks, user}`. No permitimos que la interfaz de usuario manipule directamente el estado o envíe peticiones HTTP. En lugar de eso, puede emitir acciones que describen lo que está intentando hacer el usuario.

La función `handleAction` toma dicha acción y hace que ocurra. Como nuestras actualizaciones de estado son tan simples, los cambios de estado se manejan en la misma función.

```
function handleAction(state, action) {
  if (action.type == "setUser") {
    localStorage.setItem("userName", action.user);
    return Object.assign({}, state, {user: action.user});
  } else if (action.type == "setTalks") {
    return Object.assign({}, state, {talks: action.talks});
  } else if (action.type == "newTalk") {
    fetchOK(talkURL(action.title), {
      method: "PUT",
      headers: {"Content-Type": "application/json"},
      body: JSON.stringify({
        presenter: state.user,
        summary: action.summary
      })
    }).catch(reportError);
  } else if (action.type == "deleteTalk") {
    fetchOK(talkURL(action.talk), {method: "DELETE"})
      .catch(reportError);
  } else if (action.type == "newComment") {
    fetchOK(talkURL(action.talk) + "/comments", {
      method: "POST",
      headers: {"Content-Type": "application/json"},
      body: JSON.stringify({
        author: state.user,
        message: action.message
      })

    }).catch(reportError);
  }
  return state;
}
```

Almacenaremos el nombre del usuario en `localStorage` para que sea restaurado cuando se cargue la página.

Las acciones que necesitan involucrar al servidor usan `fetch` para hacer peticiones de red a la interfaz HTTP descrita anteriormente. Utilizamos una función empaquetadora, `fetchOK`, que se asegura de que la promesa devuelta se rechaza cuando el servidor devuelve un código de error.

```
function fetchOK(url, options) {
  return fetch(url, options).then(response => {
    if (response.status < 400) return response;
    else throw new Error(response.statusText);
  });
}
```

Esta función auxiliar se usa para construir una URL para una charla con un título dado.

```
function talkURL(title) {
  return "talks/" + encodeURIComponent(title);
}
```

Cuando la petición falla, no queremos que nuestra página se quede parada sin hacer nada y sin explicación. Así que definimos una función, `reportError`, que al menos le muestra al usuario un diálogo que le dice que algo ha salido mal.

```
function reportError(error) {
  alert(String(error));
}
```

Renderizar componentes

Utilizaremos un planteamiento similar al que vimos en el capítulo 19: dividir la aplicación en componentes. Pero como algunos de los componentes nunca necesitan actualizarse o siempre se redibujan completamente cuando se actualizan, los definiremos como funciones que devuelven un nodo DOM de manera directa y no como clases. Por ejemplo, aquí tenemos un componente que muestra el campo para que el usuario introduzca su nombre:

```
function renderUserField(name, dispatch) {
  return elt("label", {}, "Your name: ", elt("input", {
    type: "text",
    value: name,
    onchange(event) {
      dispatch({type: "setUser", user: event.target.value});
    }
  }));
}
```

La función `elt` usada para construir elementos DOM es la que empleamos en el capítulo 19.

Para renderizar charlas disponemos de una función similar, que incluye una lista de componentes y un formulario para añadir un comentario nuevo.

```
function renderTalk(talk, dispatch) {
  return elt(
    "section", {className: "talk"},
    elt("h2", null, talk.title, " ", elt("button", {
      type: "button",
      onclick() {
        dispatch({type: "deleteTalk", talk: talk.title});
      }
    }, "Delete")),
    elt("div", null, "by ",
        elt("strong", null, talk.presenter)),
    elt("p", null, talk.summary),
    ...talk.comments.map(renderComment),
    elt("form", {
      onsubmit(event) {
        event.preventDefault();
        let form = event.target;
        dispatch({type: "newComment",
                  talk: talk.title,
                  message: form.elements.comment.value});
```

```
        form.reset();
      }
    }, elt("input", {type: "text", name: "comment"}), " ",
       elt("button", {type: "submit"}, "Add comment")));
}
```

El manipulador del evento "`submit`" llama a `form.reset` para borrar el contenido del formulario después de crear una acción "`newComment`".

Cuando se crean partes moderadamente complejas de DOM, este estilo de programación empieza a parecer bastante desordenado. Hay una extensión de JavaScript muy usada (no estándar) llamada JSX que permite escribir HTML directamente en los scripts, lo que puede hacer que este código sea más atractivo (dependiendo de lo que considere atractivo). Antes de ejecutar dicho código, tiene que ejecutar un programa en su script para convertir el pseudo-HTML en llamadas a funciones JavaScript como las que empleamos aquí.

Los comentarios son más sencillos de renderizar.

```
function renderComment(comment) {
  return elt("p", {className: "comment"},
             elt("strong", null, comment.author),
             ": ", comment.message);
}
```

Por último, el formulario que posibilita que el usuario cree una charla nueva se renderiza de la siguiente manera:

```
function renderTalkForm(dispatch) {
  let title = elt("input", {type: "text"});
  let summary = elt("input", {type: "text"});
  return elt("form", {
    onsubmit(event) {
      event.preventDefault();
      dispatch({type: "newTalk",
                title: title.value,
                summary: summary.value});
      event.target.reset();
    }
  }, elt("h3", null, "Submit a Talk"),
     elt("label", null, "Title: ", title),
     elt("label", null, "Summary: ", summary),
     elt("button", {type: "submit"}, "Submit"));
}
```

Sondear

Para iniciar la aplicación necesitamos la lista actual de charlas. Dado que la carga inicial está estrechamente relacionada con el proceso de sondeo largo, el `ETag` de la carga debe utilizarse al sondear. Escribiremos una función que siga sondeando el servidor en busca de `/talks` y llame a una función de rellamada cuando esté disponible un conjunto de charlas nuevo.

```
async function pollTalks(update) {
  let tag = undefined;
  for (;;) {
    let response;

    try {
      response = await fetchOK("/talks", {
        headers: tag && {"If-None-Match": tag,
                         "Prefer": "wait=90"}
      });
    } catch (e) {
      console.log("Request failed: " + e);
      await new Promise(resolve => setTimeout(resolve, 500));
      continue;
    }
    if (response.status == 304) continue;
    tag = response.headers.get("ETag");
    update(await response.json());
  }
}
```

Se trata de una función `async` para facilitar la ejecución del bucle y la espera de la petición. Ejecuta un bucle infinito que, en cada iteración, recupera la lista de charlas, ya sea normalmente o, si no es la primera petición, con los encabezados incluidos que la convierten en una petición de sondeo largo.

Cuando una petición falla, la función espera un momento y vuelve a intentarlo. De esta forma, si su conexión de red no funciona durante un rato y luego vuelve, la aplicación puede recuperarse y seguir actualizando. La promesa resuelta mediante `setTimeout` es una manera de forzar a la función `async` a esperar.

Cuando el servidor devuelve una respuesta 304, significa que una petición de sondeo largo ha superado el tiempo límite, por lo que la función debería iniciar inmediatamente la siguiente petición. Si la respuesta es una respuesta 200 normal, su cuerpo se lee como JSON y se pasa a la rellamada, y su valor de encabezado `ETag` se almacena para la siguiente iteración.

La aplicación

El siguiente componente une toda la interfaz de usuario:

```
class SkillShareApp {
  constructor(state, dispatch) {
    this.dispatch = dispatch;
    this.talkDOM = elt("div", {className: "talks"});
    this.dom = elt("div", null,
                   renderUserField(state.user, dispatch),
                   this.talkDOM,
                   renderTalkForm(dispatch));
    this.syncState(state);
  }

  syncState(state) {
    if (state.talks != this.talks) {
```

```
      this.talkDOM.textContent = "";
      for (let talk of state.talks) {
        this.talkDOM.appendChild(
          renderTalk(talk, this.dispatch));
      }
      this.talks = state.talks;
    }
  }
}
```

Cuando las charlas cambian, este componente las redibuja todas. Esta forma de proceder es simple pero también un derroche. Volveremos a hablar de esto en los ejercicios.

La aplicación se inicia de la siguiente manera:

```
function runApp() {
  let user = localStorage.getItem("userName") || "Anon";
  let state, app;
  function dispatch(action) {
    state = handleAction(state, action);
    app.syncState(state);
  }

  pollTalks(talks => {
    if (!app) {
      state = {user, talks};
      app = new SkillShareApp(state, dispatch);
      document.body.appendChild(app.dom);
    } else {
      dispatch({type: "setTalks", talks});
    }
  }).catch(reportError);
}

runApp();
```

Si ejecuta el servidor y abre dos ventanas del navegador una al lado de la otra para `http://localhost:8000`, verá que las acciones que realiza en una ventana son inmediatamente visibles en la otra.

Ejercicios

Los siguientes ejercicios implicarán modificar el sistema definido en este capítulo. Para trabajar en ellos, primero asegúrese de descargar el código (`https://eloquentjavascript.net/code/skillsharing.zip`), tener Node instalado `https://nodejs.org` y haber instalado la dependencia del proyecto con `npm install`.

Persistencia del disco

El servidor de intercambio de habilidades mantiene sus datos exclusivamente en memoria. Esto significa que, cuando se bloquea o se reinicia por cualquier motivo, todas las charlas y comentarios se pierden.

Amplíe el servidor para que almacene los datos de las charlas en el disco y los recargue de forma automática cuando se reinicie. No se preocupe por la eficiencia: hágalo de la manera más sencilla que funcione.

Restablecer campo de comentarios

El redibujado al por mayor de las charlas funciona bastante bien porque normalmente no se nota la diferencia entre un nodo DOM y su sustituto idéntico. Pero hay excepciones. Si empieza a escribir algo en el campo de comentarios para una charla en una ventana del navegador y luego, en otra, añade un comentario a esa charla, el campo de la primera ventana se redibujará, quitando tanto su contenido como su foco.

En una discusión acalorada, donde varias personas están añadiendo comentarios al mismo tiempo, esto sería molesto. ¿Se le ocurre alguna manera de solucionarlo?

«Las grandes optimizaciones proceden de refinar el diseño de alto nivel, no las rutinas individuales».

— Steve McConnell, *Code Complete*

22

JAVASCRIPT Y RENDIMIENTO

Ejecutar un programa de ordenador en una máquina requiere salvar la distancia entre el lenguaje de programación y el formato de instrucciones propio de la máquina.

Algo que puede hacerse escribiendo un programa que interprete otros programas, como hicimos en el capítulo 11, pero normalmente se hace compilando (traduciendo) el programa a código máquina. Algunos lenguajes de programación, como C y Rust, están diseñados para expresar exactamente aquellas cosas para las que se sabe que la máquina es buena. Por eso, son fáciles de compilar de manera eficiente. JavaScript está diseñado de una manera muy distinta: se centra en la simplicidad y la facilidad de uso. Casi ninguna de sus características se corresponde directamente con características de la máquina. Eso hace que JavaScript sea mucho más difícil de compilar.

Sin embargo, de alguna manera, los motores modernos de JavaScript (los programas que compilan y ejecutan JavaScript) consiguen ejecutar scripts a una velocidad sorprendente. Es posible escribir programas de JavaScript que son un 10 % más rápidos que un programa equivalente en C o Rust. Puede parecer una gran diferencia, pero los motores de JavaScript más antiguos (así como las implementaciones modernas de lenguajes con un diseño similar, como Python y Ruby) tienden a estar más cerca del 1 % de la velocidad de C. En comparación con estos lenguajes, el JavaScript moderno es sorprendentemente rápido, tan rápido que rara vez se verá obligado a cambiar a otro lenguaje por problemas de rendimiento. Aun así, es posible que de vez en cuando tenga que reescribir su código para evitar los aspectos más lentos de JavaScript. Como ejemplo de ese proceso, este capítulo trabaja con un programa hambriento de velocidad y lo hace más rápido. En el proceso hablaremos de la manera en que los motores de JavaScript compilan sus programas.

Compilación gradual

En primer lugar, debe comprender que los compiladores de JavaScript no compilan simplemente un programa una sola vez, como hacen los compiladores clásicos. En vez de eso, el código se compila y recompila cuando es necesario, mientras el programa se está ejecutando. Con la mayoría de los lenguajes, compilar un programa grande lleva tiempo. Esto suele ser aceptable porque los programas se compilan con antelación y se distribuyen compilados.

En el caso de JavaScript, la situación es diferente. Un sitio web puede incluir una gran cantidad de código que se recupera en forma de texto y debe compilarse cada vez que se abre el sitio web. Si eso costara cinco minutos, el usuario no estaría contento. Un compilador de JavaScript debe ser capaz de empezar a ejecutar un programa, incluso un programa grande, casi instantáneamente. Para hacerlo, los compiladores de JavaScript tienen varias estrategias de compilación. Cuando se abre un sitio web, los scripts se compilan primero de una manera barata y superficial. Esto no da como resultado una ejecución muy rápida, pero permite que el script se inicie rápidamente. Es posible que las funciones no sean compiladas en absoluto hasta la primera vez que se llaman.

En un programa típico, la mayor parte del código solo se ejecuta unas pocas veces (o ninguna). Para estas partes del programa, la estrategia de compilación barata es suficiente; de todas maneras, no requerirán mucho tiempo. Pero las funciones que se llaman a menudo o que contienen bucles que realizan mucho trabajo deben tratarse de forma diferente. Mientras se ejecuta el programa, el motor JavaScript observa la frecuencia con la que se ejecuta cada fragmento de código. Cuando parece que algún código puede consumir mucho tiempo (suele denominarse «código caliente»), se recompila con un compilador más avanzado pero más lento. Este compilador realiza más optimizaciones para producir código más rápido. Incluso puede haber más de dos estrategias de compilación, aplicando optimizaciones cada vez más costosas al código muy caliente.

Intercalar la ejecución y la compilación de código significa que, cuando el compilador inteligente empieza a trabajar con un fragmento de código, este ya se ha ejecutado varias veces. Lo que hace posible observar el código en ejecución y recopilar información sobre él. Más adelante veremos cómo eso permite al compilador crear código más eficiente.

Diseño de grafos

Nuestro problema de ejemplo para este capítulo vuelve a referirse a los grafos. Las imágenes de grafos pueden ser útiles para describir sistemas de carreteras, redes, la manera en que fluye el control a través de un programa informático, etc. La siguiente imagen muestra un grafo que representa algunos países de Oriente Medio, con aristas entre los que comparten fronteras terrestres.

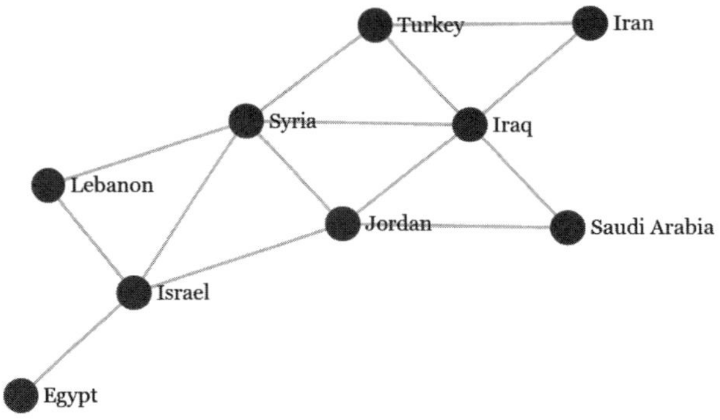

Derivar una imagen como esta a partir de la definición de un grafo se denomina diseño de grafos. Consiste en asignar un lugar a cada nodo, de manera que los nodos conectados estén cerca unos de otros, pero sin que se amontonen. Una disposición aleatoria del mismo grafo es mucho más difícil de interpretar.

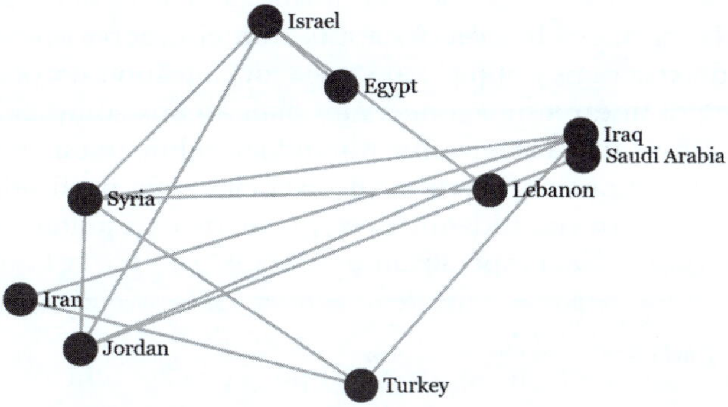

Encontrar un diseño atractivo para un grafo dado es un problema especialmente difícil. No se conoce ninguna solución fiable para grafos arbitrarios, además, los grafos grandes y densamente conectados son especialmente difíciles. Pero para algunos tipos específicos de grafos, por ejemplo, los planares (que pueden dibujarse sin que las aristas se crucen entre sí), existen planteamientos eficaces.

Para trazar un grafo pequeño (por ejemplo, de hasta 200 nodos) que no esté demasiado enmarañado, podemos aplicar un planteamiento llamado trazado de grafos dirigido por la fuerza. Esto ejecuta una simulación física simplificada en los nodos del grafo, tratando las aristas como si fueran muelles y haciendo que los nodos se repelan entre sí como si estuvieran cargados eléctricamente.

En este capítulo implementaremos un sistema de diseño de grafos dirigido por la fuerza y observaremos su rendimiento. Podemos ejecutar una simulación de este tipo calculando repetidamente las fuerzas que actúan sobre cada nodo y moviendo los nodos en respuesta a esas fuerzas. El rendimiento de un programa de este tipo es importante porque puede tomar muchas iteraciones para llegar a un diseño con buena apariencia y cada iteración calcula una gran cantidad de fuerzas.

Definir un grafo

Podemos representar la disposición de un grafo como un array de objetos `GraphNode`, donde cada uno lleva su posición actual y una matriz de los nodos con los que tiene aristas. Aleatorizamos sus posiciones iniciales.

```
class GraphNode {
  constructor() {
    this.pos = new Vec(Math.random() * 1000,
                       Math.random() * 1000);
    this.edges = [];
  }
  connect(other) {
    this.edges.push(other);
    other.edges.push(this);
```

```
  }
  hasEdge(other) {
    return this.edges.includes(other);
  }
}
```

Este código usa la conocida clase Vec de capítulos anteriores para representar posiciones y fuerzas. El método connect se utiliza para conectar un nodo con otro al construir un grafo. Para saber si dos nodos están conectados, llamaremos al método hasEdge.

Para construir grafos con los que probar nuestros programas, utilizaremos una función llamada treeGraph. Toma dos parámetros que especifican la profundidad del árbol y la cantidad de ramas para crear en cada división, y construye de manera recursiva un grafo en forma de árbol con la forma especificada.

```
function treeGraph(depth, branches) {
  let graph = [new GraphNode()];
  if (depth > 1) {
    for (let i = 0; i < branches; i++) {
      let subGraph = treeGraph(depth - 1, branches);
      graph[0].connect(subGraph[0]);
      graph = graph.concat(subGraph);
    }
  }
  return graph;
}
```

Los grafos con forma de árbol no contienen ciclos, lo que los hace relativamente fáciles de diseñar y permite que incluso el programa poco sofisticado que construimos en este capítulo produzca formas con buen aspecto.

El grafo creado por treeGraph(3, 5) sería un árbol de profundidad 3, con cinco ramas.

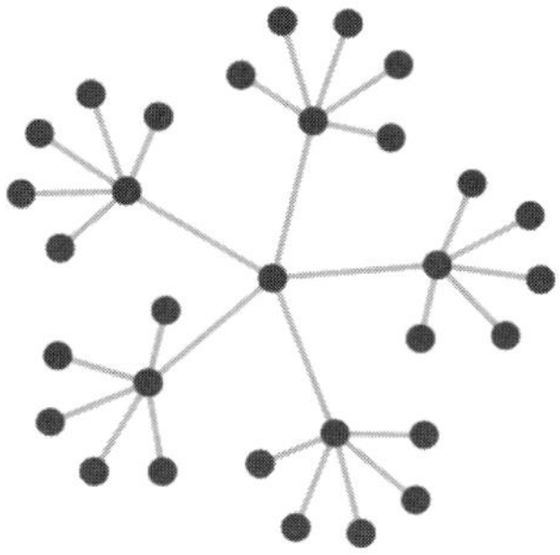

Para permitirnos inspeccionar los diseños producidos por nuestro código, he definido una función drawGraph que dibuja el grafo en un lienzo. Esta función está definida en el código disponible en eloquentjavascript.net/code/draw_layout.js y está disponible en el entorno de pruebas en línea.

Diseño de orientación forzada

Moveremos los nodos de uno en uno, calculando las fuerzas que actúan sobre el nodo actual y moviéndolo inmediatamente en la dirección de la suma de estas fuerzas.

La fuerza que aplica un muelle (ideal) puede aproximarse con la ley de Hooke, que dice que esta fuerza es proporcional a la diferencia entre la longitud de reposo del muelle y la actual. La vinculación `springLength` define la longitud de reposo de nuestros muelles de arista. La rigidez de los muelles viene definida por `springStrength`, que multiplicaremos por la diferencia de longitud para determinar la fuerza resultante.

```
const springLength = 40;
const springStrength = 0.1;
```

Para modelar la repulsión entre nodos, utilizamos otra fórmula física, la ley de Coulomb, que dice que la repulsión entre dos partículas cargadas eléctricamente es inversamente proporcional al cuadrado de la distancia entre ellas. Cuando dos nodos casi están uno encima del otro, la distancia al cuadrado es ínfima y la fuerza resultante es gigantesca. A medida que los nodos se alejan, la distancia al cuadrado crece rápidamente, de modo que la fuerza de repulsión se debilita con rapidez.

Volveremos a multiplicar por una constante determinada experimentalmente, `repulsionStrength`, que controla la fuerza con la que los nodos se repelen entre sí.

```
const repulsionStrength = 1500;
```

La fuerza que actúa sobre un nodo dado se calcula haciendo un bucle sobre los otros nodos y aplicando la fuerza de repulsión para cada uno de ellos. Cuando otro nodo comparte una arista con el nodo actual, también se aplica la fuerza causada por el muelle.

Ambas fuerzas dependen de la distancia entre los dos nodos. Para cada par de nodos, nuestra función calculará un vector llamado `apart`, que representa el camino desde el nodo actual hasta el otro. A continuación, la función toma la longitud del vector para hallar la distancia real. Cuando la distancia es menor que uno, la fijamos a uno para evitar dividir por cero o por números muy pequeños, porque esto produciría valores `NaN` o fuerzas tan gigantescas que catapultarían el nodo al espacio exterior.

A partir de esta distancia, calculamos la magnitud de la fuerza que actúa entre estos dos nodos dados. Para pasar de una magnitud a un vector de fuerza, debemos multiplicar la magnitud por una versión normalizada del vector `apart`. Normalizar un vector significa crear un vector con la misma dirección, pero con la longitud uno. Podemos hacerlo dividiendo el vector por su propia longitud.

```
function forceDirected_simple(graph) {
  for (let node of graph) {
    for (let other of graph) {
      if (other == node) continue;
      let apart = other.pos.minus(node.pos);
      let distance = Math.max(1, apart.length);
      let forceSize = -repulsionStrength / (distance * distance);
      if (node.hasEdge(other)) {
        forceSize += (distance - springLength) * springStrength;
      }
      let normalized = apart.times(1 / distance);
      node.pos = node.pos.plus(normalized.times(forceSize));
    }
  }
}
```

Utilizaremos la siguiente función para probar una implementación dada de nuestro sistema de diseño de grafos. Ejecute el modelo durante 4000 pasos y registre el tiempo que tarda. Para que tengamos algo que ver mientras se ejecuta el código, dibuje el diseño actual del grafo cada 100 pasos.

```
function runLayout(implementation, graph) {
  function run(steps, time) {
    let startTime = Date.now();
    for (let i = 0; i < 100; i++) {
      implementation(graph);
    }
    time += Date.now() - startTime;
    drawGraph(graph);

    if (steps == 0) console.log(time);
    else requestAnimationFrame(() => run(steps - 100, time));
  }
  run(4000, 0);
}
```

Ahora podríamos ejecutar esta primera implementación y ver cuánto tiempo necesita.

```
<script>
  runLayout(forceDirected_simple, treeGraph(4, 4));
</script>
```

En mi máquina, con la versión 58 del navegador Firefox, esas 4000 iteraciones tardaron un poco más de dos segundos, es decir, dos iteraciones por milisegundo. Eso es mucho. Veamos si es posible hacerlo mejor.

Evitar trabajo

La forma más rápida de hacer algo es evitar hacerlo o, al menos, librarse de una parte. Pensando en lo que está haciendo el código, a menudo se pueden detectar redundancias innecesarias o cosas que pueden hacerse de forma más rápida.

En el caso de nuestro proyecto de ejemplo, hay una oportunidad para hacer menos trabajo. Las fuerzas entre cada par de nodos se calculan dos veces: una cuando se mueve el primer nodo y otra cuando se mueve el segundo. Como la fuerza que ejerce nodo X sobre nodo Y es exactamente la opuesta a la fuerza que ejerce Y sobre X, no necesitamos calcular estas fuerzas dos veces. La siguiente versión de la función cambia el bucle interno para recorrer solo los nodos que vienen después del actual, de forma que cada par de nodos se mira exactamente una vez. Después de calcular una fuerza entre un par de nodos, la función actualiza la posición de ambos.

```
function forceDirected_noRepeat(graph) {
  for (let i = 0; i < graph.length; i++) {
    let node = graph[i];
    for (let j = i + 1; j < graph.length; j++) {
      let other = graph[j];
      let apart = other.pos.minus(node.pos);
      let distance = Math.max(1, apart.length);
      let forceSize = -repulsionStrength / (distance * distance);
```

```
      if (node.hasEdge(other)) {
        forceSize += (distance - springLength) * springStrength;
      }
      let applied = apart.times(forceSize / distance);
      node.pos = node.pos.plus(applied);
      other.pos = other.pos.minus(applied);
    }
  }
}
```

La medición de este código muestra un aumento significativo de la velocidad. Es dos veces más rápido en Firefox 58, alrededor de un 30 % más rápido en Chrome 63 y un 75 % más rápido en Edge 6.

El gran aumento en Firefox y Edge solo es parcialmente el resultado de la optimización real. Como necesitamos que el bucle interno recorra solo una parte de la matriz, la función nueva sustituye los bucles `for/of` por bucles `for` normales. En Chrome, esto no tiene ningún efecto medible en la velocidad del programa, pero en Firefox el simple hecho de no utilizar iteradores hace que el código sea un 20 % más rápido y en Edge la diferencia es del 50 %. Así pues, los distintos motores de JavaScript funcionan de forma diferente y pueden ejecutar programas a distintas velocidades. Un cambio que hace que el código se ejecute más rápido en un motor puede no ayudar (o incluso perjudicar) en otro motor o incluso en una versión diferente del mismo motor.

Curiosamente, el motor de Chrome, que se llama V8 y también es el que utiliza Node.js, es capaz de optimizar los bucles `for/of` sobre matrices a un código que no es más lento que el bucle sobre el índice. Recuerde que la interfaz del iterador implica una llamada a un método que devuelve un objeto por cada elemento en el iterador. De alguna manera, V8 se las arregla para optimizar la mayor parte de eso.

Examinando de nuevo lo que está haciendo nuestro programa, posiblemente llamando a `console.log` para mostrar `forceSize`, se hace evidente que las fuerzas generadas entre la mayoría de los pares de nodos son tan pequeñas que en realidad no están afectando al diseño en absoluto. Específicamente, cuando los nodos no están conectados y están lejos unos de otros, las fuerzas entre ellos no son muy grandes. Aun así, calculamos vectores para ellos y movemos los nodos un poco. ¿Y si no lo hiciéramos?

La siguiente versión define una distancia por encima de la cual los pares de nodos (no conectados) ya no calcularán ni aplicarán fuerzas. Con esa distancia fijada en 175, las fuerzas por debajo de 0,05 se ignoran.

```
const skipDistance = 175;

function forceDirected_skip(graph) {
  for (let i = 0; i < graph.length; i++) {
    let node = graph[i];
    for (let j = i + 1; j < graph.length; j++) {
      let other = graph[j];
      let apart = other.pos.minus(node.pos);
      let distance = Math.max(1, apart.length);
      let hasEdge = node.hasEdge(other);
      if (!hasEdge && distance > skipDistance) continue;
      let forceSize = -repulsionStrength / (distance * distance);
      if (hasEdge) {
        forceSize += (distance - springLength) * springStrength;
```

```
      }
      let applied = apart.times(forceSize / distance);
      node.pos = node.pos.plus(applied);
      other.pos = other.pos.minus(applied);
    }
  }
}
```

Esto supone otra mejora del 50 % en la velocidad, sin degradación apreciable del diseño. Hemos reducido las operaciones y nos hemos salido con la nuestra.

Creación de perfil

Hemos podido acelerar el programa bastante solo con razonarlo. Pero cuando se trata de microoptimización o el proceso de hacer las cosas de forma ligeramente diferente para que sean más rápidas, suele ser difícil predecir qué cambios ayudarán y cuáles no. Entonces ya no podemos confiar en el razonamiento: tenemos que observar.

Nuestra función `runLayout` mide el tiempo que tarda actualmente el programa. Es un buen comienzo. Para mejorar algo, hay que medirlo. Sin medir, no sabrá si sus cambios están teniendo el efecto que pretendía.

Las herramientas de desarrollo de los navegadores modernos proporcionan una forma aún mejor de medir la velocidad de tu programa. Esta herramienta se llama perfilador y recopilará información sobre el tiempo empleado por las distintas partes del programa durante su ejecución. Si su navegador posee un perfilador, estará disponible en la interfaz de la herramienta de desarrollo, probablemente en una pestaña llamada `Rendimiento`. El perfilador en Chrome escupe la siguiente tabla cuando hago que registre 4000 iteraciones de nuestro programa actual:

```
Self time             Total time           Function
 816.6 ms  75.4 %     1030.4 ms 95.2 %     forceDirected_skip
 194.1 ms  17.9 %      199.8 ms 18.5 %     includes
  32.0 ms   3.0 %       32.0 ms  3.0 %     Minor GC
   2.1 ms   0.2 %     1043.6 ms 96.4 %     run
```

Esta tabla enumera las funciones (u otras tareas) que han requerido una cantidad de tiempo importante. Para cada función, informa del tiempo empleado en ejecutarla, tanto en milisegundos como en porcentaje del tiempo total empleado. La primera columna solo muestra el tiempo que el control ha estado realmente en la función, mientras que la segunda incluye el tiempo empleado en funciones llamadas por esta función.

En cuanto a los perfiles, es muy sencillo porque el programa no dispone de muchas funciones. Para programas más complicados, las listas serán mucho mucho más largas. Pero como las funciones que llevan más tiempo se muestran en la parte superior, suele ser fácil encontrar la información interesante. De esta tabla se deduce que la mayor parte del tiempo se emplea en la función de simulación física. Lo esperábamos. Pero, en la segunda fila, vemos que el método de matriz `includes`, utilizado en `GraphNode.hasEdge`, ocupa alrededor del 18 % del tiempo del programa.

Es un poco más de lo que esperaba. Lo estamos llamando mucho: en un grafo de 85 nodos (que se obtiene con `treeGraph(4, 4)`), hay 3570 pares de nodos. Así que, con 4000 iteraciones, se hacen más de 14 millones de llamadas a `hasEdge`.

Veamos si logramos hacerlo mejor. Añadimos otra variante del método `hasEdge` a la clase `GraphNode` y creamos una variante nueva de nuestra función de simulación que la llama en lugar de `hasEdge`.

```
GraphNode.prototype.hasEdgeFast = function(other) {
  for (let i = 0; i < this.edges.length; i++) {
    if (this.edges[i] === other) return true;
  }
  return false;
};
```

En Chrome, esto reduce en un 17 % el tiempo que se tarda en calcular el diseño, que es la mayor parte del tiempo empleado por `includes` en el perfil. En Edge, el programa es un 40 % más rápido. Pero en Firefox, lo hace ligeramente más lento (alrededor del 3 %). En este caso, el motor de Firefox (llamado SpiderMonkey) hizo un trabajo mejor optimizando llamadas a `includes`.

La fila con etiqueta "Minor GC" en el perfil nos indica el tiempo empleado en limpiar la memoria que ya no se utiliza. Dado que nuestro programa crea una gran cantidad de objetos vector, el 3 % del tiempo dedicado a recuperar memoria es sorprendentemente bajo. Los motores JavaScript suelen incluir recolectores de basura muy eficaces.

Inlining de funciones

En el perfil que hemos visto no aparecen métodos vectoriales (como `times`), a pesar de que se utilizan mucho. Este fenómeno se debe a que el compilador ha efectuado un proceso de *inline* con ellas. En lugar de que el código de la función interna llame a un método real para multiplicar vectores, el código de multiplicación vectorial se coloca directamente dentro de la función, y no hay llamadas a métodos reales en el código compilado.

Hay varias formas en las que *inlining* ayuda a que el código sea rápido. A nivel de la máquina, las funciones y los métodos se llaman utilizando un protocolo que requiere poner los argumentos y la dirección de retorno (el lugar donde debe continuar la ejecución cuando la función retorna) en algún sitio donde la función los halle. La forma en que una llamada a una función da el control a otra parte del programa a menudo también requiere guardar parte del estado del procesador para que la función llamada pueda utilizar el procesador sin interferir con los datos que todavía requiere el llamador. Todo esto se vuelve innecesario cuando se aplica *inline* a una función.

Además, un buen compilador hará todo lo posible por encontrar formas de simplificar el código que genera. Si las funciones se tratan como cajas negras capaces de hacer cualquier cosa, el compilador no tiene mucho con lo que trabajar. Por otro lado, si es posible ver e incluir el cuerpo de la función en su análisis, podría encontrar oportunidades adicionales para optimizar el código. Por ejemplo, un motor JavaScript evitaría por completo la creación de algunos de los objetos vectoriales de nuestro código. En una expresión como la siguiente, si vemos a través de los métodos, está claro que las coordenadas del vector resultante son el resultado de sumar las coordenadas de `force` al producto de las coordenadas de `normalized` y la vinculación `forceSize`. Por lo tanto, no es necesario crear el objeto intermedio producido por el método `times`.

```
pos.plus(normalized.times(forceSize))
```

Pero JavaScript nos permite sustituir métodos en cualquier momento. ¿Cómo averigua el compilador qué función es realmente este método `times`? ¿Y si alguien cambia el valor almacenado en `Vec.prototype.times` más tarde? La próxima vez que se ejecute el código que ha aplicado *inline* a esa función, podría seguir utilizando la definición antigua, violando las suposiciones del programador sobre el comportamiento de su programa.

Aquí es donde el intercalado de ejecución y compilación empieza a dar sus frutos. Cuando una función caliente se compila, ya se ha ejecutado varias veces. Si, durante esas ejecuciones, siempre ha llamado a la misma función, es razonable intentar aplicar *inlining* a esa función. El código se compila de forma optimista con el supuesto de que, en el futuro, aquí se llamará a la misma función.

Para manejar el caso pesimista, en el que se acaba llamando a otra función, el compilador inserta una prueba que compara la función llamada con aquella a la que se ha aplicado *inline*. Si las dos no coinciden, el código compilado de forma optimista es incorrecto y el motor de JavaScript debe desoptimizar, lo que significa que vuelve a una versión menos optimizada del código.

Crear menos basura

Aunque algunos motores podrían optimizar por completo algunos de los objetos vectoriales que estamos creando, es probable que la creación de todos esos objetos siga teniendo un coste. Para estimar la magnitud de este coste, escribiremos una versión del código que haga los cálculos vectoriales «a mano», utilizando vinculaciones locales para ambas dimensiones.

```
function forceDirected_noVector(graph) {
  for (let i = 0; i < graph.length; i++) {
    let node = graph[i];
    for (let j = i + 1; j < graph.length; j++) {
      let other = graph[j];
      let apartX = other.pos.x - node.pos.x;
      let apartY = other.pos.y - node.pos.y;
      let distance = Math.max(1, Math.sqrt(apartX * apartX +
                                           apartY * apartY));
      let hasEdge = node.hasEdgeFast(other);
      if (!hasEdge && distance > skipDistance) continue;
      let forceSize = -repulsionStrength / (distance * distance);
      if (hasEdge) {
        forceSize += (distance - springLength) * springStrength;
      }
      let forceX = apartX * forceSize / distance;
      let forceY = apartY * forceSize / distance;
      node.pos.x += forceX; node.pos.y += forceY;
      other.pos.x -= forceX; other.pos.y -= forceY;
    }
  }
}
```

El código nuevo tiene más palabras y es más repetitivo, pero si lo mido, la mejora es lo suficientemente grande como para considerar hacer este tipo de nivelación manual de objetos en código sensible al rendimiento. Tanto en Firefox como en Chrome, la versión nueva es un 30 % más rápida que la anterior y en Edge es un 60 % más rápida.

Tomando todos estos pasos juntos, hemos hecho el programa unas 5 veces más rápido que la versión inicial en Chrome y Firefox, y en Edge la mejora de velocidad supera las 20 veces. Es una mejora bastante importante. Pero recuerde que este trabajo solo es útil para el código que realmente requiere mucho tiempo. Tratar de optimizar todo de inmediato solo hará que vaya más lento y le dejará con un montón de código innecesariamente complicado en exceso.

Recogida de basura

Entonces, ¿por qué es más rápido el código que evita crear objetos? Hay varias razones. El motor tiene que encontrar un lugar para almacenar los objetos, necesita averiguar cuándo ya no se utilizan y recuperarlos; y cuando accede a sus propiedades, es preciso que investigue en qué parte de la memoria están almacenadas.

Los motores de JavaScript son buenos haciendo todas estas operaciones, pero normalmente no tanto como para tener un coste cero.

Una vez más, imagine la memoria como una fila de bits muy larga. Cuando el programa se inicia, puede recibir un fragmento de memoria vacío y empezar a poner allí los objetos que crea, uno tras otro. Pero en algún momento, el espacio se llena, y algunos de los objetos que contiene ya no se utilizan. El motor de JavaScript ha de averiguar qué objetos se utilizan y cuáles no, para reutilizar las partes de memoria no utilizadas.

Ahora hay un poco de desorden en el espacio de memoria del programa, con objetos vivos intercalados con espacio libre. Crear un objeto nuevo implica encontrar un fragmento de espacio libre lo suficientemente grande para el objeto. Es posible que sea necesario buscar un poco. Como alternativa, el motor podría desplazar todos los objetos vivos al principio del espacio de memoria, lo que abarata la creación de nuevos objetos (basta con volver a colocarlos uno detrás de otro), pero requiere más trabajo a la hora de desplazar los objetos viejos. En principio, para averiguar qué objetos se siguen utilizando, rastrearemos todos los objetos accesibles, empezando por el ámbito global y el ámbito local actualmente activo. Cualquier objeto referenciado desde esos ámbitos, de manera directa o indirecta, sigue vivo. Si su programa cuenta con muchos datos en memoria, este proceso representa mucho trabajo.

Una técnica llamada recolección generacional de basura le ayudará a reducir estos costes. Este planteamiento aprovecha el hecho de que la mayoría de los objetos tienen vidas cortas. Divide la memoria disponible para el programa JavaScript en dos o más generaciones. Los objetos nuevos se crean en el espacio reservado para la generación más joven. Cuando este espacio está lleno, el motor determina qué objetos existentes en su interior siguen vivos y los traslada a la generación siguiente. En este caso, si solo sigue viva una pequeña parte de los objetos de la generación joven, la cantidad de trabajo necesaria para moverlos también es pequeña.

Por supuesto, averiguar qué objetos están vivos requiere conocer todas las referencias a objetos en la generación viva. El recolector de basura quiere evitar buscar entre todos los objetos de las generaciones anteriores cada vez que se recoge la generación joven. Por ello, cuando se crea una referencia desde un objeto antiguo a uno nuevo, se registrará para que sea tenida en cuenta durante la siguiente recogida. Como consecuencia, escribir en objetos antiguos es ligeramente más costoso, pero se compensa con creces por el tiempo que se ahorra durante la recogida de basura.

Tipos dinámicos

Las expresiones de JavaScript como `node.pos`, que obtienen una propiedad de un objeto, no son triviales a la hora de compilar. En muchos lenguajes, las vinculaciones tienen un tipo y, por lo tanto, cuando se realiza una operación sobre el valor que contienen, el compilador ya sabe qué tipo de operación necesita. En JavaScript, solo los valores poseen tipos, y una vinculación puede terminar conteniendo valores de distintos tipos. Lo anterior significa que inicialmente el compilador sabe poco sobre la propiedad a la que el código tal vez está intentando acceder y ha de producir código que manipule todos los tipos posibles. Si `node` contiene un valor indefinido, el código debe lanzar un error. Si contiene una cadena, buscará `pos` en `String.prototype`. Si contiene un objeto, la forma en que se extrae la propiedad `pos` depende de la forma del objeto. Y así sucesivamente.

Por suerte, aunque JavaScript no lo requiere, las vinculaciones en la mayoría de los programas tienen un tipo único. Y si el compilador conoce este tipo, puede utilizar esa información para producir código más eficiente. Si hasta ahora `node` siempre ha sido un objeto con las propiedades `pos` y `edges`, el código optimizador del compilador puede crear código que obtenga la propiedad a partir de su posición conocida en dicho objeto, lo que resulta sencillo y rápido.

Pero los eventos observados en el pasado no dan ninguna garantía sobre los eventos que ocurrirán en el futuro. Algún fragmento de código que todavía no se ha ejecutado podría pasar otro tipo de valor a nuestra función, un tipo diferente de objeto nodo, por ejemplo, con también una propiedad `id`.

Así que el código compilado todavía ha de comprobar si sus suposiciones se mantienen y tomar una acción apropiada si no es así. Un motor podría desoptimizar por completo, volviendo a la versión no optimizada de la función. O podría compilar una versión nueva de la función que también manipula el tipo recientemente observado.

Es posible comprobar la ralentización causada por la incapacidad de predecir tipos de objetos alterando intencionadamente la uniformidad de los objetos de entrada para nuestra función de diseño de grafos, como en este ejemplo:

```
let mangledGraph = treeGraph(4, 4);
for (let node of mangledGraph) {
  node[`p${Math.floor(Math.random() * 999)}`] = true;
}

runLayout(forceDirected_noVector, mangledGraph);
```

Cada nodo recibe una propiedad extra con un nombre aleatorio. Si ejecutamos nuestro código de simulación rápida en el grafo resultante, se vuelve 5 veces más lento en Chrome 63 y 10 (!) veces más lento en Firefox 58. Ahora que los tipos de objeto varían, el código buscará las propiedades sin conocimiento previo de la forma del objeto, lo que es mucho más costoso de hacer.

Curiosamente, después de ejecutar este código, `forceDirected_noVector` se ha vuelto lento incluso cuando se ejecuta en un grafo normal, no manipulado. Los tipos desordenados «han envenenado» el código compilado, al menos durante un tiempo. En algún punto, los navegadores tienden a descartar el código compilado y recompilarlo desde cero, extirpando este efecto.

Para los asuntos distintos al acceso a propiedades, se recurre a una técnica similar. El operador +, por ejemplo, significa algo distinto según el tipo de valores a los que se aplica. En lugar de ejecutar siempre el código completo que manipula todos estos significados, un compilador inteligente de JavaScript se valdrá de observaciones previas para construir alguna expectativa del tipo al que probablemente se está aplicando el operador. Si solo se aplica a números, se puede generar un fragmento de código máquina mucho más sencillo para manipularlo. Pero, una vez más, estas suposiciones deben comprobarse cada vez que se ejecuta la función.

La moraleja de esta historia es que, si un fragmento de código necesita ser rápido, una forma de ayudarlo es alimentarlo con tipos consistentes. Los motores JavaScript pueden manipular relativamente bien los casos en los que se dan pocos tipos diferentes: generarán código que manipule todos estos tipos y solo se desoptimizarán cuando vea un tipo nuevo. Pero incluso en este caso, el código resultante es más lento que el que se obtendría con un solo tipo.

Resumen

Gracias a la enorme cantidad de dinero que se está invirtiendo en la web, así como a la rivalidad entre los distintos navegadores, los compiladores de JavaScript son buenos en lo que hacen: conseguir que el código se ejecute rápido.

Pero a veces hay que echarles una mano y reescribir los bucles internos para evitar funciones de JavaScript más costosas. Suele ayudar crear menos objetos (y matrices y cadenas).

Antes de empezar a manipular el código para que sea más rápido, piense en formas de lograr que realice menos trabajo. Las mayores oportunidades de optimización suelen encontrarse en esa dirección.

Los motores de JavaScript compilan el código caliente varias veces y se sirven de información recopilada durante la ejecución anterior para compilar código más eficiente. Puede ayudar dándoles a sus vinculaciones un tipo consistente.

Ejercicios

Explorar rutas

Escriba una función `findPath` que, al igual que la función que vio en el capítulo 7, intente identificar el camino más corto entre dos nodos de un grafo. Tome dos objetos `GraphNode` (como los usados en este capítulo) como argumentos y devuelva `null`, si no se ha podido encontrar ningún camino, o una matriz de nodos que representa un camino a través del grafo. Los nodos que aparecen uno al lado del otro en esta matriz deben tener una arista entre ellos.

Un buen método para encontrar un camino en un grafo es el siguiente:

1. Crear una lista de trabajo que contenga un único camino que solo incluya el nodo inicial.
2. Empezar con el primer camino en la lista de trabajo.

3. Si el nodo al final del camino actual es el nodo meta, devuelva este camino.
4. En caso contrario, para cada vecino del nodo al final del camino, si ese nodo no ha sido examinado antes (no aparece al final de ningún camino en la lista de trabajo), cree un camino nuevo ampliando el camino actual con ese vecino y añádalo a la lista de trabajo.
5. Si hay más caminos en la lista de trabajo, vaya al camino siguiente y continúe en el paso 3.
6. En caso contrario, no hay ruta.

Al «distribuir» los caminos desde el nodo inicial, este planteamiento garantiza que siempre se llega a otro nodo dado por el camino más corto, porque los caminos más largos solo se tienen en cuenta después de haber intentado todos los más cortos.

Implemente este programa y pruébelo en algunos grafos de árbol sencillos. Construya un grafo con un ciclo (por ejemplo, añadiendo aristas a un grafo en árbol con el método `connect`) y compruebe si la función puede localizar el camino más corto cuando hay múltiples posibilidades.

Temporización

Utilice `Date.now()` para medir el tiempo que tarda su función `findPath` en encontrar un camino en un grafo más complicado. Como `treeGraph` siempre pone la raíz al principio de la matriz del grafo y una hoja al final, puede darle a la función una tarea no trivial haciendo algo como esto:

```
let graph = treeGraph(6, 6);
console.log(findPath(graph[0], graph[graph.length - 1]).length);
// → 6
```

Cree un caso de prueba que tenga un tiempo de ejecución de medio segundo aproximadamente. Tenga cuidado al pasar números más grandes a `treeGraph`: el tamaño del grafo aumenta exponencialmente, por lo que puede hacer fácilmente que su grafo sea tan grande que se necesiten ingentes cantidades de tiempo y memoria para encontrar un camino a través de ellos.

Optimización

Ahora que tiene un caso de prueba medido, busque formas de hacer que su función `findPath` sea más rápida.

Piense tanto en la optimización a nivel macro (hacer menos trabajo) como micro (hacer el trabajo dado de una forma más barata). Además, considere formas de utilizar menos memoria y asignar menor cantidad de estructuras de datos o más pequeñas.

SUGERENCIAS DE EJERCICIOS

Las siguientes sugerencias pueden ayudarle cuando se encuentre atascado con alguno de los ejercicios de este libro. No dan la solución completa, sino que intentan ayudarle a encontrarla por sí mismo.

Capítulo 2. Estructura de programa

Hacer un triángulo con bucles

Puede empezar con un programa que imprima los números del 1 al 7, que puede derivar haciendo algunas modificaciones al ejemplo de impresión de números pares en el apartado «Bucles while y do» en el capítulo 2, donde se introdujo el bucle `for`.

Ahora considere la equivalencia entre números y cadenas de caracteres hash. Puede pasar de 1 a 2 añadiendo 1 (`+= 1`). Puede pasar de `"#"` a `"##"` añadiendo un carácter (`+= "#"`). Por lo tanto, su solución tal vez siga de cerca el programa de impresión de números.

FizzBuzz

Repasar los números es claramente un trabajo de bucle, y seleccionar qué imprimir es una cuestión de ejecución condicional. Recuerde el truco de utilizar el operador resto (`%`) para comprobar si un número es divisible por otro número (tiene un resto cero).

En la primera versión, hay tres resultados posibles para cada número; por eso, hay que crear una cadena `if/else if/else`.

La segunda versión del programa tiene una solución sencilla y otra inteligente. La sencilla consiste en añadir otra «rama» condicional para comprobar con precisión la condición dada. Para la inteligente, construya una cadena que contenga la palabra o palabras para mostrar; e imprima esta palabra o el número si no hay palabra, posiblemente haciendo un buen uso del operador `||`.

Tablero de ajedrez

Una opción es construir la cadena empezando con una vacía (`""`) y añadiendo caracteres repetidamente. Un carácter de nueva línea se escribe `"\n"`.

Para trabajar con dos dimensiones, necesitará un bucle dentro de otro bucle. Coloque llaves alrededor de los cuerpos de ambos bucles para que sea fácil ver dónde empiezan y terminan. Intente sangrar correctamente estos cuerpos. El orden de los bucles debe seguir el orden en el que construimos la cadena (línea a línea, de izquierda a derecha, de arriba abajo). Así que el bucle exterior maneja las líneas y el interior, los caracteres en una línea.

Necesitará dos vinculaciones para seguir el progreso. Para saber si debe poner un espacio o un signo de almohadilla en una posición dada, pruebe si la suma de los dos contadores es par (`% 2`).

Terminar una línea añadiendo un carácter de nueva línea debe producirse después de que la línea se haya construido, así que hágalo después del bucle interno, pero dentro del bucle externo.

Capítulo 3. Funciones

Mínimo

Si tiene problemas para colocar los corchetes y paréntesis en el lugar adecuado para obtener una definición de función válida, empiece por copiar uno de los ejemplos de este capítulo y modifíquelo.

Una función puede contener varias instrucciones `return`.

Recursividad

Es probable que su función se parezca en algo a la función interna `find` del ejemplo recursivo `findSolution` del capítulo 3, con una cadena `if`/`else` `if`/`else` que comprueba cuál de los tres casos se aplica. El `else` final, que corresponde al tercer caso, hace la llamada recursiva. Cada una de las ramas debe contener una instrucción `return` o, de algún otro modo, disponer que se devuelva un valor específico.

Cuando se le da un número negativo, la función efectuará la recursión una y otra vez, pasándose a sí misma un número cada vez más negativo y, por lo tanto, alejándose cada vez más de devolver un resultado. Finalmente se quedará sin espacio en la pila y abortará.

Contar judías

Su función necesitará un bucle que examine cada carácter de la cadena. Puede ejecutar un índice de cero a uno por debajo de su longitud (`< string.length`). Si el carácter en la posición actual coincide con el que está buscando la función, añade 1 a una variable contador. Una vez finalizado el bucle, se puede devolver el contador.

Tenga cuidado de hacer que todas las vinculaciones utilizadas en la función sean locales para la función, declarándolas correctamente con la palabra clave `let` o `const`.

Capítulo 4. Estructuras de datos: objetos y matrices

La suma de un rango

Construir una matriz es más fácil si primero inicializa una vinculación a `[]` (una matriz nueva y vacía) y llama repetidamente a su método `push` para añadir un valor. No olvide devolver la matriz al final de la función. Como el límite final es inclusivo, necesitará utilizar el operador <= en lugar de < para comprobar el final del bucle.

El parámetro paso puede ser un parámetro opcional que por defecto (usando el operador =) es 1.

Probablemente, la mejor manera de hacer que `range` entienda valores de paso negativos es escribir dos bucles separados: uno para contar hacia arriba y otro para contar hacia abajo; porque la comparación que comprueba si el bucle ha terminado debe ser >= en lugar de <= cuando se cuenta hacia abajo.

También podría valer la pena utilizar un paso por defecto diferente, a saber, -1, cuando el final del rango es menor que el inicio. De esta forma, `range(5, 2)` devuelve algo con sentido, en lugar de quedarse atascado en un bucle infinito. Es posible hacer referencia a parámetros anteriores en el valor por defecto de un parámetro.

Invertir una matriz

Hay dos maneras obvias de implementar `reverseArray`. La primera es simplemente recorrer la matriz de entrada de adelante hacia atrás y utilizar el método `unshift` en la matriz nueva para insertar cada elemento en su inicio. La segunda es recorrer en bucle la matriz de entrada hacia atrás y utilizar el método `push`. Iterar sobre una matriz hacia atrás requiere una especificación `for` (un poco incómoda), como `(let i = array.length - 1; i >= 0; i-)`.

Invertir la matriz en su lugar es más difícil. Debe tener cuidado de no sobrescribir elementos que le harán falta más tarde. Usar `reverseArray` o copiar la matriz entera (`array.slice(0)` es una buena manera de copiar una matriz) funciona, pero es hacer trampas.

El truco consiste en intercambiar el primer y el último elemento, luego el segundo y el penúltimo, y así sucesivamente. Puede hacerlo recorriendo en bucle la mitad de la longitud de la matriz (use `Math.floor` para redondear hacia abajo, no necesita tocar el elemento del medio en una matriz con un número impar de elementos) e intercambiando el elemento en la posición `i` con el que está en la posición `array.length - 1 - i`. Otra opción es utilizar una vinculación local para retener brevemente uno de los elementos, sobrescribirlo con su imagen reflejada, y luego poner el valor de la vinculación local en el lugar donde solía estar la imagen reflejada.

Una lista

Construir una lista es más fácil cuando se hace de atrás hacia adelante. Así `arrayToList` podría iterar sobre la matriz hacia atrás (ver el ejercicio anterior) y añadir un objeto a la lista para cada elemento. Puede usar una vinculación local para mantener la parte de la lista que se ha construido hasta ahora y una asignación como `list = {valor: X, resto: lista}` para añadir un elemento.

Para ejecutar sobre una lista (en `listToArray` y `nth`), cuenta con la posibilidad de utilizar una especificación de bucle `for` como esta:

```
for (let node = list; node; node = node.rest) {}
```

¿Puede ver cómo funciona? En cada iteración del bucle, `node` apunta a la sublista actual, y el cuerpo lee su propiedad `value` para obtener el elemento actual. Al final de una iteración, `node` se mueve a la siguiente sublista. Cuando es nula, hemos llegado al final de la lista, y el bucle ha terminado.

De forma similar, la versión recursiva de `nth` mirará una parte cada vez más pequeña de la «cola» de la lista y, al mismo tiempo, hará una cuenta regresiva del índice hasta que llegue a cero. En ese momento, es posible devolver la propiedad `value` del nodo que está analizando. Para obtener el elemento cero de una lista, basta con tomar la propiedad `value` del nodo director. Para obtener el elemento `N + 1`, se toma el elemento `N` de la lista que está en la propiedad `rest` de esta lista.

Comparación profunda

Su prueba para saber si está tratando con un objeto real será algo como `typeof x == "object" && x != null`. Tenga cuidado y compare propiedades solo cuando ambos argumentos sean objetos. En todos los demás casos puede devolver inmediatamente el resultado de aplicar ===.

Utilice `Object.keys` para repasar las propiedades. Necesita comprobar si ambos objetos comparten el mismo conjunto de nombres de propiedades y si esas propiedades poseen valores idénticos. Una forma de hacerlo es asegurarse de que ambos objetos disponen de la misma cantidad de propiedades (las longitudes de las listas de propiedades son las mismas). Luego, al recorrer con un bucle una de las propiedades del objeto para compararlas, asegúrese siempre primero de que el otro realmente dispone de una propiedad con ese nombre. Si cuentan con la misma cantidad de propiedades y todas las propiedades de uno también existen en el otro, tienen el mismo conjunto de nombres de propiedades.

La mejor forma de que la función devuelva el valor correcto es devolviendo `false` inmediatamente cuando se detecta una discrepancia y devolviendo `true` al final de la función.

Capítulo 5. Funciones de orden superior

Todo

Al igual que el operador `&&`, el método `every` puede dejar de evaluar más elementos en cuanto encuentra uno que no coincide. Así, la versión basada en el bucle sale del bucle (con `break` o `return`) en cuanto encuentra un elemento para el que la función predicado devuelve `false`. Si el bucle se ejecuta hasta el final sin hallar un elemento de este tipo, sabemos que todos los elementos coinciden y debemos devolver `true`.

Para construir `every` encima de `some`, una opción es aplicar las leyes de De Morgan, que establecen que `a && b` es igual a `!(!a || !b)`. Esto se puede generalizar para matrices, donde todos los elementos de la matriz coinciden si no hay ningún elemento en la matriz no coincidente.

Sentido de escritura dominante

Su solución podría parecerse mucho a la primera mitad del ejemplo `textScripts`. De nuevo, hay que contar caracteres según un criterio basado en `characterScript` y luego filtrar la parte del resultado que se refiere a caracteres sin interés (sin script).

Hallar la dirección con el mayor recuento de caracteres se consigue con `reduce`. Si no está claro cómo, consulte el ejemplo precedente en el capítulo, donde `reduce` se empleó para encontrar el script con más caracteres.

Capítulo 6. La vida secreta de los objetos

Un tipo de vector

Vuelva al ejemplo de la clase `Rabbit` si no está seguro de cómo son las declaraciones `class`. Existe la posibilidad de añadir una propiedad getter al constructor anteponiendo la palabra `get` al nombre del método. Para calcular la distancia de (0, 0) a (x, y), recurra al teorema de Pitágoras, que dice que el cuadrado de la distancia que estamos buscando es igual al cuadrado de la coordenada *x* más el cuadrado de la coordenada *y*. Por lo tanto, $\sqrt{x^2 + y^2}$ es el número que desea, y `Math.sqrt` es la forma de calcular una raíz cuadrada en JavaScript.

Grupos

La forma más sencilla de hacer este ejercicio es almacenar una matriz de miembros del grupo en una propiedad de instancia. Los métodos `includes` o `indexOf` sirven además para comprobar si un valor dado está en la matriz. Su constructor de clase puede establecer la colección de miembros en una matriz vacía. Cuando se llama a `add`, debe comprobar si el valor dado está en la matriz o añadirlo si no está, por ejemplo, con `push`.

Eliminar un elemento de una matriz, en `delete`, es menos directo, pero otra opción es con `filter` crear una matriz nueva sin el valor. No olvide sobrescribir la propiedad que contiene los miembros con la nueva versión filtrada de la matriz.

El método `from` puede utilizar un bucle `for/of` para obtener los valores del objeto iterable y llamar a `add` para colocarlos en un grupo recién creado.

Grupos iterables

Probablemente merezca la pena definir una nueva clase `GroupIterator`. Las instancias del iterador deberían tener una propiedad que haga un seguimiento de la posición actual en el grupo. Cada vez que se llama a `next`, comprueba si ha terminado y, si no, se mueve más allá del valor actual y lo devuelve.

La propia clase `Group` obtiene un método llamado por `Symbol.iterator` que, cuando es llamado, devuelve una instancia nueva de la clase del iterador para ese grupo.

Tomar prestado un método

Recuerde que los métodos que existen en objetos planos provienen de `Object.prototype`. No olvide que con una vinculación `this` específica utilizando su método `call` se llama a una función.

Capítulo 7. Proyecto: un robot

Medir un robot

Tendrá que escribir una variante de la función `runRobot` que, en lugar de registrar los eventos en la consola, devuelva la cantidad de pasos que ha dado el robot para completar la tarea. Entonces, su función de medición puede, en un bucle, generar estados nuevos y contar los pasos que da cada uno de los robots. Cuando la función ha generado suficientes mediciones, es posible recurrir a `console.log` para mostrar la media de cada robot, que es el número total de pasos dados dividido por el número de mediciones.

Eficiencia del robot

La limitación principal de `goalOrientedRobot` es que solo tiene en cuenta una parcela cada vez. A menudo caminará de un lado a otro del pueblo porque la parcela que está mirando está en el otro lado del mapa, aunque haya otras mucho más cerca.

Una posible solución sería calcular rutas para todos los paquetes y luego tomar la más corta. Incluso se pueden obtener mejores resultados, si hay varias rutas más cortas, dando preferencia a las que van a recoger un paquete en lugar de entregarlo.

Grupo persistente

La forma más adecuada de representar el conjunto de valores miembros sigue siendo como una matriz, porque las matrices son fáciles de copiar.

Cuando se añade un valor al grupo, existe la posibilidad de crear un grupo nuevo con una copia de la matriz original que tiene el valor añadido (por ejemplo, usando `concat`). Cuando se elimina un valor, se filtra desde la matriz.

El constructor de la clase puede tomar dicha matriz como argumento y almacenarla como propiedad (única) de la instancia. Esta matriz no se actualiza nunca.

Para añadir una propiedad (`empty`) a un constructor que no es un método, tiene que añadirla al constructor después de la definición de clase, como una propiedad normal.

Solo necesita una instancia `empty` porque todos los grupos vacíos son iguales y las instancias de la clase no cambian. Existe la posibilidad de crear muchos grupos diferentes a partir de ese único grupo vacío sin modificarlo.

Capítulo 8. Fallos y errores

Reintentar

Es indudable que la llamada a `primitiveMultiply` hay que hacerla en un bloque `try`. El bloque `catch` correspondiente debería volver a lanzar la excepción cuando no sea una instancia de `MultiplicatorUnitFailure` y asegurarse de que la llamada se vuelve a intentar cuando lo sea.

Para hacer el reintento, una opción es utilizar un bucle que solo se detiene cuando una llamada se realiza correctamente, como en el ejemplo `look` en el apartado «Excepciones» del capítulo 8, o emplear la recursión y esperar no tener una cadena de fallos tan larga que desborde la pila (una apuesta bastante segura).

La caja cerrada

Este ejercicio llama a un bloque `finally`. Primero, su función debería desbloquear la caja y luego llamar a la función argumento desde dentro de un cuerpo `try`. El bloque `finally` posterior debería volver a bloquear la caja.

Para asegurarse de que no bloquea la caja cuando ya estaba bloqueada, compruebe su bloqueo al principio de la función y desbloquéela, y bloquéela solo cuando haya empezado cerrada.

Capítulo 9. Expresiones regulares

Estilo de comillas

La solución más obvia es sustituir solo las comillas por un carácter que no sea una palabra en al menos un lado, algo como `/\W'|'\W/`. Pero también hay que tener en cuenta el inicio y el final de la línea.

Además, asegúrese de que la sustitución también incluye los caracteres que coinciden con el patrón `\W` para que no se omitan. Esto se puede hacer empaquetándolos entre paréntesis e incluyendo sus grupos en la cadena de sustitución (`$1`, `$2`). Los grupos que no coincidan se sustituirán por nada.

Números otra vez

En primer lugar, no olvide la barra invertida delante del punto.

Puede comparar el símbolo opcional delante del número, así como delante del exponente, con `[+\-]?` o `(\+|-|)` (más, menos o nada).

La parte más complicada del ejercicio es el problema de comparar tanto `"5."` y `".5"` sin comparar también `"."`. Para ello, es una buena solución recurrir al operador `|` para separar los dos casos: uno o más dígitos seguidos opcionalmente de un punto y cero o más dígitos, o un punto seguido de uno o más dígitos.

Por último, para que la `e` no distinga entre mayúsculas y minúsculas, añada una opción `i` a la expresión normal o utilice `[eE]`.

Capítulo 10. Módulos

Un robot modular

Yo habría adoptado el siguiente enfoque (pero, de nuevo, no hay una forma correcta única de diseñar un módulo dado).

El código utilizado para construir el grafo de caminos reside en el módulo `graph`. Prefiero usar `dijkstrajs` de NPM, en lugar de nuestro propio código de búsqueda de caminos; así que haremos que esto construya el tipo de datos de grafo que espera `dijkstajs`. Este módulo exporta una función única, `buildGraph`. Yo haría que `buildGraph` aceptara una matriz de matrices de dos elementos, en lugar de cadenas que contienen guiones, para que el módulo dependa menos del formato de entrada.

El módulo `roads` contiene los datos brutos de los caminos (la matriz `roads`) y la vinculación `roadGraph`. Este módulo depende de `./graph` y exporta el grafo de caminos.

La clase `VillageState` reside en el módulo `state`. Depende del módulo `./roads` porque precisa verificar la existencia de un camino dado. También requiere `randomPick`. Como es una función de tres líneas, podríamos simplemente ponerla en el módulo `state` como una función interna de ayuda. Pero `randomRobot` también la necesita; así que habría que duplicarla o ponerla en su propio módulo. Dado que esta función ya existe en NPM en el paquete `random-item`, una buena solución es hacer que ambos módulos dependan de él. También podemos añadir la función `runRobot` a este módulo, porque es pequeña y está estrechamente relacionada con la gestión del estado. El módulo exporta la clase `VillageState` y la función `runRobot`.

Por último, los robots, junto con los valores de los que dependen como `mailRoute`, podrían ir en un módulo `example-robots`, que depende de `./roads` y exporta las funciones del robot. Para que `goalOrientedRobot` realice la búsqueda de rutas, este módulo también depende de `dijkstrajs`.

Al descargar parte del trabajo a los módulos NPM, el código se ha hecho un poco más pequeño. Cada módulo individual hace algo bastante simple y se puede leer por sí mismo. Dividir el código en módulos también suele sugerir más mejoras en el diseño del programa. En este caso, parece un poco extraño que el `VillageState` y los robots dependan de un grafo de caminos específico. Quizás una mejor idea es hacer que el grafo sea un argumento para el constructor del estado y así los robots lo lean desde el objeto estado. Esto reduce las dependencias (que siempre es bueno) y posibilita ejecutar simulaciones en *x* mapas mejor (que es aún mejor).

¿Es recomendable utilizar módulos NPM para algo que podríamos haber escrito nosotros mismos? En principio, sí; para elementos no triviales como la función de búsqueda de caminos es probable que cometa errores y pierda tiempo escribiéndolas usted mismo. Para funciones pequeñas como `random-item`, escribirlas uno mismo es bastante fácil. Pero añadirlas donde las necesita tiende a saturar sus módulos.

Sin embargo, tampoco debería subestimar el trabajo que supone encontrar un paquete NPM apropiado. E incluso si halla uno, tal vez no funcione bien o le falte alguna característica que necesite. Además de eso, depender de paquetes NPM significa que tiene que asegurarse de que están instalados, ha de distribuirlos con su programa, y es posible que tenga que actualizarlos periódicamente.

De nuevo, se trata de un equilibrio de ventajas e inconvenientes, y puede decidirse por una u otra opción dependiendo de cuánto le ayuden los paquetes.

Módulo caminos

Dado que se trata de un módulo CommonJS, hay que usar `require` para importar el módulo grafo. Eso se describió como exportar una función `buildGraph`, que puede escoger de su objeto interfaz con una declaración `const` desestructurante.

Para exportar `roadGraph`, añada una propiedad al objeto `exports`. Como `buildGraph` toma una estructura de datos que no coincide exactamente con `roads`, la división de las cadenas de camino debe ocurrir en su módulo.

Dependencias circulares

El truco está en que `require` añade módulos a su caché antes de empezar a cargar el módulo. De esta forma, si cualquier llamada a `require` realizada mientras se está ejecutando intenta cargarlo, ya lo conoce, y devolverá la interfaz actual, en lugar de empezar a cargar el módulo una vez más (lo que a la larga acabaría desbordando la pila).

Si un módulo sobrescribe su valor `module.exports`, cualquier otro módulo que haya recibido su valor de interfaz antes de que terminara de cargarse habrá obtenido el objeto de interfaz por defecto (que probablemente esté vacío), en lugar del valor de interfaz previsto.

Capítulo 11. Programación asíncrona

Seguimiento del bisturí

Esto se consigue con un único bucle que busca en los nidos, avanza al siguiente cuando encuentra un valor que no coincide con el nombre del nido actual y devuelve el nombre cuando localiza un valor que coincide. En la función `async`, se puede utilizar un bucle `for` o `while` normal.

Para hacer lo mismo en una función normal, tendrá que construir su bucle utilizando una función recursiva. La forma más sencilla de llevarlo a cabo es hacer que esa función devuelva una promesa llamando a `then` en la promesa que recupera el valor de almacenamiento. Dependiendo de si ese valor coincide con el nombre del nido actual, el manipulador devuelve ese valor o una promesa adicional creada llamando de nuevo a la función del bucle.

No olvide iniciar el bucle llamando a la función recursiva una vez desde la función principal.

En la función `async`, las promesas rechazadas se convierten en excepciones mediante `await`. Cuando una función `async` lanza una excepción, su promesa es rechazada. Así vemos que eso funciona.

Si ha implementado la función no `async` como se ha descrito antes, la forma en que funciona `then` también provoca automáticamente que un fallo acabe en la promesa devuelta. Si una petición falla, no se llama al manipulador pasado a `then`, y la promesa que devuelve es rechazada con la misma razón.

Construir Promise.all

La función pasada al constructor `Promise` tendrá que llamar a `then` en cada una de las promesas en la matriz dada. Cuando una de ellas tiene éxito, es necesario que sucedan dos cosas. El valor resultante debe almacenarse en la posición correcta de una matriz de resultados, y comprobaremos si se trata de la última promesa pendiente y, en caso afirmativo, terminar nuestra propia promesa.

Esto último puede hacerse con un contador que se inicializa con la longitud de la matriz de entrada y al que restamos 1 cada vez que una promesa tiene éxito. Cuando llega a 0, hemos terminado. Asegúrese de tener en cuenta la situación en la que la matriz de entrada está vacía (y, por lo tanto, nuca se resolverá ninguna promesa).

Manejar los fallos requiere reflexionar, pero resulta ser extremadamente sencillo. Basta con pasar la función `reject` de la promesa empaquetadora a cada una de las promesas en la matriz como un manipulador `catch` o como un segundo argumento para `then`, de manera que un fallo en una de ellas active el rechazo de toda la promesa empaquetadora.

Capítulo 12. Proyecto: un lenguaje de programación

Matrices

La forma más sencilla de hacerlo es representar las matrices Egg con matrices de JavaScript.

Los valores añadidos al ámbito superior deben ser funciones. Utilizando un argumento resto (con notación de triple punto), la definición de `array` puede ser muy simple.

Cierre

De nuevo, estamos usando un mecanismo JavaScript para obtener la característica equivalente en Egg. A los formularios especiales se les pasa el ámbito local en el que son evaluados para que puedan evaluar sus subformularios en ese ámbito. La función devuelta por `fun` tiene acceso al argumento `scope` dado a su función adjunta y lo usa para crear el ámbito local de la función cuando es llamada.

Lo anterior significa que el prototipo del ámbito local será el ámbito en el que se creó la función, lo que permite acceder a las vinculaciones de ese ámbito desde la función. Esto es todo lo que hay que hacer para implementar el cierre (aunque para compilarlo de una manera que sea realmente eficiente, necesitaría un poco más de trabajo).

Comentarios

Asegúrese de que su solución maneja varios comentarios seguidos, con posibles espacios en blanco entre o después de ellos.

Una expresión regular es probablemente la forma más fácil de resolver este ejercicio. Escriba algo que coincida con «espacio en blanco o un comentario, cero o más veces». Use el método `exec` o `match` y analice la longitud del primer elemento en la matriz devuelta (la coincidencia completa) para saber cuántos caracteres cortar.

Fijar el alcance

Tendrá que recorrer mediante un bucle un ámbito cada vez, utilizando `Object.getPrototypeOf` para ir al siguiente ámbito externo. Para cada ámbito, utilice `hasOwnProperty` para averiguar si la vinculación, indicada por la propiedad `name` del primer argumento para `set`, existe en ese ámbito. En caso afirmativo, configúrela para el resultado de evaluar el segundo argumento para `set` y, luego, devuelva ese valor.

Si se alcanza el ámbito más externo (`Object.getPrototypeOf` devuelve `null`) y todavía no se ha encontrado la vinculación, esta no existe y debería lanzarse un error.

Capítulo 14. El modelo de objetos del documento

Construir una tabla

Puede utilizar `document.createElement` para crear nodos de elemento nuevos, `document.createTextNode` para crear nodos de texto y el método `appendChild` para poner nodos dentro de otros nodos.

Querrá hacer un bucle sobre los nombres clave una vez para rellenar la fila superior y luego otra vez para cada objeto en la matriz para construir las filas de datos. `Object.keys` será útil para obtener una matriz de nombres clave del primer objeto.

Para añadir la tabla al nodo padre correcto, una opción es utilizar `document.getElementById` o `document.querySelector` para encontrar el nodo con el atributo `id` adecuado.

Elementos por nombre de etiqueta

La solución se expresa más fácilmente con una función recursiva, similar a la función `talksAbout` definida anteriormente en este capítulo.

Una opción es llamar a `byTagname` de manera recursiva, concatenando las matrices resultantes para producir la salida. Otra opción es crear una función interna que se llame a sí misma de manera recursiva y que tenga acceso a una vinculación de matriz definida en la función externa, a la que puede añadir los elementos coincidentes que encuentre. No olvide llamar a la función interna una vez desde la función externa para iniciar el proceso.

La función recursiva debe comprobar el tipo de nodo. Aquí solo estamos interesados en el nodo tipo 1 (`Node.ELEMENT_NODE`). Para este tipo de nodos, debemos hacer un bucle sobre sus hijos y, para cada hijo, comprobar si este coincide con la consulta mientras también se hace una llamada recursiva sobre él para inspeccionar sus propios hijos.

El sombrero del gato

`Math.cos` y `Math.sin` miden ángulos en radianes, donde un círculo completo es 2π. Para un ángulo dado, obtendrá el ángulo opuesto sumando la mitad de este, que es `Math.PI`. Esto es útil para colocar el sombrero en el lado opuesto de la órbita.

Capítulo 15. Manipular eventos

Globo

Tendrá que registrar un manipulador para el evento `"keydown"` y mirar en `event.key` para averiguar si se ha pulsado la tecla flecha arriba o abajo.

Es posible guardar el tamaño actual en una vinculación para basar el tamaño nuevo en él. Será útil definir una función que actualice el tamaño, tanto la vinculación como el estilo del globo en el DOM, para que pueda llamarla desde su manipulador de eventos, y posiblemente también una vez al empezar, para establecer el tamaño inicial.

Existe la posibilidad de cambiar el globo a una explosión sustituyendo el nodo de texto por otro (usando `replaceChild`) o estableciendo la propiedad `textContent` de su nodo padre en una cadena nueva.

Recorrido del ratón

La mejor forma de crear los elementos es con un bucle. Añádalos al documento para que aparezcan. Para acceder a ellos más tarde y cambiar su posición, almacene los elementos en una matriz.

Puede recorrerlos manteniendo una variable contador y sumándole 1 cada vez que se active el evento `"mousemove"`. El operador resto (`% elements.length`) también sirve para obtener un índice de matriz válido para elegir el elemento que quiere posicionar durante un evento dado.

Es posible conseguir otro efecto interesante modelando un sistema de física simple. Use el evento `"mousemove"` solo para actualizar un par de vinculaciones que hacen un seguimiento de la posición del ratón. A continuación, utilice `requestAnimationFrame` para simular que los elementos de seguimiento son atraídos por la posición del puntero del ratón. En cada paso de animación, actualice su posición basándose en su posición con relación al puntero (y, opcionalmente, una velocidad que se almacena para cada elemento). Hallar una manera adecuada de hacer esto depende de usted.

Pestañas

Un problema con el que podría encontrarse es que no es posible utilizar directamente la propiedad `childNodes` del nodo como una colección de nodos de pestaña. Por un lado, cuando añada los botones, también se convertirán en nodos hijos y acabarán en este objeto porque es una estructura de datos viva. Por otro lado, los nodos de texto creados para el espacio en blanco entre los nodos también están en `childNodes`, pero no deberían tener sus propias pestañas. Otra opción es valerse de `children` en lugar de `childNodes` para ignorar los nodos de texto.

Podría empezar construyendo una matriz de pestañas para acceder a ellas con facilidad. Con la finalidad de implementar el estilo de los botones, una opción es almacenar objetos que contengan el panel de pestañas y su botón.

Recomiendo escribir una función separada para cambiar las pestañas. Puede almacenar la pestaña previamente seleccionada y cambiar solo los estilos necesarios para ocultarla y mostrar la nueva, o simplemente actualice el estilo de todas las pestañas cada vez que se seleccione una pestaña nueva.

Es posible que quiera llamar a esta función inmediatamente para hacer que la interfaz comience con la primera pestaña visible.

Capítulo 16. Proyecto: un juego de plataformas

Pausar el juego

Una animación se interrumpe devolviendo `false` desde la función dada a `runAnimation`. Se puede continuar llamando de nuevo a `runAnimation`. Así que tenemos que comunicar el hecho de que estamos pausando el juego a la función dada para `runAnimation`. Con esa finalidad, dispone de la posibilidad de usar una vinculación a la que tengan acceso el manipulador de eventos y esa función.

Cuando anule el registro de los manipuladores registrados por `trackKeys`, recuerde que a `removeEventListener` se le debe pasar exactamente el mismo valor de función que se ha pasado a `addEventListener`, para eliminar con éxito un manipulador. Por lo tanto, el valor de la función `handler` creado en `trackKeys` debe estar disponible para el código que anula el registro de los manipuladores.

Existe la opción de añadir una propiedad al objeto devuelto por `trackKeys`, que contenga ese valor de función o un método que gestione directamente la anulación del registro.

Un monstruo

Para implementar un tipo de movimiento con estado, como el rebote, asegúrese de almacenar el estado necesario en el objeto actor: inclúyalo como argumento del constructor y añádalo como una propiedad.

Recuerde que `update` devuelve un objeto nuevo, en lugar de cambiar el anterior.

Cuando maneje la colisión, encuentre al jugador en `state.actors` y compare su posición con la del monstruo. Para obtener la parte inferior del jugador, sume su tamaño vertical a su posición vertical. La creación de un estado actualizado se parecerá al método `Coins's collide` (quitando el actor) o al de `Lava` (cambiando el estado a `"lost"`), dependiendo de la posición del jugador.

Capítulo 17. Dibujar sobre lienzo

Formas

El trapecio (1) es más fácil de dibujar utilizando una trayectoria. Elija unas coordenadas centrales adecuadas y añada las cuatro esquinas, de una en una, alrededor del centro.

El diamante (2) se puede dibujar de la forma más sencilla, con una trayectoria, o de la forma más interesante, con una transformación `rotate`. Para utilizar la rotación, aplique un truco similar a lo que hicimos en la función `flipHorizontally`. Debido a que quiere girar alrededor del centro del rectángulo y no alrededor del punto (0,0), primero debe desplazarse hasta aquí con `translate`, luego girar y después volver a desplazarse. Asegúrese de restablecer la transformación después de dibujar cualquier forma que cree una.

Para la línea en zigzag (3) resulta poco práctico escribir una llamada nueva a `lineTo` para cada segmento de línea. En su lugar, recurra a un bucle. Puede hacer que cada iteración dibuje dos segmentos de línea (a la derecha y luego a la izquierda otra vez) o uno, en cuyo caso ha de usar la característica par o impar (`% 2`) del índice del bucle para determinar si ir a la izquierda o a la derecha.

También necesitará un bucle para la espiral (4). Si dibuja una serie de puntos, con cada punto avanzando a lo largo de un círculo alrededor del centro de la espiral, obtendrá un círculo. Si, durante el bucle, varía el radio del círculo sobre el que coloca el punto actual y da más de una vuelta, el resultado es una espiral.

La estrella (5) representada está construida con líneas `quadraticCurveTo`. También es posible dibujar una con líneas rectas. Divida un círculo en ocho partes para obtener una estrella con ocho puntas o la cantidad de partes que quiera. Dibuje líneas entre estos puntos, haciendo que se curven hacia el centro de la estrella. Con `quadraticCurveTo`, puede utilizar el centro como punto de control.

El gráfico circular

Tendrá que llamar a `fillText` y establecer las propiedades `textAlign` y `textBaseline` del contexto para que el texto termine donde usted quiera.

Una forma razonable de colocar las etiquetas sería poner el texto sobre la línea que parte del centro del gráfico circular a través de la mitad del sector. Usted no quiere poner el texto tocando directamente el lateral del gráfico, sino más bien mover el texto fuera hacia el lado del gráfico una cantidad de píxeles dada.

El ángulo de esta línea es `currentAngle + 0.5 * sliceAngle`. El siguiente código encuentra una posición sobre esta línea a 120 píxeles del centro:

```
let middleAngle = currentAngle + 0.5 * sliceAngle;
let textX = Math.cos(middleAngle) * 120 + centerX;
let textY = Math.sin(middleAngle) * 120 + centerY;
```

Para `textBaseline`, es probable que el valor `"middle"` sea adecuado cuando se utiliza este enfoque. El valor de `textAlign` depende del lado del círculo en el que nos encontremos. Si estamos en el lado izquierdo, debería ser "right", y a la derecha, debería ser `"left"` para que el texto se sitúe lejos del gráfico.

Si no está seguro de cómo averiguar en qué lado del círculo se encuentra un ángulo dado, consulte la explicación de `Math.cos` en el apartado «Posicionamiento y animación» del capítulo 14. El coseno de un ángulo nos dice a qué coordenada *x* corresponde, lo que a su vez nos informa exactamente del lado del círculo en el que estamos.

Una pelota que bota

Es fácil dibujar una caja con `strokeRect`. Defina una vinculación que contenga su tamaño o defina dos vinculaciones si la anchura y la altura de su caja son distintas. Para crear una pelota redonda, inicie un trazado y llame a `arc(x, y, radius, 0, 7)`, que crea un arco que va desde cero hasta más de un círculo entero. A continuación, rellene la trayectoria.

Para modelar la posición y velocidad de la pelota, puede utilizar la clase `Vec` del apartado «Actores» en el capítulo 16. Dele una velocidad inicial, preferiblemente una que no sea puramente vertical u horizontal, y para cada fotograma multiplique esa velocidad por la cantidad de tiempo transcurrido. Cuando la pelota se acerque demasiado a una pared vertical, invierta la componente *x* de su velocidad. Del mismo modo, invierta la componente *y* cuando choque con una pared horizontal.

Después de encontrar la nueva posición y velocidad de la pelota, use `clearRect` para borrar la escena y redibujarla usando la posición nueva.

Espejo precomputarizado

La clave de la solución es el hecho de que podemos utilizar un elemento lienzo como imagen de origen al recurrir a `drawImage`. Es posible crear un elemento `<canvas>` extra, sin añadirlo al documento, y dibujar nuestros sprites invertidos en él, una vez. Al dibujar un fotograma real, simplemente copiamos los sprites ya invertidos al lienzo principal.

Hay que tener cuidado porque las imágenes no se cargan instantáneamente. Solo hacemos el dibujo invertido una vez; y si lo hacemos antes de que se cargue la imagen, no dibujará nada. Existe la opción de utilizar un manipulador "load" en la imagen para dibujar las imágenes invertidas en el lienzo extra. Este lienzo puede ser usado como una fuente de dibujo de forma inmediata (simplemente estará en blanco hasta que dibujemos el personaje en él).

Capítulo 18. HTTP y formularios

Negociación de contenido

Base su código en los ejemplos `fetch` que puede consultar en el apartado «Fetch» del capítulo 18.

Pedir un tipo de comunicación falso devolverá una respuesta con el código 406, «No aceptable», que es el código que debe devolver un servidor cuando no puede cumplir con el encabezado `Accept`.

Un banco de pruebas de JavaScript

Utilice `document.querySelector` o `document.getElementById` para acceder a los elementos definidos en su HTML. Un manipulador de eventos para los eventos "click" o "mousedown" en el botón puede obtener la propiedad `value` del campo de texto y llamar a `Function` en él.

Asegúrese de envolver la llamada a `Function` y la llamada a su resultado en un bloque `try` para capturar las excepciones que produzca. En este caso, realmente no sabemos qué tipo de excepción estamos buscando, así que capture todo.

La propiedad `textContent` del elemento de salida se puede utilizar para llenarlo con un mensaje de cadena. O, si quiere mantener el contenido anterior, cree un nodo de texto nuevo usando `document.createTextNode` y añádalo al elemento.

Recuerde añadir un carácter de línea nueva al final para que no aparezca toda la salida en una sola línea.

Juego de la vida de Conway

Para resolver el problema de que los cambios sucedan de manera conceptual simultáneamente, intente ver el cálculo de una generación como una función pura, que toma una cuadrícula y produce una cuadrícula nueva que representa el siguiente turno.

La representación de la matriz se hace como se muestra en el apartado «La interfaz del iterador» en el capítulo 6. Es posible contar vecinos vivos con dos bucles anidados, recorriendo en bucle coordenadas adyacentes en ambas dimensiones. Tenga cuidado de no contar las celdas fuera del campo e ignorar la celda en el centro, cuyos vecinos estamos contando.

Hay dos maneras de garantizar que los cambios en las casillas de verificación surten efecto en la próxima generación. Un manipulador de eventos podría observar estos cambios y actualizar la cuadrícula actual para reflejarlos. Otra opción es generar una cuadrícula nueva a partir de los valores en las casillas de verificación antes de calcular el siguiente turno.

Si elige utilizar manipuladores de eventos, es posible que desee adjuntar atributos que identifiquen la posición a la que corresponde cada casilla de verificación para que sea fácil saber qué celda cambiar.

Para dibujar la cuadrícula de casillas de verificación, use un elemento `<table>` (consulte el apartado «Construir una tabla» en el capítulo 14) o simplemente colóquelos todos en el mismo elemento y sitúe elementos `<br>` (salto de línea) entre las filas.

Capítulo 19. Proyecto: un editor de arte con píxeles

Vinculaciones de teclado

La propiedad `key` de los eventos para teclas de letras será la letra minúscula misma, si no se está pulsando la tecla **Mayús**. En este caso, estamos interesados en eventos de tecla con **Mayús**.

Un manipulador `"keydown"` puede inspeccionar su objeto de evento para ver si coincide con alguno de los atajos. Es posible obtener automáticamente la lista de primeras letras del objeto `tools` para no tener que escribirlas.

Cuando el evento tecla coincida con un atajo, llame a `preventDefault` en él y envíe la acción adecuada.

Dibujo eficiente

Este ejercicio es un buen ejemplo de cómo las estructuras de datos inmutables consiguen que el código sea más rápido. Como tenemos la imagen antigua y la nueva, podemos compararlas y redibujar solo los píxeles que han cambiado de color. De esta manera, en la mayoría de los casos ahorraremos más del 99 % del trabajo de dibujo.

Puede escribir una función `updatePicture` nueva o hacer que `drawPicture` tome un argumento adicional, que puede ser indefinido o la imagen anterior. Para cada píxel, la función comprueba si se ha pasado una imagen anterior con el mismo color en esta posición; y, en ese caso, omite el píxel.

Como el lienzo se borra cuando cambiamos su tamaño, también debe evitar tocar sus propiedades `width` y `height` cuando la imagen antigua y la nueva tienen el mismo tamaño. Si son diferentes, lo que sucederá cuando se haya cargado una imagen nueva, después de cambiar el tamaño del lienzo, podrá asignar el valor `null` a la vinculación que contiene la imagen anterior, porque no debe omitir ningún píxel después de haber modificado el tamaño del lienzo.

Círculos

Inspírese un poco en la herramienta `rectangle`. Al igual que esa herramienta, cuando el puntero se mueva querrá seguir dibujando en la imagen inicial, en lugar de en la actual.

Para determinar qué píxeles colorear, puede utilizar el teorema de Pitágoras. Primero, determine la distancia entre la posición actual del puntero y la inicial tomando la raíz cuadrada (`Math.sqrt`) de la suma del cuadrado (`Math.pow(x, 2)`) de la diferencia en coordenadas *x* y el cuadrado de la diferencia en coordenadas *y*. Luego, recorra con un bucle un cuadrado de píxeles alrededor de la posición inicial, cuyos lados tengan al menos el doble del radio, y coloree aquellos que estén dentro del radio del círculo, usando otra vez la fórmula pitagórica para calcular su distancia desde el centro.

Asegúrese de no intentar colorear píxeles que estén fuera de los límites de la imagen.

Líneas limpias

El problema de dibujar una línea pixelada reside en que en realidad son cuatro problemas similares pero ligeramente diferentes. Dibujar una línea horizontal de izquierda a derecha es fácil: recorra las coordenadas *x* con un bucle y coloree un píxel en cada paso. Si la línea tiene una pendiente ligera (menos de 45° o ¼π radianes), puede interpolar la coordenada *y* a lo largo de la pendiente. Aunque aún necesita un píxel para cada posición *x*, con la posición *y* de esos píxeles determinada por la pendiente.

Pero tan pronto como su pendiente supere los 45°, deberá cambiar la forma de tratar las coordenadas. Ahora necesita un píxel por posición *y*, porque la línea sube más de lo que va hacia la izquierda. Y luego, cuando supera los 135°, tiene que volver a recorrer con un bucle las coordenadas *x*, pero de derecha a izquierda.

En realidad, no es necesario escribir cuatro bucles. Como dibujar una línea desde A hasta B es lo mismo que dibujar una línea desde B hasta A, es posible intercambiar las posiciones inicial y final para líneas que van de derecha a izquierda y tratarlas como si fueran de izquierda a derecha.

Entonces necesita dos bucles diferentes. Lo primero que debe hacer su función de dibujo de línea es verificar si la diferencia entre las coordenadas *x* es mayor que la diferencia entre las coordenadas *y*. Si lo es, se trata de una línea horizontal; y si no, vertical.

Asegúrese de comparar los valores absolutos de la diferencia *x* e *y*, que puede obtener con `Math.abs`.

Una vez que sepa a lo largo de qué eje realizará el bucle, verifique si el punto inicial tiene una coordenada más alta a lo largo de ese eje que el punto final e intercámbielas si es necesario. Una forma breve de intercambiar los valores de dos vinculaciones en JavaScript utiliza la asignación desestructurante de la siguiente manera:

```
[start, end] = [end, start];
```

Luego calcule la pendiente de la línea, que determina la cantidad que cambia la coordenada en el otro eje para cada paso que da a lo largo de su eje principal. Con eso, puede ejecutar un bucle a lo largo del eje principal mientras también hace seguimiento de la posición correspondiente en el otro eje, y podemos dibujar píxeles en cada iteración. Asegúrese de redondear las coordenadas del eje no principal, porque es probable que sean fraccionarias y el método `draw` no responde bien a las coordenadas fraccionarias.

Capítulo 20. Node.js

Herramienta buscar

Su primer argumento de línea de comando, la expresión regular, se encuentra en `process.argv[2]`. Los archivos de entrada vienen después de eso. Puede utilizar el constructor `RegExp` para pasar de una cadena a un objeto de expresión regular.

Es más sencillo hacer esto de forma síncrona, con `readFileSync`, pero si usa `fs.promises` otra vez para obtener funciones que devuelven promesas y escribe una función `async`, el código tiene un aspecto muy parecido.

Para saber si algo es un directorio, vuelva a usar `stat` (o `statSync`) y el método `isDirectory` del objeto de estadísticas.

Explorar un directorio es un proceso de ramificación. Puede hacerlo utilizando una función recursiva o manteniendo una matriz de trabajo (archivos que aún no se han explorado). Para encontrar los archivos en un directorio, llame a `readdir` o `readdirSync`. Esta mayúscula es un poco extraña: el nombre de las funciones del sistema de archivos de Node se basa libremente en funciones estándar de Unix, como `readdir`, que están todas en minúsculas, pero luego agrega `Sync` con una letra mayúscula.

Para pasar de un nombre de archivo leído con `readdir` a un nombre de ruta completo, hay que combinarlo con el nombre del directorio, poniendo un carácter de barra (`/`) entre ellos.

Creación de directorios

Puede utilizar la función que implementa el método `DELETE` como un modelo para el método `MKCOL`. Cuando no encuentre ningún archivo, intente crear un directorio con `mkdir`. Cuando existe un directorio en esa ruta, puede devolver una respuesta 204 para que las peticiones de creación de directorio sean idempotentes. Si aquí existe un archivo que no es un directorio, devuelve un código de error y sería apropiado el código 400 («petición incorrecta»).

Un espacio público en la web

Puede crear un elemento `<textarea>` para albergar el contenido del archivo que se está editando. Una petición `GET`, utilizando `fetch`, puede recuperar el contenido actual del archivo. Otra posibilidad es recurrir a URL relativas como `index.html`, en lugar de `http://localhost:8000/index.html`, para hacer referencia a archivos en el mismo servidor que el script en ejecución.

Luego, cuando el usuario hace clic en un botón (puede usar un elemento `<form>` y evento `"submit"`), realice una petición `PUT` a la misma URL, con el contenido de `<textarea>` como cuerpo de la petición, para guardar el archivo.

Después agregue un elemento `<select>` que contenga todos los archivos en el directorio superior del servidor añadiendo elementos `<option>` que contengan las líneas devueltas por una petición `GET` a la URL `/`. Cuando el usuario selecciona otro archivo (un evento `"change"` en el campo), el script debe buscar y mostrar ese archivo. Al guardar un archivo, utilice el nombre de archivo actualmente seleccionado.

Capítulo 21. Proyecto: página web para intercambio de habilidades

Persistencia del disco

La solución más sencilla que se me ocurre es codificar todo el objeto `talks` como JSON y volcarlo en un archivo con `writeFile`. Ya existe un método que se llama cada vez que los datos del servidor cambian (`updated`). Se puede ampliar para escribir los datos nuevos en el disco.

Elija un nombre de archivo, por ejemplo `./talks.json`. Cuando el servidor se inicia, puede intentar leer ese archivo con `readFile`; y, si lo consigue, el servidor puede utilizar el contenido del archivo como datos iniciales.

Pero tenga cuidado. El objeto `talks` comenzó como un objeto sin prototipo para que el operador `in` pudiera usarse de manera fiable. `JSON.parse` devolverá objetos normales con `Object.prototype` como prototipo. Si usa JSON como formato de archivo, tendrá que copiar las propiedades del objeto devuelto por `JSON.parse` en un objeto nuevo sin prototipo.

Restablecer campo de comentarios

Probablemente, la mejor manera de hacer este ejercicio sea convertir las charlas en objetos componentes, con un método `syncState`, para que puedan actualizarse y mostrar una versión modificada de la charla. Durante el funcionamiento normal, la única forma de cambiar una charla es agregando más comentarios, por lo que el método `syncState` puede ser relativamente simple.

La parte difícil es que, cuando llega una lista de charlas modificada, hay que conciliar la lista existente de componentes DOM con las charlas de la lista nueva: eliminando los componentes cuya charla se ha eliminado y actualizando aquellos cuya charla ha cambiado.

Para hacer este ejercicio, podría ser útil mantener una estructura de datos que almacene los componentes de la charla debajo de los títulos de la charla para que pueda saber con facilidad si existe un componente para una charla dada. Luego una opción es recorrer con un bucle la matriz de charlas nueva y, para cada una de ellas, sincronizar un componente existente o crear uno nuevo. Para eliminar componentes de charlas eliminadas, también tendrá que recorrer los componentes con un bucle y comprobar si todavía existen las charlas correspondientes.

Capítulo 22. JavaScript y rendimiento

Explorar rutas

La lista de trabajo puede ser una matriz y es posible agregarle rutas con el método `push`. Si usa matrices para representar rutas, existe la posibilidad de ampliarlas con el método `concat`, como en `path.concat([node])`, de modo que el valor anterior queda intacto.

Para saber si ya se ha visto un nodo, recorra con un bucle la lista de trabajo existente o utilice el método `some`.

Optimización

La principal oportunidad para la optimización a nivel macro es deshacerse del bucle interno que determina si un nodo ya ha sido examinado. Buscar esto en un mapa es mucho más rápido que iterar sobre la lista de trabajo para buscar el nodo. Como nuestras claves son objetos de nodo, para almacenar el conjunto de nodos alcanzados usaremos una instancia de `Set` o `Map`, en lugar de un objeto simple.

Tenemos la posibilidad de realizar otra mejora cambiando la forma en que se almacenan las rutas. Ampliar una matriz con un elemento nuevo sin modificar la matriz existente requiere copiar toda la matriz. Una estructura de datos como la lista del capítulo 4 no tiene este problema: permite que múltiples extensiones de una lista compartan los datos en común.

Puede hacer que su función almacene internamente rutas como objetos con propiedades `at` y `via`, donde `at` es el último nodo de la ruta y `via` es `null` u otro objeto similar que contiene el resto de la ruta. De esta manera, ampliar una ruta solo requiere crear un objeto con dos propiedades, en lugar de copiar una matriz completa. Asegúrese de convertir la lista en una matriz real antes de devolverla.

ÍNDICE ALFABÉTICO

Símbolos y números

A

B

C

D

E

F

K

L

M

N

Q

R

S

T